法律政策全书系列

法律政策全书

2024年版

全面准确收录
合理分类检索

含法律、法规、司法解释、典型案例及相关文书

劳动

中国法制出版社
CHINA LEGAL PUBLISHING HOUSE

导 读

从 1994 年《中华人民共和国劳动法》（以下简称《劳动法》）通过以来，我国劳动法律政策体系逐渐完备。2009 年 8 月 27 日第十一届全国人民代表大会常务委员会第十次会议以及 2018 年 12 月 29 日第十三届全国人民代表大会常务委员会第七次会议分别对该法进行了修订。由于劳动方面的法律政策涉及面广，广大劳动者对于如何查找和适用这些复杂的文件，有可能感到无从下手；对于专业人士来说，一本有效、全面的劳动法律工具书，是在出色完成专业法律服务过程中所必不可少的帮手。本书的目的就在于对我国现行有效的劳动法律、政策进行全面系统的梳理，通过合理明晰的分类，分专题予以收录，方便读者查考与应用劳动法律政策规定。

本书共分十个部分。

第一部分"**综合**"，《劳动法》作为构建我国劳动法制的一部综合性、基础性的法律，包含了促进就业、劳动合同、工作时间、休息休假、工资支付、劳动卫生、安全保障、职业培训、社保福利、争议处理等劳动领域各个方面的内容。故本部分主要收录了《劳动法》以及为保障《劳动法》的贯彻实施而制定的相关劳动行政程序规定，包括劳动监察、劳动行政处罚、劳动行政复议等方面的内容。工会在劳动关系的处理过程中具有重要的作用，因此本部分还收录了若干主要的工会法规。

第二部分"**就业**"，就业关系国计民生，国家通过各种方式促进和保障劳动者就业：一是规范劳动力市场就业服务与管理机制；二是针对特定就业困难人群制定优惠政策,鼓励和扶持残疾人等就业弱势群体;三是做好农民工进城务工的服务和管理工作,为农民进城务工人员提供便利,保障其权利;四是通过各种途径做好下岗失业人员再就业工作,从政策、资金、税费等方面为再就业工作创造条件,提供支持。本部分以《中华人民共和国就业促进法》为主线,主要收录了促进就业、职业培训、再就业方面的法律法规、规章及相关政策文件。

第三部分"**劳动关系与劳动合同**"。本部分聚焦劳动合同,主要收录了《中华人民共和国劳动合同法》《中华人民共和国劳动合同法实施条例》等规范。

第四部分"**劳动报酬**",收录了有关工资支付、最低工资等方面的相关规范。

第五部分"**工时与休假**",收录了关于工时制度和休假制度方面的规定。如《职工带薪年休假条例》和《全国年节及纪念日放假办法》,这些规定规范了带薪年休假制度和年节放假安排。

第六部分"**劳务派遣**",收录的是对这一问题作出细化规定的部门规章,对清晰界定用工单位、用人单位相关责任作出指引。

第七部分"**劳动安全**",本部分细分为基本制度、劳动防护用品、职业健康管理、事故处理,以及矿山、建设工程、特种设备专题。本部分围绕《中华人民共和国职业病防治法》这一核心法律,收录了相关规定,这些规定共同对我国预防、控制和消除职业病危害、保护劳动者职业健康发挥了重要作用。

第八部分"**女职工和未成年工特殊保护**",特殊群体的劳动保护原则上也属于劳动安全卫生的内容,但为了突出其特殊性及重要性,本书单独将其作为第八部分,集中收录相关文件。如2022年《中华人民共和国妇女权益保障法》关于劳动权利的规定。

第九部分"**社会保障**",包括失业保险、医疗保险、工伤保险、生育保险、养老保险,住房公积金,以及企业年金等。本部分以

《中华人民共和国社会保险法》为核心,收录了涉及上述保险类型的相关规定。

第十部分**"劳动争议处理"**,包括劳动争议的调解、仲裁与诉讼程序方面的文件。2007年12月29日通过、自2008年5月1日起施行的《中华人民共和国劳动争议调解仲裁法》对原有的劳动争议处理程序作了重要的变革,其中包括申请仲裁的期限、仲裁不收费、部分案件一裁终局的规定等等,为快速、高效地解决争议,维护劳动者权益提供了法律保障。2020年颁布了《最高人民法院关于审理劳动争议案件适用法律问题的解释(一)》,2022年颁布了《人力资源社会保障部、最高人民法院关于劳动人事争议仲裁与诉讼衔接有关问题的意见(一)》,这些规定的出台既有利于高效地解决劳动争议,同时也为保护劳动者的权益提供了法律依据。

目 录

一、综 合

中华人民共和国劳动法……………………………………（1）
　　（2018年12月29日）①
中华人民共和国工会法（节录）…………………………（18）
　　（2021年12月24日）
劳动保障监察条例（节录）………………………………（22）
　　（2004年11月1日）
劳动行政处罚听证程序规定………………………………（24）
　　（2022年1月7日）
关于贯彻执行《中华人民共和国劳动法》若干问题的意见………（29）
　　（1995年8月4日）
中国工会章程（节录）……………………………………（48）
　　（2023年10月12日）

二、就 业

（一）综 合

中华人民共和国就业促进法………………………………（61）
　　（2015年4月24日）

---

　　① 本目录中的时间为法律文件的公布时间或最后一次修正、修订公布时间。

香港澳门台湾居民在内地（大陆）参加社会保险暂行办法 ……… （72）
　　（2019年11月29日）
外国人在中国就业管理规定（节录） ……………………………… （76）
　　（2017年3月13日）
外商投资职业介绍机构设立管理暂行规定（节录） ……………… （78）
　　（2019年12月31日）
人力资源社会保障部、国家发展改革委、财政部关于推进全
　　方位公共就业服务的指导意见（节录） ……………………… （79）
　　（2018年12月5日）
人力资源社会保障部办公厅关于为香港澳门台湾居民在内地
　　（大陆）提供就业创业服务的通知 …………………………… （83）
　　（2018年7月4日）
人力资源社会保障部、财政部、国家税务总局、国务院港澳
　　事务办公室关于支持港澳青年在粤港澳大湾区就业创业的
　　实施意见 ………………………………………………………… （84）
　　（2021年9月23日）
人力资源社会保障部、国家发展改革委、交通运输部、应
　　急部、市场监管总局、国家医保局、最高人民法院、全
　　国总工会关于维护新就业形态劳动者劳动保障权益的指
　　导意见 …………………………………………………………… （87）
　　（2021年7月16日）
人力资源社会保障部办公厅、财政部办公厅关于进一步加强
　　就业政策落实有关工作的通知 ………………………………… （92）
　　（2023年8月28日）
财政部、税务总局、人力资源社会保障部、农业农村部关于
　　进一步支持重点群体创业就业有关税收政策的公告 ………… （95）
　　（2023年8月2日）

（二）就业服务与管理

劳动就业服务企业管理规定 …………………………（97）
　　（1990年11月22日）
就业服务与就业管理规定 …………………………（104）
　　（2022年1月7日）
人力资源服务机构管理规定（节录） ………………（119）
　　（2023年6月29日）
网络招聘服务管理规定 ………………………………（122）
　　（2020年12月18日）

（三）职业培训与考核

职业技能鉴定规定（节录） …………………………（129）
　　（1993年7月9日）
人力资源社会保障部、财政部关于充分发挥职业技能提升行
　　动专账资金效能 扎实推进职业技能提升行动的通知 …（132）
　　（2021年2月1日）
人力资源社会保障部关于健全完善新时代技能人才职业技能
　　等级制度的意见（试行） …………………………（135）
　　（2022年3月18日）

（四）残疾人就业

中华人民共和国无障碍环境建设法（节录）…………（141）
　　（2023年6月28日）
残疾人就业条例 ………………………………………（142）
　　（2007年2月25日）
发展改革委、财政部、民政部、人力资源社会保障部、税务
　　总局、中国残联关于完善残疾人就业保障金制度更好促进
　　残疾人就业的总体方案 ……………………………（147）
　　（2019年12月27日）

残疾人就业保障金征收使用管理办法……………………（152）
　　（2015年9月9日）

（五）农民工就业

人力资源社会保障部、国家发展改革委、财政部、农业农村
　　部、国家乡村振兴局关于进一步支持农民工就业创业的实
　　施意见（节录）……………………………………………（158）
　　（2022年11月9日）

三、劳动关系与劳动合同

中华人民共和国劳动合同法…………………………………（163）
　　（2012年12月28日）
中华人民共和国劳动合同法实施条例………………………（184）
　　（2008年9月18日）
违反《劳动法》有关劳动合同规定的赔偿办法……………（191）
　　（1995年5月10日）
劳动和社会保障部关于确立劳动关系有关事项的通知……（193）
　　（2005年5月25日）
电子劳动合同订立指引………………………………………（195）
　　（2021年7月1日）
人力资源社会保障部、中华全国总工会、中国企业联合会/
　　中国企业家协会、中华全国工商业联合会关于推进新时代
　　和谐劳动关系创建活动的意见（节录）………………（198）
　　（2023年1月3日）

四、劳动报酬

关于工资总额组成的规定……………………………………（204）
　　（1990年1月1日）
保障农民工工资支付条例……………………………………（207）
　　（2019年12月30日）
保障农民工工资支付工作考核办法…………………………（220）
　　（2023年9月21日）
工资支付暂行规定……………………………………………（223）
　　（1994年12月6日）
工资集体协商试行办法………………………………………（226）
　　（2000年11月8日）
最低工资规定…………………………………………………（230）
　　（2004年1月20日）
对《工资支付暂行规定》有关问题的补充规定………………（235）
　　（1995年5月12日）
最高人民法院关于审理拒不支付劳动报酬刑事案件适用法律
　　若干问题的解释…………………………………………（237）
　　（2013年1月16日）

五、工时与休假

国务院关于职工工作时间的规定……………………………（240）
　　（1995年3月25日）
职工带薪年休假条例…………………………………………（241）
　　（2007年12月14日）
全国年节及纪念日放假办法…………………………………（243）
　　（2013年12月11日）

企业职工带薪年休假实施办法……………………………………(244)
  (2008年9月18日)
关于《企业职工带薪年休假实施办法》有关问题的复函………(247)
  (2009年4月15日)

六、劳务派遣

劳务派遣行政许可实施办法………………………………………(248)
  (2013年6月20日)
劳务派遣暂行规定…………………………………………………(255)
  (2014年1月24日)

七、劳动安全

(一) 基本制度

中华人民共和国安全生产法（节录）……………………………(261)
  (2021年6月10日)
中华人民共和国矿山安全法（节录）……………………………(272)
  (2009年8月27日)
安全生产许可证条例………………………………………………(276)
  (2014年7月29日)

(二) 劳动防护用品

用人单位劳动防护用品管理规范…………………………………(281)
  (2018年1月15日)
市场监管总局办公厅、住房和城乡建设部办公厅、应急管理
  部办公厅关于进一步加强安全帽等特种劳动防护用品监督
  管理工作的通知（节录）………………………………………(286)
  (2019年7月4日)

（三）职业健康管理

中华人民共和国职业病防治法……………………………（289）
　　（2018年12月29日）
中华人民共和国尘肺病防治条例……………………………（311）
　　（1987年12月3日）
使用有毒物品作业场所劳动保护条例（节录）……………（315）
　　（2002年5月12日）

（四）事故处理

生产安全事故应急条例………………………………………（324）
　　（2019年2月17日）
生产安全事故报告和调查处理条例…………………………（333）
　　（2007年4月9日）
生产安全事故罚款处罚规定…………………………………（342）
　　（2024年1月10日）

（五）煤矿、建设工程、特种设备

建设工程安全生产管理条例…………………………………（350）
　　（2003年11月24日）
特种设备安全监察条例（节录）……………………………（366）
　　（2009年1月24日）
煤矿安全监察条例（节录）…………………………………（370）
　　（2013年7月18日）

八、女职工和未成年工特殊保护

中华人民共和国未成年人保护法（节录）…………………（373）
　　（2020年10月17日）

中华人民共和国妇女权益保障法（节录） ……………………（374）
　　（2022年10月30日）
禁止使用童工规定 ………………………………………………（377）
　　（2002年10月1日）
女职工劳动保护特别规定 ………………………………………（380）
　　（2012年4月28日）
未成年工特殊保护规定 …………………………………………（384）
　　（1994年12月9日）

九、社会保障

（一）综　合

中华人民共和国社会保险法 ……………………………………（388）
　　（2018年12月29日）
社会保险费征缴暂行条例 ………………………………………（407）
　　（2019年3月24日）
社会保险经办条例 ………………………………………………（413）
　　（2023年8月16日）
国务院办公厅关于全面推进生育保险和职工基本医疗保险合
　并实施的意见 …………………………………………………（424）
　　（2019年3月6日）
社会保险行政争议处理办法 ……………………………………（427）
　　（2001年5月27日）
实施《中华人民共和国社会保险法》若干规定 ………………（433）
　　（2011年6月29日）
社会保险基金先行支付暂行办法 ………………………………（440）
　　（2018年12月14日）

(二) 失业保险

失业保险条例……………………………………………(444)
　　(1999年1月22日)
失业保险金申领发放办法(节录)……………………(451)
　　(2019年12月9日)
人力资源社会保障部、财政部、国家税务总局关于阶段性降
　　低失业保险、工伤保险费率有关问题的通知……………(454)
　　(2023年3月29日)

(三) 医疗保险

医疗保障基金使用监督管理条例……………………(455)
　　(2021年1月15日)
企业职工患病或非因工负伤医疗期规定……………(466)
　　(1994年12月1日)
基本医疗保险关系转移接续暂行办法(节录)………(467)
　　(2021年11月1日)

(四) 工伤保险

工伤保险条例……………………………………………(471)
　　(2010年12月20日)
劳动和社会保障部关于实施《工伤保险条例》若干问题的
　　意见……………………………………………………(488)
　　(2004年11月1日)
工伤认定办法……………………………………………(489)
　　(2010年12月31日)
工伤保险辅助器具配置管理办法(节录)……………(493)
　　(2018年12月14日)

人力资源和社会保障部关于执行《工伤保险条例》若干问题的意见……………………………………………………………（497）
　　（2013 年 4 月 25 日）
人力资源社会保障部关于执行《工伤保险条例》若干问题的意见（二）………………………………………………………（500）
　　（2016 年 3 月 28 日）
最高人民法院关于审理工伤保险行政案件若干问题的规定………（502）
　　（2014 年 6 月 18 日）

（五）生育保险

人力资源社会保障部、财政部、国家卫生计生委关于做好当前生育保险工作的意见………………………………………………（506）
　　（2018 年 3 月 5 日）

（六）养老保险

国务院关于建立企业职工基本养老保险基金中央调剂制度的通知（节录）…………………………………………………………（508）
　　（2018 年 5 月 30 日）
国家金融监督管理总局关于个人税收递延型商业养老保险试点与个人养老金衔接有关事项的通知………………………………（511）
　　（2023 年 8 月 31 日）

（七）住房公积金

住房公积金管理条例………………………………………………（515）
　　（2019 年 3 月 24 日）

（八）企业年金

企业年金办法………………………………………………………（524）
　　（2017 年 12 月 18 日）

十、劳动争议处理

中华人民共和国劳动争议调解仲裁法…………………………（531）
 （2007年12月29日）
企业劳动争议协商调解规定…………………………………（541）
 （2011年11月30日）
劳动人事争议仲裁办案规则…………………………………（547）
 （2017年5月8日）
人力资源社会保障部、司法部、财政部关于进一步加强劳动
 人事争议调解仲裁法律援助工作的意见（节录）……………（564）
 （2020年6月22日）
最高人民法院关于人民法院审理事业单位人事争议案件若干
 问题的规定……………………………………………………（566）
 （2003年8月27日）
最高人民法院关于审理劳动争议案件适用法律问题的解释
 （一）……………………………………………………………（567）
 （2020年12月29日）
人力资源社会保障部、最高人民法院关于劳动人事争议仲裁
 与诉讼衔接有关问题的意见（一）…………………………（578）
 （2022年2月21日）

附　录

（一）典型案例

房玥诉中美联泰大都会人寿保险有限公司劳动合同纠纷案………（584）
劳动人事争议典型案例（第三批）………………………………（587）

（二）相关文书

民事起诉状（公民提起民事诉讼用） ……………………（604）
工作场所女职工特殊劳动保护制度（参考文本） …………（605）
消除工作场所性骚扰制度（参考文本） ……………………（611）

一 综 合

中华人民共和国劳动法

（1994年7月5日第八届全国人民代表大会常务委员会第八次会议通过 根据2009年8月27日第十一届全国人民代表大会常务委员会第十次会议《关于修改部分法律的决定》第一次修正 根据2018年12月29日第十三届全国人民代表大会常务委员会第七次会议《关于修改〈中华人民共和国劳动法〉等七部法律的决定》第二次修正）

目 录

第一章 总 则
第二章 促进就业
第三章 劳动合同和集体合同
第四章 工作时间和休息休假
第五章 工 资
第六章 劳动安全卫生
第七章 女职工和未成年工特殊保护
第八章 职业培训
第九章 社会保险和福利
第十章 劳动争议

第十一章　监督检查
第十二章　法律责任
第十三章　附　　则

第一章　总　　则

第一条　【立法宗旨】[①] 为了保护劳动者的合法权益，调整劳动关系，建立和维护适应社会主义市场经济的劳动制度，促进经济发展和社会进步，根据宪法，制定本法。

第二条　【适用范围】在中华人民共和国境内的企业、个体经济组织（以下统称用人单位）和与之形成劳动关系的劳动者，适用本法。

国家机关、事业组织、社会团体和与之建立劳动合同关系的劳动者，依照本法执行。

第三条　【劳动者的权利和义务】劳动者享有平等就业和选择职业的权利、取得劳动报酬的权利、休息休假的权利、获得劳动安全卫生保护的权利、接受职业技能培训的权利、享受社会保险和福利的权利、提请劳动争议处理的权利以及法律规定的其他劳动权利。

劳动者应当完成劳动任务，提高职业技能，执行劳动安全卫生规程，遵守劳动纪律和职业道德。

第四条　【用人单位规章制度】用人单位应当依法建立和完善规章制度，保障劳动者享有劳动权利和履行劳动义务。

第五条　【国家发展劳动事业】国家采取各种措施，促进劳动就业，发展职业教育，制定劳动标准，调节社会收入，完善社会保险，协调劳动关系，逐步提高劳动者的生活水平。

第六条　【国家的倡导、鼓励和奖励政策】国家提倡劳动者参加社会义务劳动，开展劳动竞赛和合理化建议活动，鼓励和保护劳

---

① 条文主旨为编者所加，下同。

动者进行科学研究、技术革新和发明创造，表彰和奖励劳动模范和先进工作者。

第七条 【工会的组织和权利】劳动者有权依法参加和组织工会。

工会代表和维护劳动者的合法权益，依法独立自主地开展活动。

第八条 【劳动者参与民主管理和平等协商】劳动者依照法律规定，通过职工大会、职工代表大会或者其他形式，参与民主管理或者就保护劳动者合法权益与用人单位进行平等协商。

第九条 【劳动行政部门设置】国务院劳动行政部门主管全国劳动工作。

县级以上地方人民政府劳动行政部门主管本行政区域内的劳动工作。

第二章 促进就业

第十条 【国家促进就业政策】国家通过促进经济和社会发展，创造就业条件，扩大就业机会。

国家鼓励企业、事业组织、社会团体在法律、行政法规规定的范围内兴办产业或者拓展经营，增加就业。

国家支持劳动者自愿组织起来就业和从事个体经营实现就业。

第十一条 【地方政府促进就业措施】地方各级人民政府应当采取措施，发展多种类型的职业介绍机构，提供就业服务。

第十二条 【就业平等原则】劳动者就业，不因民族、种族、性别、宗教信仰不同而受歧视。

第十三条 【妇女享有与男子平等的就业权利】妇女享有与男子平等的就业权利。在录用职工时，除国家规定的不适合妇女的工种或者岗位外，不得以性别为由拒绝录用妇女或者提高对妇女的录用标准。

第十四条 【特殊就业群体的就业保护】残疾人、少数民族人员、退出现役的军人的就业，法律、法规有特别规定的，从其规定。

第十五条 【使用童工的禁止】禁止用人单位招用未满十六周岁的未成年人。

文艺、体育和特种工艺单位招用未满十六周岁的未成年人，必须遵守国家有关规定，并保障其接受义务教育的权利。

第三章 劳动合同和集体合同

第十六条 【劳动合同的概念】劳动合同是劳动者与用人单位确立劳动关系、明确双方权利和义务的协议。

建立劳动关系应当订立劳动合同。

第十七条 【订立和变更劳动合同的原则】订立和变更劳动合同，应当遵循平等自愿、协商一致的原则，不得违反法律、行政法规的规定。

劳动合同依法订立即具有法律约束力，当事人必须履行劳动合同规定的义务。

第十八条 【无效劳动合同】下列劳动合同无效：

（一）违反法律、行政法规的劳动合同；

（二）采取欺诈、威胁等手段订立的劳动合同。

无效的劳动合同，从订立的时候起，就没有法律约束力。确认劳动合同部分无效的，如果不影响其余部分的效力，其余部分仍然有效。

劳动合同的无效，由劳动争议仲裁委员会或者人民法院确认。

第十九条 【劳动合同的形式和内容】劳动合同应当以书面形式订立，并具备以下条款：

（一）劳动合同期限；

（二）工作内容；

（三）劳动保护和劳动条件；

（四）劳动报酬；

（五）劳动纪律；

（六）劳动合同终止的条件；

（七）违反劳动合同的责任。

劳动合同除前款规定的必备条款外，当事人可以协商约定其他内容。

第二十条 【劳动合同的期限】劳动合同的期限分为有固定期限、无固定期限和以完成一定的工作为期限。

劳动者在同一用人单位连续工作满十年以上，当事人双方同意续延劳动合同的，如果劳动者提出订立无固定期限的劳动合同，应当订立无固定期限的劳动合同。

第二十一条 【试用期条款】劳动合同可以约定试用期。试用期最长不得超过六个月。

第二十二条 【保守商业秘密之约定】劳动合同当事人可以在劳动合同中约定保守用人单位商业秘密的有关事项。

第二十三条 【劳动合同的终止】劳动合同期满或者当事人约定的劳动合同终止条件出现，劳动合同即行终止。

第二十四条 【劳动合同的合意解除】经劳动合同当事人协商一致，劳动合同可以解除。

第二十五条 【过失性辞退】劳动者有下列情形之一的，用人单位可以解除劳动合同：

（一）在试用期间被证明不符合录用条件的；

（二）严重违反劳动纪律或者用人单位规章制度的；

（三）严重失职，营私舞弊，对用人单位利益造成重大损害的；

（四）被依法追究刑事责任的。

第二十六条 【非过失性辞退】有下列情形之一的，用人单位可以解除劳动合同，但是应当提前三十日以书面形式通知劳动者本人：

（一）劳动者患病或者非因工负伤，医疗期满后，不能从事原工作也不能从事由用人单位另行安排的工作的；

（二）劳动者不能胜任工作，经过培训或者调整工作岗位，仍不能胜任工作的；

（三）劳动合同订立时所依据的客观情况发生重大变化，致使原劳动合同无法履行，经当事人协商不能就变更劳动合同达成协议的。

第二十七条 【用人单位经济性裁员】用人单位濒临破产进行法定整顿期间或者生产经营状况发生严重困难，确需裁减人员的，应当提前三十日向工会或者全体职工说明情况，听取工会或者职工的意见，经向劳动行政部门报告后，可以裁减人员。

用人单位依据本条规定裁减人员，在六个月内录用人员的，应当优先录用被裁减的人员。

第二十八条 【用人单位解除劳动合同的经济补偿】用人单位依据本法第二十四条、第二十六条、第二十七条的规定解除劳动合同的，应当依照国家有关规定给予经济补偿。

第二十九条 【用人单位不得解除劳动合同的情形】劳动者有下列情形之一的，用人单位不得依据本法第二十六条、第二十七条的规定解除劳动合同：

（一）患职业病或者因工负伤并被确认丧失或者部分丧失劳动能力的；

（二）患病或者负伤，在规定的医疗期内的；

（三）女职工在孕期、产期、哺乳期内的；

（四）法律、行政法规规定的其他情形。

第三十条 【工会对用人单位解除劳动合同的监督权】用人单位解除劳动合同，工会认为不适当的，有权提出意见。如果用人单位违反法律、法规或者劳动合同，工会有权要求重新处理；劳动者申请仲裁或者提起诉讼的，工会应当依法给予支持和帮助。

第三十一条 【劳动者单方解除劳动合同】劳动者解除劳动合同，应当提前三十日以书面形式通知用人单位。

第三十二条 【劳动者无条件解除劳动合同的情形】 有下列情形之一的，劳动者可以随时通知用人单位解除劳动合同：

（一）在试用期内的；

（二）用人单位以暴力、威胁或者非法限制人身自由的手段强迫劳动的；

（三）用人单位未按照劳动合同约定支付劳动报酬或者提供劳动条件的。

第三十三条 【集体合同的内容和签订程序】 企业职工一方与企业可以就劳动报酬、工作时间、休息休假、劳动安全卫生、保险福利等事项，签订集体合同。集体合同草案应当提交职工代表大会或者全体职工讨论通过。

集体合同由工会代表职工与企业签订；没有建立工会的企业，由职工推举的代表与企业签订。

第三十四条 【集体合同的审查】 集体合同签订后应当报送劳动行政部门；劳动行政部门自收到集体合同文本之日起十五日内未提出异议的，集体合同即行生效。

第三十五条 【集体合同的效力】 依法签订的集体合同对企业和企业全体职工具有约束力。职工个人与企业订立的劳动合同中劳动条件和劳动报酬等标准不得低于集体合同的规定。

第四章 工作时间和休息休假

第三十六条 【标准工作时间】 国家实行劳动者每日工作时间不超过八小时、平均每周工作时间不超过四十四小时的工时制度。

第三十七条 【计件工作时间】 对实行计件工作的劳动者，用人单位应当根据本法第三十八条规定的工时制度合理确定其劳动定额和计件报酬标准。

第三十八条 【劳动者的周休日】 用人单位应当保证劳动者每周至少休息一日。

第三十九条 【其他工时制度】企业因生产特点不能实行本法第三十六条、第三十八条规定的,经劳动行政部门批准,可以实行其他工作和休息办法。

第四十条 【法定休假节日】用人单位在下列节日期间应当依法安排劳动者休假:

(一) 元旦;

(二) 春节;

(三) 国际劳动节;

(四) 国庆节;

(五) 法律、法规规定的其他休假节日。

第四十一条 【延长工作时间】用人单位由于生产经营需要,经与工会和劳动者协商后可以延长工作时间,一般每日不得超过一小时;因特殊原因需要延长工作时间的,在保障劳动者身体健康的条件下延长工作时间每日不得超过三小时,但是每月不得超过三十六小时。

第四十二条 【特殊情况下的延长工作时间】有下列情形之一的,延长工作时间不受本法第四十一条规定的限制:

(一) 发生自然灾害、事故或者因其他原因,威胁劳动者生命健康和财产安全,需要紧急处理的;

(二) 生产设备、交通运输线路、公共设施发生故障,影响生产和公众利益,必须及时抢修的;

(三) 法律、行政法规规定的其他情形。

第四十三条 【用人单位延长工作时间的禁止】用人单位不得违反本法规定延长劳动者的工作时间。

第四十四条 【延长工作时间的工资支付】有下列情形之一的,用人单位应当按照下列标准支付高于劳动者正常工作时间工资的工资报酬:

(一) 安排劳动者延长工作时间的,支付不低于工资的百分之一百五十的工资报酬；

（二）休息日安排劳动者工作又不能安排补休的，支付不低于工资的百分之二百的工资报酬；

（三）法定休假日安排劳动者工作的，支付不低于工资的百分之三百的工资报酬。

第四十五条　【年休假制度】国家实行带薪年休假制度。

劳动者连续工作一年以上的，享受带薪年休假。具体办法由国务院规定。

第五章　工　　资

第四十六条　【工资分配基本原则】工资分配应当遵循按劳分配原则，实行同工同酬。

工资水平在经济发展的基础上逐步提高。国家对工资总量实行宏观调控。

第四十七条　【用人单位自主确定工资分配】用人单位根据本单位的生产经营特点和经济效益，依法自主确定本单位的工资分配方式和工资水平。

第四十八条　【最低工资保障】国家实行最低工资保障制度。最低工资的具体标准由省、自治区、直辖市人民政府规定，报国务院备案。

用人单位支付劳动者的工资不得低于当地最低工资标准。

第四十九条　【确定和调整最低工资标准的因素】确定和调整最低工资标准应当综合参考下列因素：

（一）劳动者本人及平均赡养人口的最低生活费用；

（二）社会平均工资水平；

（三）劳动生产率；

（四）就业状况；

（五）地区之间经济发展水平的差异。

第五十条 【工资支付形式和不得克扣、拖欠工资】工资应当以货币形式按月支付给劳动者本人。不得克扣或者无故拖欠劳动者的工资。

第五十一条 【法定休假日等的工资支付】劳动者在法定休假日和婚丧假期间以及依法参加社会活动期间，用人单位应当依法支付工资。

第六章 劳动安全卫生

第五十二条 【劳动安全卫生制度的建立】用人单位必须建立、健全劳动安全卫生制度，严格执行国家劳动安全卫生规程和标准，对劳动者进行劳动安全卫生教育，防止劳动过程中的事故，减少职业危害。

第五十三条 【劳动安全卫生设施】劳动安全卫生设施必须符合国家规定的标准。

新建、改建、扩建工程的劳动安全卫生设施必须与主体工程同时设计、同时施工、同时投入生产和使用。

第五十四条 【用人单位的劳动保护义务】用人单位必须为劳动者提供符合国家规定的劳动安全卫生条件和必要的劳动防护用品，对从事有职业危害作业的劳动者应当定期进行健康检查。

第五十五条 【特种作业的上岗要求】从事特种作业的劳动者必须经过专门培训并取得特种作业资格。

第五十六条 【劳动者在安全生产中的权利和义务】劳动者在劳动过程中必须严格遵守安全操作规程。

劳动者对用人单位管理人员违章指挥、强令冒险作业，有权拒绝执行；对危害生命安全和身体健康的行为，有权提出批评、检举和控告。

第五十七条 【伤亡事故和职业病的统计、报告、处理】国家建立伤亡事故和职业病统计报告和处理制度。县级以上各级人民政府劳动行政部门、有关部门和用人单位应当依法对劳动者在劳动过程中发生的伤亡事故和劳动者的职业病状况，进行统计、报告和处理。

第七章　女职工和未成年工特殊保护

第五十八条　【女职工和未成年工的特殊劳动保护】国家对女职工和未成年工实行特殊劳动保护。

未成年工是指年满十六周岁未满十八周岁的劳动者。

第五十九条　【女职工禁忌劳动的范围】禁止安排女职工从事矿山井下、国家规定的第四级体力劳动强度的劳动和其他禁忌从事的劳动。

第六十条　【女职工经期的保护】不得安排女职工在经期从事高处、低温、冷水作业和国家规定的第三级体力劳动强度的劳动。

第六十一条　【女职工孕期的保护】不得安排女职工在怀孕期间从事国家规定的第三级体力劳动强度的劳动和孕期禁忌从事的劳动。对怀孕七个月以上的女职工，不得安排其延长工作时间和夜班劳动。

第六十二条　【女职工产期的保护】女职工生育享受不少于九十天的产假。

第六十三条　【女职工哺乳期的保护】不得安排女职工在哺乳未满一周岁的婴儿期间从事国家规定的第三级体力劳动强度的劳动和哺乳期禁忌从事的其他劳动，不得安排其延长工作时间和夜班劳动。

第六十四条　【未成年工禁忌劳动的范围】不得安排未成年工从事矿山井下、有毒有害、国家规定的第四级体力劳动强度的劳动和其他禁忌从事的劳动。

第六十五条　【未成年工定期健康检查】用人单位应当对未成年工定期进行健康检查。

第八章 职业培训

第六十六条 【国家发展职业培训事业】国家通过各种途径，采取各种措施，发展职业培训事业，开发劳动者的职业技能，提高劳动者素质，增强劳动者的就业能力和工作能力。

第六十七条 【各级政府的职责】各级人民政府应当把发展职业培训纳入社会经济发展的规划，鼓励和支持有条件的企业、事业组织、社会团体和个人进行各种形式的职业培训。

第六十八条 【用人单位建立职业培训制度】用人单位应当建立职业培训制度，按照国家规定提取和使用职业培训经费，根据本单位实际，有计划地对劳动者进行职业培训。

从事技术工种的劳动者，上岗前必须经过培训。

第六十九条 【职业技能资格】国家确定职业分类，对规定的职业制定职业技能标准，实行职业资格证书制度，由经备案的考核鉴定机构负责对劳动者实施职业技能考核鉴定。

第九章 社会保险和福利

第七十条 【社会保险制度】国家发展社会保险事业，建立社会保险制度，设立社会保险基金，使劳动者在年老、患病、工伤、失业、生育等情况下获得帮助和补偿。

第七十一条 【社会保险水平】社会保险水平应当与社会经济发展水平和社会承受能力相适应。

第七十二条 【社会保险基金】社会保险基金按照保险类型确定资金来源，逐步实行社会统筹。用人单位和劳动者必须依法参加社会保险，缴纳社会保险费。

第七十三条 【享受社会保险待遇的条件和标准】劳动者在下列情形下，依法享受社会保险待遇：

（一）退休；

（二）患病、负伤；

（三）因工伤残或者患职业病；

（四）失业；

（五）生育。

劳动者死亡后，其遗属依法享受遗属津贴。

劳动者享受社会保险待遇的条件和标准由法律、法规规定。

劳动者享受的社会保险金必须按时足额支付。

第七十四条　【社会保险基金管理】社会保险基金经办机构依照法律规定收支、管理和运营社会保险基金，并负有使社会保险基金保值增值的责任。

社会保险基金监督机构依照法律规定，对社会保险基金的收支、管理和运营实施监督。

社会保险基金经办机构和社会保险基金监督机构的设立和职能由法律规定。

任何组织和个人不得挪用社会保险基金。

第七十五条　【补充保险和个人储蓄保险】国家鼓励用人单位根据本单位实际情况为劳动者建立补充保险。

国家提倡劳动者个人进行储蓄性保险。

第七十六条　【职工福利】国家发展社会福利事业，兴建公共福利设施，为劳动者休息、休养和疗养提供条件。

用人单位应当创造条件，改善集体福利，提高劳动者的福利待遇。

第十章　劳动争议

第七十七条　【劳动争议的解决途径】用人单位与劳动者发生劳动争议，当事人可以依法申请调解、仲裁、提起诉讼，也可以协商解决。

调解原则适用于仲裁和诉讼程序。

第七十八条　【劳动争议的处理原则】解决劳动争议，应当根据合法、公正、及时处理的原则，依法维护劳动争议当事人的合法权益。

第七十九条 【劳动争议的调解、仲裁和诉讼的相互关系】劳动争议发生后，当事人可以向本单位劳动争议调解委员会申请调解；调解不成，当事人一方要求仲裁的，可以向劳动争议仲裁委员会申请仲裁。当事人一方也可以直接向劳动争议仲裁委员会申请仲裁。对仲裁裁决不服的，可以向人民法院提起诉讼。

第八十条 【劳动争议的调解】在用人单位内，可以设立劳动争议调解委员会。劳动争议调解委员会由职工代表、用人单位代表和工会代表组成。劳动争议调解委员会主任由工会代表担任。

劳动争议经调解达成协议的，当事人应当履行。

第八十一条 【劳动争议仲裁委员会的组成】劳动争议仲裁委员会由劳动行政部门代表、同级工会代表、用人单位方面的代表组成。劳动争议仲裁委员会主任由劳动行政部门代表担任。

第八十二条 【劳动争议仲裁的程序】提出仲裁要求的一方应当自劳动争议发生之日起六十日内向劳动争议仲裁委员会提出书面申请。仲裁裁决一般应在收到仲裁申请的六十日内作出。对仲裁裁决无异议的，当事人必须履行。

第八十三条 【仲裁裁决的效力】劳动争议当事人对仲裁裁决不服的，可以自收到仲裁裁决书之日起十五日内向人民法院提起诉讼。一方当事人在法定期限内不起诉又不履行仲裁裁决的，另一方当事人可以申请人民法院强制执行。

第八十四条 【集体合同争议的处理】因签订集体合同发生争议，当事人协商解决不成的，当地人民政府劳动行政部门可以组织有关各方协调处理。

因履行集体合同发生争议，当事人协商解决不成的，可以向劳动争议仲裁委员会申请仲裁；对仲裁裁决不服的，可以自收到仲裁裁决书之日起十五日内向人民法院提起诉讼。

第十一章 监督检查

第八十五条 【劳动行政部门的监督检查】县级以上各级人民政府劳动行政部门依法对用人单位遵守劳动法律、法规的情况进行监督检查,对违反劳动法律、法规的行为有权制止,并责令改正。

第八十六条 【劳动监察机构的监督程序】县级以上各级人民政府劳动行政部门监督检查人员执行公务,有权进入用人单位了解执行劳动法律、法规的情况,查阅必要的资料,并对劳动场所进行检查。

县级以上各级人民政府劳动行政部门监督检查人员执行公务,必须出示证件,秉公执法并遵守有关规定。

第八十七条 【政府有关部门的监督】县级以上各级人民政府有关部门在各自职责范围内,对用人单位遵守劳动法律、法规的情况进行监督。

第八十八条 【工会监督、社会监督】各级工会依法维护劳动者的合法权益,对用人单位遵守劳动法律、法规的情况进行监督。

任何组织和个人对于违反劳动法律、法规的行为有权检举和控告。

第十二章 法律责任

第八十九条 【劳动规章制度违法的法律责任】用人单位制定的劳动规章制度违反法律、法规规定的,由劳动行政部门给予警告,责令改正;对劳动者造成损害的,应当承担赔偿责任。

第九十条 【违法延长工时的法律责任】用人单位违反本法规定,延长劳动者工作时间的,由劳动行政部门给予警告,责令改正,并可以处以罚款。

第九十一条 【用人单位侵权的民事责任】用人单位有下列侵害劳动者合法权益情形之一的,由劳动行政部门责令支付劳动者的工资报酬、经济补偿，并可以责令支付赔偿金：

（一）克扣或者无故拖欠劳动者工资的；

（二）拒不支付劳动者延长工作时间工资报酬的；

（三）低于当地最低工资标准支付劳动者工资的；

（四）解除劳动合同后，未依照本法规定给予劳动者经济补偿的。

第九十二条　【用人单位违反劳动安全卫生规定的法律责任】用人单位的劳动安全设施和劳动卫生条件不符合国家规定或者未向劳动者提供必要的劳动防护用品和劳动保护设施的，由劳动行政部门或者有关部门责令改正，可以处以罚款；情节严重的，提请县级以上人民政府决定责令停产整顿；对事故隐患不采取措施，致使发生重大事故，造成劳动者生命和财产损失的，对责任人员依照刑法有关规定追究刑事责任。

第九十三条　【强令劳动者违章作业的法律责任】用人单位强令劳动者违章冒险作业，发生重大伤亡事故，造成严重后果的，对责任人员依法追究刑事责任。

第九十四条　【用人单位非法招用未成年工的法律责任】用人单位非法招用未满十六周岁的未成年人的，由劳动行政部门责令改正，处以罚款；情节严重的，由市场监督管理部门吊销营业执照。

第九十五条　【违反女职工和未成年工保护规定的法律责任】用人单位违反本法对女职工和未成年工的保护规定，侵害其合法权益的，由劳动行政部门责令改正，处以罚款；对女职工或者未成年工造成损害的，应当承担赔偿责任。

第九十六条　【侵犯劳动者人身自由的法律责任】用人单位有下列行为之一，由公安机关对责任人员处以十五日以下拘留、罚款或者警告；构成犯罪的，对责任人员依法追究刑事责任：

（一）以暴力、威胁或者非法限制人身自由的手段强迫劳动的；

（二）侮辱、体罚、殴打、非法搜查和拘禁劳动者的。

第九十七条 【订立无效合同的民事责任】由于用人单位的原因订立的无效合同,对劳动者造成损害的,应当承担赔偿责任。

第九十八条 【违法解除或故意拖延不订立劳动合同的法律责任】用人单位违反本法规定的条件解除劳动合同或者故意拖延不订立劳动合同的,由劳动行政部门责令改正;对劳动者造成损害的,应当承担赔偿责任。

第九十九条 【招用尚未解除劳动合同者的法律责任】用人单位招用尚未解除劳动合同的劳动者,对原用人单位造成经济损失的,该用人单位应当依法承担连带赔偿责任。

第一百条 【用人单位不缴纳社会保险费的法律责任】用人单位无故不缴纳社会保险费的,由劳动行政部门责令其限期缴纳;逾期不缴的,可以加收滞纳金。

第一百零一条 【阻挠监督检查、打击报复举报人员的法律责任】用人单位无理阻挠劳动行政部门、有关部门及其工作人员行使监督检查权,打击报复举报人员的,由劳动行政部门或者有关部门处以罚款;构成犯罪的,对责任人员依法追究刑事责任。

第一百零二条 【劳动者违法解除劳动合同或违反保密约定的民事责任】劳动者违反本法规定的条件解除劳动合同或者违反劳动合同中约定的保密事项,对用人单位造成经济损失的,应当依法承担赔偿责任。

第一百零三条 【劳动行政部门和有关部门工作人员渎职的法律责任】劳动行政部门或者有关部门的工作人员滥用职权、玩忽职守、徇私舞弊,构成犯罪的,依法追究刑事责任;不构成犯罪的,给予行政处分。

第一百零四条 【挪用社会保险基金的法律责任】国家工作人员和社会保险基金经办机构的工作人员挪用社会保险基金,构成犯罪的,依法追究刑事责任。

第一百零五条 【其他法律、行政法规的处罚效力】违反本法规定侵害劳动者合法权益，其他法律、行政法规已规定处罚的，依照该法律、行政法规的规定处罚。

第十三章　附　　则

第一百零六条　【省级人民政府实施步骤的制定和备案】省、自治区、直辖市人民政府根据本法和本地区的实际情况，规定劳动合同制度的实施步骤，报国务院备案。

第一百零七条　【施行时间】本法自1995年1月1日起施行。

中华人民共和国工会法（节录）

（1992年4月3日第七届全国人民代表大会第五次会议通过　根据2001年10月27日第九届全国人民代表大会常务委员会第二十四次会议《关于修改〈中华人民共和国工会法〉的决定》第一次修正　根据2009年8月27日第十一届全国人民代表大会常务委员会第十次会议《关于修改部分法律的决定》第二次修正　根据2021年12月24日第十三届全国人民代表大会常务委员会第三十二次会议《关于修改〈中华人民共和国工会法〉的决定》第三次修正）

……

第三章　工会的权利和义务

第二十条　企业、事业单位、社会组织违反职工代表大会制度和其他民主管理制度，工会有权要求纠正，保障职工依法行使民主管理的权利。

法律、法规规定应当提交职工大会或者职工代表大会审议、通过、决定的事项，企业、事业单位、社会组织应当依法办理。

第二十一条 工会帮助、指导职工与企业、实行企业化管理的事业单位、社会组织签订劳动合同。

工会代表职工与企业、实行企业化管理的事业单位、社会组织进行平等协商，依法签订集体合同。集体合同草案应当提交职工代表大会或者全体职工讨论通过。

工会签订集体合同，上级工会应当给予支持和帮助。

企业、事业单位、社会组织违反集体合同，侵犯职工劳动权益的，工会可以依法要求企业、事业单位、社会组织予以改正并承担责任；因履行集体合同发生争议，经协商解决不成的，工会可以向劳动争议仲裁机构提请仲裁，仲裁机构不予受理或者对仲裁裁决不服的，可以向人民法院提起诉讼。

第二十二条 企业、事业单位、社会组织处分职工，工会认为不适当的，有权提出意见。

用人单位单方面解除职工劳动合同时，应当事先将理由通知工会，工会认为用人单位违反法律、法规和有关合同，要求重新研究处理时，用人单位应当研究工会的意见，并将处理结果书面通知工会。

职工认为用人单位侵犯其劳动权益而申请劳动争议仲裁或者向人民法院提起诉讼的，工会应当给予支持和帮助。

第二十三条 企业、事业单位、社会组织违反劳动法律法规规定，有下列侵犯职工劳动权益情形，工会应当代表职工与企业、事业单位、社会组织交涉，要求企业、事业单位、社会组织采取措施予以改正；企业、事业单位、社会组织应当予以研究处理，并向工会作出答复；企业、事业单位、社会组织拒不改正的，工会可以提请当地人民政府依法作出处理：

（一）克扣、拖欠职工工资的；

（二）不提供劳动安全卫生条件的；

（三）随意延长劳动时间的；

（四）侵犯女职工和未成年工特殊权益的；

（五）其他严重侵犯职工劳动权益的。

第二十四条 工会依照国家规定对新建、扩建企业和技术改造工程中的劳动条件和安全卫生设施与主体工程同时设计、同时施工、同时投产使用进行监督。对工会提出的意见，企业或者主管部门应当认真处理，并将处理结果书面通知工会。

第二十五条 工会发现企业违章指挥、强令工人冒险作业，或者生产过程中发现明显重大事故隐患和职业危害，有权提出解决的建议，企业应当及时研究答复；发现危及职工生命安全的情况时，工会有权向企业建议组织职工撤离危险现场，企业必须及时作出处理决定。

第二十六条 工会有权对企业、事业单位、社会组织侵犯职工合法权益的问题进行调查，有关单位应当予以协助。

第二十七条 职工因工伤亡事故和其他严重危害职工健康问题的调查处理，必须有工会参加。工会应当向有关部门提出处理意见，并有权要求追究直接负责的主管人员和有关责任人员的责任。对工会提出的意见，应当及时研究，给予答复。

第二十八条 企业、事业单位、社会组织发生停工、怠工事件，工会应当代表职工同企业、事业单位、社会组织或者有关方面协商，反映职工的意见和要求并提出解决意见。对于职工的合理要求，企业、事业单位、社会组织应当予以解决。工会协助企业、事业单位、社会组织做好工作，尽快恢复生产、工作秩序。

第二十九条 工会参加企业的劳动争议调解工作。

地方劳动争议仲裁组织应当有同级工会代表参加。

第三十条 县级以上各级总工会依法为所属工会和职工提供法律援助等法律服务。

第三十一条 工会协助用人单位办好职工集体福利事业,做好工资、劳动安全卫生和社会保险工作。

第三十二条 工会会同用人单位加强对职工的思想政治引领,教育职工以国家主人翁态度对待劳动,爱护国家和单位的财产;组织职工开展群众性的合理化建议、技术革新、劳动和技能竞赛活动,进行业余文化技术学习和职工培训,参加职业教育和文化体育活动,推进职业安全健康教育和劳动保护工作。

第三十三条 根据政府委托,工会与有关部门共同做好劳动模范和先进生产(工作)者的评选、表彰、培养和管理工作。

第三十四条 国家机关在组织起草或者修改直接涉及职工切身利益的法律、法规、规章时,应当听取工会意见。

县级以上各级人民政府制定国民经济和社会发展计划,对涉及职工利益的重大问题,应当听取同级工会的意见。

县级以上各级人民政府及其有关部门研究制定劳动就业、工资、劳动安全卫生、社会保险等涉及职工切身利益的政策、措施时,应当吸收同级工会参加研究,听取工会意见。

第三十五条 县级以上地方各级人民政府可以召开会议或者采取适当方式,向同级工会通报政府的重要的工作部署和与工会工作有关的行政措施,研究解决工会反映的职工群众的意见和要求。

各级人民政府劳动行政部门应当会同同级工会和企业方面代表,建立劳动关系三方协商机制,共同研究解决劳动关系方面的重大问题。

……

劳动保障监察条例（节录）

（2004年10月26日国务院第68次常务会议通过 2004年11月1日中华人民共和国国务院令第423号公布 自2004年12月1日起施行）

……

第三章 劳动保障监察的实施

第十三条 对用人单位的劳动保障监察，由用人单位用工所在地的县级或者设区的市级劳动保障行政部门管辖。

上级劳动保障行政部门根据工作需要，可以调查处理下级劳动保障行政部门管辖的案件。劳动保障行政部门对劳动保障监察管辖发生争议的，报请共同的上一级劳动保障行政部门指定管辖。

省、自治区、直辖市人民政府可以对劳动保障监察的管辖制定具体办法。

第十四条 劳动保障监察以日常巡视检查、审查用人单位按照要求报送的书面材料以及接受举报投诉等形式进行。

劳动保障行政部门认为用人单位有违反劳动保障法律、法规或者规章的行为，需要进行调查处理的，应当及时立案。

劳动保障行政部门或者受委托实施劳动保障监察的组织应当设立举报、投诉信箱和电话。

对因违反劳动保障法律、法规或者规章的行为引起的群体性事件，劳动保障行政部门应当根据应急预案，迅速会同有关部门处理。

第十五条 劳动保障行政部门实施劳动保障监察，有权采取下列调查、检查措施：

（一）进入用人单位的劳动场所进行检查；

（二）就调查、检查事项询问有关人员；

（三）要求用人单位提供与调查、检查事项相关的文件资料，并作出解释和说明，必要时可以发出调查询问书；

（四）采取记录、录音、录像、照像或者复制等方式收集有关情况和资料；

（五）委托会计师事务所对用人单位工资支付、缴纳社会保险费的情况进行审计；

（六）法律、法规规定可以由劳动保障行政部门采取的其他调查、检查措施。

劳动保障行政部门对事实清楚、证据确凿、可以当场处理的违反劳动保障法律、法规或者规章的行为有权当场予以纠正。

第十六条 劳动保障监察员进行调查、检查，不得少于2人，并应当佩戴劳动保障监察标志、出示劳动保障监察证件。

劳动保障监察员办理的劳动保障监察事项与本人或者其近亲属有直接利害关系的，应当回避。

第十七条 劳动保障行政部门对违反劳动保障法律、法规或者规章的行为的调查，应当自立案之日起60个工作日内完成；对情况复杂的，经劳动保障行政部门负责人批准，可以延长30个工作日。

第十八条 劳动保障行政部门对违反劳动保障法律、法规或者规章的行为，根据调查、检查的结果，作出以下处理：

（一）对依法应当受到行政处罚的，依法作出行政处罚决定；

（二）对应当改正未改正的，依法责令改正或者作出相应的行政处理决定；

（三）对情节轻微且已改正的，撤销立案。

发现违法案件不属于劳动保障监察事项的，应当及时移送有关部门处理；涉嫌犯罪的，应当依法移送司法机关。

第十九条 劳动保障行政部门对违反劳动保障法律、法规或者规章的行为作出行政处罚或者行政处理决定前,应当听取用人单位的陈述、申辩;作出行政处罚或者行政处理决定,应当告知用人单位依法享有申请行政复议或者提起行政诉讼的权利。

第二十条 违反劳动保障法律、法规或者规章的行为在2年内未被劳动保障行政部门发现,也未被举报、投诉的,劳动保障行政部门不再查处。

前款规定的期限,自违反劳动保障法律、法规或者规章的行为发生之日起计算;违反劳动保障法律、法规或者规章的行为有连续或者继续状态的,自行为终了之日起计算。

第二十一条 用人单位违反劳动保障法律、法规或者规章,对劳动者造成损害的,依法承担赔偿责任。劳动者与用人单位就赔偿发生争议的,依照国家有关劳动争议处理的规定处理。

对应当通过劳动争议处理程序解决的事项或者已经按照劳动争议处理程序申请调解、仲裁或者已经提起诉讼的事项,劳动保障行政部门应当告知投诉人依照劳动争议处理或者诉讼的程序办理。

第二十二条 劳动保障行政部门应当建立用人单位劳动保障守法诚信档案。用人单位有重大违反劳动保障法律、法规或者规章的行为的,由有关的劳动保障行政部门向社会公布。

……

劳动行政处罚听证程序规定

(1996年9月27日劳动部令第2号发布 根据2022年1月7日《人力资源社会保障部关于修改部分规章的决定》修订)

第一条 为规范劳动行政处罚听证程序,根据《中华人民共和国行政处罚法》，制定本规定。

第二条 本规定适用于依法享有行政处罚权的县级以上劳动行政部门和依法申请听证的行政处罚当事人。

县级以上劳动行政部门的法制工作机构或承担法制工作的机构负责本部门的听证工作。

劳动行政部门的法制工作机构与劳动行政执法机构为同一机构的，应遵循听证与案件调查取证职责分离的原则。

第三条 劳动行政部门作出下列行政处罚决定，应当告知当事人有要求听证的权利，当事人要求听证的，劳动行政部门应当组织听证：

（一）较大数额罚款；

（二）没收较大数额违法所得、没收较大价值非法财物；

（三）降低资质等级、吊销许可证件；

（四）责令停产停业、责令关闭、限制从业；

（五）其他较重的行政处罚；

（六）法律、法规、规章规定的其他情形。

当事人不承担组织听证的费用。

第四条 听证由听证主持人、听证记录员、案件调查取证人员、当事人及其委托代理人、与案件的处理结果有直接利害关系的第三人参加。

第五条 劳动行政部门应当从本部门的下列人员中指定一名听证主持人、一名听证记录员：

（一）法制工作机构的公务员；

（二）未设法制机构的，承担法制工作的其他机构的公务员；

（三）法制机构与行政执法机构为同一机构的，该机构其他非参与本案调查的公务员。

第六条 听证主持人享有下列权利：

（一）决定举行听证的时间和地点；

（二）就案件的事实或者与之相关的法律进行询问、发问；

（三）维护听证秩序，对违反听证秩序的人员进行警告或者批评；

（四）中止或者终止听证；

（五）就听证案件的处理向劳动行政部门的负责人提出书面建议。

第七条 听证主持人承担下列义务：

（一）将与听证有关的通知及有关材料依法及时送达当事人及其他有关人员；

（二）根据听证认定的证据，依法独立、客观、公正地作出判断并写出书面报告；

（三）保守与案件相关的国家秘密、商业秘密和个人隐私。

听证记录员负责制作听证笔录，并承担前款第（三）项的义务。

第八条 听证案件的当事人依法享有下列权利：

（一）申请回避权。依法申请听证主持人、听证记录员回避；

（二）委托代理权。当事人可以亲自参加听证，也可以委托一至二人代理参加听证；

（三）质证权。对本案的证据向调查人员及其证人进行质询；

（四）申辩权。就本案的事实与法律问题进行申辩；

（五）最后陈述权。听证结束前有权就本案的事实、法律及处理进行最后陈述。

第九条 听证案件的当事人依法承担下列义务：

（一）按时参加听证；

（二）如实回答听证主持人的询问；

（三）遵守听证秩序。

第十条 与案件的处理结果有直接利害关系的第三人享有与当事人相同的权利并承担相同的义务。

第十一条　劳动行政部门告知当事人有要求举行听证的权利，可以用书面形式告知，也可以用口头形式告知。以口头形式告知应当制作笔录，并经当事人签名。在告知当事人有权要求听证的同时，必须告知当事人要求举行听证的期限，即应在告知后5个工作日内提出。

当事人要求听证的，应当在接受劳动行政部门告知后5个工作日内以书面或者口头形式提出。经口头形式提出的，劳动行政部门应制作笔录，并经当事人签名。逾期不提出者，视为放弃听证权。

第十二条　劳动行政部门负责听证的机构接到当事人要求听证的申请后，应当立即确定听证主持人和听证记录员。由听证主持人在举行听证的7个工作日前送达听证通知书。听证通知书应载明听证主持人和听证记录员姓名、听证时间、听证地点、调查取证人员认定的违法事实、证据及行政处罚建议等内容。

劳动行政部门的有关机构或人员接到当事人要求听证的申请后，应当立即告知本部门负责听证的机构。

除涉及国家秘密、商业秘密或者个人隐私依法予以保密外，听证应当公开进行。对于公开举行的听证，劳动行政部门可以先期公布听证案由、听证时间及地点。

第十三条　听证主持人有下列情况之一的，应当自行回避，当事人也有权申请其回避：

（一）参与本案的调查取证人员；

（二）本案当事人的近亲属或者与当事人有其他利害关系的人员；

（三）与案件的处理结果有利害关系，可能影响听证公正进行的人员。

听证记录员的回避适用前款的规定。

听证主持人和听证记录员的回避，由劳动行政部门负责人决定。

第十四条 听证应当按照下列程序进行：

（一）由听证主持人宣布听证会开始，宣布听证纪律、告知当事人听证中的权利和义务；

（二）由案件调查取证人员宣布案件的事实、证据、适用的法律、法规和规章，以及拟作出的行政处罚决定的理由；

（三）听证主持人询问当事人、案件调查取证人员、证人和其他有关人员并要求出示有关证据材料；

（四）由当事人或者其代理人从事实和法律上进行答辩，并对证据材料进行质证；

（五）当事人或者其代理人和本案调查取证人员就本案相关的事实和法律问题进行辩论；

（六）辩论结束后，当事人作最后陈述；

（七）听证主持人宣布听证会结束。

当事人及其代理人无正当理由拒不出席听证或者未经许可中途退出听证的，视为放弃听证权利，劳动行政部门终止听证。

第十五条 听证应当制作笔录。笔录由听证记录员制作。听证笔录在听证结束后，应当立即交当事人或者其代理人核对无误后签字或者盖章。当事人或者其代理人拒绝签字或者盖章的，由听证主持人在笔录中注明。

第十六条 所有与认定案件主要事实有关的证据都必须在听证中出示，并通过质证和辩论进行认定。劳动行政部门不得以未经听证认定的证据作为行政处罚的依据。

第十七条 听证结束后，听证主持人应当根据听证确定的事实和证据，依据法律、法规和规章，向劳动行政部门负责人提出对听证案件处理的书面建议。劳动行政部门应当根据听证笔录，依据《中华人民共和国行政处罚法》第五十七条的规定作出决定。

第十八条 本规定自1996年10月1日起施行。

关于贯彻执行《中华人民共和国劳动法》若干问题的意见

(1995年8月4日　劳部发〔1995〕309号)

《中华人民共和国劳动法》（以下简称劳动法）已于1995年1月1日起施行，现就劳动法在贯彻执行中遇到的若干问题提出以下意见。

一、适用范围

1. 劳动法第二条中的"个体经济组织"是指一般雇工在七人以下的个体工商户。

2. 中国境内的企业、个体经济组织与劳动者之间，只要形成劳动关系，即劳动者事实上已成为企业、个体经济组织的成员，并为其提供有偿劳动，适用劳动法。

3. 国家机关、事业组织、社会团体实行劳动合同制度的以及按规定应实行劳动合同制度的工勤人员；实行企业化管理的事业组织的人员；其他通过劳动合同与国家机关、事业组织、社会团体建立劳动关系的劳动者，适用劳动法。

4. 公务员和比照实行公务员制度的事业组织和社会团体的工作人员，以及农村劳动者（乡镇企业职工和进城务工、经商的农民除外）、现役军人和家庭保姆等不适用劳动法。

5. 中国境内的企业、个体经济组织在劳动法中被称为用人单位。国家机关、事业组织、社会团体和与之建立劳动合同关系的劳动者依照劳动法执行。根据劳动法的这一规定，国家机关、事业组织、社会团体应当视为用人单位。

二、劳动合同和集体合同①

（一）劳动合同的订立

6. 用人单位应与其富余人员、放长假的职工，签订劳动合同，但其劳动合同与在岗职工的劳动合同在内容上可以有所区别。用人单位与劳动者经协商一致可以在劳动合同中就不在岗期间的有关事项作出规定。

7. 用人单位应与其长期被外单位借用的人员、带薪上学人员、以及其他非在岗但仍保持劳动关系的人员签订劳动合同，但在外借和上学期间，劳动合同中的某些相关条款经双方协商可以变更。

8. 请长病假的职工，在病假期间与原单位保持着劳动关系，用人单位应与其签订劳动合同。

9. 原固定工中经批准的停薪留职人员，愿意回原单位继续工作的，原单位应与其签订劳动合同；不愿回原单位继续工作的，原单位可以与其解除劳动关系。

10. 根据劳动部《实施〈劳动法〉中有关劳动合同问题的解答》（劳部发〔1995〕202号）的规定，党委书记、工会主席等党群专职人员也是职工的一员，依照劳动法的规定，与用人单位签订劳动合同。对于有特殊规定的，可以按有关规定办理。

11. 根据劳动部《实施〈劳动法〉中有关劳动合同问题的解答》（劳部发〔1995〕202号）的规定，经理由其上级部门聘任（委任）的，应与聘任（委任）部门签订劳动合同。实行公司制的经理和有关经营管理人员，应依据《中华人民共和国公司法》的规定与董事会签订劳动合同。

12. 在校生利用业余时间勤工助学，不视为就业，未建立劳动

---

① 本部分内容与《劳动合同法》、《劳动合同法实施条例》不一致的，以《劳动合同法》及其实施条例为准。

关系，可以不签订劳动合同。

13. 用人单位发生分立或合并后，分立或合并后的用人单位可依据其实际情况与原用人单位的劳动者遵循平等自愿、协商一致的原则变更原劳动合同。

14. 派出到合资、参股单位的职工如果与原单位仍保持着劳动关系，应当与原单位签订劳动合同，原单位可就劳动合同的有关内容在与合资、参股单位订立的劳务合同时，明确职工的工资、保险、福利、休假等有关待遇。

15. 租赁经营（生产）、承包经营（生产）的企业，所有权并没有发生改变，法人名称未变，在与职工订立劳动合同时，该企业仍为用人单位一方。依据租赁合同或承包合同，租赁人、承包人如果作为该企业的法定代表人或者该法定代表人的授权委托人时，可代表该企业（用人单位）与劳动者订立劳动合同。

16. 用人单位与劳动者签订劳动合同时，劳动合同可以由用人单位拟定，也可以由双方当事人共同拟定，但劳动合同必须经双方当事人协商一致后才能签订，职工被迫签订的劳动合同或未经协商一致签订的劳动合同为无效劳动合同。

17. 用人单位与劳动者之间形成了事实劳动关系，而用人单位故意拖延不订立劳动合同，劳动行政部门应予以纠正。用人单位因此给劳动者造成损害的，应按劳动部《违反〈劳动法〉有关劳动合同规定的赔偿办法》（劳部发〔1995〕223号）的规定进行赔偿。

（二）劳动合同的内容

18. 劳动者被用人单位录用后，双方可以在劳动合同中约定试用期，试用期应包括在劳动合同期限内。

19. 试用期是用人单位和劳动者为相互了解、选择而约定的不超过六个月的考察期。一般对初次就业或再次就业的职工可以约定。在原固定工进行劳动合同制度的转制过程中，用人单位与原固定工签订劳动合同时，可以不再约定试用期。

20. 无固定期限的劳动合同是指不约定终止日期的劳动合同。按照平等自愿、协商一致的原则，用人单位和劳动者只要达成一致，无论初次就业的，还是由固定工转制的，都可以签订无固定期限的劳动合同。

无固定期限的劳动合同不得将法定解除条件约定为终止条件，以规避解除劳动合同时用人单位应承担支付给劳动者经济补偿的义务。

21. 用人单位经批准招用农民工，其劳动合同期限可以由用人单位和劳动者协商确定。

从事矿山井下以及在其他有害身体健康的工种、岗位工作的农民工，实行定期轮换制度，合同期限最长不超过八年。

22. 劳动法第二十条中的"在同一用人单位连续工作满十年以上"是指劳动者与同一用人单位签订的劳动合同的期限不间断达到十年，劳动合同期满双方同意续订劳动合同时，只要劳动者提出签订无固定期限劳动合同的，用人单位应当与其签订无固定期限的劳动合同。在固定工转制中各地如有特殊规定的，从其规定。

23. 用人单位用于劳动者职业技能培训费用的支付和劳动者违约时培训费的赔偿可以在劳动合同中约定，但约定劳动者违约时负担的培训费和赔偿金的标准不得违反劳动部《违反〈劳动法〉有关劳动合同规定的赔偿办法》（劳部发〔1995〕223号）等有关规定。

24. 用人单位在与劳动者订立劳动合同时，不得以任何形式向劳动者收取定金、保证金（物）或抵押金（物）。对违反以上规定的，应按照劳动部、公安部、全国总工会《关于加强外商投资企业和私营企业劳动管理切实保障职工合法权益的通知》（劳部发〔1994〕118号）和劳动部办公厅《对"关于国有企业和集体所有制企业能否参照执行劳部发〔1994〕118号文件中的有关规定的请示"的复函》（劳办发〔1994〕256号）的规定，由公安部门和劳动行政部门责令用人单位立即退还给劳动者本人。

（三）经济性裁员

25. 依据劳动法第二十七条和劳动部《企业经济性裁减人员规定》①（劳部发〔1994〕447号）第四条的规定，用人单位确需裁减人员，应按下列程序进行：

（1）提前30日向工会或全体职工说明情况，并提供有关生产经营状况的资料；

（2）提出裁减人员方案，内容包括：被裁减人员名单、裁减时间及实施步骤，符合法律、法规规定和集体合同约定的被裁减人员的经济补偿办法；

（3）将裁减人员方案征求工会或者全体职工的意见，并对方案进行修改和完善；

（4）向当地劳动行政部门报告裁减人员方案以及工会或者全体职工的意见，并听取劳动行政部门的意见；

（5）由用人单位正式公布裁减人员方案，与被裁减人员办理解除劳动合同手续，按照有关规定向被裁减人员本人支付经济补偿金，并出具裁减人员证明书。

（四）劳动合同的解除和无效劳动合同

26. 劳动合同的解除是指劳动合同订立后，尚未全部履行以前，由于某种原因导致劳动合同一方或双方当事人提前消灭劳动关系的法律行为。劳动合同的解除分为法定解除和约定解除两种。根据劳动法的规定，劳动合同既可以由单方依法解除，也可以双方协商解除。劳动合同的解除，只对未履行的部分发生效力，不涉及已履行的部分。

27. 无效劳动合同是指所订立的劳动合同不符合法定条件，不能发生当事人预期的法律后果的劳动合同。劳动合同的无效由人民

---

① 注：此处规定与《劳动合同法》规定不一致。

法院或劳动争议仲裁委员会确认,不能由合同双方当事人决定。

28. 劳动者涉嫌违法犯罪被有关机关收容审查、拘留或逮捕的,用人单位在劳动者被限制人身自由期间,可与其暂时停止劳动合同的履行。

暂时停止履行劳动合同期间,用人单位不承担劳动合同规定的相应义务。劳动者经证明被错误限制人身自由的,暂时停止履行劳动合同期间劳动者的损失,可由其依据《国家赔偿法》要求有关部门赔偿。

29. 劳动者被依法追究刑事责任的,用人单位可依据劳动法第二十五条解除劳动合同。

"被依法追究刑事责任"是指:被人民检察院免予起诉的、被人民法院判处刑罚的、被人民法院依据刑法第三十二条免予刑事处分的。

劳动者被人民法院判处拘役、3年以下有期徒刑缓刑的,用人单位可以解除劳动合同。

30. 劳动法第二十五条为用人单位可以解除劳动合同的条款,即使存在第二十九条规定的情况,只要劳动者同时存在第二十五条规定的四种情形之一,用人单位也可以根据第二十五条的规定解除劳动合同。

31. 劳动者被劳动教养①的,用人单位可以依据被劳教的事实解除与该劳动者的劳动合同。

32. 按照劳动法第三十一条的规定,劳动者解除劳动合同,应当提前30日以书面形式通知用人单位。超过30日,劳动者可以向用人单位提出办理解除劳动合同手续,用人单位予以办理。如果劳动者违法解除劳动合同给原用人单位造成经济损失,应当承担赔偿责任。

---

① 注:劳动教养制度已废除。

33. 劳动者违反劳动法规定或劳动合同的约定解除劳动合同（如擅自离职），给用人单位造成经济损失的，应当根据劳动法第一百零二条和劳动部《违反〈劳动法〉有关劳动合同规定的赔偿办法》（劳部发〔1995〕223号）的规定，承担赔偿责任。

34. 除劳动法第二十五条规定的情形外，劳动者在医疗期、孕期、产期和哺乳期内，劳动合同期限届满时，用人单位不得终止劳动合同。劳动合同的期限应自动延续至医疗期、孕期、产期和哺乳期期满为止。

35. 请长病假的职工在医疗期满后，能从事原工作的，可以继续履行劳动合同；医疗期满后仍不能从事原工作也不能从事由单位另行安排的工作的，由劳动鉴定委员会参照工伤与职业病致残程度鉴定标准进行劳动能力鉴定。被鉴定为一至四级的，应当退出劳动岗位，解除劳动关系，办理因病或非因工负伤退休退职手续，享受相应的退休退职待遇；被鉴定为五至十级的，用人单位可以解除劳动合同，并按规定支付经济补偿金和医疗补助费。

（五）解除劳动合同的经济补偿

36. 用人单位依据劳动法第二十四条、第二十六条、第二十七条的规定解除劳动合同，应当按照劳动法和劳动部《违反和解除劳动合同的经济补偿办法》（劳部发〔1994〕481号）[①] 支付劳动者经济补偿金。

37. 根据《民法通则》第四十四条第二款"企业法人分立、合并，它的权利和义务由变更后的法人享有和承担"的规定，用人单位发生分立或合并后，分立或合并后的用人单位可依据其实际情况与原用人单位的劳动者遵循平等自愿、协商一致的原则变更、解除或重新签订劳动合同。在此种情况下的重新签订劳动合同视为原劳动合同的变更，用人单位变更劳动合同，劳动者不能依据劳动法第

[①] 《违反和解除劳动合同的经济补偿办法》已被废止。

二十八条要求经济补偿。

38. 劳动合同期满或者当事人约定的劳动合同终止条件出现，劳动合同即行终止，用人单位可以不支付劳动者经济补偿金。国家另有规定的，可以从其规定。

39. 用人单位依据劳动法第二十五条解除劳动合同，可以不支付劳动者经济补偿金。

40. 劳动者依据劳动法第三十二条第（一）项解除劳动合同，用人单位可以不支付经济补偿金，但应按照劳动者的实际工作天数支付工资。

41. 在原固定工实行劳动合同制度的过程中，企业富余职工辞职，经企业同意可以不与企业签订劳动合同的，企业应根据《国有企业富余职工安置规定》（国务院令第 111 号，1993 年公布）发给劳动者一次性生活补助费。

42. 职工在接近退休年龄（按有关规定一般为五年以内）时因劳动合同到期终止劳动合同的，如果符合退休、退职条件，可以办理退休、退职手续；不符合退休、退职条件的，在终止劳动合同后按规定领取失业救济金。享受失业救济金的期限届满后仍未就业，符合社会救济条件的，可以按规定领取社会救济金，达到退休年龄时办理退休手续，领取养老保险金。

43. 劳动合同解除后，用人单位对符合规定的劳动者应支付经济补偿金。不能因劳动者领取了失业救济金而拒付或克扣经济补偿金，失业保险机构也不得以劳动者领取了经济补偿金为由，停发或减发失业救济金。

（六）体制改革过程中实行劳动合同制度的有关政策

44. 困难企业签订劳动合同，应区分不同情况，有些亏损企业属政策性亏损，生产仍在进行，还能发出工资，应该按照劳动法的规定签订劳动合同。已经停产半停产的企业，要根据具体情况签订劳动合同，保证这些企业职工的基本生活。

45. 在国有企业固定工转制过程中,劳动者无正当理由不得单方面与用人单位解除劳动关系;用人单位也不得以实行劳动合同制度为由,借机辞退部分职工。

46. 关于在企业内录干、聘干问题,劳动法规定用人单位内的全体职工统称为劳动者,在同一用人单位内,各种不同的身份界限随之打破。应该按照劳动法的规定,通过签订劳动合同来明确劳动者的工作内容、岗位等。用人单位根据工作需要,调整劳动者的工作岗位时,可以与劳动者协商一致,变更劳动合同的相关内容。

47. 由于各用人单位千差万别,对工作内容、劳动报酬的规定也就差异很大,因此,国家不宜制定统一的劳动合同标准文本。目前,各地、各行业制定并向企业推荐的劳动合同文本,对于用人单位和劳动者双方有一定的指导意义,但这些劳动合同文本只能供用人单位和劳动者参考。

48. 按照劳动部办公厅《对全面实行劳动合同制若干问题的请示的复函》(劳办发〔1995〕19号)的规定,各地企业在与原固定工签订劳动合同时,应注意保护老弱病残职工的合法权益。对工作时间较长,年龄较大的职工,各地可以根据劳动法第一百零六条制定一次性的过渡政策,具体办法由各省、自治区、直辖市确定。

49. 在企业全面建立劳动合同制度以后,原合同制工人与本企业内的原固定工应享受同等待遇。是否发给15%的工资性补贴,可以由各省、自治区、直辖市人民政府根据劳动法第一百零六条在制定劳动合同制度的实施步骤时加以规定。

50. 在目前工伤保险和残疾人康复就业制度尚未建立和完善的情况下,对因工部分丧失劳动能力的职工,劳动合同期满也不能终止劳动合同,仍由原单位按照国家有关规定提供医疗等待遇。

(七)集体合同

51. 当前签订集体合同的重点应在非国有企业和现代企业制度试点的企业进行,积累经验,逐步扩大范围。

52. 关于国有企业在承包制条件下签订的"共保合同",凡内容符合劳动法和有关法律、法规和规章关于集体合同规定的,应按照有关规定办理集体合同送审、备案手续;凡不符合劳动法和有关法律、法规和规章规定的,应积极创造条件逐步向规范的集体合同过渡。

三、工　　资

(一) 最低工资

53. 劳动法中的"工资"是指用人单位依据国家有关规定或劳动合同的约定,以货币形式直接支付给本单位劳动者的劳动报酬,一般包括计时工资、计件工资、奖金、津贴和补贴、延长工作时间的工资报酬以及特殊情况下支付的工资等。"工资"是劳动者劳动收入的主要组成部分。劳动者的以下劳动收入不属于工资范围:(1) 单位支付给劳动者个人的社会保险福利费用,如丧葬抚恤救济费、生活困难补助费、计划生育补贴等;(2) 劳动保护方面的费用,如用人单位支付给劳动者的工作服、解毒剂、清凉饮料费用等;(3) 按规定未列入工资总额的各种劳动报酬及其他劳动收入,如根据国家规定发放的创造发明奖、国家星火奖、自然科学奖、科学技术进步奖、合理化建议和技术改进奖、中华技能大奖等,以及稿费、讲课费、翻译费等。

54. 劳动法第四十八条中的"最低工资"是指劳动者在法定工作时间内履行了正常劳动义务的前提下,由其所在单位支付的最低劳动报酬。最低工资不包括延长工作时间的工资报酬,以货币形式支付的住房和用人单位支付的伙食补贴,中班、夜班、高温、低温、井下、有毒、有害等特殊工作环境和劳动条件下的津贴,国家法律、法规、规章规定的社会保险福利待遇。

55. 劳动法第四十四条中的"劳动者正常工作时间工资"是指劳动合同规定的劳动者本人所在工作岗位(职位)相对应的工资。

鉴于当前劳动合同制度尚处于推进过程中,按上述规定执行确有困难的用人单位,地方或行业劳动部门可在不违反劳动部《关于工资〈支付暂行规定〉有关问题的补充规定》(劳部发〔1995〕226号)文件所确定的总的原则的基础上,制定过渡办法。

56. 在劳动合同中,双方当事人约定的劳动者在未完成劳动定额或承包任务的情况下,用人单位可低于最低工资标准支付劳动者工资的条款不具有法律效力。

57. 劳动者与用人单位形成或建立劳动关系后,试用、熟练、见习期间,在法定工作时间内提供了正常劳动,其所在的用人单位应当支付其不低于最低工资标准的工资。

58. 企业下岗待工人员,由企业依据当地政府的有关规定支付其生活费,生活费可以低于最低工资标准,下岗待工人员中重新就业的,企业应停发其生活费。女职工因生育、哺乳请长假而下岗的,在其享受法定产假期间,依法领取生育津贴;没有参加生育保险的企业,由企业照发原工资。

59. 职工患病或非因工负伤治疗期间,在规定的医疗期间内由企业按有关规定支付其病假工资或疾病救济费,病假工资或疾病救济费可以低于当地最低工资标准支付,但不能低于最低工资标准的80%。

(二)延长工作时间的工资报酬

60. 实行每天不超过8小时,每周不超过44小时或40小时标准工作时间制度的企业,以及经批准实行综合计算工时工作制的企业,应当按照劳动法的规定支付劳动者延长工作时间的工资报酬。全体职工已实行劳动合同制度的企业,一般管理人员(实行不定时工作制人员除外)经批准延长工作时间的,可以支付延长工作时间的工资报酬。

61. 实行计时工资制的劳动者的日工资,按其本人月工资标准除以平均每月法定工作天数(实行每周40小时工作制的为21.16天,实行每周44小时工作制的为23.33天)进行计算。

62. 实行综合计算工时工作制的企业职工，工作日正好是周休息日的，属于正常工作；工作日正好是法定节假日时，要依照劳动法第四十四条第（三）项的规定支付职工的工资报酬。

（三）有关企业工资支付的政策

63. 企业克扣或无故拖欠劳动者工资的，劳动监察部门应根据劳动法第九十一条、劳动部《违反和解除劳动合同的经济补偿办法》第三条、《违反〈中华人民共和国劳动法〉行政处罚办法》第六条予以处理。

64. 经济困难的企业执行劳动部《工资支付暂行规定》（劳部发〔1994〕489号）确有困难，应根据以下规定执行：

（1）《关于做好国有企业职工和离退休人员基本生活保障工作的通知》（国发〔1993〕76号）的规定，"企业发放工资确有困难时，应发给职工基本生活费，具体标准由各地区、各部门根据实际情况确定"；

（2）《关于国有企业流动资金贷款的紧急通知》（银传〔1994〕34号）的规定，"地方政府通过财政补贴，企业主管部门有可能也要拿出一部分资金，银行要拿出一部分贷款，共同保证职工基本生活和社会的稳定"；

（3）《国有企业富余职工安置规定》（国务院令第111号，1993年发布）的规定："企业可以对职工实行有限期的放假。职工放假期间，由企业发给生活费"。

四、工作时间和休假

（一）综合计算工作时间

65. 经批准实行综合计算工作时间的用人单位，分别以周、月、季、年等为周期综合计算工作时间，但其平均日工作时间和平均周工作时间应与法定标准工作时间基本相同。

66. 对于那些在市场竞争中，由于外界因素的影响，生产任务不均衡的企业的部分职工，经劳动行政部门严格审批后，可以参照综合计算工时工作制的办法实施，但用人单位应采取适当方式确保职工的休息休假权利和生产、工作任务的完成。

67. 经批准实行不定时工作制的职工，不受劳动法第四十一条规定的日延长工作时间标准和月延长工作时间标准的限制，但用人单位应采用弹性工作时间等适当的工作和休息方式，确保职工的休息休假权利和生产、工作任务的完成。

68. 实行标准工时制度的企业，延长工作时间应严格按劳动法第四十一条的规定执行，不能按季、年综合计算延长工作时间。

69. 中央直属企业、企业化管理的事业单位实行不定时工作制和综合计算工时工作制等其他工作和休息办法的，须经国务院行业主管部门审核，报国务院劳动行政部门批准。地方企业实行不定时工作制和综合计算工时工作制等其他工作和休息办法的审批办法，由省、自治区、直辖市人民政府劳动行政部门制定，报国务院劳动行政部门备案。

（二）延长工作时间

70. 休息日安排劳动者工作的，应先按同等时间安排其补休，不能安排补休的应按劳动法第四十四条第（二）项的规定支付劳动者延长工作时间的工资报酬。法定节假日（元旦、春节、劳动节、国庆节）安排劳动者工作的，应按劳动法第四十四条第（三）项支付劳动者延长工作时间的工资报酬。

71. 协商是企业决定延长工作时间的程序（劳动法第四十二条和《劳动部贯彻〈国务院关于职工工作时间的规定〉的实施办法》第七条规定除外），企业确因生产经营需要，必须延长工作时间时，应与工会和劳动者协商。协商后，企业可以在劳动法限定的延长工作时数内决定延长工作时间，对企业违反法律、法规强迫劳动者延长工作时间的，劳动者有权拒绝。若由此发生劳动争议，可以提请劳动争议处理机构予以处理。

（三）休假

72. 实行新工时制度后，企业职工原有的年休假制度仍然实行。在国务院尚未作出新的规定之前，企业可以按照1991年6月5日《中共中央国务院关于职工休假问题的通知》，安排职工休假。

五、社会保险

73. 企业实施破产时，按照国家有关企业破产的规定，从其财产清产和土地转让所得中按实际需要划拨出社会保险费用和职工再就业的安置费。其划拨的养老保险费和失业保险费由当地社会保险基金经办机构和劳动部门就业服务机构接收，并负责支付离退休人员的养老保险费用和支付失业人员应享受的失业保险待遇。

74. 企业富余职工、请长假人员、请长病假人员、外借人员和带薪上学人员，其社会保险费仍按规定由原单位和个人继续缴纳，缴纳保险费期间计算为缴费年限。

75. 用人单位全部职工实行劳动合同制度后，职工在用人单位内由转制前的原工人岗位转为原干部（技术）岗位或由原干部（技术）岗位转为原工人岗位，其退休年龄和条件，按现岗位国家规定执行。

76. 依据劳动部《企业职工患病或非因工负伤医疗期的规定》（劳部发〔1994〕479号）和劳动部《关于贯彻〈企业职工患病或非因工负伤医疗期的规定〉的通知》（劳部发〔1995〕236号），职工患病或非因工负伤，根据本人实际参加工作的年限和本企业工作年限长短，享受3-24个月的医疗期。对于某些患特殊疾病（如癌症、精神病、瘫痪等）的职工，在24个月内尚不能痊愈的，经企业和当地劳动部门批准，可以适当延长医疗期。

77. 劳动者的工伤待遇在国家尚未颁布新的工伤保险法律、行政法规之前，各类企业仍要执行《劳动保险条例》及相关的政策规定，如果当地政府已实行工伤保险制度改革的，应执行当地的新规定；个体经济组织的劳动者的工伤保险参照企业职工的规定执行；国家机关、事业组织、社会团体的劳动者的工伤保险，如果包括在地方人民政府的工伤改革规定范围内的，按地方政府的规定执行。

78. 劳动者患职业病按照 1987 年由卫生部等部门发布的《职业病范围和职业病患者处理办法的规定》和所附的"职业病名单"（〔87〕卫防第 60 号）处理，经职业病诊断机构确诊并发给《职业病诊断证明书》，劳动行政部门据此确认工伤，并通知用人单位或者社会保险基金经办机构发给有关工伤保险待遇；劳动者因工负伤的，劳动行政部门根据企业的工伤事故报告和工伤者本人的申请，作出工伤认定，由社会保险基金经办机构或用人单位，发给有关工伤保险待遇。患职业病或工伤致残的，由当地劳动鉴定委员会按照劳动部《职工工伤和职业病致残程度鉴定标准》（劳险字〔1992〕6 号）① 评定伤残等级和护理依赖程度。劳动鉴定委员会的伤残等级和护理依赖程度的结论，以医学检查、诊断结果为技术依据。

79. 劳动者因工负伤或患职业病，用人单位应按国家和地方政府的规定进行工伤事故报告，或者经职业病诊断机构确诊进行职业病报告。用人单位和劳动者有权按规定向当地劳动行政部门报告。如果用人单位瞒报、漏报工作或职业病，工会、劳动者可以向劳动行政部门报告。经劳动行政部门确认后，用人单位或社会保险基金经办机构应补发工伤保险待遇。

80. 劳动者对劳动行政部门作出的工伤或职业病的确认意见不服，可依法提起行政复议或行政诉讼。

81. 劳动者被认定患职业病或因工负伤后，对劳动鉴定委员会作出的伤残等级和护理依赖程度鉴定结论不服，可依法提起行政复议或行政诉讼。对劳动能力鉴定结论所依据的医学检查、诊断结果

---

① 自 2015 年 1 月 1 日起，劳动能力鉴定适用新标准《劳动能力鉴定 职工工伤与职业病致残等级》。

有异议的，可以要求复查诊断，复查诊断按各省、自治区和直辖市劳动鉴定委员会规定的程序进行。

六、劳动争议

82. 用人单位与劳动者发生劳动争议不论是否订立劳动合同，只要存在事实劳动关系，并符合劳动法的适用范围和《中华人民共和国企业劳动争议处理条例》①的受案范围，劳动争议仲裁委员会均应受理。

83. 劳动合同鉴证是劳动行政部门审查、证明劳动合同的真实性、合法性的一项行政监督措施，尤其在劳动合同制度全面实施的初期有其必要性。劳动行政部门鼓励并提倡用人单位和劳动者进行劳动合同鉴证。劳动争议仲裁委员会不能以劳动合同未经鉴证为由不受理相关的劳动争议案件。

84. 国家机关、事业组织、社会团体与本单位工人以及其他与之建立劳动合同关系的劳动者之间，个体工商户与帮工、学徒之间，以及军队、武警部队的事业组织和企业与其无军籍的职工之间发生的劳动争议，只要符合劳动争议的受案范围，劳动争议仲裁委员会应予受理。

85. "劳动争议发生之日"是指当事人知道或者应当知道其权利被侵害之日。

86. 根据《中华人民共和国商业银行法》的规定，商业银行为企业法人。商业银行与其职工适用《劳动法》、《中华人民共和国企业劳动争议处理条例》等劳动法律、法规和规章。商业银行与其职工发生的争议属于劳动争议的受案范围的，劳动争议仲裁委员会应予受理。

---

① 自2008年5月1日起，劳动争议的调解、仲裁程序应按《中华人民共和国劳动争议调解仲裁法》的规定执行。

87. 劳动法第二十五条第（三）项中的"重大损害"，应由企业内部规章来规定，不便于在全国对其作统一解释。若用人单位以此为由解除劳动合同，与劳动者发生劳动争议，当事人向劳动争议仲裁委员会申请仲裁的，由劳动争议仲裁委员会根据企业类型、规模和损害程度等情况，对企业规章中规定的"重大损害"进行认定。

88. 劳动监察是劳动法授予劳动行政部门的职责，劳动争议仲裁是劳动法授予各级劳动争议仲裁委员会的职能。用人单位或行业部门不能设立劳动监察机构和劳动争议仲裁委员会，也不能设立劳动行政部门劳动监察机构的派出机构和劳动争议仲裁委员会的派出机构。

89. 劳动争议当事人向企业劳动争议调解委员会申请调解，从当事人提出申请之日起，仲裁申诉时效中止，企业劳动争议调解委员会应当在30日内结束调解，即中止期间最长不得超过30日。结束调解之日起，当事人的申诉时效继续计算。调解超过30日的，申诉时效从30日之后的第一天继续计算。

90. 劳动争议仲裁委员会的办事机构对未予受理的仲裁申请，应逐件向仲裁委员会报告并说明情况，仲裁委员会认为应当受理的，应及时通知当事人。当事人从申请至受理的期间应视为时效中止。

七、法律责任

91. 劳动法第九十一条的含义是，如果用人单位实施了本条规定的前三项侵权行为之一的，劳动行政部门应责令用人单位支付劳动者的工资报酬和经济补偿，并可以责令支付赔偿金。如果用人单位实施了本条规定的第四项侵权行为，即解除劳动合同后未依法给予劳动者经济补偿的，因不存在支付工资报酬的问题，故劳动行政部门只责令用人单位支付劳动者经济补偿，还可以支付赔偿金。

92. 用人单位实施下列行为之一的，应认定为劳动法第一百零一条中的"无理阻挠"行为：

（1）阻止劳动监督检查人员进入用人单位内（包括进入劳动现场）进行监督检查的；

（2）隐瞒事实真相，出具伪证，或者隐匿、毁灭证据的；

（3）拒绝提供有关资料的；

（4）拒绝在规定的时间和地点就劳动行政部门所提问题作出解释和说明的；

（5）法律、法规和规章规定的其他情况。

八、适用法律

93. 劳动部、外经贸部《外商投资企业劳动管理规定》（劳部发〔1994〕246号）①与劳动部《违反和解除劳动合同的经济补偿办法》（劳部发〔1994〕481号）中关于解除劳动合同的经济补偿规定是一致的，246号文中的"生活补助费"是劳动法第二十八条所指经济补偿的具体化，与481号文中的"经济补偿金"可视为同一概念。

94. 劳动部、外经贸部《外商投资企业劳动管理规定》（劳部发〔1994〕246号）与劳动部《违反〈中华人民共和国劳动法〉行政处罚办法》（劳部发〔1994〕532号）在企业低于当地最低工资标准支付职工工资应付赔偿金的标准，延长工作时间的罚款标准，阻止劳动监察人员行使监督检查权的罚款标准等方面规定不一致，按照同等效力的法律规范新法优于旧法执行的原则，应执行劳动部劳部发〔1994〕532号规章。

95. 劳动部《企业最低工资规定》（劳部发〔1993〕333号）②与劳动部《违反〈中华人民共和国劳动法〉行政处罚办法》（劳部发〔1994〕532号）在拖欠或低于国家最低工资标准支付工资的赔

---

① 该规定已被《关于废止部分劳动和社会保障规章的决定》（2007年11月9日劳动和社会保障部令第29号）废止。

② 自2004年3月1日起开始执行《最低工资规定》，《企业最低工资规定》同时废止。

偿金标准方面规定不一致，应按劳动部劳部发〔1994〕532号规章执行。

96. 劳动部《违反〈中华人民共和国劳动法〉行政处罚办法》（劳部发〔1994〕532号）对行政处罚行为、处罚标准未作规定，而其他劳动行政规章和地方政府规章作了规定的，按有关规定执行。

97. 对违反劳动法的用人单位，劳动行政部门有权依据劳动法律、法规和规章的规定予以处理，用人单位对劳动行政部门作出的行政处罚决定不服，在法定期限内不提起诉讼或不申请复议又不执行行政处罚决定的，劳动行政部门可以根据行政诉讼法第六十六条申请人民法院强制执行。劳动行政部门依法申请人民法院强制执行时，应当提交申请执行书，据以执行的法律文书和其他必须提交的材料。

98. 适用法律、法规、规章及其他规范性文件遵循下列原则：

（1）法律的效力高于行政法规与地方性法规；行政法规与地方性法规效力高于部门规章和地方政府规章；部门规章和地方政府规章效力高于其他规范性文件。

（2）在适用同一效力层次的文件时，新法律优于旧法律；新法规优于旧法规；新规章优于旧规章；新规范性文件优于旧规范性文件。

99. 依据《法规规章备案规定》（国务院令第48号，1990年发布）"地方人民政府规章同国务院部门规章之间或者国务院部门规章相互之间有矛盾的，由国务院法制局进行协调；经协调不能取得一致意见的，由国务院法制局提出意见，报国务院决定。"地方劳动行政部门在发现劳动部规章与国务院其他部门规章或地方政府规章相矛盾时，可将情况报劳动部，由劳动部报国务院法制局进行协调或决定。

100. 地方或行业劳动部门发现劳动部的规章之间、其他规范性文件之间或规章与其他规范性文件之间相矛盾，一般适用"新文件优于旧文件"的原则，同时可向劳动部请示。

中国工会章程（节录）

（中国工会第十八次全国代表大会部分修改，2023年10月12日通过）

……

第一章 会 员

第一条 凡在中国境内的企业、事业单位、机关、社会组织中，以工资收入为主要生活来源或者与用人单位建立劳动关系的劳动者，不分民族、种族、性别、职业、宗教信仰、教育程度，承认工会章程，都可以加入工会为会员。

工会适应企业组织形式、职工队伍结构、劳动关系、就业形态等方面的发展变化，依法维护劳动者参加和组织工会的权利。

第二条 职工加入工会，由本人自愿申请，经基层工会委员会批准并发给会员证。

第三条 会员享有以下权利：

（一）选举权、被选举权和表决权。

（二）对工会工作进行监督，提出意见和建议，要求撤换或者罢免不称职的工会工作人员。

（三）对国家和社会生活问题及本单位工作提出批评与建议，要求工会组织向有关方面如实反映。

（四）在合法权益受到侵犯时，要求工会给予保护。

（五）工会提供的文化、教育、体育、旅游、疗休养、互助保障、生活救助、法律服务、就业服务等优惠待遇；工会给予的各种奖励。

（六）在工会会议和工会媒体上，参加关于工会工作和职工关心问题的讨论。

第四条　会员履行下列义务：

（一）认真学习贯彻习近平新时代中国特色社会主义思想，学习政治、经济、文化、法律、科技和工会基本知识等。

（二）积极参加民主管理，努力完成生产和工作任务，立足本职岗位建功立业。

（三）遵守宪法和法律，践行社会主义核心价值观，弘扬中华民族传统美德，恪守社会公德、职业道德、家庭美德、个人品德，遵守劳动纪律。

（四）正确处理国家、集体、个人三者利益关系，向危害国家、社会利益的行为作斗争。

（五）维护中国工人阶级和工会组织的团结统一，发扬阶级友爱，搞好互助互济。

（六）遵守工会章程，执行工会决议，参加工会活动，按月交纳会费。

第五条　会员组织关系随劳动（工作）关系变动，凭会员证明接转。

第六条　会员有退会自由。会员退会由本人向工会小组提出，由基层工会委员会宣布其退会并收回会员证。

会员没有正当理由连续六个月不交纳会费、不参加工会组织生活，经教育拒不改正，应当视为自动退会。

第七条　对不执行工会决议、违反工会章程的会员，给予批评教育。对严重违法犯罪并受到刑事处罚的会员，开除会籍。开除会员会籍，须经工会小组讨论，提出意见，由基层工会委员会决定，报上一级工会备案。

第八条　会员离休、退休和失业，可保留会籍。保留会籍期间免交会费。

工会组织要关心离休、退休和失业会员的生活，积极向有关方面反映他们的愿望和要求。

第二章　组织制度

第九条　中国工会实行民主集中制，主要内容是：

（一）个人服从组织，少数服从多数，下级组织服从上级组织。

（二）工会的各级领导机关，除它们派出的代表机关外，都由民主选举产生。

（三）工会的最高领导机关，是工会的全国代表大会和它所产生的中华全国总工会执行委员会。工会的地方各级领导机关，是工会的地方各级代表大会和它所产生的总工会委员会。

（四）工会各级委员会，向同级会员大会或者会员代表大会负责并报告工作，接受会员监督。会员大会和会员代表大会有权撤换或者罢免其所选举的代表和工会委员会组成人员。

（五）工会各级委员会，实行集体领导和分工负责相结合的制度。凡属重大问题由委员会民主讨论，作出决定，委员会成员根据集体的决定和分工，履行自己的职责。

（六）工会各级领导机关，加强对下级组织的领导和服务，经常向下级组织通报情况，听取下级组织和会员的意见，研究和解决他们提出的问题。下级组织应及时向上级组织请示报告工作。

第十条　工会各级代表大会的代表和委员会的产生，要充分体现选举人的意志。候选人名单，要反复酝酿，充分讨论。选举采用无记名投票方式，可以直接采用候选人数多于应选人数的差额选举办法进行正式选举，也可以先采用差额选举办法进行预选，产生候选人名单，然后进行正式选举。任何组织和个人，不得以任何方式强迫选举人选举或不选举某个人。

第十一条　中国工会实行产业和地方相结合的组织领导原则。同一企业、事业单位、机关、社会组织中的会员，组织在一个基层工会组织中；同一行业或者性质相近的几个行业，根据需要建立全国的或者地方的产业工会组织。除少数行政管理体制实行垂直管理的产业，其产业工会实行产业工会和地方工会双重领导，以产业工会领导为主外，其他产业工会均实行以地方工会领导为主，同时接受上级产业工会领导的体制。各产业工会的领导体制，由中华全国总工会确定。

省、自治区、直辖市，设区的市和自治州，县（旗）、自治县、不设区的市建立地方总工会。地方总工会是当地地方工会组织和产业工会地方组织的领导机关。全国建立统一的中华全国总工会。中华全国总工会是各级地方总工会和各产业工会全国组织的领导机关。

中华全国总工会执行委员会委员和产业工会全国委员会委员实行替补制，各级地方总工会委员会委员和地方产业工会委员会委员，也可以实行替补制。

第十二条 县和县以上各级地方总工会委员会，根据工作需要可以派出代表机关。

县和县以上各级工会委员会，在两次代表大会之间，认为有必要时，可以召集代表会议，讨论和决定需要及时解决的重大问题。代表会议代表的名额和产生办法，由召集代表会议的总工会决定。

全国产业工会、各级地方产业工会、乡镇工会、城市街道工会和区域性、行业性工会联合会的委员会，可以按照联合制、代表制原则，由下一级工会组织民主选举的主要负责人和适当比例的有关方面代表组成。

上级工会可以派员帮助和指导用人单位的职工组建工会。

第十三条 各级工会代表大会选举产生同级经费审查委员会。中华全国总工会经费审查委员会设常务委员会，省、自治区、直辖市总工会经费审查委员会和独立管理经费的全国产业工会经费审查委员会，应当设常务委员会。经费审查委员会负责审查同级工会组织及其直属企业、事业单位的经费收支和资产管理情况，监督财经法纪的贯彻执行和工会经费的使用，并接受上级工会经费审查委员会的指导和监督。工会经费审查委员会向同级会员大会或会员代表大会负责并报告工作；在大会闭会期间，向同级工会委员会负责并报告工作。

上级经费审查委员会应当对下一级工会及其直属企业、事业单位的经费收支和资产管理情况进行审查。

中华全国总工会经费审查委员会委员实行替补制，各级地方总工会经费审查委员会委员和独立管理经费的产业工会经费审查委员会委员，也可以实行替补制。

第十四条 各级工会建立女职工委员会，表达和维护女职工的合法权益。女职工委员会由同级工会委员会提名，在充分协商的基础上组成或者选举产生，女职工委员会与工会委员会同时建立，在同级工会委员会领导下开展工作。企业工会女职工委员会是县或者县以上妇联的团体会员，通过县以上地方工会接受妇联的业务指导。

第十五条 县和县以上各级工会组织应当建立法律服务机构，为保护职工和工会组织的合法权益提供服务。

各级工会组织应当组织和代表职工开展劳动法律监督。

第十六条 成立或者撤销工会组织，必须经会员大会或者会员代表大会通过，并报上一级工会批准。基层工会组织所在的企业终止，或者所在的事业单位、机关、社会组织被撤销，该工会组织相应撤销，并报上级工会备案。其他组织和个人不得随意撤销工会组织，也不得把工会组织的机构撤销、合并或者归属其他工作部门。

第三章 全 国 组 织

第十七条 中国工会全国代表大会，每五年举行一次，由中华全国总工会执行委员会召集。在特殊情况下，由中华全国总工会执行委员会主席团提议，经执行委员会全体会议通过，可以提前或者延期举行。代表名额和代表选举办法由中华全国总工会决定。

第十八条 中国工会全国代表大会的职权是：

（一）审议和批准中华全国总工会执行委员会的工作报告。

（二）审议和批准中华全国总工会执行委员会的经费收支情况报告和经费审查委员会的工作报告。

（三）修改中国工会章程。

（四）选举中华全国总工会执行委员会和经费审查委员会。

第十九条 中华全国总工会执行委员会，在全国代表大会闭会期间，负责贯彻执行全国代表大会的决议，领导全国工会工作。

执行委员会全体会议选举主席一人、副主席若干人、主席团委员若干人，组成主席团。

执行委员会全体会议由主席团召集，每年至少举行一次。

第二十条 中华全国总工会执行委员会全体会议闭会期间，由主席团行使执行委员会的职权。主席团全体会议，由主席召集。

主席团闭会期间，由主席、副主席组成的主席会议行使主席团职权。主席会议由中华全国总工会主席召集并主持。

主席团下设书记处，由主席团在主席团成员中推选第一书记一人，书记若干人组成。书记处在主席团领导下，主持中华全国总工会的日常工作。

第二十一条 产业工会全国组织的设置，由中华全国总工会根据需要确定。

产业工会全国委员会的建立，经中华全国总工会批准，可以按照联合制、代表制原则组成，也可以由产业工会全国代表大会选举产生。全国委员会每届任期五年。任期届满，应当如期召开会议，进行换届选举。在特殊情况下，经中华全国总工会批准，可以提前或者延期举行。

产业工会全国代表大会和按照联合制、代表制原则组成的产业工会全国委员会全体会议的职权是：审议和批准产业工会全国委员会的工作报告；选举产业工会全国委员会或者产业工会全国委员会常务委员会。独立管理经费的产业工会，选举经费审查委员会，并向产业工会全国代表大会或者委员会全体会议报告工作。产业工会全国委员会常务委员会由主席一人、副主席若干人、常务委员若干人组成。

第四章　地　方　组　织

第二十二条　省、自治区、直辖市，设区的市和自治州，县（旗）、自治县、不设区的市的工会代表大会，由同级总工会委员会召集，每五年举行一次。在特殊情况下，由同级总工会委员会提议，经上一级工会批准，可以提前或者延期举行。工会的地方各级代表大会的职权是：

（一）审议和批准同级总工会委员会的工作报告。

（二）审议和批准同级总工会委员会的经费收支情况报告和经费审查委员会的工作报告。

（三）选举同级总工会委员会和经费审查委员会。

各级地方总工会委员会，在代表大会闭会期间，执行上级工会的决定和同级工会代表大会的决议，领导本地区的工会工作，定期向上级总工会委员会报告工作。

根据工作需要，省、自治区总工会可在地区设派出代表机关。直辖市和设区的市总工会在区一级建立总工会。

县和城市的区可在乡镇和街道建立乡镇工会和街道工会组织，具备条件的，建立总工会。

第二十三条　各级地方总工会委员会选举主席一人、副主席若干人、常务委员若干人，组成常务委员会。工会委员会、常务委员会和主席、副主席以及经费审查委员会的选举结果，报上一级总工会批准。

各级地方总工会委员会全体会议，每年至少举行一次，由常务委员会召集。各级地方总工会常务委员会，在委员会全体会议闭会期间，行使委员会的职权。

第二十四条 各级地方产业工会组织的设置，由同级地方总工会根据本地区的实际情况确定。

第五章 基层组织

第二十五条 企业、事业单位、机关、社会组织等基层单位，应当依法建立工会组织。社区和行政村可以建立工会组织。从实际出发，建立区域性、行业性工会联合会，推进新经济组织、新社会组织工会组织建设。

有会员二十五人以上的，应当成立基层工会委员会；不足二十五人的，可以单独建立基层工会委员会，也可以由两个以上单位的会员联合建立基层工会委员会，也可以选举组织员或者工会主席一人，主持基层工会工作。基层工会委员会有女会员十人以上的建立女职工委员会，不足十人的设女职工委员。

职工二百人以上企业、事业单位、社会组织的工会设专职工会主席。工会专职工作人员的人数由工会与企业、事业单位、社会组织协商确定。

基层工会组织具备民法典规定的法人条件的，依法取得社会团体法人资格，工会主席为法定代表人。

第二十六条 基层工会会员大会或者会员代表大会，每年至少召开一次。经基层工会委员会或者三分之一以上的工会会员提议，可以临时召开会员大会或者会员代表大会。工会会员在一百人以下的基层工会应当召开会员大会。

工会会员大会或者会员代表大会的职权是：

（一）审议和批准基层工会委员会的工作报告。

（二）审议和批准基层工会委员会的经费收支情况报告和经费审查委员会的工作报告。

（三）选举基层工会委员会和经费审查委员会。

（四）撤换或者罢免其所选举的代表或者工会委员会组成人员。

（五）讨论决定工会工作的重大问题。

基层工会委员会和经费审查委员会每届任期三年或者五年，具体任期由会员大会或者会员代表大会决定。任期届满，应当如期召开会议，进行换届选举。在特殊情况下，经上一级工会批准，可以提前或者延期举行。

会员代表大会的代表实行常任制，任期与本单位工会委员会相同。

第二十七条 基层工会委员会的委员，应当在会员或者会员代表充分酝酿协商的基础上选举产生；主席、副主席，可以由会员大会或者会员代表大会直接选举产生，也可以由基层工会委员会选举产生。大型企业、事业单位的工会委员会，根据工作需要，经上级工会委员会批准，可以设立常务委员会。基层工会委员会、常务委员会和主席、副主席以及经费审查委员会的选举结果，报上一级工会批准。

第二十八条 基层工会委员会的基本任务是：

（一）执行会员大会或者会员代表大会的决议和上级工会的决定，主持基层工会的日常工作。

（二）代表和组织职工依照法律规定，通过职工代表大会、厂务公开和其他形式，参与本单位民主选举、民主协商、民主决策、民主管理和民主监督，保障职工知情权、参与权、表达权和监督权，在公司制企业落实职工董事、职工监事制度。企业、事业单位工会委员会是职工代表大会工作机构，负责职工代表大会的日常工作，检查、督促职工代表大会决议的执行。

（三）参与协调劳动关系和调解劳动争议，与企业、事业单位、社会组织行政方面建立协商制度，协商解决涉及职工切身利益问题。帮助和指导职工与企业、事业单位、社会组织行政方面签订和履行劳动合同，代表职工与企业、事业单位、社会组织行政方面签订集体合同或者其他专项协议，并监督执行。

（四）组织职工开展劳动和技能竞赛、合理化建议、技能培训、技术革新和技术协作等活动，培育工匠、高技能人才，总结推广先进经验。做好劳动模范和先进生产（工作）者的评选、表彰、培养和管理服务工作。

（五）加强对职工的政治引领和思想教育，开展法治宣传教育，重视人文关怀和心理疏导，鼓励支持职工学习文化科学技术和管理知识，开展健康的文化体育活动。推进企业文化职工文化建设，办好工会文化、教育、体育事业。

（六）监督有关法律、法规的贯彻执行。协助和督促行政方面做好工资、安全生产、职业病防治和社会保险等方面的工作，推动落实职工福利待遇。办好职工集体福利事业，改善职工生活，对困难职工开展帮扶。依法参与生产安全事故和职业病危害事故的调查处理。

（七）维护女职工的特殊权益，同歧视、虐待、摧残、迫害女职工的现象作斗争。

（八）搞好工会组织建设，健全民主制度和民主生活。建立和发展工会积极分子队伍。做好会员的发展、接收、教育和会籍管理工作。加强职工之家建设。

（九）收好、管好、用好工会经费，管理好工会资产和工会的企业、事业。

第二十九条　教育、科研、文化、卫生、体育等事业单位和机关工会，从脑力劳动者比较集中的特点出发开展工作，积极了解和关心职工的思想、工作和生活，推动党的知识分子政策的贯彻落实。组织职工搞好本单位的民主选举、民主协商、民主决策、民主管理和民主监督，为发挥职工的聪明才智创造良好的条件。

第三十条　基层工会委员会根据工作需要，可以在分厂、车间（科室）建立分厂、车间（科室）工会委员会。分厂、车间（科室）工会委员会由分厂、车间（科室）会员大会或者会员代表大会选举产生，任期和基层工会委员会相同。

基层工会委员会和分厂、车间（科室）工会委员会，可以根据需要设若干专门委员会或者专门小组。

按照生产（行政）班组建立工会小组，民主选举工会小组长，积极开展工会小组活动。

第六章　工　会　干　部

第三十一条　各级工会组织按照革命化、年轻化、知识化、专业化的要求，落实新时代好干部标准，努力建设一支坚持党的基本路线，熟悉本职业务，热爱工会工作，受到职工信赖的干部队伍。

第三十二条　工会干部要努力做到：

（一）认真学习马克思列宁主义、毛泽东思想、邓小平理论、"三个代表"重要思想、科学发展观、习近平新时代中国特色社会主义思想，学习党的基本知识和党的历史，学习政治、经济、历史、文化、法律、科技和工会业务等知识，提高政治能力、思维能力、实践能力，增强推动高质量发展本领、服务群众本领、防范化解风险本领。

（二）执行党的基本路线和各项方针政策，遵守国家法律、法规，在改革开放和社会主义现代化建设中勇于开拓创新。

（三）信念坚定，忠于职守，勤奋工作，敢于担当，廉洁奉公，顾全大局，维护团结。

（四）坚持实事求是，认真调查研究，如实反映职工的意见、愿望和要求。

（五）坚持原则，不谋私利，热心为职工说话办事，依法维护职工的合法权益。

（六）作风民主，联系群众，增强群众意识和群众感情，自觉接受职工群众的批评和监督。

第三十三条　各级工会组织根据有关规定管理工会干部，重视发现培养和选拔优秀年轻干部、女干部、少数民族干部，成为培养干部的重要基地。

基层工会主席、副主席任期未满不得随意调动其工作。因工作需要调动时，应事先征得本级工会委员会和上一级工会同意。

县和县以上工会可以为基层工会选派、聘用社会化工会工作者等工作人员。

第三十四条 各级工会组织建立与健全干部培训制度。办好工会干部院校和各种培训班。

第三十五条 各级工会组织关心工会干部的思想、学习和生活,督促落实相应的待遇,支持他们的工作,坚决同打击报复工会干部的行为作斗争。

县和县以上工会设立工会干部权益保障金,保障工会干部依法履行职责。

第七章 工会经费和资产

第三十六条 工会经费的来源:

(一)会员交纳的会费。

(二)企业、事业单位、机关、社会组织按全部职工工资总额的百分之二向工会拨缴的经费或者建会筹备金。

(三)工会所属的企业、事业单位上缴的收入。

(四)人民政府和企业、事业单位、机关、社会组织的补助。

(五)其他收入。

第三十七条 工会经费主要用于为职工服务和开展工会活动。各级工会组织应坚持正确使用方向,加强预算管理,优化支出结构,开展监督检查。

第三十八条 县和县以上各级工会应当与税务、财政等有关部门合作,依照规定做好工会经费收缴和应当由财政负担的工会经费拨缴工作。

未成立工会的企业、事业单位、机关、社会组织,按工资总额的百分之二向上级工会拨缴工会建会筹备金。

具备社会团体法人资格的工会应当依法设立独立经费账户。

第三十九条 工会资产是社会团体资产,中华全国总工会对各级工会的资产拥有终极所有权。各级工会依法依规加强对工会资产的监督、管理,保护工会资产不受损害,促进工会资产保值增值。根据经费独立原则,建立预算、决算、资产监管和经费审查监督制度。实行"统一领导、分级管理"的财务体制、"统一所有、分级监管、单位使用"的资产监管体制和"统一领导、分级管理、分级负责、下审一级"的经费审查监督体制。工会经费、资产的管理和使用办法以及工会经费审查监督制度,由中华全国总工会制定。

第四十条 各级工会委员会按照规定编制和审批预算、决算,定期向会员大会或者会员代表大会和上一级工会委员会报告经费收支和资产管理情况,接受上级和同级工会经费审查委员会审查监督。

第四十一条 工会经费、资产和国家及企业、事业单位等拨给工会的不动产和拨付资金形成的资产受法律保护,任何单位和个人不得侵占、挪用和任意调拨;不经批准,不得改变工会所属企业、事业单位的隶属关系和产权关系。

工会组织合并,其经费资产归合并后的工会所有;工会组织撤销或者解散,其经费资产由上级工会处置。

第八章 会　　徽

第四十二条 中国工会会徽,选用汉字"中"、"工"两字,经艺术造型呈圆形重叠组成,并在两字外加一圆线,象征中国工会和中国工人阶级的团结统一。会徽的制作标准,由中华全国总工会规定。

第四十三条 中国工会会徽,可在工会办公地点、活动场所、会议会场悬挂,可作为纪念品、办公用品上的工会标志,也可以作为徽章佩戴。

第九章 附　　则

第四十四条 本章程解释权属于中华全国总工会。

二 就 业

（一）综 合

中华人民共和国就业促进法

（2007年8月30日第十届全国人民代表大会常务委员会第二十九次会议通过 根据2015年4月24日第十二届全国人民代表大会常务委员会第十四次会议《关于修改〈中华人民共和国电力法〉等六部法律的决定》修正）

目 录

第一章 总　　则

第二章 政策支持

第三章 公平就业

第四章 就业服务和管理

第五章 职业教育和培训

第六章 就业援助

第七章 监督检查

第八章 法律责任

第九章 附　　则

第一章 总　　则

第一条　为了促进就业，促进经济发展与扩大就业相协调，促进社会和谐稳定，制定本法。

第二条　国家把扩大就业放在经济社会发展的突出位置，实施积极的就业政策，坚持劳动者自主择业、市场调节就业、政府促进就业的方针，多渠道扩大就业。

第三条　劳动者依法享有平等就业和自主择业的权利。

劳动者就业，不因民族、种族、性别、宗教信仰等不同而受歧视。

第四条　县级以上人民政府把扩大就业作为经济和社会发展的重要目标，纳入国民经济和社会发展规划，并制定促进就业的中长期规划和年度工作计划。

第五条　县级以上人民政府通过发展经济和调整产业结构、规范人力资源市场、完善就业服务、加强职业教育和培训、提供就业援助等措施，创造就业条件，扩大就业。

第六条　国务院建立全国促进就业工作协调机制，研究就业工作中的重大问题，协调推动全国的促进就业工作。国务院劳动行政部门具体负责全国的促进就业工作。

省、自治区、直辖市人民政府根据促进就业工作的需要，建立促进就业工作协调机制，协调解决本行政区域就业工作中的重大问题。

县级以上人民政府有关部门按照各自的职责分工，共同做好促进就业工作。

第七条　国家倡导劳动者树立正确的择业观念，提高就业能力和创业能力；鼓励劳动者自主创业、自谋职业。

各级人民政府和有关部门应当简化程序，提高效率，为劳动者自主创业、自谋职业提供便利。

第八条　用人单位依法享有自主用人的权利。

用人单位应当依照本法以及其他法律、法规的规定，保障劳动者的合法权益。

第九条 工会、共产主义青年团、妇女联合会、残疾人联合会以及其他社会组织，协助人民政府开展促进就业工作，依法维护劳动者的劳动权利。

第十条 各级人民政府和有关部门对在促进就业工作中作出显著成绩的单位和个人，给予表彰和奖励。

第二章 政策支持

第十一条 县级以上人民政府应当把扩大就业作为重要职责，统筹协调产业政策与就业政策。

第十二条 国家鼓励各类企业在法律、法规规定的范围内，通过兴办产业或者拓展经营，增加就业岗位。

国家鼓励发展劳动密集型产业、服务业，扶持中小企业，多渠道、多方式增加就业岗位。

国家鼓励、支持、引导非公有制经济发展，扩大就业，增加就业岗位。

第十三条 国家发展国内外贸易和国际经济合作，拓宽就业渠道。

第十四条 县级以上人民政府在安排政府投资和确定重大建设项目时，应当发挥投资和重大建设项目带动就业的作用，增加就业岗位。

第十五条 国家实行有利于促进就业的财政政策，加大资金投入，改善就业环境，扩大就业。

县级以上人民政府应当根据就业状况和就业工作目标，在财政预算中安排就业专项资金用于促进就业工作。

就业专项资金用于职业介绍、职业培训、公益性岗位、职业技能鉴定、特定就业政策和社会保险等的补贴，小额贷款担保基金和微利项目的小额担保贷款贴息，以及扶持公共就业服务等。就业专项资金的使用管理办法由国务院财政部门和劳动行政部门规定。

第十六条 国家建立健全失业保险制度，依法确保失业人员的基本生活，并促进其实现就业。

第十七条 国家鼓励企业增加就业岗位，扶持失业人员和残疾人就业，对下列企业、人员依法给予税收优惠：

（一）吸纳符合国家规定条件的失业人员达到规定要求的企业；

（二）失业人员创办的中小企业；

（三）安置残疾人员达到规定比例或者集中使用残疾人的企业；

（四）从事个体经营的符合国家规定条件的失业人员；

（五）从事个体经营的残疾人；

（六）国务院规定给予税收优惠的其他企业、人员。

第十八条 对本法第十七条第四项、第五项规定的人员，有关部门应当在经营场地等方面给予照顾，免除行政事业性收费。

第十九条 国家实行有利于促进就业的金融政策，增加中小企业的融资渠道；鼓励金融机构改进金融服务，加大对中小企业的信贷支持，并对自主创业人员在一定期限内给予小额信贷等扶持。

第二十条 国家实行城乡统筹的就业政策，建立健全城乡劳动者平等就业的制度，引导农业富余劳动力有序转移就业。

县级以上地方人民政府推进小城镇建设和加快县域经济发展，引导农业富余劳动力就地就近转移就业；在制定小城镇规划时，将本地区农业富余劳动力转移就业作为重要内容。

县级以上地方人民政府引导农业富余劳动力有序向城市异地转移就业；劳动力输出地和输入地人民政府应当互相配合，改善农村劳动者进城就业的环境和条件。

第二十一条 国家支持区域经济发展，鼓励区域协作，统筹协调不同地区就业的均衡增长。

国家支持民族地区发展经济，扩大就业。

第二十二条　各级人民政府统筹做好城镇新增劳动力就业、农业富余劳动力转移就业和失业人员就业工作。

第二十三条　各级人民政府采取措施，逐步完善和实施与非全日制用工等灵活就业相适应的劳动和社会保险政策，为灵活就业人员提供帮助和服务。

第二十四条　地方各级人民政府和有关部门应当加强对失业人员从事个体经营的指导，提供政策咨询、就业培训和开业指导等服务。

第三章　公平就业

第二十五条　各级人民政府创造公平就业的环境，消除就业歧视，制定政策并采取措施对就业困难人员给予扶持和援助。

第二十六条　用人单位招用人员、职业中介机构从事职业中介活动，应当向劳动者提供平等的就业机会和公平的就业条件，不得实施就业歧视。

第二十七条　国家保障妇女享有与男子平等的劳动权利。

用人单位招用人员，除国家规定的不适合妇女的工种或者岗位外，不得以性别为由拒绝录用妇女或者提高对妇女的录用标准。

用人单位录用女职工，不得在劳动合同中规定限制女职工结婚、生育的内容。

第二十八条　各民族劳动者享有平等的劳动权利。

用人单位招用人员，应当依法对少数民族劳动者给予适当照顾。

第二十九条　国家保障残疾人的劳动权利。

各级人民政府应当对残疾人就业统筹规划，为残疾人创造就业条件。

用人单位招用人员，不得歧视残疾人。

第三十条　用人单位招用人员，不得以是传染病病原携带者为由拒绝录用。但是，经医学鉴定传染病病原携带者在治愈前或者排除传染嫌疑前，不得从事法律、行政法规和国务院卫生行政部门规定禁止从事的易使传染病扩散的工作。

第三十一条 农村劳动者进城就业享有与城镇劳动者平等的劳动权利，不得对农村劳动者进城就业设置歧视性限制。

第四章　就业服务和管理

第三十二条 县级以上人民政府培育和完善统一开放、竞争有序的人力资源市场，为劳动者就业提供服务。

第三十三条 县级以上人民政府鼓励社会各方面依法开展就业服务活动，加强对公共就业服务和职业中介服务的指导和监督，逐步完善覆盖城乡的就业服务体系。

第三十四条 县级以上人民政府加强人力资源市场信息网络及相关设施建设，建立健全人力资源市场信息服务体系，完善市场信息发布制度。

第三十五条 县级以上人民政府建立健全公共就业服务体系，设立公共就业服务机构，为劳动者免费提供下列服务：

（一）就业政策法规咨询；

（二）职业供求信息、市场工资指导价位信息和职业培训信息发布；

（三）职业指导和职业介绍；

（四）对就业困难人员实施就业援助；

（五）办理就业登记、失业登记等事务；

（六）其他公共就业服务。

公共就业服务机构应当不断提高服务的质量和效率，不得从事经营性活动。

公共就业服务经费纳入同级财政预算。

第三十六条 县级以上地方人民政府对职业中介机构提供公益性就业服务的，按照规定给予补贴。

国家鼓励社会各界为公益性就业服务提供捐赠、资助。

第三十七条 地方各级人民政府和有关部门不得举办或者与他人联合举办经营性的职业中介机构。

地方各级人民政府和有关部门、公共就业服务机构举办的招聘会，不得向劳动者收取费用。

第三十八条 县级以上人民政府和有关部门加强对职业中介机构的管理，鼓励其提高服务质量，发挥其在促进就业中的作用。

第三十九条 从事职业中介活动，应当遵循合法、诚实信用、公平、公开的原则。

用人单位通过职业中介机构招用人员，应当如实向职业中介机构提供岗位需求信息。

禁止任何组织或者个人利用职业中介活动侵害劳动者的合法权益。

第四十条 设立职业中介机构应当具备下列条件：

（一）有明确的章程和管理制度；

（二）有开展业务必备的固定场所、办公设施和一定数额的开办资金；

（三）有一定数量具备相应职业资格的专职工作人员；

（四）法律、法规规定的其他条件。

设立职业中介机构应当在工商行政管理部门办理登记后，向劳动行政部门申请行政许可。

未经依法许可和登记的机构，不得从事职业中介活动。

国家对外商投资职业中介机构和向劳动者提供境外就业服务的职业中介机构另有规定的，依照其规定。

第四十一条 职业中介机构不得有下列行为：

（一）提供虚假就业信息；

（二）为无合法证照的用人单位提供职业中介服务；

（三）伪造、涂改、转让职业中介许可证；

（四）扣押劳动者的居民身份证和其他证件，或者向劳动者收取押金；

（五）其他违反法律、法规规定的行为。

第四十二条 县级以上人民政府建立失业预警制度，对可能出现的较大规模的失业，实施预防、调节和控制。

第四十三条 国家建立劳动力调查统计制度和就业登记、失业登记制度，开展劳动力资源和就业、失业状况调查统计，并公布调查统计结果。

统计部门和劳动行政部门进行劳动力调查统计和就业、失业登记时，用人单位和个人应当如实提供调查统计和登记所需要的情况。

第五章 职业教育和培训

第四十四条 国家依法发展职业教育，鼓励开展职业培训，促进劳动者提高职业技能，增强就业能力和创业能力。

第四十五条 县级以上人民政府根据经济社会发展和市场需求，制定并实施职业能力开发计划。

第四十六条 县级以上人民政府加强统筹协调，鼓励和支持各类职业院校、职业技能培训机构和用人单位依法开展就业前培训、在职培训、再就业培训和创业培训；鼓励劳动者参加各种形式的培训。

第四十七条 县级以上地方人民政府和有关部门根据市场需求和产业发展方向，鼓励、指导企业加强职业教育和培训。

职业院校、职业技能培训机构与企业应当密切联系，实行产教结合，为经济建设服务，培养实用人才和熟练劳动者。

企业应当按照国家有关规定提取职工教育经费，对劳动者进行职业技能培训和继续教育培训。

第四十八条 国家采取措施建立健全劳动预备制度，县级以上地方人民政府对有就业要求的初高中毕业生实行一定期限的职业教育和培训，使其取得相应的职业资格或者掌握一定的职业技能。

第四十九条 地方各级人民政府鼓励和支持开展就业培训，帮助失业人员提高职业技能，增强其就业能力和创业能力。失业人员参加就业培训的，按照有关规定享受政府培训补贴。

第五十条　地方各级人民政府采取有效措施，组织和引导进城就业的农村劳动者参加技能培训，鼓励各类培训机构为进城就业的农村劳动者提供技能培训，增强其就业能力和创业能力。

第五十一条　国家对从事涉及公共安全、人身健康、生命财产安全等特殊工种的劳动者，实行职业资格证书制度，具体办法由国务院规定。

第六章　就业援助

第五十二条　各级人民政府建立健全就业援助制度，采取税费减免、贷款贴息、社会保险补贴、岗位补贴等办法，通过公益性岗位安置等途径，对就业困难人员实行优先扶持和重点帮助。

就业困难人员是指因身体状况、技能水平、家庭因素、失去土地等原因难以实现就业，以及连续失业一定时间仍未能实现就业的人员。就业困难人员的具体范围，由省、自治区、直辖市人民政府根据本行政区域的实际情况规定。

第五十三条　政府投资开发的公益性岗位，应当优先安排符合岗位要求的就业困难人员。被安排在公益性岗位工作的，按照国家规定给予岗位补贴。

第五十四条　地方各级人民政府加强基层就业援助服务工作，对就业困难人员实施重点帮助，提供有针对性的就业服务和公益性岗位援助。

地方各级人民政府鼓励和支持社会各方面为就业困难人员提供技能培训、岗位信息等服务。

第五十五条　各级人民政府采取特别扶助措施，促进残疾人就业。

用人单位应当按照国家规定安排残疾人就业，具体办法由国务院规定。

第五十六条 县级以上地方人民政府采取多种就业形式，拓宽公益性岗位范围，开发就业岗位，确保城市有就业需求的家庭至少有一人实现就业。

法定劳动年龄内的家庭人员均处于失业状况的城市居民家庭，可以向住所地街道、社区公共就业服务机构申请就业援助。街道、社区公共就业服务机构经确认属实的，应当为该家庭中至少一人提供适当的就业岗位。

第五十七条 国家鼓励资源开采型城市和独立工矿区发展与市场需求相适应的产业，引导劳动者转移就业。

对因资源枯竭或者经济结构调整等原因造成就业困难人员集中的地区，上级人民政府应当给予必要的扶持和帮助。

第七章 监督检查

第五十八条 各级人民政府和有关部门应当建立促进就业的目标责任制度。县级以上人民政府按照促进就业目标责任制的要求，对所属的有关部门和下一级人民政府进行考核和监督。

第五十九条 审计机关、财政部门应当依法对就业专项资金的管理和使用情况进行监督检查。

第六十条 劳动行政部门应当对本法实施情况进行监督检查，建立举报制度，受理对违反本法行为的举报，并及时予以核实、处理。

第八章 法律责任

第六十一条 违反本法规定，劳动行政等有关部门及其工作人员滥用职权、玩忽职守、徇私舞弊的，对直接负责的主管人员和其他直接责任人员依法给予处分。

第六十二条 违反本法规定，实施就业歧视的，劳动者可以向人民法院提起诉讼。

第六十三条　违反本法规定，地方各级人民政府和有关部门、公共就业服务机构举办经营性的职业中介机构，从事经营性职业中介活动，向劳动者收取费用的，由上级主管机关责令限期改正，将违法收取的费用退还劳动者，并对直接负责的主管人员和其他直接责任人员依法给予处分。

第六十四条　违反本法规定，未经许可和登记，擅自从事职业中介活动的，由劳动行政部门或者其他主管部门依法予以关闭；有违法所得的，没收违法所得，并处一万元以上五万元以下的罚款。

第六十五条　违反本法规定，职业中介机构提供虚假就业信息，为无合法证照的用人单位提供职业中介服务，伪造、涂改、转让职业中介许可证的，由劳动行政部门或者其他主管部门责令改正；有违法所得的，没收违法所得，并处一万元以上五万元以下的罚款；情节严重的，吊销职业中介许可证。

第六十六条　违反本法规定，职业中介机构扣押劳动者居民身份证等证件的，由劳动行政部门责令限期退还劳动者，并依照有关法律规定给予处罚。

违反本法规定，职业中介机构向劳动者收取押金的，由劳动行政部门责令限期退还劳动者，并以每人五百元以上二千元以下的标准处以罚款。

第六十七条　违反本法规定，企业未按照国家规定提取职工教育经费，或者挪用职工教育经费的，由劳动行政部门责令改正，并依法给予处罚。

第六十八条　违反本法规定，侵害劳动者合法权益，造成财产损失或者其他损害的，依法承担民事责任；构成犯罪的，依法追究刑事责任。

第九章　附　　则

第六十九条　本法自 2008 年 1 月 1 日起施行。

香港澳门台湾居民在内地（大陆）参加社会保险暂行办法

(2019年11月29日人力资源和社会保障部、国家医疗保障局令第41号公布　自2020年1月1日起施行)

第一条　为了维护在内地（大陆）就业、居住和就读的香港特别行政区、澳门特别行政区居民中的中国公民和台湾地区居民（以下简称港澳台居民）依法参加社会保险和享受社会保险待遇的合法权益，加强社会保险管理，根据《中华人民共和国社会保险法》（以下简称社会保险法）等规定，制定本办法。

第二条　在内地（大陆）依法注册或者登记的企业、事业单位、社会组织、有雇工的个体经济组织等用人单位（以下统称用人单位）依法聘用、招用的港澳台居民，应当依法参加职工基本养老保险、职工基本医疗保险、工伤保险、失业保险和生育保险，由用人单位和本人按照规定缴纳社会保险费。

在内地（大陆）依法从事个体工商经营的港澳台居民，可以按照注册地有关规定参加职工基本养老保险和职工基本医疗保险；在内地（大陆）灵活就业且办理港澳台居民居住证的港澳台居民，可以按照居住地有关规定参加职工基本养老保险和职工基本医疗保险。

在内地（大陆）居住且办理港澳台居民居住证的未就业港澳台居民，可以在居住地按照规定参加城乡居民基本养老保险和城乡居民基本医疗保险。

在内地（大陆）就读的港澳台大学生，与内地（大陆）大学生执行同等医疗保障政策，按规定参加高等教育机构所在地城乡居民基本医疗保险。

第三条 用人单位依法聘用、招用港澳台居民的，应当持港澳台居民有效证件，以及劳动合同、聘用合同等证明材料，为其办理社会保险登记。在内地（大陆）依法从事个体工商经营和灵活就业的港澳台居民，按照注册地（居住地）有关规定办理社会保险登记。

已经办理港澳台居民居住证且符合在内地（大陆）参加城乡居民基本养老保险和城乡居民基本医疗保险条件的港澳台居民，持港澳台居民居住证在居住地办理社会保险登记。

第四条 港澳台居民办理社会保险的各项业务流程与内地（大陆）居民一致。社会保险经办机构或者社会保障卡管理机构应当为港澳台居民建立社会保障号码，并发放社会保障卡。

港澳台居民在办理居住证时取得的公民身份号码作为其社会保障号码；没有公民身份号码的港澳居民的社会保障号码，由社会保险经办机构或者社会保障卡管理机构按照国家统一规定编制。

第五条 参加社会保险的港澳台居民，依法享受社会保险待遇。

第六条 参加职工基本养老保险的港澳台居民达到法定退休年龄时，累计缴费不足 15 年的，可以延长缴费至满 15 年。社会保险法实施前参保、延长缴费 5 年后仍不足 15 年的，可以一次性缴费至满 15 年。

参加城乡居民基本养老保险的港澳台居民，符合领取待遇条件的，在居住地按照有关规定领取城乡居民基本养老保险待遇。达到待遇领取年龄时，累计缴费不足 15 年的，可以按照有关规定延长缴费或者补缴。

参加职工基本医疗保险的港澳台居民，达到法定退休年龄时累计缴费达到国家规定年限的，退休后不再缴纳基本医疗保险费，按照国家规定享受基本医疗保险待遇；未达到国家规定年限的，可以缴费至国家规定年限。退休人员享受基本医疗保险待遇的缴费年限按照各地规定执行。

参加城乡居民基本医疗保险的港澳台居民按照与所在统筹地区城乡居民同等标准缴费，并享受同等的基本医疗保险待遇。

参加基本医疗保险的港澳台居民，在境外就医所发生的医疗费用不纳入基本医疗保险基金支付范围。

第七条 港澳台居民在达到规定的领取养老金条件前离开内地（大陆）的，其社会保险个人账户予以保留，再次来内地（大陆）就业、居住并继续缴费的，缴费年限累计计算；经本人书面申请终止社会保险关系的，可以将其社会保险个人账户储存额一次性支付给本人。

已获得香港、澳门、台湾居民身份的原内地（大陆）居民，离开内地（大陆）时选择保留社会保险关系的，返回内地（大陆）就业、居住并继续参保时，原缴费年限合并计算；离开内地（大陆）时已经选择终止社会保险关系的，原缴费年限不再合并计算，可以将其社会保险个人账户储存额一次性支付给本人。

第八条 参加社会保险的港澳台居民在内地（大陆）跨统筹地区流动办理社会保险关系转移时，按照国家有关规定执行。港澳台居民参加企业职工基本养老保险的，不适用建立临时基本养老保险缴费账户的相关规定。已经领取养老保险待遇的，不再办理基本养老保险关系转移接续手续。已经享受退休人员医疗保险待遇的，不再办理基本医疗保险关系转移接续手续。

参加职工基本养老保险的港澳台居民跨省流动就业的，应当转移基本养老保险关系。达到待遇领取条件时，在其基本养老保险关系所在地累计缴费年限满10年的，在该地办理待遇领取手续；在其基本养老保险关系所在地累计缴费年限不满10年的，将其基本养老保险关系转回上一个缴费年限满10年的参保地办理待遇领取手续；在各参保地累计缴费年限均不满10年的，由其缴费年限最长的参保地负责归集基本养老保险关系及相应资金，办理待遇领取手续，并支付基本养老保险待遇；如有多个缴费年限相同的最长参保地，则由其最后一个缴费年限最长的参保地负责归集基本养老保险关系及相应资金，办理待遇领取手续，并支付基本养老保险待遇。

参加职工基本养老保险的港澳台居民跨省流动就业，达到法定退休年龄时累计缴费不足15年的，按照本条第二款有关待遇领取地的规定确定继续缴费地后，按照本办法第六条第一款办理。

第九条 按月领取基本养老保险、工伤保险待遇的港澳台居民，应当按照社会保险经办机构的规定，办理领取待遇资格认证。

按月领取基本养老保险、工伤保险、失业保险待遇的港澳台居民丧失领取资格条件后，本人或者其亲属应当于1个月内向社会保险经办机构如实报告情况。因未主动报告而多领取的待遇应当及时退还社会保险经办机构。

第十条 各级财政对在内地（大陆）参加城乡居民基本养老保险和城乡居民基本医疗保险（港澳台大学生除外）的港澳台居民，按照与所在统筹地区城乡居民相同的标准给予补助。

各级财政对港澳台大学生参加城乡居民基本医疗保险补助政策按照有关规定执行。

第十一条 已在香港、澳门、台湾参加当地社会保险，并继续保留社会保险关系的港澳台居民，可以持相关授权机构出具的证明，不在内地（大陆）参加基本养老保险和失业保险。

第十二条 内地（大陆）与香港、澳门、台湾有关机构就社会保险事宜作出具体安排的，按照相关规定办理。

第十三条 社会保险行政部门或者社会保险费征收机构应当按照社会保险法的规定，对港澳台居民参加社会保险的情况进行监督检查。用人单位未依法为聘用、招用的港澳台居民办理社会保险登记或者未依法为其缴纳社会保险费的，按照社会保险法等法律、行政法规和有关规章的规定处理。

第十四条　办法所称"港澳台居民有效证件",指港澳居民来往内地通行证、港澳台居民居住证。

第十五条　本办法自2020年1月1日起施行。

外国人在中国就业管理规定（节录）

（1996年1月22日劳部发〔1996〕29号公布　根据2010年11月12日《人力资源和社会保障部关于废止和修改部分人力资源和社会保障规章的决定》第一次修订　根据2017年3月13日《人力资源社会保障部关于修改〈外国人在中国就业管理规定〉的决定》第二次修订）

……

第四章　劳动管理

第十七条　用人单位与被聘用的外国人应依法订立劳动合同。劳动合同的期限最长不得超过5年。劳动合同期限届满即行终止,但按本规定第十九条的规定履行审批手续后可以续订。

第十八条　被聘用的外国人与用人单位签订的劳动合同期满时,其就业证即行失效。如需续订,该用人单位应在原合同期满前30日内,向劳动行政部门提出延长聘用时间的申请,经批准并办理就业证延期手续。

第十九条　外国人被批准延长在中国就业期限或变更就业区域、单位后,应在10日内到当地公安机关办理居留证件延期或变更手续。

第二十条　被聘用的外国人与用人单位的劳动合同被解除后,该用人单位应及时报告劳动、公安部门,交还该外国人的就业证和居留证件，并到公安机关办理出境手续。

第二十一条 用人单位支付所聘用外国人的工资不得低于当地最低工资标准。

第二十二条 在中国就业的外国人的工作时间、休息休假、劳动安全卫生以及社会保险按国家有关规定执行。

第二十三条 外国人在中国就业的用人单位必须与其就业证所注明的单位相一致。

外国人在发证机关规定的区域内变更用人单位但仍从事原职业的，须经原发证机关批准，并办理就业证变更手续。

外国人离开发证机关规定的区域就业或在原规定的区域内变更用人单位且从事不同职业的，须重新办理就业许可手续。

第二十四条 因违反中国法律被中国公安机关取消居留资格的外国人，用人单位应解除劳动合同，劳动部门应吊销就业证。

第二十五条 用人单位与被聘用的外国人发生劳动争议，应按照《中华人民共和国劳动法》和《中华人民共和国劳动争议调解仲裁法》处理。

第二十六条 劳动行政部门对就业证实行年检。用人单位聘用外国人就业每满 1 年，应在期满前 30 日内到劳动行政部门发证机关为被聘用的外国人办理就业证年检手续。逾期未办的，就业证自行失效。

外国人在中国就业期间遗失或损坏其就业证的，应立即到原发证机关办理挂失、补办或换证手续。

……

外商投资职业介绍机构设立管理暂行规定（节录）

（2001年10月9日劳动和社会保障部、国家工商行政管理总局令第14号公布　根据2015年4月30日《人力资源社会保障部关于修改部分规章的决定》第一次修订　根据2019年12月31日《人力资源社会保障部关于修改部分规章的决定》第二次修订）

……

第五条　外商投资职业介绍机构可以从事下列业务：
（一）为中外求职者和用人单位、居民家庭提供职业介绍服务；
（二）提供职业指导、咨询服务；
（三）收集和发布劳动力市场信息；
（四）举办职业招聘洽谈会；
（五）根据国家有关规定从事互联网职业信息服务；
（六）经县级以上劳动保障行政部门核准的其他服务项目。

外商投资职业介绍机构介绍中国公民出境就业和外国企业常驻中国代表机构聘用中方雇员按照国家有关规定执行。

……

第十二条　香港特别行政区、澳门特别行政区投资者在内地以及台湾地区投资者在大陆投资设立职业介绍机构，参照本规定执行。法律法规另有规定的，依照其规定执行。

……

人力资源社会保障部、国家发展改革委、财政部关于推进全方位公共就业服务的指导意见（节录）

（2018年12月5日　人社部发〔2018〕77号）

……

二、明确覆盖全民的公共就业服务范围

（三）推动公共就业服务城乡常住人口全覆盖。劳动年龄内、有劳动能力、有就业要求的城乡劳动者可持居民身份证（或社会保障卡），港澳台人员可持港澳台居民居住证（或港澳居民来往内地通行证、台湾居民来往大陆通行证），在常住地公共就业服务机构申请公共就业服务。其中，处于无业状态的劳动者可进行失业登记，就业困难人员以及零就业家庭的劳动者可申请就业援助。公共就业服务机构可采取"劳动者书面承诺"的方式，在7个工作日内办结失业登记，对符合就业援助条件的认定为就业援助对象，必要时可对劳动者失业状态、失业原因等进行部门信息核查或工作人员调查。

（四）保障各类用人单位同等享有公共就业服务。各类企业、个体经济组织、民办非企业单位等组织，机关事业单位、社会团体以及创业实体，可向公共就业服务机构咨询了解人力资源市场信息，申请招聘用工服务。对民营企业等非公有制经济，要公平对待，提供同等服务。公共就业服务机构要在3个工作日内审核用人单位相关资质，核实发布招聘信息的真实性、合法性。对处于初创阶段以及灵活形式用工等用人主体，可采取"经办人书面承诺+工作人员必要调查"的方式受理，并在招聘信息中标注。

三、健全贯穿全程的公共就业服务功能

（五）完善对劳动者求职就业全程服务。详细了解劳动者就业意愿，根据其需求和能力素质进行分级，分类提供职业介绍和职业指导服务。对登记失业人员开展失业原因分析，向其推介就业创业政策和职业培训项目，开展求职技巧指导，精准匹配岗位信息并回访求职结果。对其中符合条件的，落实失业保险金等相关待遇。加强高校毕业生和下岗转岗职工等重点群体实名制管理，对农村建档立卡贫困劳动力提供精准化就业服务。

（六）加强对用人单位招聘用人全程指导。加强对用人单位需求分类评估，指导其合理制定招聘计划和招聘条件，提供稳定用工和就业创业政策法规、市场工资指导价位、劳动合同示范文本等方面的咨询服务。加强劳动关系协调和矛盾调处，引导企业依法用工、劳动者依法维权，努力构建和谐劳动关系。

（七）强化创业全程服务。对有创业意愿的劳动者，提供创业培训（实训）、开业指导、融资服务、政策落实等"一条龙"服务。加强创业孵化基地建设，为入驻创业实体提供有效的综合服务和政策扶持。加大创业担保贷款贴息等政策落实力度，完善担保机制。注重对创业失败者的指导服务，帮助他们重树信心，再次实现就业创业。

（八）实施就业援助全程帮扶。对就业援助对象实施优先扶持和重点帮助，指定专人负责，制定个性化就业援助计划，明确服务项目和步骤，开展心理疏导，组织参加职业培训，跟踪解决就业过程中的困难和问题。对其中通过市场渠道难以实现就业创业且符合条件的，可通过公益性岗位予以优先安置。确保零就业家庭动态"清零"。

（九）推行终身职业技能培训。实施重点群体职业培训专项行动，全面开展企业职工岗前培训、新型学徒制培训、岗位技能提升培训，着力加强高技能人才培训，推进创业创新培训。对接市场和产业发展需求，完善与就业创业相衔接的培训课程和内容，建立职业技能培训项目清单，及时向社会公布并动态调整。

（十）适应市场需求开展专项服务。根据人力资源市场供求周期性规律，在全国范围内集中组织公共就业服务专项活动。结合各地经济社会发展需求和人力资源结构特点，组织地区间、城乡间劳务协作。建立公共就业服务应急机制，对受国际国内经济形势变化、重大政策调整和自然灾害影响，存在高失业风险的地区、行业和劳动者群体，开展专项帮扶；对出现生产经营困难需要进行规模性裁员的企业，提供劳动关系处理、社会保险接续等方面的专项咨询指导，做好被裁减员工的再就业服务工作。

四、构建辐射全域的公共就业服务体系

（十一）构建政府主导社会参与的多元化供给体系。建立健全公共就业服务体系，完善公共就业服务机构设置，完善街道（乡镇）、社区（村）服务平台，构建覆盖城乡的公共就业服务网络。各地可采取招标等方式，广泛吸引社会资本和优质资源参与政府公共就业服务设施建设和运营管理。将公共就业服务纳入政府购买服务指导性目录，支持经营性人力资源服务机构、社会组织等提供专业化公共就业创业服务，支持社会组织等承接基层基本公共就业服务。广泛动员志愿服务组织、慈善组织、专业社会工作服务机构参与提供公共就业服务。

（十二）完善全领域的多渠道供给机制。推动线下实体网点服务与线上互联网服务深度融合，实现同一业务事项多渠道可受理、任一方式可办结。综合考虑服务半径、服务人口、资源承载能力和城镇化发展趋势，统筹布局服务网点，推广"15分钟服务圈"。合理设置经办窗口，开设重点群体专门窗口和绿色通道，设立自助服务区域，改善线下服务体验。延长线上服务链条，推动职业介绍、就业失业登记等事项"应上尽上、全程在线、全网通办"。拓展网上服务平台、移动客户端、自助终端、手机短信、12333咨询电话、有线电视等渠道，实现线上服务同步联动。

（十三）提升贫困地区公共就业服务能力。各地财政投入和资源配置要加大向农村和贫困地区的倾斜力度,推进城镇公共就业服务向农村延伸,推动城市优质资源向农村辐射。运用现代信息技术手段和政府综合公共服务资源,大力开展服务下乡、巡回指导等活动,保障贫困地区基本公共就业服务需求。组织发达地区与贫困地区建立对口支援长效机制,支持其发展公共就业服务事业。

五、完善便捷高效的公共就业服务方式

(十四)推动标准化服务。建立健全公共就业服务标准体系,完善设施设备、人员配备等指导性标准,统一公共就业服务视觉识别系统,统一核心业务流程和规范。逐项编制通俗易懂的办事指南,系统梳理并公开必须到现场办理的事项目录。

(十五)推进智慧化服务。打造全国统一的智能公共就业服务信息化平台,加快应用大数据、云服务技术,全面推进"互联网+公共就业服务"。联网发布就业创业政策信息和各地公共就业服务机构招聘、见习、培训等服务信息。全面开展就业失业登记、社会保险登记、劳动用工备案业务协同,实行就业创业政策受理、审核、实施一体化办理。全程记录落实政策和提供服务信息,全面推进信息数据向上集中,实现跨地区、跨部门交换共享和动态管理。推进流动人员人事档案信息化建设,建立完善基础信息资源库和管理服务运行平台。积极推动电子社保卡线上业务领域应用。

(十六)推行便民化服务。持续推进"减证便民"行动,简化优化服务流程,清理各类无谓证明,逐一明确兜底条款,压减经办事项自由裁量权。完善预约服务、上门服务、集中服务、代理服务、远程服务等便民措施,加强跨辖区、跨层级、跨业务经办衔接,全面实行"一门、一窗、一网、一次"办理。深入推进行风建设,严格落实各项岗位职责和纪律要求,健全监督和奖惩机制,打造群众满意的公共就业服务。

……

附件:基本公共就业服务事项清单

附件

基本公共就业服务事项清单

依据现行法律法规和相关政策,公共就业服务机构免费提供下列服务:

一、就业创业和劳动用工政策法规咨询、相关扶持政策受理;

二、人力资源供求、市场工资指导价位、职业培训、见习岗位等信息发布;

三、职业介绍、职业指导和创业开业指导;

四、公共就业服务专项活动;

五、对就业困难人员实施就业援助;

六、办理就业登记(劳动用工备案)、失业登记等事务;

七、办理高等学校、中等职业学校、技工学校毕业生接收手续;

八、流动人员人事档案管理服务;

九、劳动关系协调和劳动权益保护;

十、县级以上人民政府确定的其他服务。

人力资源社会保障部办公厅关于
为香港澳门台湾居民在内地(大陆)
提供就业创业服务的通知

(2018年7月4日 人社厅函〔2018〕170号)

各省、自治区、直辖市人力资源社会保障厅(局):

为深入贯彻落实党的十九大精神和习近平总书记关于便利香港、澳门居民在内地发展和深化两岸经济文化交流合作的重要指示精神，便利香港、澳门居民和台湾居民（以下简称港澳台人员）在内地（大陆）就业创业，现就有关事项通知如下：

一、各地要将在内地（大陆）求职、工作的港澳台人员纳入基本公共就业创业服务的对象范围，为有在内地（大陆）就业创业意愿的人员提供政策咨询、职业介绍、开业指导、创业孵化等服务。

二、各地要在今年年底前完成对公共就业创业服务系统的改造升级，支持港澳台人员使用港澳居民来往内地通行证、台湾居民来往大陆通行证等有效证件注册登录，提供求职招聘等服务。

三、各地要结合开展人力资源市场日常监管、年度报告公示、人力资源服务行政许可和备案等工作，抓紧推动人力资源服务机构做好在线招聘业务信息系统升级工作，支持港澳台人员注册登录和求职应聘。

四、各地要支持港澳台人员申领、使用社会保障卡，与持卡人员基础信息库对接，实现信息共享，为他们办理人力资源社会保障业务提供基础依托。

各地鼓励港澳台人员在内地（大陆）就业创业的服务措施以及工作中遇到的新情况、新问题，及时报送我司。

人力资源社会保障部、财政部、国家税务总局、国务院港澳事务办公室关于支持港澳青年在粤港澳大湾区就业创业的实施意见

（2021年9月23日　人社部发〔2021〕75号）

广东省人力资源和社会保障厅、财政厅、港澳事务办公室，国家税务总局广东省、深圳市税务局：

促进港澳青年到粤港澳大湾区就业创业，是增进港澳同胞民生

福祉、助推港澳与内地交往交流交融的重要举措。为贯彻党中央、国务院决策部署，支持港澳青年在粤港澳大湾区就业创业，现提出以下意见。

一、把握总体要求。以习近平新时代中国特色社会主义思想为指导，落实党中央、国务院关于粤港澳大湾区建设总体要求，聚焦港澳青年宜业发展和粤港澳大湾区产业发展需要，强化政策协同、服务协同、资源协同，完善港澳青年就业创业支持体系和便利举措，使有意愿在粤港澳大湾区就业创业的港澳青年得到有针对性的服务保障和政策支持，促进一批港澳青年实现就业创业，融入国家发展大局。

二、拓宽就业渠道。对接粤港澳大湾区现代产业体系建设，特别是先进制造业、战略性新兴产业、现代服务业等发展开发就业岗位，及时发布人才需求目录，引导港澳青年到各类企业就业。配合香港特区政府实施好"大湾区青年就业计划"，引导在香港和粤港澳大湾区均有业务的企业招用香港青年。继续做好港澳青年参加粤港澳大湾区事业单位公开招聘工作，促进人才交往交流。加大"三支一扶"计划招募力度，允许符合条件的港澳青年报名参加。

三、支持创新创业。为有创业意愿的港澳青年提供有针对性的创业培训，助推港澳青年提升创新创业能力。根据港澳青年创业意向和创业领域，推荐合适的创业项目，提供咨询辅导、跟踪扶持、成果转化等"一条龙"创业服务。在粤港澳大湾区自主创业的港澳青年，按规定享受税收优惠、创业担保贷款及贴息、场地支持等扶持政策。发挥南沙粤港澳（国际）青年创新工场、前海深港青年梦工场、横琴澳门青年创业谷等作用，建成一批面向港澳青年的创业孵化载体，鼓励地方因地制宜对创业孵化服务成效较好的予以支持。鼓励粤港澳大湾区各类创业创新大赛开设港澳赛区，为港澳青年搭建创业项目展示、资源对接平台，营造良好创业氛围。

四、提升就业能力。充分调动粤港澳大湾区企业、职业培训机构等优质培训资源积极性，为有培训需求的港澳青年提供高质量技能培训，支持其提升职业发展能力，按规定给予职业培训补贴支持。依托公共就业人才服务机构职业指导力量，并引入一批在粤港澳大湾区就业的港澳籍人士担任职场导师，丰富拓展针对港澳青年的精细化职业指导，介绍产业需求、就业环境、支持政策、求职路径，提供求职方法指导，支持其提升职场适应能力。鼓励粤港澳大湾区用人单位为港澳青年提供就业见习岗位，支持其提升实践能力，对开展见习的单位参照吸纳内地青年按规定给予就业见习补贴。

五、优化就业服务。畅通失业登记渠道，对在粤港澳大湾区就业后失业的港澳青年，允许其参照内地劳动者在常住地、就业地、参保地进行失业登记，享受政策咨询、职业指导、职业介绍等服务。强化多层次岗位信息提供，根据港澳青年求职需要举办专场招聘会，在粤港澳大湾区相关网站开设港澳青年招聘专区，有条件地区可组织直播带岗、远程招聘、城市联动招聘，搭建高效供需对接平台。改造升级粤港澳大湾区各类公共就业创业服务系统，支持港澳台居民居住证、港澳居民来往内地通行证等有效身份证件注册登录，便利港澳青年享受求职招聘服务。允许以政府购买服务方式引入港澳社会服务机构，参与有关政策咨询、岗位推介、联络对接等服务。

六、强化组织领导。粤港澳大湾区各级人力资源社会保障、财政、税务、港澳事务部门要抓好本意见贯彻实施，把支持港澳青年在粤港澳大湾区就业创业摆在突出位置，明确任务分工，压实工作责任。建立部门间、粤港澳大湾区有关城市间工作推进机制，定期与香港、澳门特区政府有关部门对接会商，推动信息共享、情况交流和工作协同，协调解决工作中遇到的问题。建立健全督促检查机制，推动各项工作措施落实落地。

七、加强宣传引导。依托传统媒体和新兴媒体开展政策解读，宣传粤港澳大湾区就业创业政策措施，传递党和政府对粤港澳三地协同发展的高度重视、对在粤港澳大湾区就业创业港澳青年的关心关爱。加强舆论引导，及时回应社会关切，营造有利于内地和港澳青年共同在粤港澳大湾区就业创业的良好氛围。

本意见所称港澳青年，是指45周岁（含）以下、具有中国国籍的港澳居民。广东省要按照本意见精神，结合实际制定配套实施细则，明确具体政策标准。

人力资源社会保障部、国家发展改革委、交通运输部、应急部、市场监管总局、国家医保局、最高人民法院、全国总工会关于维护新就业形态劳动者劳动保障权益的指导意见

（2021年7月16日　人社部发〔2021〕56号）

各省、自治区、直辖市人民政府、高级人民法院、总工会，新疆生产建设兵团，新疆维吾尔自治区高级人民法院生产建设兵团分院，新疆生产建设兵团总工会：

近年来，平台经济迅速发展，创造了大量就业机会，依托互联网平台就业的网约配送员、网约车驾驶员、货车司机、互联网营销师等新就业形态劳动者数量大幅增加，维护劳动者劳动保障权益面临新情况新问题。为深入贯彻落实党中央、国务院决策部署，支持和规范发展新就业形态，切实维护新就业形态劳动者劳动保障权益，促进平台经济规范健康持续发展，经国务院同意，现提出以下意见：

一、规范用工，明确劳动者权益保障责任

（一）指导和督促企业依法合规用工，积极履行用工责任，稳定劳动者队伍。主动关心关爱劳动者，努力改善劳动条件，拓展职

业发展空间，逐步提高劳动者权益保障水平。培育健康向上的企业文化，推动劳动者共享企业发展成果。

（二）符合确立劳动关系情形的，企业应当依法与劳动者订立劳动合同。不完全符合确立劳动关系情形但企业对劳动者进行劳动管理（以下简称不完全符合确立劳动关系情形）的，指导企业与劳动者订立书面协议，合理确定企业与劳动者的权利义务。个人依托平台自主开展经营活动、从事自由职业等，按照民事法律调整双方的权利义务。

（三）平台企业采取劳务派遣等合作用工方式组织劳动者完成平台工作的，应选择具备合法经营资质的企业，并对其保障劳动者权益情况进行监督。平台企业采用劳务派遣方式用工的，依法履行劳务派遣用工单位责任。对采取外包等其他合作用工方式，劳动者权益受到损害的，平台企业依法承担相应责任。

二、健全制度，补齐劳动者权益保障短板

（四）落实公平就业制度，消除就业歧视。企业招用劳动者不得违法设置性别、民族、年龄等歧视性条件，不得以缴纳保证金、押金或者其他名义向劳动者收取财物，不得违法限制劳动者在多平台就业。

（五）健全最低工资和支付保障制度，推动将不完全符合确立劳动关系情形的新就业形态劳动者纳入制度保障范围。督促企业向提供正常劳动的劳动者支付不低于当地最低工资标准的劳动报酬，按时足额支付，不得克扣或者无故拖欠。引导企业建立劳动报酬合理增长机制，逐步提高劳动报酬水平。

（六）完善休息制度，推动行业明确劳动定员定额标准，科学确定劳动者工作量和劳动强度。督促企业按规定合理确定休息办法，在法定节假日支付高于正常工作时间劳动报酬的合理报酬。

（七）健全并落实劳动安全卫生责任制，严格执行国家劳动安全卫生保护标准。企业要牢固树立安全"红线"意识，不得制定损害劳动者安全健康的考核指标。要严格遵守安全生产相关法律法规，落实全员安全生产责任制，建立健全安全生产规章制度和操作规程，配备必要的劳动安全卫生设施和劳动防护用品，及时对劳动工具的安全和合规状态进行检查，加强安全生产和职业卫生教育培训，重视劳动者身心健康，及时开展心理疏导。强化恶劣天气等特殊情形下的劳动保护，最大限度减少安全生产事故和职业病危害。

（八）完善基本养老保险、医疗保险相关政策，各地要放开灵活就业人员在就业地参加基本养老、基本医疗保险的户籍限制，个别超大型城市难以一步实现的，要结合本地实际，积极创造条件逐步放开。组织未参加职工基本养老、职工基本医疗保险的灵活就业人员，按规定参加城乡居民基本养老、城乡居民基本医疗保险，做到应保尽保。督促企业依法参加社会保险。企业要引导和支持不完全符合确立劳动关系情形的新就业形态劳动者根据自身情况参加相应的社会保险。

（九）强化职业伤害保障，以出行、外卖、即时配送、同城货运等行业的平台企业为重点，组织开展平台灵活就业人员职业伤害保障试点，平台企业应当按规定参加。采取政府主导、信息化引领和社会力量承办相结合的方式，建立健全职业伤害保障管理服务规范和运行机制。鼓励平台企业通过购买人身意外、雇主责任等商业保险，提升平台灵活就业人员保障水平。

（十）督促企业制定修订平台进入退出、订单分配、计件单价、抽成比例、报酬构成及支付、工作时间、奖惩等直接涉及劳动者权益的制度规则和平台算法，充分听取工会或劳动者代表的意见建议，将结果公示并告知劳动者。工会或劳动者代表提出协商要求的，企业应当积极响应，并提供必要的信息和资料。指导企业建立健全劳动者申诉机制，保障劳动者的申诉得到及时回应和客观公正处理。

三、提升效能，优化劳动者权益保障服务

（十一）创新方式方法，积极为各类新就业形态劳动者提供个性化职业介绍、职业指导、创业培训等服务，及时发布职业薪酬和行业人工成本信息等，为企业和劳动者提供便捷化的劳动保障、税收、市场监管等政策咨询服务，便利劳动者求职就业和企业招工用工。

（十二）优化社会保险经办，探索适合新就业形态的社会保险经办服务模式，在参保缴费、权益查询、待遇领取和结算等方面提供更加便捷的服务，做好社会保险关系转移接续工作，提高社会保险经办服务水平，更好保障参保人员公平享受各项社会保险待遇。

（十三）建立适合新就业形态劳动者的职业技能培训模式，保障其平等享有培训的权利。对各类新就业形态劳动者在就业地参加职业技能培训的，优化职业技能培训补贴申领、发放流程，加大培训补贴资金直补企业工作力度，符合条件的按规定给予职业技能培训补贴。健全职业技能等级制度，支持符合条件的企业按规定开展职业技能等级认定。完善职称评审政策，畅通新就业形态劳动者职称申报评价渠道。

（十四）加快城市综合服务网点建设，推动在新就业形态劳动者集中居住区、商业区设置临时休息场所，解决停车、充电、饮水、如厕等难题，为新就业形态劳动者提供工作生活便利。

（十五）保障符合条件的新就业形态劳动者子女在常住地平等接受义务教育的权利。推动公共文体设施向劳动者免费或低收费开放，丰富公共文化产品和服务供给。

四、齐抓共管，完善劳动者权益保障工作机制

（十六）保障新就业形态劳动者权益是稳定就业、改善民生、加强社会治理的重要内容。各地区要加强组织领导，强化责任落实，切实做好新就业形态劳动者权益保障各项工作。人力资源社会保障部、国家发展改革委、交通运输部、应急部、市场监管总局、

国家医保局、最高人民法院、全国总工会等部门和单位要认真履行职责，强化工作协同，将保障劳动者权益纳入数字经济协同治理体系，建立平台企业用工情况报告制度，健全劳动者权益保障联合激励惩戒机制，完善相关政策措施和司法解释。

（十七）各级工会组织要加强组织和工作有效覆盖，拓宽维权和服务范围，积极吸纳新就业形态劳动者加入工会。加强对劳动者的思想政治引领，引导劳动者理性合法维权。监督企业履行用工责任，维护好劳动者权益。积极与行业协会、头部企业或企业代表组织开展协商，签订行业集体合同或协议，推动制定行业劳动标准。

（十八）各级法院和劳动争议调解仲裁机构要加强劳动争议办案指导，畅通裁审衔接，根据用工事实认定企业和劳动者的关系，依法依规处理新就业形态劳动者劳动保障权益案件。各类调解组织、法律援助机构及其他专业化社会组织要依法为新就业形态劳动者提供更加便捷、优质高效的纠纷调解、法律咨询、法律援助等服务。

（十九）各级人力资源社会保障行政部门要加大劳动保障监察力度，督促企业落实新就业形态劳动者权益保障责任，加强治理拖欠劳动报酬、违法超时加班等突出问题，依法维护劳动者权益。各级交通运输、应急、市场监管等职能部门和行业主管部门要规范企业经营行为，加大监管力度，及时约谈、警示、查处侵害劳动者权益的企业。

各地区各有关部门要认真落实本意见要求，出台具体实施办法，加强政策宣传，积极引导社会舆论，增强新就业形态劳动者职业荣誉感，努力营造良好环境，确保各项劳动保障权益落到实处。

人力资源社会保障部办公厅、财政部办公厅关于进一步加强就业政策落实有关工作的通知

（2023年8月28日　人社厅发〔2023〕30号）

各省、自治区、直辖市及新疆生产建设兵团人力资源社会保障厅（局）、财政厅（局）：

为深入贯彻党中央、国务院关于稳就业工作的决策部署，精准有效落实就业扶持政策，提高政策知晓度和落实率，增强广大劳动者和用人单位的获得感，切实把主题教育成果转化为办好民生实事的具体行动，全力促发展稳就业惠民生，现就有关事项通知如下：

一、集中开展就业政策分类宣传。启动实施"就业政策在身边"滚动宣传，9月份起，分群体分类别发布全国就业创业政策清单，逐项开展"看得懂算得清办得明"宣传解读，制作政策宣传海报、政策问答。各地要在此基础上，细化本地区政策清单、政策一卡通，逐项发布政策内容、享受条件、补贴标准、流程材料、经办渠道、办理期限等要素。要用好各类媒体，更加注重根据政策对象特点，发挥好新媒体、自媒体的作用，对重点群体、用人单位较为集中的社区、园区，要主动开展送政策上门。要优化政策宣传解读，以群众喜闻乐见的形式，既讲清政策内容、申领流程，也讲清政策目的、基本考虑，增强政策传递的准确性有效性。

二、盘点核查就业政策落实进度。对照国务院就业相关文件和就业补助资金管理办法，结合巡视审计、督查核查、信访反映、媒体报道发现问题台账，开展2021年以来各项就业补贴政策落实进

度大排查、问题整改"回头看"。通过自查互查、数据抽查、台账清查、第三方核查等方式,重点看问题整改是否到位、相关责任是否追究、制度漏洞是否补齐,是否还存在申请后超期未受理、受理后超期未审核、审核后超期未拨付等情况。对发现的政策未落实、补贴到位慢问题,要限期整改,杜绝拖欠就业困难人员、脱贫劳动力、困难高校毕业生的社会保险补贴、公益性岗位补贴或求职创业补贴等问题。对政策落实不到位的地方,要核查其资金筹集、结余和使用去向,督促其落实投入责任,优化支出结构,优先保障中央确定的各项补贴政策,优先落实对困难人员的兜底性政策。核查工作要于9月底前完成,相关情况报人力资源社会保障部和财政部。

三、大力推广"直补快办"经办模式。继续实施企业吸纳社会保险补贴、一次性吸纳就业补贴"直补快办",将就业见习补贴、一次性创业补贴纳入"直补快办"范围,有条件的地方可结合实际进一步拓展。按月开展就业失业、用工备案、社保参保、经营主体登记注册,以及高校毕业生、脱贫人口信息等数据比对,对确认符合政策享受条件的,主动向受益对象推送政策,告知补贴政策内容、申请流程、经办渠道。对主动申请享受补贴的,加快受理审核,确保在20个工作日内完成补贴发放。对面向个人的就业补贴资金,鼓励通过社会保障卡实现"一卡通"发放。要结合就业服务信息化一库一平台建设,统筹利用现有资源,加快对就业补贴申领经办信息化支撑,将各项就业补贴申请、审核、支付全流程纳入信息化管理,到2023年年底前实现全省范围内"政策经系统经办、资金从系统支出、数据由系统提取"。

四、突出支持民营企业和中小微企业。主动协调工业和信息化、市场监管、工商联等部门,加强对本地区民营企业和中小微企业的政策宣传解读,集中开展人社厅局长进企业宣讲活动,对重点民营企业、专精特新中小企业,及时纳入重点企业用工保障范围,同步推送就业创业扶持政策。结合企业用工实际，按规定打包落实好阶段性降低失业和工伤保险费率、失业保险稳岗返还、职业培训补贴、吸纳就业补贴、社会保险补贴等政策，采取一次告知、一站受理、帮办代办、一揽子兑现等方式，助力企业更好享受政策红利，积极稳岗扩岗。

五、持续整治群众身边腐败和作风问题。 持续整治就业政策落实中群众身边腐败和作风问题，坚决防止内外勾结、违规操作、弄虚作假、虚报冒领、贪污挪用、吃拿卡要、优亲厚友、玩忽职守等问题，坚决防止超范围使用资金、向财政供养人员发放补贴等问题。着力优化业务流程和权限设置，推行"受审分离"、"办理不见面"，切实提升效率、防范风险。对申领补贴金额大、人数多、期限长的用人单位，要不定期通过数据比对、实地走访等方式进行核查。人力资源社会保障部于今年8月起，将就业政策落实不到位问题纳入线上监督举报受理范围。各地要按照要求，对转办的问题线索认真核查办理，主动接受群众和社会监督。对专项整治中发现的问题严肃处理，按要求及时报告。

各地人力资源社会保障、财政部门要提高思想认识，主要负责同志亲自部署、细化方案，部门间及时沟通预算执行情况和补贴发放情况，切实抓好政策落实和补贴发放，相关工作进展和问题建议及时报告。对部署推动不力、政策落实不到位、出现重大违规问题、造成不良影响的，将视情予以约谈、通报，并在就业工作先进地区评价、就业补助资金分配中作为负面因素。

财政部、税务总局、人力资源社会保障部、农业农村部关于进一步支持重点群体创业就业有关税收政策的公告

（2023年8月2日财政部、税务总局、人力资源社会保障部、农业农村部公告2023年第15号）

为进一步支持重点群体创业就业，现将有关税收政策公告如下：

一、自2023年1月1日至2027年12月31日，脱贫人口（含防止返贫监测对象，下同）、持《就业创业证》（注明"自主创业税收政策"或"毕业年度内自主创业税收政策"）或《就业失业登记证》（注明"自主创业税收政策"）的人员，从事个体经营的，自办理个体工商户登记当月起，在3年（36个月，下同）内按每户每年20000元为限额依次扣减其当年实际应缴纳的增值税、城市维护建设税、教育费附加、地方教育附加和个人所得税。限额标准最高可上浮20%，各省、自治区、直辖市人民政府可根据本地区实际情况在此幅度内确定具体限额标准。

纳税人年度应缴纳税款小于上述扣减限额的，减免税额以其实际缴纳的税款为限；大于上述扣减限额的，以上述扣减限额为限。

上述人员具体包括：1.纳入全国防止返贫监测和衔接推进乡村振兴信息系统的脱贫人口；2.在人力资源社会保障部门公共就业服务机构登记失业半年以上的人员；3.零就业家庭、享受城市居民最低生活保障家庭劳动年龄内的登记失业人员；4.毕业年度内高校毕业生。高校毕业生是指实施高等学历教育的普通高等学校、成人高等学校应届毕业的学生；毕业年度是指毕业所在自然年，即1月1日至12月31日。

二、自2023年1月1日至2027年12月31日，企业招用脱贫人口，以及在人力资源社会保障部门公共就业服务机构登记失业半年以上且持《就业创业证》或《就业失业登记证》（注明"企业吸纳税收政策"）的人员，与其签订1年以上期限劳动合同并依法缴纳社会保险费的，自签订劳动合同并缴纳社会保险当月起，在3年内按实际招用人数予以定额依次扣减增值税、城市维护建设税、教育费附加、地方教育附加和企业所得税优惠。定额标准为每人每年6000元，最高可上浮30%，各省、自治区、直辖市人民政府可根据本地区实际情况在此幅度内确定具体定额标准。城市维护建设税、教育费附加、地方教育附加的计税依据是享受本项税收优惠政策前的增值税应纳税额。

按上述标准计算的税收扣减额应在企业当年实际应缴纳的增值税、城市维护建设税、教育费附加、地方教育附加和企业所得税税额中扣减，当年扣减不完的，不得结转下年使用。

本公告所称企业是指属于增值税纳税人或企业所得税纳税人的企业等单位。

三、农业农村部（国家乡村振兴局）、人力资源社会保障部、税务总局要实现脱贫人口身份信息数据共享，推动数据下沉。

四、企业招用就业人员既可以适用本公告规定的税收优惠政策，又可以适用其他扶持就业专项税收优惠政策的，企业可以选择适用最优惠的政策，但不得重复享受。

五、纳税人在2027年12月31日享受本公告规定的税收优惠政策未满3年的，可继续享受至3年期满为止。本公告所述人员，以前年度已享受重点群体创业就业税收优惠政策满3年的，不得再享受本公告规定的税收优惠政策；以前年度享受重点群体创业就业税收优惠政策未满3年且符合本公告规定条件的，可按本公告规定享受优惠至3年期满。

六、按本公告规定应予减征的税费，在本公告发布前已征收的，可抵减纳税人以后纳税期应缴纳税费或予以退还。发布之日前已办理注销的，不再追溯享受。

特此公告。

（二）就业服务与管理

劳动就业服务企业管理规定

（1990年11月22日中华人民共和国国务院令第66号发布 自发布之日起施行）

第一章 总 则

第一条 为巩固和发展劳动就业服务企业，保障其合法权益，加强管理，促进城镇劳动就业工作的开展，制定本规定。

第二条 劳动就业服务企业是承担安置城镇待业人员任务、由国家和社会扶持、进行生产经营自救的集体所有制经济组织。

前款所称承担安置城镇待业人员任务，是指：

（一）劳动就业服务企业开办时，从业人员中60%以上（含60%）为城镇待业人员；

（二）劳动就业服务企业存续期间，根据当地就业安置任务和企业常年生产经营情况按一定比例安置城镇待业人员。

本规定所称城镇待业人员，是指城镇居民中持有待业证明的未就过业的人员和曾就过业又失业的人员。

第三条 国家对劳动就业服务企业实行扶持政策，鼓励社会各方面依法扶持兴办各种形式的劳动就业服务企业。

各级人民政府及其行业主管部门应当重视和加强对劳动就业服

务企业的领导，把巩固和发展劳动就业服务企业作为解决城镇就业问题的重要途径，将其纳入国民经济和社会发展计划，促进城镇劳动就业工作的开展。

第四条 国家对劳动就业服务企业给予下列税收优惠：

（一）新开办的劳动就业服务企业免征所得税2至3年；

（二）免税期满后，继续承担安置城镇待业人员任务并达到一定比例的，享受相应的减免税优惠；

（三）适当调低劳动就业服务企业所得税的税率。

上述税收优惠的具体实施办法，由国家税务局商劳动部等有关部门制定。

第五条 国家在开办条件、物资供应、固定资产和流动资金贷款等方面对劳动就业服务企业予以支持和照顾。

第六条 国家保护劳动就业服务企业的合法权益。禁止任何机关和单位非法改变劳动就业服务企业的集体所有制性质、干预企业自主权和向企业平调或者摊派人力、物力和财力。

第七条 劳动就业服务企业必须贯彻执行国家的方针、政策和法律、法规，坚持社会主义方向，坚持以安置待业人员为主、安置效益和经济效益相结合的原则。

第二章 政府对劳动就业服务企业的管理

第八条 开办劳动就业服务企业，须经审批机关批准，并经同级工商行政管理机关核准登记，领取《企业法人营业执照》或者《营业执照》后始得经营。

前款所称审批机关批准是指：

（一）有主办或者扶持单位的劳动就业服务企业，经主办或者扶持单位的主管部门审查同意，由同级劳动部门认定其劳动就业服务企业的性质；

（二）待业人员自筹资金开办的劳动就业服务企业，由当地县

（区）以上劳动部门批准。

劳动就业服务企业应当在核准登记的经营范围内从事生产经营活动。

第九条 各级人民政府的劳动部门对本地区劳动就业服务企业的职责是：

（一）指导和监督劳动就业服务企业贯彻执行国家有关方针、政策和法律、法规；

（二）制定劳动就业服务企业的地区发展规划；

（三）根据国家有关规定，运用就业经费和生产扶持基金，推动劳动就业服务企业的发展，扩大其安置待业人员的能力；

（四）开展技术培训，开辟物资渠道，组织技术咨询和信息交流，为劳动就业服务企业提供服务；

（五）指导劳动部门所属的劳动就业服务企业的管理活动及其干部的管理和培养工作，开展评选先进集体和个人的活动；

（六）省、自治区、直辖市（含计划单列市，下同）人民政府的劳动部门组织本地区的劳动就业服务企业开展产品评优、企业升级的工作。

各级劳动部门的就业服务机构，按照国务院和省、自治区、直辖市人民政府的规定，可以承担上款各项的有关具体工作。

第十条 各行业主管部门对本部门劳动就业服务企业的职责是：

（一）指导和监督劳动就业服务企业贯彻执行国家有关方针、政策和法律、法规；

（二）制定劳动就业服务企业的部门发展规划，协助企业筹措发展资金；

（三）协调劳动就业服务企业与部门内各有关方面的关系；

（四）开展技术培训，为劳动就业服务企业提供咨询，组织物资、生产、技术等信息交流；

（五）帮助劳动就业服务企业进行新产品鉴定和科研成果鉴定；

（六）指导本部门所属的劳动就业服务企业的干部管理和培养工作，开展评选先进集体和个人的活动。

第三章　主办或者扶持单位与劳动就业服务企业的关系

第十一条　企业、事业单位、机关、团体、部队等主办或者扶持单位（简称主办或者扶持单位，下同）对所主办或者扶持开办的劳动就业服务企业的职责是：

（一）劳动就业服务企业开办时，为企业筹措开办资金，帮助企业办理审批和工商登记手续；

（二）为劳动就业服务企业安置待业人员提供一定的生产经营条件；

（三）协调劳动就业服务企业与各方面的关系；

（四）在劳动就业服务企业兴办初期，指导企业制定管理制度，任用、招聘或者组织民主选举企业的厂长（经理）；

（五）尊重并维护劳动就业服务企业在人财物、产供销等方面的管理自主权；

（六）在平等互利、等价交换的原则基础上，同劳动就业服务企业开展生产经营和服务等方面的合作活动。

第十二条　主办或者扶持单位应当按照国家有关规定积极支持本单位职工到劳动就业服务企业担任生产经营和技术等方面的管理职务。

主办或者扶持单位的职工到劳动就业服务企业任职，应当逐步实行聘任制，由主办或者扶持单位、任职人员和劳动就业服务企业三方签订聘用合同。聘用合同应当以书面形式订立，其主要内容应当包括：

（一）聘用人员的职责；

（二）聘用人员的待遇；

（三）聘用期限；

（四）违约责任及其处理办法；

（五）三方认为应当规定的其他内容。

聘用合同一经依法订立即具法律约束力，三方均应当认真履行，不得擅自改变。

聘任期满后可以续聘。

聘用合同书应当报劳动就业服务企业主管部门和劳动部门备案。

第十三条 全民所有制的主办或者扶持单位的职工被劳动就业服务企业聘用后，仍保留其在原单位的全民所有制职工的身份和待遇。

聘用人员退休后回原单位领取退休金并享受退休人员的一切待遇。

第十四条 主办或者扶持单位对支持劳动就业服务企业的资金、设备等，应当坚持有偿使用原则：

（一）扶持资金（限于主办或者扶持单位的自有资金）可以作为借用款由劳动就业服务企业按双方约定分期归还，也可以依法作为投资参与劳动就业服务企业的利润分配；

（二）设备、工具等生产资料和厂房可以在合理作价的基础上由劳动就业服务企业一次或分期付清；主办或者扶持单位也可以采用出租形式，收取相当于折旧费的租金。

第四章　劳动就业服务企业的内部管理

第十五条 劳动就业服务企业实行民主管理。除下列情况外，劳动就业服务企业的内部管理按国家有关城镇集体所有制企业的法律、法规的规定执行：

（一）本规定第十一条（四）所规定的情况；

（二）以全民所有制企业为主办单位的劳动就业服务企业，其厂长（经理）人选可以由主办单位提出，由主办单位和劳动就业服务企业共同确定。厂长（经理）实行任期制。在厂长（经理）任期内，无法定理由，主办单位和劳动就业服务企业均不得擅自对厂长（经理）予以罢免或调动。

第十六条　劳动就业服务企业可以实行多种形式的生产经营责任制，但任何一种生产经营责任制均应当以安置待业人员作为责任制的一项重要内容。

第十七条　劳动就业服务企业应当按照灵活方便、合同管理、骨干稳定、合理流动的原则，自主选择用工形式。

从业人员在劳动就业服务企业工作期间应当计算工龄。

第十八条　劳动就业服务企业根据自身情况可以有条件地适当安排全民所有制主办单位的富余人员在本企业就业。安置富余人员应当由劳动就业服务企业同全民所有制主办单位双方签订安置合同，合同内容由双方商定。

第十九条　劳动就业服务企业可以根据国家有关规定和企业经济效益，自主地确定适合本企业具体情况的工资和奖金的分配形式和办法。

第二十条　劳动就业服务企业对职工个人出资可以实行付息或者分红的办法。企业盈利，按一定比例付息或者分红；企业亏损，在弥补亏损之前，不得付息或者分红。付息或者分红的比例不得超过国家规定的最高限额。

第二十一条　由待业人员自筹资金开办的劳动就业服务企业，在企业具备偿还能力时，可以逐步偿还个人出资。

第二十二条　劳动就业服务企业应当建立养老保险制度并逐步建立待业保险制度。保险基金提取办法和保险项目按国家有关规定执行。

第二十三条　劳动就业服务企业应当执行国家有关财务制度和财经纪律，健全财务管理，接受国家有关主管部门的指导和监督。

第五章　法律责任

第二十四条　违反本规定第八条的规定，以劳动就业服务企业名义进行活动的，由工商行政管理机关根据国家有关规定给予行政处罚。

第二十五条　任何机关和单位违反本规定第六条的规定，非法改变劳动就业服务企业的集体所有制性质，干预企业自主权的，其上级主管部门应当予以纠正；向劳动就业服务企业平调或者摊派人力、物力、财力的，必须予以赔偿。对负有直接责任的主管人员和其他直接责任人员，由其主管部门根据情节轻重，给予行政处分；构成犯罪的，依法追究刑事责任。

第二十六条　劳动就业服务企业违反本规定有关企业领导人员的产生、罢免程序规定的，其主管部门应当予以纠正，并追究直接责任人员的行政责任。

劳动就业服务企业的主管部门或者主办、扶持单位违反本规定有关劳动就业服务企业领导人员产生、罢免程序规定的，其上一级主管部门或者主办、扶持单位的主管部门应当予以纠正，并追究直接责任人员的行政责任。

第六章　附　　则

第二十七条　除本规定有明文规定者外，劳动就业服务企业均应当执行国家有关城镇集体所有制企业的政策和法规。

第二十八条　省、自治区、直辖市人民政府和国务院各行业主管部门可以根据本规定并结合本地区、本部门的具体情况制定实施办法。

第二十九条　本规定由劳动部负责解释。

第三十条　本规定从发布之日起施行。

就业服务与就业管理规定

（2007年11月5日劳动保障部令第28号公布 根据2014年12月23日《人力资源社会保障部关于修改〈就业服务与就业管理规定〉的决定》第一次修订 根据2015年4月30日《人力资源和社会保障部关于修改部分规章的决定》第二次修订 根据2018年12月14日《人力资源社会保障部关于修改部分规章的决定》第三次修订 根据2022年1月7日《人力资源社会保障部关于修改部分规章的决定》第四次修订）

第一章 总 则

第一条 为了加强就业服务和就业管理，培育和完善统一开放、竞争有序的人力资源市场，为劳动者就业和用人单位招用人员提供服务，根据就业促进法等法律、行政法规，制定本规定。

第二条 劳动者求职与就业，用人单位招用人员，劳动保障行政部门举办的公共就业服务机构和经劳动保障行政部门审批的职业中介机构从事就业服务活动，适用本规定。

本规定所称用人单位，是指在中华人民共和国境内的企业、个体经济组织、民办非企业单位等组织，以及招用与之建立劳动关系的劳动者的国家机关、事业单位、社会团体。

第三条 县级以上劳动保障行政部门依法开展本行政区域内的就业服务和就业管理工作。

第二章 求职与就业

第四条 劳动者依法享有平等就业的权利。劳动者就业，不因民族、种族、性别、宗教信仰等不同而受歧视。

第五条 农村劳动者进城就业享有与城镇劳动者平等的就业权利,不得对农村劳动者进城就业设置歧视性限制。

第六条 劳动者依法享有自主择业的权利。劳动者年满16周岁,有劳动能力且有就业愿望的,可凭本人身份证件,通过公共就业服务机构、职业中介机构介绍或直接联系用人单位等渠道求职。

第七条 劳动者求职时,应当如实向公共就业服务机构或职业中介机构、用人单位提供个人基本情况以及与应聘岗位直接相关的知识技能、工作经历、就业现状等情况,并出示相关证明。

第八条 劳动者应当树立正确的择业观念,提高就业能力和创业能力。

国家鼓励劳动者在就业前接受必要的职业教育或职业培训,鼓励城镇初高中毕业生在就业前参加劳动预备制培训。

国家鼓励劳动者自主创业、自谋职业。各级劳动保障行政部门应当会同有关部门,简化程序,提高效率,为劳动者自主创业、自谋职业提供便利和相应服务。

第三章 招用人员

第九条 用人单位依法享有自主用人的权利。用人单位招用人员,应当向劳动者提供平等的就业机会和公平的就业条件。

第十条 用人单位可以通过下列途径自主招用人员:

(一)委托公共就业服务机构或职业中介机构;

(二)参加职业招聘洽谈会;

(三)委托报纸、广播、电视、互联网站等大众传播媒介发布招聘信息;

(四)利用本企业场所、企业网站等自有途径发布招聘信息;

(五)其他合法途径。

第十一条 用人单位委托公共就业服务机构或职业中介机构招

用人员，或者参加招聘洽谈会时，应当提供招用人员简章，并出示营业执照（副本）或者有关部门批准其设立的文件、经办人的身份证件和受用人单位委托的证明。

招用人员简章应当包括用人单位基本情况、招用人数、工作内容、招录条件、劳动报酬、福利待遇、社会保险等内容，以及法律、法规规定的其他内容。

第十二条 用人单位招用人员时，应当依法如实告知劳动者有关工作内容、工作条件、工作地点、职业危害、安全生产状况、劳动报酬以及劳动者要求了解的其他情况。

用人单位应当根据劳动者的要求，及时向其反馈是否录用的情况。

第十三条 用人单位应当对劳动者的个人资料予以保密。公开劳动者的个人资料信息和使用劳动者的技术、智力成果，须经劳动者本人书面同意。

第十四条 用人单位招用人员不得有下列行为：

（一）提供虚假招聘信息，发布虚假招聘广告；

（二）扣押被录用人员的居民身份证和其他证件；

（三）以担保或者其他名义向劳动者收取财物；

（四）招用未满16周岁的未成年人以及国家法律、行政法规规定不得招用的其他人员；

（五）招用无合法身份证件的人员；

（六）以招用人员为名牟取不正当利益或进行其他违法活动。

第十五条 用人单位不得以诋毁其他用人单位信誉、商业贿赂等不正当手段招聘人员。

第十六条 用人单位在招用人员时，除国家规定的不适合妇女从事的工种或者岗位外，不得以性别为由拒绝录用妇女或者提高对妇女的录用标准。

用人单位录用女职工，不得在劳动合同中规定限制女职工结婚、生育的内容。

第十七条 用人单位招用人员，应当依法对少数民族劳动者给予适当照顾。

第十八条 用人单位招用人员，不得歧视残疾人。

第十九条 用人单位招用人员，不得以是传染病病原携带者为由拒绝录用。但是，经医学鉴定传染病病原携带者在治愈前或者排除传染嫌疑前，不得从事法律、行政法规和国务院卫生行政部门规定禁止从事的易使传染病扩散的工作。

用人单位招用人员，除国家法律、行政法规和国务院卫生行政部门规定禁止乙肝病原携带者从事的工作外，不得强行将乙肝病毒血清学指标作为体检标准。

第二十条 用人单位发布的招用人员简章或招聘广告，不得包含歧视性内容。

第二十一条 用人单位招用从事涉及公共安全、人身健康、生命财产安全等特殊工种的劳动者，应当依法招用持相应工种职业资格证书的人员；招用未持相应工种职业资格证书人员的，须组织其在上岗前参加专门培训，使其取得职业资格证书后方可上岗。

第二十二条 用人单位招用台港澳人员后，应当按有关规定到当地劳动保障行政部门备案，并为其办理《台港澳人员就业证》。

第二十三条 用人单位招用外国人，应当在外国人入境前，按有关规定到当地劳动保障行政部门为其申请就业许可，经批准并获得《中华人民共和国外国人就业许可证书》后方可招用。

用人单位招用外国人的岗位必须是有特殊技能要求、国内暂无适当人选的岗位，并且不违反国家有关规定。

第四章 公共就业服务

第二十四条 县级以上劳动保障行政部门统筹管理本行政区域内的公共就业服务工作，根据政府制定的发展计划，建立健全覆盖城乡的公共就业服务体系。

公共就业服务机构根据政府确定的就业工作目标任务，制定就业服务计划，推动落实就业扶持政策，组织实施就业服务项目，为劳动者和用人单位提供就业服务，开展人力资源市场调查分析，并受劳动保障行政部门委托经办促进就业的相关事务。

第二十五条 公共就业服务机构应当免费为劳动者提供以下服务：

（一）就业政策法规咨询；

（二）职业供求信息、市场工资指导价位信息和职业培训信息发布；

（三）职业指导和职业介绍；

（四）对就业困难人员实施就业援助；

（五）办理就业登记、失业登记等事务；

（六）其他公共就业服务。

第二十六条 公共就业服务机构应当积极拓展服务功能，根据用人单位需求提供以下服务：

（一）招聘用人指导服务；

（二）代理招聘服务；

（三）跨地区人员招聘服务；

（四）企业人力资源管理咨询等专业性服务；

（五）劳动保障事务代理服务；

（六）为满足用人单位需求开发的其他就业服务项目。

第二十七条 公共就业服务机构应当加强职业指导工作，配备专（兼）职职业指导工作人员，向劳动者和用人单位提供职业指导服务。

公共就业服务机构应当为职业指导工作提供相应的设施和条件，推动职业指导工作的开展，加强对职业指导工作的宣传。

第二十八条 职业指导工作包括以下内容：

（一）向劳动者和用人单位提供国家有关劳动保障的法律法规

和政策、人力资源市场状况咨询；

（二）帮助劳动者了解职业状况，掌握求职方法，确定择业方向，增强择业能力；

（三）向劳动者提出培训建议，为其提供职业培训相关信息；

（四）开展对劳动者个人职业素质和特点的测试，并对其职业能力进行评价；

（五）对妇女、残疾人、少数民族人员及退出现役的军人等就业群体提供专门的职业指导服务；

（六）对大中专学校、职业院校、技工学校学生的职业指导工作提供咨询和服务；

（七）对准备从事个体劳动或开办私营企业的劳动者提供创业咨询服务；

（八）为用人单位提供选择招聘方法、确定用人条件和标准等方面的招聘用人指导；

（九）为职业培训机构确立培训方向和专业设置等提供咨询参考。

第二十九条 公共就业服务机构在劳动保障行政部门的指导下，组织实施劳动力资源调查和就业、失业状况统计工作。

第三十条 公共就业服务机构应当针对特定就业群体的不同需求，制定并组织实施专项计划。

公共就业服务机构应当根据服务对象的特点，在一定时期内为不同类型的劳动者、就业困难对象或用人单位集中组织活动，开展专项服务。

公共就业服务机构受劳动保障行政部门委托，可以组织开展促进就业的专项工作。

第三十一条 县级以上公共就业服务机构建立综合性服务场所，集中为劳动者和用人单位提供一站式就业服务，并承担劳动保障行政部门安排的其他工作。

街道、乡镇、社区公共就业服务机构建立基层服务窗口，开展以就业援助为重点的公共就业服务，实施劳动力资源调查统计，并承担上级劳动保障行政部门安排的其他就业服务工作。

公共就业服务机构使用全国统一标识。

第三十二条 公共就业服务机构应当不断提高服务的质量和效率。

公共就业服务机构应当加强内部管理，完善服务功能，统一服务流程，按照国家制定的服务规范和标准，为劳动者和用人单位提供优质高效的就业服务。

公共就业服务机构应当加强工作人员的政策、业务和服务技能培训，组织职业指导人员、职业信息分析人员、劳动保障协理员等专业人员参加相应职业资格培训。

公共就业服务机构应当公开服务制度，主动接受社会监督。

第三十三条 县级以上劳动保障行政部门和公共就业服务机构应当按照劳动保障信息化建设的统一规划、标准和规范，建立完善人力资源市场信息网络及相关设施。

公共就业服务机构应当逐步实行信息化管理与服务，在城市内实现就业服务、失业保险、就业培训信息共享和公共就业服务全程信息化管理，并逐步实现与劳动工资信息、社会保险信息的互联互通和信息共享。

第三十四条 公共就业服务机构应当建立健全人力资源市场信息服务体系，完善职业供求信息、市场工资指导价位信息、职业培训信息、人力资源市场分析信息的发布制度，为劳动者求职择业、用人单位招用人员以及培训机构开展培训提供支持。

第三十五条 县级以上劳动保障行政部门应当按照信息化建设统一要求，逐步实现全国人力资源市场信息联网。其中，城市应当按照劳动保障数据中心建设的要求，实现网络和数据资源的集中和共享；省、自治区应当建立人力资源市场信息网省级监测中心，对辖区内人力资源市场信息进行监测；劳动保障部设立人力资源市场信息网全国监测中心，对全国人力资源市场信息进行监测和分析。

第三十六条 县级以上劳动保障行政部门应当对公共就业服务机构加强管理，定期对其完成各项任务情况进行绩效考核。

第三十七条 公共就业服务经费纳入同级财政预算。各级劳动保障行政部门和公共就业服务机构应当根据财政预算编制的规定，依法编制公共就业服务年度预算，报经同级财政部门审批后执行。

公共就业服务机构可以按照就业专项资金管理相关规定，依法申请公共就业服务专项扶持经费。

公共就业服务机构接受社会各界提供的捐赠和资助，按照国家有关法律法规管理和使用。

公共就业服务机构为用人单位提供的服务，应当规范管理，严格控制服务收费。确需收费的，具体项目由省级劳动保障行政部门会同相关部门规定。

第三十八条 公共就业服务机构不得从事经营性活动。

公共就业服务机构举办的招聘会，不得向劳动者收取费用。

第三十九条 各级残疾人联合会所属的残疾人就业服务机构是公共就业服务机构的组成部分，负责为残疾劳动者提供相关就业服务，并经劳动保障行政部门委托，承担残疾劳动者的就业登记、失业登记工作。

第五章 就业援助

第四十条 公共就业服务机构应当制定专门的就业援助计划，对就业援助对象实施优先扶持和重点帮助。

本规定所称就业援助对象包括就业困难人员和零就业家庭。就业困难对象是指因身体状况、技能水平、家庭因素、失去土地等原因难以实现就业，以及连续失业一定时间仍未能实现就业的人员。零就业家庭是指法定劳动年龄内的家庭人员均处于失业状况的城市居民家庭。

对援助对象的认定办法,由省级劳动保障行政部门依据当地人民政府规定的就业援助对象范围制定。

第四十一条 就业困难人员和零就业家庭可以向所在地街道、社区公共就业服务机构申请就业援助。经街道、社区公共就业服务机构确认属实的,纳入就业援助范围。

第四十二条 公共就业服务机构应当建立就业困难人员帮扶制度,通过落实各项就业扶持政策、提供就业岗位信息、组织技能培训等有针对性的就业服务和公益性岗位援助,对就业困难人员实施优先扶持和重点帮助。

在公益性岗位上安置的就业困难人员,按照国家规定给予岗位补贴。

第四十三条 公共就业服务机构应当建立零就业家庭即时岗位援助制度,通过拓宽公益性岗位范围,开发各类就业岗位等措施,及时向零就业家庭中的失业人员提供适当的就业岗位,确保零就业家庭至少有一人实现就业。

第四十四条 街道、社区公共就业服务机构应当对辖区内就业援助对象进行登记,建立专门台账,实行就业援助对象动态管理和援助责任制度,提供及时、有效的就业援助。

第六章 职业中介服务

第四十五条 县级以上劳动保障行政部门应当加强对职业中介机构的管理,鼓励其提高服务质量,发挥其在促进就业中的作用。

本规定所称职业中介机构,是指由法人、其他组织和公民个人举办,为用人单位招用人员和劳动者求职提供中介服务以及其他相关服务的经营性组织。

政府部门不得举办或者与他人联合举办经营性的职业中介机构。

第四十六条 从事职业中介活动,应当遵循合法、诚实信用、公平、公开的原则。

禁止任何组织或者个人利用职业中介活动侵害劳动者和用人单位的合法权益。

第四十七条 职业中介实行行政许可制度。设立职业中介机构或其他机构开展职业中介活动，须经劳动保障行政部门批准，并获得职业中介许可证。

未经依法许可和登记的机构，不得从事职业中介活动。

职业中介许可证由劳动和社会保障部统一印制并免费发放。

第四十八条 设立职业中介机构应当具备下列条件：

（一）有明确的机构章程和管理制度；

（二）有开展业务必备的固定场所、办公设施和一定数额的开办资金；

（三）有一定数量具备相应职业资格的专职工作人员；

（四）法律、法规规定的其他条件。

第四十九条 设立职业中介机构，应当向当地县级以上劳动保障行政部门提出申请，提交下列文件：

（一）设立申请书；

（二）机构章程和管理制度草案；

（三）场所使用权证明；

（四）拟任负责人的基本情况、身份证明；

（五）具备相应职业资格的专职工作人员的相关证明；

（六）工商营业执照（副本）；

（七）法律、法规规定的其他文件。

第五十条 劳动保障行政部门接到设立职业中介机构的申请后，应当自受理申请之日起 20 日内审理完毕。对符合条件的，应当予以批准；不予批准的，应当说明理由。

劳动保障行政部门对经批准设立的职业中介机构实行年度审验。

职业中介机构的具体设立条件、审批和年度审验程序，由省级劳动保障行政部门统一规定。

第五十一条 职业中介机构变更名称、住所、法定代表人等或者终止的,应当按照设立许可程序办理变更或者注销登记手续。

设立分支机构的,应当在征得原审批机关的书面同意后,由拟设立分支机构所在地县级以上劳动保障行政部门审批。

第五十二条 职业中介机构可以从事下列业务:

(一) 为劳动者介绍用人单位;

(二) 为用人单位和居民家庭推荐劳动者;

(三) 开展职业指导、人力资源管理咨询服务;

(四) 收集和发布职业供求信息;

(五) 根据国家有关规定从事互联网职业信息服务;

(六) 组织职业招聘洽谈会;

(七) 经劳动保障行政部门核准的其他服务项目。

第五十三条 职业中介机构应当在服务场所明示营业执照、职业中介许可证、服务项目、收费标准、监督机关名称和监督电话等,并接受劳动保障行政部门及其他有关部门的监督检查。

第五十四条 职业中介机构应当建立服务台账,记录服务对象、服务过程、服务结果和收费情况等,并接受劳动保障行政部门的监督检查。

第五十五条 职业中介机构提供职业中介服务不成功的,应当退还向劳动者收取的中介服务费。

第五十六条 职业中介机构租用场地举办大规模职业招聘洽谈会,应当制定相应的组织实施办法和安全保卫工作方案,并向批准其设立的机关报告。

职业中介机构应当对入场招聘用人单位的主体资格真实性和招用人员简章真实性进行核实。

第五十七条 职业中介机构为特定对象提供公益性就业服务的,可以按照规定给予补贴。可以给予补贴的公益性就业服务的范围、对象、服务效果和补贴办法,由省级劳动保障行政部门会同有关部门制定。

第五十八条 禁止职业中介机构有下列行为：

（一）提供虚假就业信息；

（二）发布的就业信息中包含歧视性内容；

（三）伪造、涂改、转让职业中介许可证；

（四）为无合法证照的用人单位提供职业中介服务；

（五）介绍未满16周岁的未成年人就业；

（六）为无合法身份证件的劳动者提供职业中介服务；

（七）介绍劳动者从事法律、法规禁止从事的职业；

（八）扣押劳动者的居民身份证和其他证件，或者向劳动者收取押金；

（九）以暴力、胁迫、欺诈等方式进行职业中介活动；

（十）超出核准的业务范围经营；

（十一）其他违反法律、法规规定的行为。

第五十九条 县级以上劳动保障行政部门应当依法对经审批设立的职业中介机构开展职业中介活动进行监督指导，定期组织对其服务信用和服务质量进行评估，并将评估结果向社会公布。

县级以上劳动保障行政部门应当指导职业中介机构开展工作人员培训，提高服务质量。

县级以上劳动保障行政部门对在诚信服务、优质服务和公益性服务等方面表现突出的职业中介机构和个人，报经同级人民政府批准后，给予表彰和奖励。

第六十条 设立外商投资职业中介机构以及职业中介机构从事境外就业中介服务的，按照有关规定执行。

第七章 就业与失业管理

第六十一条 劳动保障行政部门应当建立健全就业登记制度和失业登记制度，完善就业管理和失业管理。

公共就业服务机构负责就业登记与失业登记工作，建立专门台账，及时、准确地记录劳动者就业与失业变动情况，并做好相应统计工作。

就业登记和失业登记在各省、自治区、直辖市范围内实行统一的就业失业登记证（以下简称登记证），向劳动者免费发放，并注明可享受的相应扶持政策。

就业登记、失业登记的具体程序和登记证的样式，由省级劳动保障行政部门规定。

第六十二条 劳动者被用人单位招用的，由用人单位为劳动者办理就业登记。用人单位招用劳动者和与劳动者终止或者解除劳动关系，应当到当地公共就业服务机构备案，为劳动者办理就业登记手续。用人单位招用人员后，应当于录用之日起30日内办理登记手续；用人单位与职工终止或者解除劳动关系后，应当于15日内办理登记手续。

劳动者从事个体经营或灵活就业的，由本人在街道、乡镇公共就业服务机构办理就业登记。

就业登记的内容主要包括劳动者个人信息、就业类型、就业时间、就业单位以及订立、终止或者解除劳动合同情况等。就业登记的具体内容和所需材料由省级劳动保障行政部门规定。

公共就业服务机构应当对用人单位办理就业登记及相关手续设立专门服务窗口，简化程序，方便用人单位办理。

第六十三条 在法定劳动年龄内，有劳动能力，有就业要求，处于无业状态的城镇常住人员，可以到常住地的公共就业服务机构进行失业登记。

第六十四条 劳动者进行失业登记时，须持本人身份证件；有单位就业经历的，还须持与原单位终止、解除劳动关系或者解聘的证明。

登记失业人员凭登记证享受公共就业服务和就业扶持政策；其

中符合条件的，按规定申领失业保险金。

登记失业人员应当定期向公共就业服务机构报告就业失业状况，积极求职，参加公共就业服务机构安排的就业培训。

第六十五条 失业登记的范围包括下列失业人员：

（一）年满 16 周岁，从各类学校毕业、肄业的；

（二）从企业、机关、事业单位等各类用人单位失业的；

（三）个体工商户业主或私营企业业主停业、破产停止经营的；

（四）承包土地被征用，符合当地规定条件的；

（五）军人退出现役且未纳入国家统一安置的；

（六）刑满释放、假释、监外执行的；

（七）各地确定的其他失业人员。

第六十六条 登记失业人员出现下列情形之一的，由公共就业服务机构注销其失业登记：

（一）被用人单位录用的；

（二）从事个体经营或创办企业，并领取工商营业执照的；

（三）已从事有稳定收入的劳动，并且月收入不低于当地最低工资标准的；

（四）已享受基本养老保险待遇的；

（五）完全丧失劳动能力的；

（六）入学、服兵役、移居境外的；

（七）被判刑收监执行的；

（八）终止就业要求或拒绝接受公共就业服务的；

（九）连续 6 个月未与公共就业服务机构联系的；

（十）已进行就业登记的其他人员或各地规定的其他情形。

第八章　罚　　则

第六十七条 用人单位违反本规定第十四条第（二）、（三）项规定的，按照劳动合同法第八十四条的规定予以处罚；用人单位违反第十四条第（四）项规定的，按照国家禁止使用童工和其他有关法律、法规的规定予以处罚。用人单位违反第十四条第（一）、（五）、（六）项规定的，由劳动保障行政部门责令改正，并可处以一千元以下的罚款；对当事人造成损害的，应当承担赔偿责任。

第六十八条 用人单位违反本规定第十九条第二款规定，在国家法律、行政法规和国务院卫生行政部门规定禁止乙肝病原携带者从事的工作岗位以外招用人员时，将乙肝病毒血清学指标作为体检标准的，由劳动保障行政部门责令改正，并可处以一千元以下的罚款；对当事人造成损害的，应当承担赔偿责任。

第六十九条 违反本规定第三十八条规定，公共就业服务机构从事经营性职业中介活动向劳动者收取费用的，由劳动保障行政部门责令限期改正，将违法收取的费用退还劳动者，并对直接负责的主管人员和其他直接责任人员依法给予处分。

第七十条 违反本规定第四十七条规定，未经许可和登记，擅自从事职业中介活动的，由劳动保障行政部门或者其他主管部门按照就业促进法第六十四条规定予以处罚。

第七十一条 职业中介机构违反本规定第五十三条规定，未明示职业中介许可证、监督电话的，由劳动保障行政部门责令改正，并可处以一千元以下的罚款；未明示收费标准的，提请价格主管部门依据国家有关规定处罚；未明示营业执照的，提请工商行政管理部门依据国家有关规定处罚。

第七十二条 职业中介机构违反本规定第五十四条规定，未建立服务台账，或虽建立服务台账但未记录服务对象、服务过程、服务结果和收费情况的，由劳动保障行政部门责令改正，并可处以一千元以下的罚款。

第七十三条 职业中介机构违反本规定第五十五条规定，在职业中介服务不成功后未向劳动者退还所收取的中介服务费的，由劳动保障行政部门责令改正，并可处以一千元以下的罚款。

第七十四条　职业中介机构违反本规定第五十八条第（一）、（三）、（四）、（八）项规定的，按照就业促进法第六十五条、第六十六条规定予以处罚。违反本规定第五十八条第（五）项规定的，按照国家禁止使用童工的规定予以处罚。违反本规定第五十八条其他各项规定的，由劳动保障行政部门责令改正，没有违法所得的，可处以一万元以下的罚款；有违法所得的，可处以不超过违法所得三倍的罚款，但最高不得超过三万元；情节严重的，提请工商部门依法吊销营业执照；对当事人造成损害的，应当承担赔偿责任。

第七十五条　用人单位违反本规定第六十二条规定，未及时为劳动者办理就业登记手续的，由劳动保障行政部门责令改正。

第九章　附　　则

第七十六条　本规定自 2008 年 1 月 1 日起施行。劳动部 1994 年 10 月 27 日颁布的《职业指导办法》、劳动和社会保障部 2000 年 12 月 8 日颁布的《劳动力市场管理规定》同时废止。

人力资源服务机构管理规定（节录）

（2023 年 6 月 29 日人力资源社会保障部令第 50 号公布　自 2023 年 8 月 1 日起施行）

……

第四章　监　督　管　理

第三十一条　人力资源社会保障行政部门采取随机抽取检查对

象、随机选派执法人员的方式和法律、法规规定的措施，对经营性人力资源服务机构实施监督检查。被检查单位应当配合监督检查，如实提供相关资料和信息，不得隐瞒、拒绝、阻碍。

人力资源社会保障行政部门应当将监督检查情况及时向社会公布。其中，行政处罚、监督检查结果可以通过国家企业信用信息公示系统或者其他途径向社会公示。

对按照告知承诺制方式取得人力资源服务许可证的，人力资源社会保障行政部门在实施监督检查时，应当重点对告知承诺事项真实性进行检查。

第三十二条 人力资源社会保障行政部门对经营性人力资源服务机构实施监督检查，按照"谁许可、谁监管，谁备案、谁监管"的原则，由作出行政许可决定或者办理备案的人力资源社会保障行政部门依法履行监督管理职责。

在作出行政许可决定、办理备案的人力资源社会保障行政部门管辖区域外，或者未经行政许可、未备案，违法从事人力资源服务活动的，由违法行为发生地人力资源社会保障行政部门管辖。多个地方人力资源社会保障行政部门对违法行为均具有管辖权的，由最先立案的人力资源社会保障行政部门管辖；发生管辖争议的，由共同的上一级人力资源社会保障行政部门指定管辖。

上级人力资源社会保障行政部门根据工作需要，可以调查处理下级人力资源社会保障行政部门管辖的案件；对重大复杂案件，可以直接指定管辖。

第三十三条 人力资源社会保障行政部门应当加强对经营性人力资源服务机构的事中事后监管，建立监管风险分析研判、市场主体警示退出等新型监管机制。

人力资源社会保障行政部门负责人力资源服务领域行政许可、备案的机构和劳动保障监察机构，应当健全监督管理协作机制。

人力资源社会保障行政部门应当加强与市场监督管理、公安等部门的信息共享和协同配合，健全跨部门综合监管机制。

第三十四条 人力资源社会保障行政部门应当依法督促经营性人力资源服务机构在规定期限内提交上一年度的经营情况年度报告，并在政府网站进行不少于 30 日的信息公示或者引导经营性人力资源服务机构在其服务场所公示年度报告的有关内容。

人力资源社会保障行政部门通过与市场监督管理等部门信息共享可以获取的信息，不得要求经营性人力资源服务机构重复提供。

第三十五条 人力资源社会保障行政部门应当加强人力资源市场诚信体系建设，制定经营性人力资源服务机构信用评价制度，建立健全诚信典型树立和失信行为曝光机制，依法依规实施守信激励和失信惩戒。

第三十六条 人力资源社会保障行政部门应当畅通对经营性人力资源服务机构的举报投诉渠道，依法及时处理有关举报投诉。

第三十七条 有下列情形之一的，人力资源社会保障行政部门可以依法撤销行政许可：

（一）工作人员滥用职权、玩忽职守作出准予许可决定的；

（二）超越法定职权作出准予许可决定的；

（三）违反法定程序作出准予许可决定的；

（四）对不具备申请资格或者不符合申请条件的申请人作出准予许可决定的；

（五）依法可以撤销行政许可的其他情形。

被许可人通过欺骗、贿赂等不正当手段取得行政许可的，应当予以撤销。

人力资源社会保障行政部门发现存在第一款、第二款规定情形的，应当及时开展调查核实，情况属实的，依法撤销行政许可。相关经营性人力资源服务机构及其人员无法联系或者拒不配合的，人力资源社会保障行政部门可以将人力资源服务许可证编号、行政许可时间等通过政府网站向社会公示，公示期为 45 日。公示期内没有提出异议的，人力资源社会保障行政部门可以作出撤销行政许可的决定。

第三十八条 有下列情形之一的，人力资源社会保障行政部门应当依法办理行政许可注销手续：

（一）经营性人力资源服务机构依法终止经营的；

（二）人力资源服务许可证被依法吊销或者行政许可依法被撤销的；

（三）因不可抗力导致行政许可事项无法实施的；

（四）法律、法规规定的应当注销行政许可的其他情形。

……

网络招聘服务管理规定

（2020年12月18日人力资源和社会保障部令第44号公布 自2021年3月1日起施行）

第一章 总 则

第一条 为了规范网络招聘服务，促进网络招聘服务业态健康有序发展，促进就业和人力资源流动配置，根据《中华人民共和国就业促进法》《中华人民共和国网络安全法》《中华人民共和国电子商务法》《人力资源市场暂行条例》《互联网信息服务管理办法》等法律、行政法规，制定本规定。

第二条 本规定所称网络招聘服务，是指人力资源服务机构在中华人民共和国境内通过互联网等信息网络，以网络招聘服务平台、平台内经营、自建网站或者其他网络服务方式，为劳动者求职和用人单位招用人员提供的求职、招聘服务。

人力资源服务机构包括公共人力资源服务机构和经营性人力资

源服务机构。

第三条 国务院人力资源社会保障行政部门负责全国网络招聘服务的综合管理。

县级以上地方人民政府人力资源社会保障行政部门负责本行政区域网络招聘服务的管理工作。

县级以上人民政府有关部门在各自职责范围内依法对网络招聘服务实施管理。

第四条 从事网络招聘服务，应当遵循合法、公平、诚实信用的原则，履行网络安全和信息保护等义务，承担服务质量责任，接受政府和社会的监督。

第五条 对从事网络招聘服务的经营性人力资源服务机构提供公益性人力资源服务的，按照规定给予补贴或者通过政府购买服务等方式给予支持。

第六条 人力资源社会保障行政部门加强网络招聘服务标准化建设，支持企业、研究机构、高等学校、行业协会参与网络招聘服务国家标准、行业标准的制定。

第七条 人力资源服务行业协会应当依照法律、行政法规、规章及其章程的规定，加强网络招聘服务行业自律，推进行业诚信建设，促进行业公平竞争。

第二章 网络招聘服务活动准入

第八条 从事网络招聘服务，应当符合就业促进、人力资源市场管理、电信和互联网管理等法律、行政法规规定的条件。

第九条 经营性人力资源服务机构从事网络招聘服务，应当依法取得人力资源服务许可证。涉及经营电信业务的，还应当依法取得电信业务经营许可证。

第十条 对从事网络招聘服务的经营性人力资源服务机构，人力资源社会保障行政部门应当在其服务范围中注明"开展网络招聘服务"。

第十一条 网络招聘服务包括下列业务：

（一）为劳动者介绍用人单位；

（二）为用人单位推荐劳动者；

（三）举办网络招聘会；

（四）开展高级人才寻访服务；

（五）其他网络求职、招聘服务。

第十二条 从事网络招聘服务的经营性人力资源服务机构变更名称、住所、法定代表人或者终止网络招聘服务的，应当自市场主体变更登记或者注销登记办理完毕之日起15日内，书面报告人力资源社会保障行政部门，办理人力资源服务许可变更、注销。

第十三条 从事网络招聘服务的经营性人力资源服务机构应当依法在其网站、移动互联网应用程序等首页显著位置，持续公示营业执照、人力资源服务许可证等信息，或者上述信息的链接标识。

前款规定的信息发生变更的，从事网络招聘服务的经营性人力资源服务机构应当及时更新公示信息。

从事网络招聘服务的经营性人力资源服务机构自行终止从事网络招聘服务的，应当提前30日在首页显著位置持续公示有关信息。

第十四条 人力资源社会保障行政部门应当及时向社会公布从事网络招聘服务的经营性人力资源服务机构名单及其变更、注销等情况。

第三章 网络招聘服务规范

第十五条 用人单位向人力资源服务机构提供的单位基本情况、招聘人数、招聘条件、用工类型、工作内容、工作条件、工作地点、基本劳动报酬等网络招聘信息，应当合法、真实，不得含有民族、种族、性别、宗教信仰等方面的歧视性内容。

前款网络招聘信息不得违反国家规定在户籍、地域、身份等方面设置限制人力资源流动的条件。

第十六条 劳动者通过人力资源服务机构进行网络求职，应当如实提供本人基本信息以及与应聘岗位相关的知识、技能、工作经历等情况。

第十七条 从事网络招聘服务的人力资源服务机构应当建立完备的网络招聘信息管理制度，依法对用人单位所提供材料的真实性、合法性进行审查。审查内容应当包括以下方面：

（一）用人单位招聘简章；

（二）用人单位营业执照或者有关部门批准设立的文件；

（三）招聘信息发布经办人员的身份证明、用人单位的委托证明。

用人单位拟招聘外国人的，应当符合《外国人在中国就业管理规定》的有关要求。

第十八条 人力资源服务机构对其发布的网络求职招聘信息、用人单位对所提供的网络招聘信息应当及时更新。

第十九条 从事网络招聘服务的人力资源服务机构，不得以欺诈、暴力、胁迫或者其他不正当手段，牟取不正当利益。

从事网络招聘服务的经营性人力资源服务机构，不得向劳动者收取押金，应当明示其服务项目、收费标准等事项。

第二十条 从事网络招聘服务的人力资源服务机构应当按照国家网络安全法律、行政法规和网络安全等级保护制度要求，加强网络安全管理，履行网络安全保护义务，采取技术措施或者其他必要措施，确保招聘服务网络、信息系统和用户信息安全。

第二十一条 人力资源服务机构从事网络招聘服务时收集、使用其用户个人信息，应当遵守法律、行政法规有关个人信息保护的规定。

人力资源服务机构应当建立健全网络招聘服务用户信息保护制

度，不得泄露、篡改、毁损或者非法出售、非法向他人提供其收集的个人公民身份号码、年龄、性别、住址、联系方式和用人单位经营状况等信息。

人力资源服务机构应当对网络招聘服务用户信息保护情况每年至少进行一次自查，记录自查情况，及时消除自查中发现的安全隐患。

第二十二条 从事网络招聘服务的人力资源服务机构因业务需要，确需向境外提供在中华人民共和国境内运营中收集和产生的个人信息和重要数据的，应当遵守国家有关法律、行政法规规定。

第二十三条 从事网络招聘服务的人力资源服务机构应当建立网络招聘服务有关投诉、举报制度，健全便捷有效的投诉、举报机制，公开有效的联系方式，及时受理并处理有关投诉、举报。

第二十四条 以网络招聘服务平台方式从事网络招聘服务的人力资源服务机构应当遵循公开、公平、公正的原则，制定平台服务协议和服务规则，明确进入和退出平台、服务质量保障、求职者权益保护、个人信息保护等方面的权利和义务。

鼓励从事网络招聘服务的人力资源服务机构运用大数据、区块链等技术措施，保证其网络招聘服务平台的网络安全、稳定运行，防范网络违法犯罪活动，保障网络招聘服务安全，促进人力资源合理流动和优化配置。

第二十五条 以网络招聘服务平台方式从事网络招聘服务的人力资源服务机构应当要求申请进入平台的人力资源服务机构提交其营业执照、地址、联系方式、人力资源服务许可证等真实信息，进行核验、登记，建立登记档案，并定期核验更新。

第二十六条 以网络招聘服务平台方式从事网络招聘服务的人力资源服务机构应当记录、保存平台上发布的招聘信息、服务信息，并确保信息的完整性、保密性、可用性。招聘信息、服务信息保存时间自服务完成之日起不少于3年。

第四章 监督管理

第二十七条 人力资源社会保障行政部门采取随机抽取检查对象、随机选派执法人员的方式，对经营性人力资源服务机构从事网络招聘服务情况进行监督检查，并及时向社会公布监督检查的情况。

人力资源社会保障行政部门运用大数据等技术，推行远程监管、移动监管、预警防控等非现场监管，提升网络招聘服务监管精准化、智能化水平。

第二十八条 人力资源社会保障行政部门应当加强网络招聘服务诚信体系建设，健全信用分级分类管理制度，完善守信激励和失信惩戒机制。对性质恶劣、情节严重、社会危害较大的网络招聘服务违法失信行为，按照国家有关规定实施联合惩戒。

第二十九条 从事网络招聘服务的经营性人力资源服务机构应当在规定期限内，向人力资源社会保障行政部门提交经营情况年度报告。人力资源社会保障行政部门可以依法公示或者引导从事网络招聘服务的经营性人力资源服务机构依法通过互联网等方式公示年度报告的有关内容。

第三十条 人力资源社会保障行政部门应当加强与其他部门的信息共享，提高对网络招聘服务的监管时效和能力。

第三十一条 人力资源社会保障行政部门应当畅通对从事网络招聘服务的人力资源服务机构的举报投诉渠道，依法及时处理有关举报投诉。

第五章 法律责任

第三十二条 违反本规定第九条规定，未取得人力资源服务许可证擅自从事网络招聘服务的，由人力资源社会保障行政部门依照《人力资源市场暂行条例》第四十二条第一款的规定予以处罚。

违反本规定第十二条规定，办理变更或者注销登记未书面报告的，由人力资源社会保障行政部门依照《人力资源市场暂行条例》第四十二条第二款的规定予以处罚。

第三十三条 未按照本规定第十三条规定公示人力资源服务许可证等信息，未按照本规定第十九条第二款规定明示有关事项，未按照本规定第二十九条规定提交经营情况年度报告的，由人力资源社会保障行政部门依照《人力资源市场暂行条例》第四十四条的规定予以处罚。

第三十四条 违反本规定第十五条第一款规定，发布的招聘信息不真实、不合法的，由人力资源社会保障行政部门依照《人力资源市场暂行条例》第四十三条的规定予以处罚。

违反本规定第十五条第二款规定，违法设置限制人力资源流动的条件，违反本规定第十七条规定，未依法履行信息审查义务的，由人力资源社会保障行政部门责令改正；拒不改正，无违法所得的，处1万元以下的罚款；有违法所得的，没收违法所得，并处1万元以上3万元以下的罚款。

第三十五条 违反本规定第十九条第一款规定，牟取不正当利益的，由人力资源社会保障行政部门依照《人力资源市场暂行条例》第四十三条的规定予以处罚。

违反本规定第十九条第二款规定，向劳动者收取押金的，由人力资源社会保障行政部门依照《中华人民共和国就业促进法》第六十六条的规定予以处罚。

第三十六条 违反本规定第二十一条、第二十二条规定，未依法进行信息收集、使用、存储、发布的，由有关主管部门依照《中华人民共和国网络安全法》等法律、行政法规的规定予以处罚。

第三十七条 违反本规定第二十五条规定，不履行核验、登记义务，违反本规定第二十六条规定，不履行招聘信息、服务信息保存义务的，由人力资源社会保障行政部门依照《中华人民共和国电子商务法》第八十条的规定予以处罚。法律、行政法规对违法行为的处罚另有规定的,依照其规定执行。

第三十八条 公共人力资源服务机构违反本规定从事网络招聘服务的,由上级主管机关责令改正;拒不改正的,对直接负责的主管人员和其他直接责任人员依法给予处分。

第三十九条 人力资源社会保障行政部门及其工作人员玩忽职守、滥用职权、徇私舞弊的,对直接负责的领导人员和其他直接责任人员依法给予处分。

第四十条 违反本规定,给他人造成损害的,依法承担民事责任。违反其他法律、行政法规的,由有关主管部门依法给予处罚。

违反本规定,构成违反治安管理行为的,依法给予治安管理处罚;构成犯罪的,依法追究刑事责任。

第六章 附 则

第四十一条 本规定自 2021 年 3 月 1 日起施行。

(三) 职业培训与考核

职业技能鉴定规定(节录)

(1993 年 7 月 9 日劳部发〔1993〕134 号公布 自公布之日起施行)

……

第三章 职业技能鉴定的组织和实施

第十条 建立职业技能鉴定站(所)。

（一）建立职业技能鉴定站（所）的条件是：

1. 具有与所鉴定工种（专业）及其等级或类别相适应的考核场地和设备；

2. 具有与所鉴定工种（专业）及其等级或类别操作技能考核相适应的、符合国家标准的检测仪器；

3. 有专（兼）职的组织管理人员和考评员；

4. 有完善的管理办法。

（二）申请建立职业技能鉴定站（所）的单位，根据上述条件和省、自治区、直辖市的具体规定，报当地劳动行政部门审查批准并由其发给《职业技能鉴定许可证》，明确鉴定的工种（专业）范围、等级和类别，同时授予统一的职业技能鉴定站（所）标牌。

（三）鉴定技术等级的职业技能鉴定站（所），由省、自治区、直辖市劳动行政部门规定审批权限；鉴定技师资格的职业技能鉴定站（所），由省、自治区、直辖市劳动行政部门审批，并报劳动部备案。

（四）行业特有工种的职业技能鉴定站（所），一般由省、自治区、直辖市劳动行政部门审批；跨地区的行业特有工种的职业技能鉴定站（所）和中央、国家机关、解放军各总部机关直属单位的职业技能鉴定站（所），由劳动部审批。

第十一条 职业技能鉴定站（所），享有独立进行职业技能鉴定的权利，有权拒绝任何组织或个人更改鉴定结果的非正当要求。

第十二条 劳动部组织有关行业或单位的专家、名师，根据现行《工人技术等级标准》和《国家职业技能标准》，统一编制职业技能鉴定试题，建立职业技能鉴定题库。

第十三条 职业技能鉴定站（所），必须遵守劳动行政部门的有关规定、实施办法。职业技能鉴定试题必须从国家规定的试题库提取，不得自行编制试题。

第十四条 职业技能鉴定站（所），应受理一切符合申报条件、规定手续人员的职业技能鉴定，要严格执行考评员对其亲属的职业技能鉴定回避制度。

第十五条 职业技能鉴定的对象：

（一）各类职业技术学校和培训机构毕（结）业生，凡属技术等级考核的工种，逐步实行职业技能鉴定；

（二）企业、事业单位学徒期满的学徒工，必须进行职业技能鉴定；

（三）企业、事业单位的职工以及社会各类人员，根据需要，自愿申请职业技能鉴定。

第十六条 申报职业技能鉴定的单位或个人，可向当地职业技能鉴定站（所）提出申请，由职业技能鉴定站（所）签发准考证，按规定的时间、方式进行考核或考评。

第十七条 国家实行职业技能鉴定证书制度。

（一）对技术等级考核合格的劳动者，发给相应的《技术等级证书》；对技师资格考评合格者，发给相应的《技师合格证书》或《高级技师合格证书》；

（二）《技术等级证书》、《技师合格证书》和《高级技师合格证书》是劳动者职业技能水平的凭证，同时，按照劳动部、司法部劳培字〔1992〕1号《对出国工人技术等级、技术职务证书公证的规定》，是我国公民境外就业、劳务输出法律公证的有效证件；

（三）上述证书由劳动部统一印制，劳动行政部门按规定核发。

第十八条 单位或个人申报职业技能鉴定，均应按照规定交纳鉴定费用。

（一）职业技能鉴定费用支付项目是：组织职业技能鉴定场地、命题、考务、阅卷、考评、检测及原材料、能源、设备消耗的费用；

（二）职业技能鉴定收费标准，由省、自治区、直辖市劳动行政部门按照财政部、劳动部（92）财工字第68号《关于工人考核费用开支的规定》，商当地财政、物价部门做出具体规定。

……

人力资源社会保障部、财政部关于充分发挥职业技能提升行动专账资金效能 扎实推进职业技能提升行动的通知

（2021年2月1日 人社部函〔2021〕14号）

各省、自治区、直辖市及新疆生产建设兵团人力资源社会保障厅（局），财政厅（局）：

为全面贯彻落实习近平总书记对技能人才工作的重要指示精神和党的十九届五中全会精神，进一步增强职业技能培训针对性和有效性，不断提高培训质量，培养壮大创新型、应用型、技能型人才队伍，现就充分发挥职业技能提升行动专账资金效能，扎实推进职业技能提升行动通知如下：

一、**合理确定调整培训补贴标准**。合理确定培训补贴标准是保证培训质量的重要因素之一。市（地）级以上（含市地，下同）人力资源社会保障部门、财政部门可结合培训工作实际，充分考虑培训课程开发、教材建设、师资培训、教学改革、实训设施设备升级改造等培训基础能力建设成本以及实训耗材、培训场租和培训时长等综合因素，科学合理确定职业培训补贴标准（含职业技能鉴定评价补贴、企业新型学徒制培训补贴，下同）。建立培训补贴标准动态评估调整机制，结合评估结果，适时调整补贴标准。2021年一季度内，各省级人力资源社会保障部门、财政部门牵头组织开展一次评估，对补贴标准进行合理调整。鼓励省级人力资源社会保障部门会同财政部门统一制定本省份不同地域和职业（工种）差异化的培训补贴标准，并加强工作指导落实。

二、**提高培训针对性**。各地要把援企稳岗作为提高培训针对性

的重要举措，抓好以工代训扩就业稳就业工作，以工代训政策实施期限延至 2021 年 12 月。以工代训注重岗位工作训练，无需单独组织开展培训。企业申请以工代训补贴无需提供培训计划和发放培训合格证书。通过大数据比对可核实企业为职工发放工资等情况的，以工代训补贴发放可不再要求企业提供职工花名册、发放工资银行对账单。以工代训补贴不计入劳动者每年 3 次培训补贴范围。

三、加大培训补贴资金直补企业工作力度。强化企业培训主体作用，围绕制造强国、质量强国和实体经济发展，聚焦战略性新兴产业和先进制造业等领域，组织企业开展定向、定岗培训。对于企业直接组织职工培训并承担培训成本的，应将培训补贴资金按规定直补企业。企业（涉密企业除外）申请直补培训补贴资金时，需提供培训计划、学员签到表、培训视频类资料等材料，无需开具培训补贴发票。企业、院校和其他培训机构完成培训任务后申领获得的培训补贴资金，可在符合相关法律制度条件下自主开支使用。鼓励各地按规定探索开展项目制培训等多形式培训。具备培训资质的机构均可承担政府补贴性培训项目。

四、全面推行中国特色企业新型学徒制。适应现代企业发展和企业技术创新需要，面向各类企业全面推行企业新型学徒制，提高培训质量。完善企校双师带徒、工学交替培养等模式，创新开展"行校合作"，鼓励行业协会、跨企业培训中心等组织中小微企业开展学徒制培训，并按规定给予培训补贴。鼓励更多优秀的企业导师承担带徒任务，建立专职导师队伍。加大实施百万青年技能培训行动，把高校毕业生等青年培养成为适合企业发展和岗位需要的高技能人才。加强央地合作，各级人力资源社会保障部门要支持中央企业开展企业新型学徒制培训。

五、优先使用专账资金。优先使用专账资金开展政府补贴性培训项目，培训期间符合规定的生活费、交通费补贴可从专账资金支出。符合条件的个体工商户用工、民办非企业单位用工以及灵活就业人员按规定纳入职业技能提升行动职业培训补贴（含生活费、交通费）范围。深入推动实施"互联网+职业技能培训计划"、农民工稳就业职业技能培训计划、百万青年技能培训行动、康养职业技能培训计划、"马兰花"创业培训计划等专项培训行动，开展长江流域退捕渔民职业技能培训。

六、**强化培训资金监管**。各级人力资源社会保障部门、财政部门要强化培训资金监管，进一步做好补贴性培训实名制管理工作，建立覆盖专账资金使用管理全过程的监管体系，建立定期对账制度，做到账实相符、账表相符，加大风险防控和排查。对以虚假培训等套取、骗取资金的依法依纪严惩。

七、**压实专账资金管理使用责任**。各级人力资源社会保障部门、财政部门要切实履行专账资金管理使用责任，充分发挥专账资金使用效益。各地要认真贯彻落实放管服改革，进一步畅通专账资金支出渠道，提高资金拨付效率。要进一步简化培训补贴申领程序，提供网上办理或快速办理等便捷服务。各地不得以地域、户籍等为前提条件，限制劳动者参加培训并享受培训补贴。

八、**加强经办服务工作**。针对基层工作力量薄弱的实际，进一步健全政府购买服务机制。可引入第三方社会机构，承担开展各类培训机构审核、过程监管、补贴资金审核等工作，第三方社会机构的引入应严格按照政府购买服务相关要求开展。同级人力资源社会保障、财政部门要对引入的第三方社会机构建立严格、全面的监管和考评机制，定期组织工作效果评审。对于资金骗取等情况，按规定依法依规处理，对于发生问题的第三方机构，建立黑名单制度。鼓励有条件的地区，整合职业培训、技能鉴定、技工教研、公共实训等力量，壮大职业技能提升行动工作力量。

九、**建立专账资金调剂使用和奖补机制**。各地专账资金可结合实际工作需要，在省（区、市）内不同地区间进行调剂使用，适当向培训需求量大、培训任务重、培训工作好的地区倾斜，确保各项职业培训补贴政策落实落地。建立专账资金与培训工作绩效考核联动机制，提高资金使用效率。财政部、人力资源社会保障部将在分配中央就业补助资金时，充分考虑各省（区、市）专账资金使用执行情况。

人力资源社会保障部关于健全完善新时代技能人才职业技能等级制度的意见（试行）

（2022年3月18日）

各省、自治区、直辖市及新疆生产建设兵团人力资源社会保障厅（局），国务院各部委、各直属机构人事劳动保障工作机构，中央军委政治工作部兵员和文职人员局，有关行业组织、企业人事劳动保障工作机构：

为贯彻落实习近平总书记关于产业工人队伍建设和技能人才工作的一系列重要指示精神，根据中共中央、国务院关于新时期产业工人队伍建设改革、加强和改进新时代人才工作等有关文件要求，现就健全完善新时代技能人才职业技能等级制度提出如下意见。

一、总体要求

（一）指导思想

以习近平新时代中国特色社会主义思想为指导，全面贯彻党的十九大和十九届历次全会以及中央人才工作会议精神，健全技能人才培养、使用、评价、激励制度，畅通技能人才职业发展通道，提高待遇水平，增强荣誉感获得感幸福感，吸引更多劳动者走技能成才、技能报国之路，缓解技能人才短缺问题，充分发挥技能人才在经济社会高质量发展中的重要作用，为全面建设社会主义现代化国家提供有力的人才和技能支撑。

（二）基本原则

——坚持能力为本。围绕经济社会发展对技能人才的需求，充分发挥评价"指挥棒"作用，引导各级各类职业技能培训机构培训方向，激发技能人才参加职业技能培训的内生动力。

——坚持科学评价。遵循技能人才成长规律，以品德、能力、业绩、贡献为导向，完善职业标准，创新评价方式，规范评价流程，坚持考评结合、逐级认定，客观公正评价。优秀的可越级考评。

——坚持效果导向。聚焦技能人才职业发展中的"天花板"问题，完善职业技能等级（岗位）设置体系，畅通技能人才职业发展通道，延伸拓展其成长进步阶梯，推动形成人人学技能、有技能、长技能、比技能的技能型社会。

——坚持岗位使用。围绕用好用活人才，完善促进技能人才发展的政策措施，营造有利于技能人才成长和发挥作用的制度环境，让更多技能人才立足岗位，钻研技能，执着专注，实现岗位成才。

（三）目标任务

"十四五"期末，在以技能人员为主体的规模以上企业和其他用人单位（以下简称用人单位）中，全面推行职业技能等级认定，普遍建立与国家职业资格制度相衔接、与终身职业技能培训制度相适应，并与使用相结合、与待遇相匹配的新时代技能人才职业技能等级制度。涌现一大批高技能领军人才、大国工匠、能工巧匠，高端带动作用不断增强，引领集聚效应不断扩展，培养造就一支数量充足、结构合理、等级清晰、素质优良的产业工人队伍。

二、健全职业技能等级制度体系

（四）全面推行职业技能等级制度。实行技能人才职业技能等级制度，由用人单位和社会培训评价组织（以下简称社评组织）按照有关规定实施职业技能等级认定，使有技能等级晋升需求的人员均有机会得到技能评价。对关系公共利益或涉及国家安全、公共安全、人身健康、生命财产安全的职业（工种），纳入国家职业资格目录，依法实行职业资格准入，并做好与职业技能等级认定的衔接。

（五）健全技能岗位等级设置。企业根据技术技能发展水平等情况，结合实际，在现有职业技能等级设置的基础上适当增加或调整技能等级。对设有高级技师的职业（工种），可在其上增设特级技师和首席技师技术职务（岗位），在初级工之下补设学徒工，形成由学徒工、初级工、中级工、高级工、技师、高级技师、特级技师、首席技师构成的职业技能等级（岗位）序列。行业企业根据自身特点，考虑历史沿用、约定俗成等因素，对上述技能等级名称可使用不同称谓，并明确其与相应技能等级的对应关系。

（六）完善职业标准体系。建立健全由职业标准、评价规范、专项职业能力考核规范等构成的多层次、相互衔接、国际可比的职业标准体系。以满足人力资源管理需要和职业教育培训、技能评价需要为目标，按照职业标准编制技术规程确定的原则和要求开发职业标准或评价规范，并将职业道德、职业操守和劳模精神、劳动精神、工匠精神等要求纳入其中。对国家确定的职业（工种），各省（区、市）和部门（行业）可依托行业组织、龙头企业和院校等开发职业标准或评价规范。

（七）促进职业发展贯通。以职业分类为基础，统筹规划职业技能等级制度、职称制度、职业资格制度框架，并建立境外职业资格证书认可清单制度，避免交叉重复设置和评价，降低社会用人成本。鼓励专业技术人才参加职业技能评价。探索在数字经济领域促进技术技能人才融合发展。

三、完善职业技能等级认定机制

（八）实行分类考核评价。用人单位和社评组织要根据不同类型技能人才的工作特点，实行分类评价。在统一的职业标准体系框架基础上，对技术技能型人才的评价，要突出实际操作能力和解决关键生产技术难题等要求。对知识技能型人才的评价，要突出掌握运用理论知识指导生产实践、创造性开展工作等要求。对复合技能型人才的评价，要突出掌握多项技能、从事多工种多岗位复杂工作等要求。

（九）采取不同考核评价方式。学徒工的转正定级考核，由用人单位在其跟随师傅学习期满和试用期满后，依据本单位有关要求进行。参加中国特色企业新型学徒制的学员按照培养目标进行考核定级。初级工、中级工、高级工、技师、高级技师等级考核是技能考核评价的主体，由用人单位和社评组织按照职业标准和有关规定进行。鼓励支持采取以赛代评方式，依据职业标准举办的职业技能竞赛按照有关规定对获得优秀等次的选手晋升相应职业技能等级。

首席技师、特级技师是在高技能人才中设置的高级技术职务（岗位），一般应在有高级技师的职业（工种）领域中设立，通过评聘的方式进行，实行岗位聘任制。要稳妥有序开展特级技师、首席技师评聘工作，不搞高级技师普遍晋升。对本意见印发前已开展高级技师以上评审工作的，按照本意见有关要求进行复核确认。

特级技师评聘工作要在工程技术领域先行试点的基础上逐步扩大范围，由省级及以上人力资源社会保障部门指导用人单位制定实施方案，对评审标准、程序、办法和配套措施等作出具体规定。用人单位按照制定方案、组织评审、公示核准、任职聘用等程序组织实施。

首席技师原则上从特级技师中产生。首席技师是在技术技能领域作出重大贡献，或本地区、本行业企业公认具有高超技能、精湛技艺的高技能人才。首席技师评聘工作要在特级技师评聘的基础上先行试点、逐步推开，由省级及以上人力资源社会保障部门、国务院有关行业主管部门指导用人单位实施，采取基层推荐、地方或行业评审、公示核准、用人单位聘任等程序进行。

（十）支持用人单位自主开展职业技能等级认定。用人单位结合生产经营特点和实际需要，按照有关规定自主开展技能人才评价。鼓励用人单位在职业技能等级认定工作初期，广泛开展定级考评,根据岗位条件、职工日常表现、工作业绩等,按照有关规定认定职工相应职业技能等级。用人单位可将职业技能等级认定与岗位练兵、技术比武、技术攻关、揭榜领题等相结合。打破学历、资历、年龄、比例等限制,对技艺高超、业绩突出的一线职工,按照规定直接认定其相应技能等级。被派遣劳动者可在用工单位进行职业技能等级认定。

(十一)推行社会化职业技能等级认定。按照统筹规划、合理布局、严格条件、择优遴选、动态调整的原则,面向社会公开征集遴选社评组织。社评组织根据市场需求和劳动者就业创业需要,依据有关规定,按照客观、公正、科学、规范的原则,面向劳动者开展职业技能等级认定。

(十二)指导技工院校全面开展职业技能等级认定。促进技工院校教学与企业用人需求紧密结合,推行工学一体化技能人才培养模式,加强专业设置与产业需求对接、课程内容与职业标准对接、教学过程与工作过程对接,积极为学生提供职业技能等级认定服务。同时,支持技工院校依托合作企业为学生提供职业技能等级认定服务。加大将技工院校培育为社评组织力度,面向各类就业群体提供职业技能等级认定服务。

四、促进职业技能等级认定结果与培养使用待遇相结合

(十三)充分发挥技能评价对提高培养培训质量的导向作用。要将职业技能等级认定作为引导职业技能培训方向、检验培训质量的重要手段。依据职业标准组织开展各等级职业技能培训,突出能力导向,强化高技能人才培训,促进职业技能培训与职业技能等级认定有机衔接。推动建立并形成贯穿劳动者学习工作终身、覆盖劳动者职业生涯全程的职业技能培训制度。

(十四)促进职业技能等级认定结果与岗位使用有效衔接。建立评价与使用相结合的机制,评以适用、以用促评。用人单位结合用人需求,根据职业技能等级认定结果合理安排使用技能人才,实现职业技能等级认定结果与技能人才使用相衔接。实行聘期管理制度，健全日常和动态考核制度，在岗位聘用中实现人员能上能下。

（十五）建立与职业技能等级（岗位）序列相匹配的岗位绩效工资制。推动《技能人才薪酬分配指引》落实落地，强化工资收入分配的技能价值激励导向。引导用人单位建立基于岗位价值、能力素质、业绩贡献的工资分配制度，将职业技能等级作为技能人才工资分配的重要参考，突出技能人才实际贡献，通过在工资结构中设置体现技术技能价值的工资单元，或根据职业技能等级设置单独的技能津贴等方式，合理确定技能人才工资水平，实现多劳者多得、技高者多得。

（十六）健全高技能人才激励机制。引导用人单位工资分配向高技能人才倾斜，高技能人才人均工资增幅不低于本单位相应层级专业技术人员和管理人员人均工资增幅。对优秀的高技能人才，可探索实行协议工资、项目工资、年薪制、专项特殊奖励、股权期权激励、技术创新成果入股、岗位分红等激励办法。对在聘的高级工、技师、高级技师在学习进修、岗位聘任、职务职级晋升、评优评奖、科研项目申报等方面，比照相应层级专业技术人员享受同等待遇。聘用到特级技师岗位的人员，比照正高级职称人员享受同等待遇。首席技师薪酬待遇可参照本单位高级管理人员标准确定或根据实际确定，不低于特级技师薪酬待遇。机关事业单位工勤（工勤技能）人员的职业技能等级（岗位）设置和薪酬待遇按照有关规定执行。

五、加强服务监管

（十七）加强组织领导。健全完善职业技能等级制度关系广大技能人才的切身利益，涉及面广，政治性、政策性和技术性都非常强。各级人力资源社会保障部门要充分认识实施职业技能等级制度的重要意义，要从提升技能人才社会地位、巩固党的执政基础、实现人民共同富裕的高度，切实加强组织领导，统筹规划，周密部署，精心组织。要做好推动落实、服务保障、监督检查以及宣传引导等工作。

（十八）健全公共服务体系。按照全覆盖、可及性、便利性的要求，建立健全技能人才评价服务体系。做好评价机构备案服务，公布机构目录并实行动态调整。严格、规范证书（或电子证书）管理。建立完善信息化服务管理系统，面向社会提供技能人才评价机构和证书查询验证服务。加强跨区域职业技能等级认定结果互认，探索职业技能等级认定结果国际互认。

（十九）加强质量督导和监管。建立健全质量监管体系，实现事前事中事后全链条全领域监管。各地要按照属地管理原则，做好技能人才评价工作的综合管理。加强质量督导，采取"双随机、一公开"和"互联网+监管"等方式，加强对用人单位和社评组织及其评价活动的监督管理和指导。健全评价质量评估机制，及时向社会公开评估结果。用人单位和社评组织要落实评价质量管理主体责任，接受同行监督和社会监督。

附件： 职业技能等级（岗位）要求（略）

（四）残疾人就业

中华人民共和国无障碍环境建设法（节录）

（2023年6月28日第十四届全国人民代表大会常务委员会第三次会议通过　2023年6月28日中华人民共和国主席令第6号公布　自2023年9月1日起施行）

……

第二十条　残疾人集中就业单位应当按照有关标准和要求，建设和改造无障碍设施。

国家鼓励和支持用人单位开展就业场所无障碍设施建设和改造，为残疾人职工提供必要的劳动条件和便利。

……

第二十三条 新建、改建、扩建和具备改造条件的城市主干路、主要商业区和大型居住区的人行天桥和人行地下通道，应当按照无障碍设施工程建设标准，建设或者改造无障碍设施。

城市主干路、主要商业区等无障碍需求比较集中的区域的人行道，应当按照标准设置盲道；城市中心区、残疾人集中就业单位和集中就读学校周边的人行横道的交通信号设施，应当按照标准安装过街音响提示装置。

……

残疾人就业条例

（2007年2月14日国务院第169次常务会议通过
2007年2月25日中华人民共和国国务院令第488号公布
自2007年5月1日起施行）

第一章 总 则

第一条 为了促进残疾人就业，保障残疾人的劳动权利，根据《中华人民共和国残疾人保障法》和其他有关法律，制定本条例。

第二条 国家对残疾人就业实行集中就业与分散就业相结合的方针，促进残疾人就业。

县级以上人民政府应当将残疾人就业纳入国民经济和社会发展规划，并制定优惠政策和具体扶持保护措施，为残疾人就业创造条件。

第三条 机关、团体、企业、事业单位和民办非企业单位（以下统称用人单位）应当依照有关法律、本条例和其他有关行政法规的规定，履行扶持残疾人就业的责任和义务。

第四条 国家鼓励社会组织和个人通过多种渠道、多种形式，帮助、支持残疾人就业，鼓励残疾人通过应聘等多种形式就业。禁止在就业中歧视残疾人。

残疾人应当提高自身素质，增强就业能力。

第五条 各级人民政府应当加强对残疾人就业工作的统筹规划，综合协调。县级以上人民政府负责残疾人工作的机构，负责组织、协调、指导、督促有关部门做好残疾人就业工作。

县级以上人民政府劳动保障、民政等有关部门在各自的职责范围内，做好残疾人就业工作。

第六条 中国残疾人联合会及其地方组织依照法律、法规或者接受政府委托，负责残疾人就业工作的具体组织实施与监督。

工会、共产主义青年团、妇女联合会，应当在各自的工作范围内，做好残疾人就业工作。

第七条 各级人民政府对在残疾人就业工作中做出显著成绩的单位和个人，给予表彰和奖励。

第二章 用人单位的责任

第八条 用人单位应当按照一定比例安排残疾人就业，并为其提供适当的工种、岗位。

用人单位安排残疾人就业的比例不得低于本单位在职职工总数的1.5%。具体比例由省、自治区、直辖市人民政府根据本地区的实际情况规定。

用人单位跨地区招用残疾人的，应当计入所安排的残疾人职工人数之内。

第九条 用人单位安排残疾人就业达不到其所在地省、自治区、直辖市人民政府规定比例的，应当缴纳残疾人就业保障金。

第十条 政府和社会依法兴办的残疾人福利企业、盲人按摩机构和其他福利性单位（以下统称集中使用残疾人的用人单位），应当集中安排残疾人就业。

集中使用残疾人的用人单位的资格认定，按照国家有关规定执行。

第十一条 集中使用残疾人的用人单位中从事全日制工作的残疾人职工，应当占本单位在职职工总数的25%以上。

第十二条 用人单位招用残疾人职工，应当依法与其签订劳动合同或者服务协议。

第十三条 用人单位应当为残疾人职工提供适合其身体状况的劳动条件和劳动保护，不得在晋职、晋级、评定职称、报酬、社会保险、生活福利等方面歧视残疾人职工。

第十四条 用人单位应当根据本单位残疾人职工的实际情况，对残疾人职工进行上岗、在岗、转岗等培训。

第三章 保障措施

第十五条 县级以上人民政府应当采取措施，拓宽残疾人就业渠道，开发适合残疾人就业的公益性岗位，保障残疾人就业。

县级以上地方人民政府发展社区服务事业，应当优先考虑残疾人就业。

第十六条 依法征收的残疾人就业保障金应当纳入财政预算，专项用于残疾人职业培训以及为残疾人提供就业服务和就业援助，任何组织或者个人不得贪污、挪用、截留或者私分。残疾人就业保障金征收、使用、管理的具体办法，由国务院财政部门会同国务院有关部门规定。

财政部门和审计机关应当依法加强对残疾人就业保障金使用情况的监督检查。

第十七条　国家对集中使用残疾人的用人单位依法给予税收优惠，并在生产、经营、技术、资金、物资、场地使用等方面给予扶持。

第十八条　县级以上地方人民政府及其有关部门应当确定适合残疾人生产、经营的产品、项目，优先安排集中使用残疾人的用人单位生产或者经营，并根据集中使用残疾人的用人单位的生产特点确定某些产品由其专产。

政府采购，在同等条件下，应当优先购买集中使用残疾人的用人单位的产品或者服务。

第十九条　国家鼓励扶持残疾人自主择业、自主创业。对残疾人从事个体经营的，应当依法给予税收优惠，有关部门应当在经营场地等方面给予照顾，并按照规定免收管理类、登记类和证照类的行政事业性收费。

国家对自主择业、自主创业的残疾人在一定期限内给予小额信贷等扶持。

第二十条　地方各级人民政府应当多方面筹集资金，组织和扶持农村残疾人从事种植业、养殖业、手工业和其他形式的生产劳动。

有关部门对从事农业生产劳动的农村残疾人，应当在生产服务、技术指导、农用物资供应、农副产品收购和信贷等方面给予帮助。

第四章　就业服务

第二十一条　各级人民政府和有关部门应当为就业困难的残疾人提供有针对性的就业援助服务，鼓励和扶持职业培训机构为残疾人提供职业培训，并组织残疾人定期开展职业技能竞赛。

第二十二条　中国残疾人联合会及其地方组织所属的残疾人就业服务机构应当免费为残疾人就业提供下列服务：

（一）发布残疾人就业信息；

(二) 组织开展残疾人职业培训；

(三) 为残疾人提供职业心理咨询、职业适应评估、职业康复训练、求职定向指导、职业介绍等服务；

(四) 为残疾人自主择业提供必要的帮助；

(五) 为用人单位安排残疾人就业提供必要的支持。

国家鼓励其他就业服务机构为残疾人就业提供免费服务。

第二十三条 受劳动保障部门的委托，残疾人就业服务机构可以进行残疾人失业登记、残疾人就业与失业统计；经所在地劳动保障部门批准，残疾人就业服务机构还可以进行残疾人职业技能鉴定。

第二十四条 残疾人职工与用人单位发生争议的，当地法律援助机构应当依法为其提供法律援助，各级残疾人联合会应当给予支持和帮助。

第五章 法律责任

第二十五条 违反本条例规定，有关行政主管部门及其工作人员滥用职权、玩忽职守、徇私舞弊，构成犯罪的，依法追究刑事责任；尚不构成犯罪的，依法给予处分。

第二十六条 违反本条例规定，贪污、挪用、截留、私分残疾人就业保障金，构成犯罪的，依法追究刑事责任；尚不构成犯罪的，对有关责任单位、直接负责的主管人员和其他直接责任人员依法给予处分或者处罚。

第二十七条 违反本条例规定，用人单位未按照规定缴纳残疾人就业保障金的，由财政部门给予警告，责令限期缴纳；逾期仍不缴纳的，除补缴欠缴数额外，还应当自欠缴之日起，按日加收5‰的滞纳金。

第二十八条 违反本条例规定，用人单位弄虚作假，虚报安排残疾人就业人数，骗取集中使用残疾人的用人单位享受的税收优惠待遇的，由税务机关依法处理。

第六章 附　　则

第二十九条　本条例所称残疾人就业，是指符合法定就业年龄有就业要求的残疾人从事有报酬的劳动。

第三十条　本条例自 2007 年 5 月 1 日起施行。

发展改革委、财政部、民政部、人力资源社会保障部、税务总局、中国残联关于完善残疾人就业保障金制度更好促进残疾人就业的总体方案

（2019 年 12 月 27 日　发改价格规〔2019〕2015 号）

党中央、国务院高度重视保障残疾人就业工作。残疾人就业保障金制度自上世纪 90 年代建立以来，对增强全社会保障残疾人就业的责任意识、促进残疾人就业发挥了重要作用。近年来，随着经济社会发展和残疾人就业形势的变化，残疾人就业保障金（以下简称残保金）作用发挥不充分等问题日益突出，亟待加以完善。为更好发挥残保金制度作用，有效有力促进残疾人就业，制定以下方案。

一、总体要求

（一）指导思想。

坚持以习近平新时代中国特色社会主义思想为指导，深入贯彻党的十九大和十九届二中、三中、四中全会精神，坚持以人民为中心的发展思想，坚持稳中求进工作总基调，按照稳定制度框架、优化征收结构、规范资金使用、健全激励约束的思路，以完善残保金征收使用管理制度为切入点，进一步提高残疾人就业能力和

残疾人就业服务能力，积极拓展残疾人多元就业渠道，千方百计促进残疾人就业，推动残疾人更好融入社会，共建共享经济社会发展成果。

（二）基本原则。

——坚持统筹兼顾。统筹完善、系统优化残保金征收结构，既稳定残保金征收制度框架，又积极回应企业等用人单位（以下简称用人单位）诉求，更好发挥残保金制度作用，通过"有效的征"促进用人单位增加残疾人就业岗位，逐步形成就业增、成本降的良性循环，实现残疾人就业与用人单位健康发展互利共赢。

——坚持以人为本。禁止在就业中歧视残疾人。进一步用好用足残保金，完善精准奖补政策，鼓励用人单位以岗适人、因人设岗，更好满足残疾人就业需求，创造更具包容和人文关怀的就业环境，通过"有效的用"，提升残疾人就业能力，推动残疾人实现更加稳定、更有质量的就业。

——坚持多措并举。针对当前残疾人就业存在的突出问题，以完善残保金制度为抓手，同步健全残疾人就业保护、就业支持、就业服务，着力强弱项、补短板，充分调动残疾人就业创业积极性，发挥多元主体合力，更好保障残疾人就业。

二、优化征收，切实降低用人单位成本

（三）实行分档征收。将残保金由单一标准征收调整为分档征收，用人单位安排残疾人就业比例1%（含）以上但低于本省（区、市）规定比例的，三年内按应缴费额50%征收；1%以下的，三年内按应缴费额90%征收。

（四）暂免征收小微企业残保金。对在职职工总数30人（含）以下的企业，暂免征收残保金。

（五）明确社会平均工资口径。残保金征收标准上限仍按当地社会平均工资的2倍执行，社会平均工资的口径为城镇私营单位和非私营单位就业人员加权平均工资。

（六）合理认定按比例安排就业形式。探索残疾人按比例就业多种实现形式，为用人单位更好履行法定义务提供更多选择。用工单位依法以劳务派遣方式接受残疾人在本单位就业的，残疾人联合会（以下简称残联）在审核残疾人就业人数时相应计入并加强动态监控。

三、规范使用，更好保障残疾人就业

（七）明确残保金优先用于保障就业。残保金优先用于支持残疾人就业，满足相关的培训教育、奖励补贴、就业服务等支出，与残疾人就业直接相关的支出由各省确定。各地要根据当地保障残疾人就业实际需要合理安排相关支出，不得以收定支。

（八）加大对用人单位安排残疾人就业的激励力度。合理调整残疾人就业岗位补贴、保险补贴、设施设备购置改造补贴等补贴标准；加大对超比例安排残疾人就业用人单位的奖励力度，通过正向激励，调动用人单位安排残疾人就业积极性。

（九）支持残疾人自主就业创业。鼓励和引导残疾人利用"互联网+"等形式自主就业创业，在经营场地等方面给予支持，符合条件的可享受相应补贴和金融扶持政策。

（十）提升职业培训质量。积极支持残疾人就业培训，进一步提升资金使用效率。依托残疾人有就业意向的用人单位、专业培训机构开展"师带徒"、定岗式培训，按培训效果付费，将就业转化率和稳定就业时间作为付费依据。根据残疾人特点，制定残疾人职业培训标准。按规定开展残疾人免费职业技能培训行动，提高残疾人就业稳定性。

四、强化监督，增进社会支持

（十一）加强残保金和残疾人按比例就业的社会监督。财政部每年按照预算管理规定向国务院报告上一年残保金收入和残疾人事业支出情况，中国残联等部门和单位向国务院报告支持残疾人就业、用人单位按比例安排残疾人就业的情况。省、市、县三级财政

部门会同同级残联将辖区范围内上述情况定期向社会公开,接受社会监督。

(十二)纳入社会信用评价体系。对未按比例安排残疾人就业且拒缴、少缴残保金的用人单位,将其失信行为记入信用记录,纳入全国信用信息共享平台。

五、健全服务,提升残疾人就业质量

(十三)全面摸排残疾人就业需求信息。由残联指导城乡社区服务机构实时跟踪残疾人信息,采取分片包干形式,精准掌握辖区内残疾人就业需求,建立残疾人求职信息档案,配合做好就业对接。建立健全全国联网的残疾人身份认证系统。

(十四)做好残疾人人力资源开发。由残联牵头,组织各方力量,或通过政府购买服务等方式,引入专业化组织和市场机构,为残疾人提供职业康复训练、职业适应评估、职业心理测评、求职定向指导、职业介绍、岗位支持等全链条、个性化服务。

(十五)推动用人单位设置残疾人就业岗位。各级党政机关、事业单位、国有企业应当带头招录(聘)和安置残疾人就业。各级残疾人就业服务机构要主动向用人单位介绍安排残疾人就业优惠政策、提供岗位改造咨询,充分调动用人单位安排残疾人就业的积极性;鼓励和引导用人单位针对残疾人状况,对工作岗位进行主动适应性调整,努力实现"以岗适人"。

(十六)支持就业服务平台发展。充分发挥残疾人就业服务中心、公共就业服务机构、劳务派遣公司、经营性人力资源服务机构在残疾人就业供需对接方面的作用,对推荐残疾人稳定就业一年以上的,按人数给予奖励。

(十七)推动信息互通资源共享。省级财政、税务、人力资源社会保障、残联等相关部门和单位建立残疾人就业及残保金信息共享机制。在保护残疾人隐私的前提下,残联应当向公共就业服务机构、劳务派遣公司、经营性人力资源服务机构和法律援助机构开放与就

业相关的残疾人信息数据。推进残疾人求职信息全省互联互通，并逐步实现全国信息共享。支持残疾人就业创业网络服务平台建设。

（十八）完善残疾人就业服务保障机制。积极发挥残疾人就业服务机构在事前事中事后全流程服务的作用，鼓励企业、残疾人职工、就业服务机构签订三方协议。大力推广雇主责任险、残疾人意外伤害保险等保险，保费由企业和残疾人合理分担，消除企业和残疾人后顾之忧。

（十九）建立残疾人就业信息跟踪反馈机制。残联和社区要持续跟进了解残疾人就业情况，对残疾人就业和用人单位用工过程中出现的问题，及时协调解决。建立就业辅导员制度，为残疾人提供就业服务，及时协调解决残疾人就业后面临的困难，提高残疾人就业稳定性和就业质量。

六、加强统筹，协同推进政策落地

（二十）加强组织领导。各地要高度重视残疾人就业工作，创造条件帮助用人单位增加残疾人就业，更有效发挥残保金制度作用，为用人单位安排残疾人就业提供更好环境和更多支持。及时协调解决残疾人就业过程中遇到的困难和问题，定期总结促进残疾人就业的好经验、好做法，具备条件的要适时推广。

（二十一）压实部门责任。各级政府和相关部门要将保障残疾人劳动就业权益放在重要位置，明确各方责任，分工合作，齐抓共管，形成合力。人力资源社会保障部门要将残疾人就业工作纳入当地劳动就业与人力资源发展政策体系，依法维护残疾人职工劳动保障权益。残联负责用人单位安排残疾人就业情况的审核，进一步发挥其在项目安排、资金使用等方面的作用。财政部门负责对残保金的征收、资金使用情况进行日常监督。税务部门依据残联审核的残疾人就业情况，负责残保金征收。审计部门依据法律法规开展审计，对审计发现的违法犯罪线索，按规定移送有关部门。

（二十二）营造良好氛围。各有关部门和地方各级人民政府要做好政策解读，加强舆论宣传和典型示范，引导社会各方面正确认识残保金的积极作用，适时组织残疾人就业励志典型和安排残疾人就业先进单位开展宣讲等活动，形成示范效应，鼓励残疾人更好融入社会，号召全社会关心支持残疾人就业。

本方案自2020年1月1日起实施。

残疾人就业保障金征收使用管理办法

(2015年9月9日　财税〔2015〕72号)

第一章　总　则

第一条　为了规范残疾人就业保障金（以下简称保障金）征收使用管理，促进残疾人就业，根据《残疾人保障法》、《残疾人就业条例》的规定，制定本办法。

第二条　保障金是为保障残疾人权益，由未按规定安排残疾人就业的机关、团体、企业、事业单位和民办非企业单位（以下简称用人单位）缴纳的资金。

第三条　保障金的征收、使用和管理，适用本办法。

第四条　本办法所称残疾人，是指持有《中华人民共和国残疾人证》上注明属于视力残疾、听力残疾、言语残疾、肢体残疾、智力残疾、精神残疾和多重残疾的人员，或者持有《中华人民共和国残疾军人证》（1至8级）的人员。

第五条　保障金的征收、使用和管理应当接受财政部门的监督检查和审计机关的审计监督。

第二章　征收缴库

第六条　用人单位安排残疾人就业的比例不得低于本单位在职

职工总数的 1.5%。具体比例由各省、自治区、直辖市人民政府根据本地区的实际情况规定。

用人单位安排残疾人就业达不到其所在地省、自治区、直辖市人民政府规定比例的，应当缴纳保障金。

第七条 用人单位将残疾人录用为在编人员或依法与就业年龄段内的残疾人签订 1 年以上（含 1 年）劳动合同（服务协议），且实际支付的工资不低于当地最低工资标准，并足额缴纳社会保险费的，方可计入用人单位所安排的残疾人就业人数。

用人单位安排 1 名持有《中华人民共和国残疾人证》（1 至 2 级）或《中华人民共和国残疾军人证》（1 至 3 级）的人员就业的，按照安排 2 名残疾人就业计算。

用人单位跨地区招用残疾人的，应当计入所安排的残疾人就业人数。

第八条 保障金按上年用人单位安排残疾人就业未达到规定比例的差额人数和本单位在职职工年平均工资之积计算缴纳。计算公式如下：

保障金年缴纳额 =（上年用人单位在职职工人数×所在地省、自治区、直辖市人民政府规定的安排残疾人就业比例－上年用人单位实际安排的残疾人就业人数）×上年用人单位在职职工年平均工资。

用人单位在职职工，是指用人单位在编人员或依法与用人单位签订 1 年以上（含 1 年）劳动合同（服务协议）的人员。季节性用工应当折算为年平均用工人数。以劳务派遣用工的，计入派遣单位在职职工人数。

用人单位安排残疾人就业未达到规定比例的差额人数，以公式计算结果为准，可以不是整数。

上年用人单位在职职工年平均工资，按用人单位上年在职职工工资总额除以用人单位在职职工人数计算。

第九条 保障金由用人单位所在地的地方税务局负责征收。没有分设地方税务局的地方，由国家税务局负责征收。

有关省、自治区、直辖市对保障金征收机关另有规定的，按其规定执行。

第十条 保障金一般按月缴纳。

用人单位应按规定时限向保障金征收机关申报缴纳保障金。在申报时，应提供本单位在职职工人数、实际安排残疾人就业人数、在职职工年平均工资等信息，并保证信息的真实性和完整性。

第十一条 保障金征收机关应当定期对用人单位进行检查。发现用人单位申报不实、少缴纳保障金的，征收机关应当催报并追缴保障金。

第十二条 残疾人就业服务机构应当配合保障金征收机关做好保障金征收工作。

用人单位应按规定时限如实向残疾人就业服务机构申报上年本单位安排的残疾人就业人数。未在规定时限申报的，视为未安排残疾人就业。

残疾人就业服务机构进行审核后，确定用人单位实际安排的残疾人就业人数，并及时提供给保障金征收机关。

第十三条 保障金征收机关征收保障金时，应当向用人单位开具省级财政部门统一印制的票据或税收票证。

第十四条 保障金全额缴入地方国库。

地方各级人民政府之间保障金的分配比例，由各省、自治区、直辖市财政部门商残疾人联合会确定。

具体缴库办法按照省级财政部门的规定执行。

第十五条 保障金由税务机关负责征收的，应积极采取财税库银税收收入电子缴库横向联网方式征缴保障金。

第十六条 自工商登记注册之日起3年内，对安排残疾人就业未达到规定比例、在职职工总数20人以下（含20人）的小微企业，免征保障金。

第十七条 用人单位遇不可抗力自然灾害或其他突发事件遭受重大直接经济损失，可以申请减免或者缓缴保障金。具体办法由各省、自治区、直辖市财政部门规定。

用人单位申请减免保障金的最高限额不得超过 1 年的保障金应缴额，申请缓缴保障金的最长期限不得超过 6 个月。

批准减免或者缓缴保障金的用人单位名单，应当每年公告一次。公告内容应当包括批准机关、批准文号、批准减免或缓缴保障金的主要理由等。

第十八条 保障金征收机关应当严格按规定的范围、标准和时限要求征收保障金，确保保障金及时、足额征缴到位。

第十九条 任何单位和个人均不得违反本办法规定，擅自减免或缓征保障金，不得自行改变保障金的征收对象、范围和标准。

第二十条 各地应当建立用人单位按比例安排残疾人就业及缴纳保障金公示制度。

残疾人联合会应当每年向社会公布本地区用人单位应安排残疾人就业人数、实际安排残疾人就业人数和未按规定安排残疾人就业人数。

保障金征收机关应当定期向社会公布本地区用人单位缴纳保障金情况。

第三章 使用管理

第二十一条 保障金纳入地方一般公共预算统筹安排，主要用于支持残疾人就业和保障残疾人生活。支持方向包括：

（一）残疾人职业培训、职业教育和职业康复支出。

（二）残疾人就业服务机构提供残疾人就业服务和组织职业技能竞赛（含展能活动）支出。补贴用人单位安排残疾人就业所需设施设备购置、改造和支持性服务费用。补贴辅助性就业机构建设和运行费用。

（三）残疾人从事个体经营、自主创业、灵活就业的经营场所租赁、启动资金、设施设备购置补贴和小额贷款贴息。各种形式就业残疾人的社会保险缴费补贴和用人单位岗位补贴。扶持农村残疾人从事种植、养殖、手工业及其他形式生产劳动。

（四）奖励超比例安排残疾人就业的用人单位，以及为安排残疾人就业做出显著成绩的单位或个人。

（五）对从事公益性岗位就业、辅助性就业、灵活就业，收入达不到当地最低工资标准、生活确有困难的残疾人的救济补助。

（六）经地方人民政府及其财政部门批准用于促进残疾人就业和保障困难残疾人、重度残疾人生活等其他支出。

第二十二条　地方各级残疾人联合会所属残疾人就业服务机构的正常经费开支，由地方同级财政预算统筹安排。

第二十三条　各地要积极推行政府购买服务，按照政府采购法律制度规定选择符合要求的公办、民办等各类就业服务机构，承接残疾人职业培训、职业教育、职业康复、就业服务和就业援助等工作。

第二十四条　地方各级残疾人联合会、财政部门应当每年向社会公布保障金用于支持残疾人就业和保障残疾人生活支出情况，接受社会监督。

第四章　法　律　责　任

第二十五条　单位和个人违反本办法规定，有下列情形之一的，依照《财政违法行为处罚处分条例》和《违反行政事业性收费和罚没收入收支两条线管理规定行政处分暂行规定》等国家有关规定追究法律责任；涉嫌犯罪的，依法移送司法机关处理：

（一）擅自减免保障金或者改变保障金征收范围、对象和标准的；

（二）隐瞒、坐支应当上缴的保障金的；

（三）滞留、截留、挪用应当上缴的保障金的；

（四）不按照规定的预算级次、预算科目将保障金缴入国库的；

（五）违反规定使用保障金的；

（六）其他违反国家财政收入管理规定的行为。

第二十六条 用人单位未按规定缴纳保障金的，按照《残疾人就业条例》的规定，由保障金征收机关提交财政部门，由财政部门予以警告，责令限期缴纳；逾期仍不缴纳的，除补缴欠缴数额外，还应当自欠缴之日起，按日加收5‰的滞纳金。滞纳金按照保障金入库预算级次缴入国库。

第二十七条 保障金征收、使用管理有关部门的工作人员违反本办法规定，在保障金征收和使用管理工作中滥用职权、玩忽职守、徇私舞弊的，依法给予处分；涉嫌犯罪的，依法移送司法机关。

第五章 附 则

第二十八条 各省、自治区、直辖市财政部门会同税务部门、残疾人联合会根据本办法制定具体实施办法，并报财政部、国家税务总局、中国残疾人联合会备案。

第二十九条 本办法由财政部会同国家税务总局、中国残疾人联合会负责解释。

第三十条 本办法自2015年10月1日起施行。《财政部关于发布〈残疾人就业保障金管理暂行规定〉的通知》（财综字〔1995〕5号）及其他与本办法不符的规定同时废止。

（五）农民工就业

人力资源社会保障部、国家发展改革委、财政部、农业农村部、国家乡村振兴局关于进一步支持农民工就业创业的实施意见（节录）

（2022年11月9日　人社部发〔2022〕76号）

……

一、支持稳定农民工就业岗位

（一）强化稳岗扶持政策。全面落实社保费缓缴、稳岗返还、留工培训补助、社会保险补贴等政策，结合实际实行"免申即享""直补快办"，重点支持农民工就业集中的建筑业、制造业、服务业企业渡过难关，最大限度稳定农民工就业岗位。加速落地吸纳农民工就业数量较多、成效较好的项目，尽快发挥带动农民工就业作用。

（二）健全稳岗服务机制。加强对农民工所在企业的用工指导，会同相关行业主管部门依托公共就业服务机构、经营性人力资源服务机构开通省或地市范围内共享用工服务，组织暂时停工企业与用工短缺企业开展用工余缺调剂。坚持协商一致、依法依规组织开展用工余缺调剂，保障好共享用工中劳动者权益，同步推动稳就业、保用工，努力将农民工稳在当地。

二、引导农民工有序外出务工

（三）健全劳务协作机制。在东西部协作、对口支援和省内协作机制基础上，地理相邻、人员往来密切的省份可探索组建区域劳务协作联盟，推动区域内信息对接、培训联动，为农民工外出务工提供支持，根据需要提供"点对点"劳务输出。动态掌握农民工返乡情况，及时形成就业人员清单、失业人员清单和有意愿外出人员清单。健全跨区域就业服务机制，动员市场化服务机构参与，完善岗位收集、精准匹配、高效输出全流程服务，帮助有意愿外出的农民工再次外出。

（四）培育发展劳务品牌。着眼劳务品牌行业特征、区域特色、经营服务模式等，结合当地资源禀赋、文化特色分类打造一批知名劳务品牌，培育一批劳务品牌龙头企业，推动做大做强做优，提高农民工就业质量。举办劳务品牌推介活动，搭建展示交流平台，形成比学赶超的良好氛围，推动壮大更多劳务品牌。

（五）健全输出服务平台。在农民工及脱贫人口输出较多的市县、乡村和就业集中地区，合理设置就业服务站点，扩大服务供给，为农民工即时提供跨区域就业岗位信息，帮助有序外出务工。充分发挥各级各类人力资源服务机构作用，为农民工提供高效率、低成本、全流程的劳务输出服务。对组织农民工外出务工数量较多、成效较好的人力资源服务机构，按规定给予就业创业服务补助。

三、促进农民工就近就业创业

（六）加快发展县域特色产业。结合推进以县城为重要载体的城镇化建设，鼓励新办环境友好型和劳动密集型企业，提升县域就业承载力，为农民工提供更多就近就业机会。构建现代农业产业体系，发展乡村特色产业、农村电商等新产业新业态，推进农村一二三产业融合发展，支持农民工家门口就业。

（七）加快开发就近就业岗位。按照"应用尽用、能用尽用"的原则，充分挖掘重点工程项目主体工程建设及附属临建、服务保障、建后管护等方面用工潜力，围绕适合人工作业、劳动密集型的建设任务和用工环节，大力实施以工代赈，吸纳当地农民工参加工程建设，尽可能增加劳务报酬发放规模，为农民工就近就业增收创造条件。结合乡村振兴战略实施,持续推进乡村建设行动和农村人居环境整治提升行动,开发更多乡村基层服务管理岗位。依托县域特色农副产品、文化旅游等资源,积极开发适合农村留守人员特点和需求的就业岗位。

(八)加快推进返乡入乡创业。实施重点群体创业推进行动,组建一批创业服务专家队伍,为返乡创业农民工提供政策咨询、开业指导等专业化服务。强化试点示范,挖掘典型案例,高质量建设返乡入乡创业园、创业孵化基地,推荐带动就业明显、发展前景好的返乡入乡创业项目入驻。推动创业担保贷款、税费减免、场地安排、一次性创业补贴等政策"打包办""提速办",为农民工返乡创业提供培育、孵化、加速等创业扶持。

四、强化农民工就业服务保障

(九)精准提供就业服务。允许失业农民工在常住地、就业地、参保地进行失业登记,同等提供职业指导、职业介绍等基本公共就业服务,落实就业扶持政策,促进尽快实现转岗就业。优化零工服务,加大零工信息归集推介力度,建立"即时快招"服务机制,动员人力资源服务机构提供优质高效的专业服务。推广"隔屏对话""无接触面试"等线下服务新模式,有序组织线下招聘活动,优化"互联网+就业"线上服务,满足农民工求职就业需求。

(十)开展各级各类培训。围绕市场急需紧缺工种,为有意愿外出农民工开展针对性技能培训、安全知识培训,大力开展新职业新业态培训,鼓励支持获得技能等级证书,加快推进产训结合行动,提升培训针对性和有效性,对符合条件的按规定给予补贴。积极推进乡村建设所需的农业农村本地人才技能培训,为不愿外出农民工提供种养殖等各类现代农业技术培训和其它涉农技术培训,提升农业农村产业发展能力和新型农业经营主体经营管理能力,帮助稳定收入水平,培养一批农业农村高技能人才和乡村工匠。

(十一)切实维护劳动权益。指导企业依法合规用工,保障农民工合法劳动权益。对企业依法解除、终止农民工劳动合同的,督促企业依法支付劳动报酬和经济补偿。持续深化推进根治欠薪,畅通线上线下维权渠道,依法查处拖欠农民工工资等违法问题,加大劳动争议处理力度,努力做到案结事了。支持有条件地区在农民工就业集中地区建立劳动维权咨询服务点,设立维权信息告示牌,明示劳动维权相关信息,提供免费维权咨询服务。

(十二)做好大龄农民工就业扶持。收集适合大龄农民工的就业岗位、零工信息,在农民工专场招聘活动中持续发布。尊重大龄农民工就业需求和企业用工需要,指导企业根据农民工身体状况合理安排工作岗位,强化安全生产管理,定期开展职业健康体检,不得以年龄为由"一刀切"清退。大龄农民工有就业需求的,可以到公共就业服务机构进行求职登记,享受免费公共就业服务。

五、实施防止返贫就业攻坚行动

(十三)做好就业失业监测。依托全国防返贫监测信息系统,聚焦未就业和就业不稳的脱贫人口,建立就业帮扶台账。加强与失业登记、参加社会保险等信息比对,定期开展电话联系、上门走访,准确掌握就业失业状态,及时发现苗头性、倾向性问题,按月在全国防返贫监测信息系统更新相关数据。

(十四)实施优先就业帮扶。将脱贫人口作为有组织劳务输出的优先保障对象,加密岗位归集发布,加快劳务输出组织,推动脱贫人口愿出能出。全面落实失业保险稳岗返还、社会保险补贴等政策,引导企业优先留用脱贫人口,对失业的优先提供转岗服务,帮助尽快实现再就业。强化就近就业岗位推荐,通过以工代赈工程项目、就业帮扶车间、乡村公益性岗位等方式,有序承接返乡脱贫人口。将吸纳脱贫人口就业数量作为认定就业帮扶车间的基本标准,利用衔接推进乡村振兴补助资金对就业帮扶车间吸纳脱贫人口就业给予奖补。

(十五)强化重点地区倾斜。聚焦国家乡村振兴重点帮扶县、易地搬迁大型安置区，依托东西部协作机制、省内协作机制，持续实施就业帮扶专项行动，密集开展岗位投放和招聘活动，援建一批产业项目、企业实体和就业帮扶车间，确保当地脱贫人口就业规模保持稳定。深化易地搬迁安置区按比例安排就业机制，政府投资建设项目、安置区周边以工代赈项目、基层服务管理和公共服务项目要安排一定比例的岗位用于吸纳搬迁群众就业。

（十六）加大安置保障力度。统筹用好现有各类乡村公益性岗位，对"无法离乡、无业可扶"且有就业意愿、有能力胜任岗位工作的脱贫人口实施安置，不得在现有规定外另行设置年龄、残疾等不必要的限制条件。充分考虑当地脱贫人口数量、就业困难程度及收入水平、岗位职责内容，科学设定岗位总量，合理确定岗位补贴标准，指导用人单位按规定为在岗人员参加工伤保险或购买人身意外伤害保险，依法签订劳动合同或劳务协议，每次签订期限不超过1年。督促用人单位加强在岗人员履职情况监管，定期考核工作成效、遵守规章制度和工作纪律情况。对于从事非全日制乡村公益性岗位的人员，在确保严格履行岗位职责的前提下，可采取适度灵活的管理方式，允许其同时从事其他灵活就业，灵活就业收入超出当地防止返贫监测范围的，应退出岗位。

各地要高度重视农民工及脱贫人口就业创业工作，进一步压实工作责任，动态掌握就业失业情况，及时提供针对性就业帮扶。工作中遇到的重大问题，请及时报告。

三 劳动关系与劳动合同

中华人民共和国劳动合同法

（2007年6月29日第十届全国人民代表大会常务委员会第二十八次会议通过　根据2012年12月28日第十一届全国人民代表大会常务委员会第三十次会议《关于修改〈中华人民共和国劳动合同法〉的决定》修正）

目　　录

第一章　总　　则
第二章　劳动合同的订立
第三章　劳动合同的履行和变更
第四章　劳动合同的解除和终止
第五章　特别规定
　第一节　集体合同
　第二节　劳务派遣
　第三节　非全日制用工
第六章　监督检查
第七章　法律责任
第八章　附　　则

第一章 总　　则

第一条　【立法宗旨】为了完善劳动合同制度，明确劳动合同双方当事人的权利和义务，保护劳动者的合法权益，构建和发展和谐稳定的劳动关系，制定本法。

第二条　【适用范围】中华人民共和国境内的企业、个体经济组织、民办非企业单位等组织（以下称用人单位）与劳动者建立劳动关系，订立、履行、变更、解除或者终止劳动合同，适用本法。

国家机关、事业单位、社会团体和与其建立劳动关系的劳动者，订立、履行、变更、解除或者终止劳动合同，依照本法执行。

第三条　【基本原则】订立劳动合同，应当遵循合法、公平、平等自愿、协商一致、诚实信用的原则。

依法订立的劳动合同具有约束力，用人单位与劳动者应当履行劳动合同约定的义务。

第四条　【规章制度】用人单位应当依法建立和完善劳动规章制度，保障劳动者享有劳动权利、履行劳动义务。

用人单位在制定、修改或者决定有关劳动报酬、工作时间、休息休假、劳动安全卫生、保险福利、职工培训、劳动纪律以及劳动定额管理等直接涉及劳动者切身利益的规章制度或者重大事项时，应当经职工代表大会或者全体职工讨论，提出方案和意见，与工会或者职工代表平等协商确定。

在规章制度和重大事项决定实施过程中，工会或者职工认为不适当的，有权向用人单位提出，通过协商予以修改完善。

用人单位应当将直接涉及劳动者切身利益的规章制度和重大事项决定公示，或者告知劳动者。

第五条　【协调劳动关系三方机制】县级以上人民政府劳动行政部门会同工会和企业方面代表，建立健全协调劳动关系三方机制，共同研究解决有关劳动关系的重大问题。

第六条 【集体协商机制】工会应当帮助、指导劳动者与用人单位依法订立和履行劳动合同，并与用人单位建立集体协商机制，维护劳动者的合法权益。

第二章 劳动合同的订立

第七条 【劳动关系的建立】用人单位自用工之日起即与劳动者建立劳动关系。用人单位应当建立职工名册备查。

第八条 【用人单位的告知义务和劳动者的说明义务】用人单位招用劳动者时，应当如实告知劳动者工作内容、工作条件、工作地点、职业危害、安全生产状况、劳动报酬，以及劳动者要求了解的其他情况；用人单位有权了解劳动者与劳动合同直接相关的基本情况，劳动者应当如实说明。

第九条 【用人单位不得扣押劳动者证件和要求提供担保】用人单位招用劳动者，不得扣押劳动者的居民身份证和其他证件，不得要求劳动者提供担保或者以其他名义向劳动者收取财物。

第十条 【订立书面劳动合同】建立劳动关系，应当订立书面劳动合同。

已建立劳动关系，未同时订立书面劳动合同的，应当自用工之日起一个月内订立书面劳动合同。

用人单位与劳动者在用工前订立劳动合同的，劳动关系自用工之日起建立。

第十一条 【未订立书面劳动合同时劳动报酬不明确的解决】用人单位未在用工的同时订立书面劳动合同，与劳动者约定的劳动报酬不明确的，新招用的劳动者的劳动报酬按照集体合同规定的标准执行；没有集体合同或者集体合同未规定的，实行同工同酬。

第十二条 【劳动合同的种类】劳动合同分为固定期限劳动合同、无固定期限劳动合同和以完成一定工作任务为期限的劳动合同。

第十三条　【固定期限劳动合同】固定期限劳动合同，是指用人单位与劳动者约定合同终止时间的劳动合同。

用人单位与劳动者协商一致，可以订立固定期限劳动合同。

第十四条　【无固定期限劳动合同】无固定期限劳动合同，是指用人单位与劳动者约定无确定终止时间的劳动合同。

用人单位与劳动者协商一致，可以订立无固定期限劳动合同。有下列情形之一，劳动者提出或者同意续订、订立劳动合同的，除劳动者提出订立固定期限劳动合同外，应当订立无固定期限劳动合同：

（一）劳动者在该用人单位连续工作满十年的；

（二）用人单位初次实行劳动合同制度或者国有企业改制重新订立劳动合同时，劳动者在该用人单位连续工作满十年且距法定退休年龄不足十年的；

（三）连续订立二次固定期限劳动合同，且劳动者没有本法第三十九条和第四十条第一项、第二项规定的情形，续订劳动合同的。

用人单位自用工之日起满一年不与劳动者订立书面劳动合同的，视为用人单位与劳动者已订立无固定期限劳动合同。

第十五条　【以完成一定工作任务为期限的劳动合同】以完成一定工作任务为期限的劳动合同，是指用人单位与劳动者约定以某项工作的完成为合同期限的劳动合同。

用人单位与劳动者协商一致，可以订立以完成一定工作任务为期限的劳动合同。

第十六条　【劳动合同的生效】劳动合同由用人单位与劳动者协商一致，并经用人单位与劳动者在劳动合同文本上签字或者盖章生效。

劳动合同文本由用人单位和劳动者各执一份。

第十七条　【劳动合同的内容】劳动合同应当具备以下条款：

（一）用人单位的名称、住所和法定代表人或者主要负责人；

（二）劳动者的姓名、住址和居民身份证或者其他有效身份证件号码；

（三）劳动合同期限；

（四）工作内容和工作地点；

（五）工作时间和休息休假；

（六）劳动报酬；

（七）社会保险；

（八）劳动保护、劳动条件和职业危害防护；

（九）法律、法规规定应当纳入劳动合同的其他事项。

劳动合同除前款规定的必备条款外，用人单位与劳动者可以约定试用期、培训、保守秘密、补充保险和福利待遇等其他事项。

第十八条 【劳动合同对劳动报酬和劳动条件约定不明确的解决】劳动合同对劳动报酬和劳动条件等标准约定不明确，引发争议的，用人单位与劳动者可以重新协商；协商不成的，适用集体合同规定；没有集体合同或者集体合同未规定劳动报酬的，实行同工同酬；没有集体合同或者集体合同未规定劳动条件等标准的，适用国家有关规定。

第十九条 【试用期】劳动合同期限三个月以上不满一年的，试用期不得超过一个月；劳动合同期限一年以上不满三年的，试用期不得超过二个月；三年以上固定期限和无固定期限的劳动合同，试用期不得超过六个月。

同一用人单位与同一劳动者只能约定一次试用期。

以完成一定工作任务为期限的劳动合同或者劳动合同期限不满三个月的，不得约定试用期。

试用期包含在劳动合同期限内。劳动合同仅约定试用期的，试用期不成立，该期限为劳动合同期限。

第二十条 【试用期工资】劳动者在试用期的工资不得低于本

单位相同岗位最低档工资或者劳动合同约定工资的百分之八十，并不得低于用人单位所在地的最低工资标准。

第二十一条　【试用期内解除劳动合同】 在试用期中，除劳动者有本法第三十九条和第四十条第一项、第二项规定的情形外，用人单位不得解除劳动合同。用人单位在试用期解除劳动合同的，应当向劳动者说明理由。

第二十二条　【服务期】 用人单位为劳动者提供专项培训费用，对其进行专业技术培训的，可以与该劳动者订立协议，约定服务期。

劳动者违反服务期约定的，应当按照约定向用人单位支付违约金。违约金的数额不得超过用人单位提供的培训费用。用人单位要求劳动者支付的违约金不得超过服务期尚未履行部分所应分摊的培训费用。

用人单位与劳动者约定服务期的，不影响按照正常的工资调整机制提高劳动者在服务期期间的劳动报酬。

第二十三条　【保密义务和竞业限制】 用人单位与劳动者可以在劳动合同中约定保守用人单位的商业秘密和与知识产权相关的保密事项。

对负有保密义务的劳动者，用人单位可以在劳动合同或者保密协议中与劳动者约定竞业限制条款，并约定在解除或者终止劳动合同后，在竞业限制期限内按月给予劳动者经济补偿。劳动者违反竞业限制约定的，应当按照约定向用人单位支付违约金。

第二十四条　【竞业限制的范围和期限】 竞业限制的人员限于用人单位的高级管理人员、高级技术人员和其他负有保密义务的人员。竞业限制的范围、地域、期限由用人单位与劳动者约定，竞业限制的约定不得违反法律、法规的规定。

在解除或者终止劳动合同后，前款规定的人员到与本单位生产或者经营同类产品、从事同类业务的有竞争关系的其他用人单位，或者自己开业生产或者经营同类产品、从事同类业务的竞业限制期限，不得超过二年。

第二十五条 【违约金】除本法第二十二条和第二十三条规定的情形外，用人单位不得与劳动者约定由劳动者承担违约金。

第二十六条 【劳动合同的无效】下列劳动合同无效或者部分无效：

（一）以欺诈、胁迫的手段或者乘人之危，使对方在违背真实意思的情况下订立或者变更劳动合同的；

（二）用人单位免除自己的法定责任、排除劳动者权利的；

（三）违反法律、行政法规强制性规定的。

对劳动合同的无效或者部分无效有争议的，由劳动争议仲裁机构或者人民法院确认。

第二十七条 【劳动合同部分无效】劳动合同部分无效，不影响其他部分效力的，其他部分仍然有效。

第二十八条 【劳动合同无效后劳动报酬的支付】劳动合同被确认无效，劳动者已付出劳动的，用人单位应当向劳动者支付劳动报酬。劳动报酬的数额，参照本单位相同或者相近岗位劳动者的劳动报酬确定。

第三章 劳动合同的履行和变更

第二十九条 【劳动合同的履行】用人单位与劳动者应当按照劳动合同的约定，全面履行各自的义务。

第三十条 【劳动报酬】用人单位应当按照劳动合同约定和国家规定，向劳动者及时足额支付劳动报酬。

用人单位拖欠或者未足额支付劳动报酬的，劳动者可以依法向当地人民法院申请支付令，人民法院应当依法发出支付令。

第三十一条 【加班】用人单位应当严格执行劳动定额标准，不得强迫或者变相强迫劳动者加班。用人单位安排加班的，应当按照国家有关规定向劳动者支付加班费。

第三十二条 【劳动者拒绝违章指挥、强令冒险作业】劳动者拒绝用人单位管理人员违章指挥、强令冒险作业的,不视为违反劳动合同。

劳动者对危害生命安全和身体健康的劳动条件,有权对用人单位提出批评、检举和控告。

第三十三条 【用人单位名称、法定代表人等的变更】用人单位变更名称、法定代表人、主要负责人或者投资人等事项,不影响劳动合同的履行。

第三十四条 【用人单位合并或者分立】用人单位发生合并或者分立等情况,原劳动合同继续有效,劳动合同由承继其权利和义务的用人单位继续履行。

第三十五条 【劳动合同的变更】用人单位与劳动者协商一致,可以变更劳动合同约定的内容。变更劳动合同,应当采用书面形式。

变更后的劳动合同文本由用人单位和劳动者各执一份。

第四章 劳动合同的解除和终止

第三十六条 【协商解除劳动合同】用人单位与劳动者协商一致,可以解除劳动合同。

第三十七条 【劳动者提前通知解除劳动合同】劳动者提前三十日以书面形式通知用人单位,可以解除劳动合同。劳动者在试用期内提前三日通知用人单位,可以解除劳动合同。

第三十八条 【劳动者解除劳动合同】用人单位有下列情形之一的,劳动者可以解除劳动合同:

(一)未按照劳动合同约定提供劳动保护或者劳动条件的;

(二)未及时足额支付劳动报酬的;

(三)未依法为劳动者缴纳社会保险费的;

（四）用人单位的规章制度违反法律、法规的规定，损害劳动者权益的；

（五）因本法第二十六条第一款规定的情形致使劳动合同无效的；

（六）法律、行政法规规定劳动者可以解除劳动合同的其他情形。

用人单位以暴力、威胁或者非法限制人身自由的手段强迫劳动者劳动的，或者用人单位违章指挥、强令冒险作业危及劳动者人身安全的，劳动者可以立即解除劳动合同，不需事先告知用人单位。

第三十九条　【用人单位单方解除劳动合同】劳动者有下列情形之一的，用人单位可以解除劳动合同：

（一）在试用期间被证明不符合录用条件的；

（二）严重违反用人单位的规章制度的；

（三）严重失职，营私舞弊，给用人单位造成重大损害的；

（四）劳动者同时与其他用人单位建立劳动关系，对完成本单位的工作任务造成严重影响，或者经用人单位提出，拒不改正的；

（五）因本法第二十六条第一款第一项规定的情形致使劳动合同无效的；

（六）被依法追究刑事责任的。

第四十条　【无过失性辞退】有下列情形之一的，用人单位提前三十日以书面形式通知劳动者本人或者额外支付劳动者一个月工资后，可以解除劳动合同：

（一）劳动者患病或者非因工负伤，在规定的医疗期满后不能从事原工作，也不能从事由用人单位另行安排的工作的；

（二）劳动者不能胜任工作，经过培训或者调整工作岗位，仍不能胜任工作的；

（三）劳动合同订立时所依据的客观情况发生重大变化，致使劳动合同无法履行，经用人单位与劳动者协商，未能就变更劳动合同内容达成协议的。

第四十一条 【经济性裁员】有下列情形之一,需要裁减人员二十人以上或者裁减不足二十人但占企业职工总数百分之十以上的,用人单位提前三十日向工会或者全体职工说明情况,听取工会或者职工的意见后,裁减人员方案经向劳动行政部门报告,可以裁减人员:

（一）依照企业破产法规定进行重整的;

（二）生产经营发生严重困难的;

（三）企业转产、重大技术革新或者经营方式调整,经变更劳动合同后,仍需裁减人员的;

（四）其他因劳动合同订立时所依据的客观经济情况发生重大变化,致使劳动合同无法履行的。

裁减人员时,应当优先留用下列人员:

（一）与本单位订立较长期限的固定期限劳动合同的;

（二）与本单位订立无固定期限劳动合同的;

（三）家庭无其他就业人员,有需要扶养的老人或者未成年人的。

用人单位依照本条第一款规定裁减人员,在六个月内重新招用人员的,应当通知被裁减的人员,并在同等条件下优先招用被裁减的人员。

第四十二条 【用人单位不得解除劳动合同的情形】劳动者有下列情形之一的,用人单位不得依照本法第四十条、第四十一条的规定解除劳动合同:

（一）从事接触职业病危害作业的劳动者未进行离岗前职业健康检查,或者疑似职业病病人在诊断或者医学观察期间的;

（二）在本单位患职业病或者因工负伤并被确认丧失或者部分丧失劳动能力的;

（三）患病或者非因工负伤,在规定的医疗期内的;

（四）女职工在孕期、产期、哺乳期的；

（五）在本单位连续工作满十五年，且距法定退休年龄不足五年的；

（六）法律、行政法规规定的其他情形。

第四十三条　【工会在劳动合同解除中的监督作用】用人单位单方解除劳动合同，应当事先将理由通知工会。用人单位违反法律、行政法规规定或者劳动合同约定的，工会有权要求用人单位纠正。用人单位应当研究工会的意见，并将处理结果书面通知工会。

第四十四条　【劳动合同的终止】有下列情形之一的，劳动合同终止：

（一）劳动合同期满的；

（二）劳动者开始依法享受基本养老保险待遇的；

（三）劳动者死亡，或者被人民法院宣告死亡或者宣告失踪的；

（四）用人单位被依法宣告破产的；

（五）用人单位被吊销营业执照、责令关闭、撤销或者用人单位决定提前解散的；

（六）法律、行政法规规定的其他情形。

第四十五条　【劳动合同的逾期终止】劳动合同期满，有本法第四十二条规定情形之一的，劳动合同应当续延至相应的情形消失时终止。但是，本法第四十二条第二项规定丧失或者部分丧失劳动能力劳动者的劳动合同的终止，按照国家有关工伤保险的规定执行。

第四十六条　【经济补偿】有下列情形之一的，用人单位应当向劳动者支付经济补偿：

（一）劳动者依照本法第三十八条规定解除劳动合同的；

（二）用人单位依照本法第三十六条规定向劳动者提出解除劳动合同并与劳动者协商一致解除劳动合同的；

（三）用人单位依照本法第四十条规定解除劳动合同的；

（四）用人单位依照本法第四十一条第一款规定解除劳动合同的；

（五）除用人单位维持或者提高劳动合同约定条件续订劳动合同，劳动者不同意续订的情形外，依照本法第四十四条第一项规定终止固定期限劳动合同的；

（六）依照本法第四十四条第四项、第五项规定终止劳动合同的；

（七）法律、行政法规规定的其他情形。

第四十七条　【经济补偿的计算】经济补偿按劳动者在本单位工作的年限，每满一年支付一个月工资的标准向劳动者支付。六个月以上不满一年的，按一年计算；不满六个月的，向劳动者支付半个月工资的经济补偿。

劳动者月工资高于用人单位所在直辖市、设区的市级人民政府公布的本地区上年度职工月平均工资三倍的，向其支付经济补偿的标准按职工月平均工资三倍的数额支付，向其支付经济补偿的年限最高不超过十二年。

本条所称月工资是指劳动者在劳动合同解除或者终止前十二个月的平均工资。

第四十八条　【违法解除或者终止劳动合同的法律后果】用人单位违反本法规定解除或者终止劳动合同，劳动者要求继续履行劳动合同的，用人单位应当继续履行；劳动者不要求继续履行劳动合同或者劳动合同已经不能继续履行的，用人单位应当依照本法第八十七条规定支付赔偿金。

第四十九条　【社会保险关系跨地区转移接续】国家采取措施，建立健全劳动者社会保险关系跨地区转移接续制度。

第五十条　【劳动合同解除或者终止后双方的义务】用人单位应当在解除或者终止劳动合同时出具解除或者终止劳动合同的证明，并在十五日内为劳动者办理档案和社会保险关系转移手续。

劳动者应当按照双方约定，办理工作交接。用人单位依照本法有关规定应当向劳动者支付经济补偿的，在办结工作交接时支付。

用人单位对已经解除或者终止的劳动合同的文本，至少保存二年备查。

第五章　特 别 规 定

第一节　集 体 合 同

第五十一条　【集体合同的订立和内容】 企业职工一方与用人单位通过平等协商，可以就劳动报酬、工作时间、休息休假、劳动安全卫生、保险福利等事项订立集体合同。集体合同草案应当提交职工代表大会或者全体职工讨论通过。

集体合同由工会代表企业职工一方与用人单位订立；尚未建立工会的用人单位，由上级工会指导劳动者推举的代表与用人单位订立。

第五十二条　【专项集体合同】 企业职工一方与用人单位可以订立劳动安全卫生、女职工权益保护、工资调整机制等专项集体合同。

第五十三条　【行业性集体合同、区域性集体合同】 在县级以下区域内，建筑业、采矿业、餐饮服务业等行业可以由工会与企业方面代表订立行业性集体合同，或者订立区域性集体合同。

第五十四条　【集体合同的报送和生效】 集体合同订立后，应当报送劳动行政部门；劳动行政部门自收到集体合同文本之日起十五日内未提出异议的，集体合同即行生效。

依法订立的集体合同对用人单位和劳动者具有约束力。行业性、区域性集体合同对当地本行业、本区域的用人单位和劳动者具有约束力。

第五十五条　【集体合同中劳动报酬、劳动条件等标准】 集体合同中劳动报酬和劳动条件等标准不得低于当地人民政府规定的最低标准；用人单位与劳动者订立的劳动合同中劳动报酬和劳动条件等标准不得低于集体合同规定的标准。

第五十六条 【集体合同纠纷和法律救济】用人单位违反集体合同，侵犯职工劳动权益的，工会可以依法要求用人单位承担责任；因履行集体合同发生争议，经协商解决不成的，工会可以依法申请仲裁、提起诉讼。

第二节 劳务派遣

第五十七条 【劳务派遣单位的设立】经营劳务派遣业务应当具备下列条件：

（一）注册资本不得少于人民币二百万元；

（二）有与开展业务相适应的固定的经营场所和设施；

（三）有符合法律、行政法规规定的劳务派遣管理制度；

（四）法律、行政法规规定的其他条件。

经营劳务派遣业务，应当向劳动行政部门依法申请行政许可；经许可的，依法办理相应的公司登记。未经许可，任何单位和个人不得经营劳务派遣业务。

第五十八条 【劳务派遣单位、用工单位及劳动者的权利义务】劳务派遣单位是本法所称用人单位，应当履行用人单位对劳动者的义务。劳务派遣单位与被派遣劳动者订立的劳动合同，除应当载明本法第十七条规定的事项外，还应当载明被派遣劳动者的用工单位以及派遣期限、工作岗位等情况。

劳务派遣单位应当与被派遣劳动者订立二年以上的固定期限劳动合同，按月支付劳动报酬；被派遣劳动者在无工作期间，劳务派遣单位应当按照所在地人民政府规定的最低工资标准，向其按月支付报酬。

第五十九条 【劳务派遣协议】劳务派遣单位派遣劳动者应当与接受以劳务派遣形式用工的单位（以下称用工单位）订立劳务派

遣协议。劳务派遣协议应当约定派遣岗位和人员数量、派遣期限、劳动报酬和社会保险费的数额与支付方式以及违反协议的责任。

用工单位应当根据工作岗位的实际需要与劳务派遣单位确定派遣期限，不得将连续用工期限分割订立数个短期劳务派遣协议。

第六十条　【劳务派遣单位的告知义务】劳务派遣单位应当将劳务派遣协议的内容告知被派遣劳动者。

劳务派遣单位不得克扣用工单位按照劳务派遣协议支付给被派遣劳动者的劳动报酬。

劳务派遣单位和用工单位不得向被派遣劳动者收取费用。

第六十一条　【跨地区派遣劳动者的劳动报酬、劳动条件】劳务派遣单位跨地区派遣劳动者的，被派遣劳动者享有的劳动报酬和劳动条件，按照用工单位所在地的标准执行。

第六十二条　【用工单位的义务】用工单位应当履行下列义务：

（一）执行国家劳动标准，提供相应的劳动条件和劳动保护；

（二）告知被派遣劳动者的工作要求和劳动报酬；

（三）支付加班费、绩效奖金，提供与工作岗位相关的福利待遇；

（四）对在岗被派遣劳动者进行工作岗位所必需的培训；

（五）连续用工的，实行正常的工资调整机制。

用工单位不得将被派遣劳动者再派遣到其他用人单位。

第六十三条　【被派遣劳动者同工同酬】被派遣劳动者享有与用工单位的劳动者同工同酬的权利。用工单位应当按照同工同酬原则，对被派遣劳动者与本单位同类岗位的劳动者实行相同的劳动报酬分配办法。用工单位无同类岗位劳动者的，参照用工单位所在地相同或者相近岗位劳动者的劳动报酬确定。

劳务派遣单位与被派遣劳动者订立的劳动合同和与用工单位订立的劳务派遣协议，载明或者约定的向被派遣劳动者支付的劳动报酬应当符合前款规定。

第六十四条　【被派遣劳动者参加或者组织工会】被派遣劳动

者有权在劳务派遣单位或者用工单位依法参加或者组织工会，维护自身的合法权益。

第六十五条 【劳务派遣中解除劳动合同】被派遣劳动者可以依照本法第三十六条、第三十八条的规定与劳务派遣单位解除劳动合同。

被派遣劳动者有本法第三十九条和第四十条第一项、第二项规定情形的，用工单位可以将劳动者退回劳务派遣单位，劳务派遣单位依照本法有关规定，可以与劳动者解除劳动合同。

第六十六条 【劳务派遣的适用岗位】劳动合同用工是我国的企业基本用工形式。劳务派遣用工是补充形式，只能在临时性、辅助性或者替代性的工作岗位上实施。

前款规定的临时性工作岗位是指存续时间不超过六个月的岗位；辅助性工作岗位是指为主营业务岗位提供服务的非主营业务岗位；替代性工作岗位是指用工单位的劳动者因脱产学习、休假等原因无法工作的一定期间内，可以由其他劳动者替代工作的岗位。

用工单位应当严格控制劳务派遣用工数量，不得超过其用工总量的一定比例，具体比例由国务院劳动行政部门规定。

第六十七条 【用人单位不得自设劳务派遣单位】用人单位不得设立劳务派遣单位向本单位或者所属单位派遣劳动者。

第三节 非全日制用工

第六十八条 【非全日制用工的概念】非全日制用工，是指以小时计酬为主，劳动者在同一用人单位一般平均每日工作时间不超过四小时，每周工作时间累计不超过二十四小时的用工形式。

第六十九条 【非全日制用工的劳动合同】非全日制用工双方当事人可以订立口头协议。

从事非全日制用工的劳动者可以与一个或者一个以上用人单位订立劳动合同；但是，后订立的劳动合同不得影响先订立的劳动合同的履行。

第七十条 【非全日制用工不得约定试用期】非全日制用工双方当事人不得约定试用期。

第七十一条 【非全日制用工的终止用工】非全日制用工双方当事人任何一方都可以随时通知对方终止用工。终止用工，用人单位不向劳动者支付经济补偿。

第七十二条 【非全日制用工的劳动报酬】非全日制用工小时计酬标准不得低于用人单位所在地人民政府规定的最低小时工资标准。

非全日制用工劳动报酬结算支付周期最长不得超过十五日。

第六章 监督检查

第七十三条 【劳动合同制度的监督管理体制】国务院劳动行政部门负责全国劳动合同制度实施的监督管理。

县级以上地方人民政府劳动行政部门负责本行政区域内劳动合同制度实施的监督管理。

县级以上各级人民政府劳动行政部门在劳动合同制度实施的监督管理工作中，应当听取工会、企业方面代表以及有关行业主管部门的意见。

第七十四条 【劳动行政部门监督检查事项】县级以上地方人民政府劳动行政部门依法对下列实施劳动合同制度的情况进行监督检查：

（一）用人单位制定直接涉及劳动者切身利益的规章制度及其执行的情况；

（二）用人单位与劳动者订立和解除劳动合同的情况；

（三）劳务派遣单位和用工单位遵守劳务派遣有关规定的情况；

（四）用人单位遵守国家关于劳动者工作时间和休息休假规定的情况；

（五）用人单位支付劳动合同约定的劳动报酬和执行最低工资

标准的情况；

（六）用人单位参加各项社会保险和缴纳社会保险费的情况；

（七）法律、法规规定的其他劳动监察事项。

第七十五条　【监督检查措施和依法行政、文明执法】县级以上地方人民政府劳动行政部门实施监督检查时，有权查阅与劳动合同、集体合同有关的材料，有权对劳动场所进行实地检查，用人单位和劳动者都应当如实提供有关情况和材料。

劳动行政部门的工作人员进行监督检查，应当出示证件，依法行使职权，文明执法。

第七十六条　【其他有关主管部门的监督管理】县级以上人民政府建设、卫生、安全生产监督管理等有关主管部门在各自职责范围内，对用人单位执行劳动合同制度的情况进行监督管理。

第七十七条　【劳动者权利救济途径】劳动者合法权益受到侵害的，有权要求有关部门依法处理，或者依法申请仲裁、提起诉讼。

第七十八条　【工会监督检查的权利】工会依法维护劳动者的合法权益，对用人单位履行劳动合同、集体合同的情况进行监督。用人单位违反劳动法律、法规和劳动合同、集体合同的，工会有权提出意见或者要求纠正；劳动者申请仲裁、提起诉讼的，工会依法给予支持和帮助。

第七十九条　【对违法行为的举报】任何组织或者个人对违反本法的行为都有权举报，县级以上人民政府劳动行政部门应当及时核实、处理，并对举报有功人员给予奖励。

第七章　法 律 责 任

第八十条　【规章制度违法的法律责任】用人单位直接涉及劳动者切身利益的规章制度违反法律、法规规定的，由劳动行政部门责令改正，给予警告；给劳动者造成损害的，应当承担赔偿责任。

第八十一条　【缺乏必备条款、不提供劳动合同文本的法律责任】用人单位提供的劳动合同文本未载明本法规定的劳动合同必备条款或者用人单位未将劳动合同文本交付劳动者的，由劳动行政部门责令改正；给劳动者造成损害的，应当承担赔偿责任。

第八十二条 【不订立书面劳动合同的法律责任】用人单位自用工之日起超过一个月不满一年未与劳动者订立书面劳动合同的，应当向劳动者每月支付二倍的工资。

用人单位违反本法规定不与劳动者订立无固定期限劳动合同的，自应当订立无固定期限劳动合同之日起向劳动者每月支付二倍的工资。

第八十三条 【违法约定试用期的法律责任】用人单位违反本法规定与劳动者约定试用期的，由劳动行政部门责令改正；违法约定的试用期已经履行的，由用人单位以劳动者试用期满月工资为标准，按已经履行的超过法定试用期的期间向劳动者支付赔偿金。

第八十四条 【扣押劳动者身份证等证件的法律责任】用人单位违反本法规定，扣押劳动者居民身份证等证件的，由劳动行政部门责令限期退还劳动者本人，并依照有关法律规定给予处罚。

用人单位违反本法规定，以担保或者其他名义向劳动者收取财物的，由劳动行政部门责令限期退还劳动者本人，并以每人五百元以上二千元以下的标准处以罚款；给劳动者造成损害的，应当承担赔偿责任。

劳动者依法解除或者终止劳动合同，用人单位扣押劳动者档案或者其他物品的，依照前款规定处罚。

第八十五条 【未依法支付劳动报酬、经济补偿等的法律责任】用人单位有下列情形之一的，由劳动行政部门责令限期支付劳动报酬、加班费或者经济补偿；劳动报酬低于当地最低工资标准的，应当支付其差额部分；逾期不支付的，责令用人单位按应付金额百分之五十以上百分之一百以下的标准向劳动者加付赔偿金：

（一）未按照劳动合同的约定或者国家规定及时足额支付劳动

者劳动报酬的；

（二）低于当地最低工资标准支付劳动者工资的；

（三）安排加班不支付加班费的；

（四）解除或者终止劳动合同，未依照本法规定向劳动者支付经济补偿的。

第八十六条 【订立无效劳动合同的法律责任】劳动合同依照本法第二十六条规定被确认无效，给对方造成损害的，有过错的一方应当承担赔偿责任。

第八十七条 【违法解除或者终止劳动合同的法律责任】用人单位违反本法规定解除或者终止劳动合同的，应当依照本法第四十七条规定的经济补偿标准的二倍向劳动者支付赔偿金。

第八十八条 【侵害劳动者人身权益的法律责任】用人单位有下列情形之一的，依法给予行政处罚；构成犯罪的，依法追究刑事责任；给劳动者造成损害的，应当承担赔偿责任：

（一）以暴力、威胁或者非法限制人身自由的手段强迫劳动的；

（二）违章指挥或者强令冒险作业危及劳动者人身安全的；

（三）侮辱、体罚、殴打、非法搜查或者拘禁劳动者的；

（四）劳动条件恶劣、环境污染严重，给劳动者身心健康造成严重损害的。

第八十九条 【不出具解除、终止书面证明的法律责任】用人单位违反本法规定未向劳动者出具解除或者终止劳动合同的书面证明，由劳动行政部门责令改正；给劳动者造成损害的，应当承担赔偿责任。

第九十条 【劳动者的赔偿责任】劳动者违反本法规定解除劳动合同，或者违反劳动合同中约定的保密义务或者竞业限制，给用人单位造成损失的，应当承担赔偿责任。

第九十一条 【用人单位的连带赔偿责任】用人单位招用与其他用人单位尚未解除或者终止劳动合同的劳动者，给其他用人单位造成损失的,应当承担连带赔偿责任。

第九十二条 【劳务派遣单位的法律责任】违反本法规定,未经许可,擅自经营劳务派遣业务的,由劳动行政部门责令停止违法行为,没收违法所得,并处违法所得一倍以上五倍以下的罚款;没有违法所得的,可以处五万元以下的罚款。

劳务派遣单位、用工单位违反本法有关劳务派遣规定的,由劳动行政部门责令限期改正;逾期不改正的,以每人五千元以上一万元以下的标准处以罚款,对劳务派遣单位,吊销其劳务派遣业务经营许可证。用工单位给被派遣劳动者造成损害的,劳务派遣单位与用工单位承担连带赔偿责任。

第九十三条 【无营业执照经营单位的法律责任】对不具备合法经营资格的用人单位的违法犯罪行为,依法追究法律责任;劳动者已经付出劳动的,该单位或者其出资人应当依照本法有关规定向劳动者支付劳动报酬、经济补偿、赔偿金;给劳动者造成损害的,应当承担赔偿责任。

第九十四条 【个人承包经营者的连带赔偿责任】个人承包经营违反本法规定招用劳动者,给劳动者造成损害的,发包的组织与个人承包经营者承担连带赔偿责任。

第九十五条 【不履行法定职责、违法行使职权的法律责任】劳动行政部门和其他有关主管部门及其工作人员玩忽职守、不履行法定职责,或者违法行使职权,给劳动者或者用人单位造成损害的,应当承担赔偿责任;对直接负责的主管人员和其他直接责任人员,依法给予行政处分;构成犯罪的,依法追究刑事责任。

第八章 附 则

第九十六条 【事业单位聘用制劳动合同的法律适用】事业单位与实行聘用制的工作人员订立、履行、变更、解除或者终止劳动合同,法律、行政法规或者国务院另有规定的,依照其规定;未作规定的，依照本法有关规定执行。

第九十七条 【过渡性条款】本法施行前已依法订立且在本法施行之日存续的劳动合同，继续履行；本法第十四条第二款第三项规定连续订立固定期限劳动合同的次数，自本法施行后续订固定期限劳动合同时开始计算。

本法施行前已建立劳动关系，尚未订立书面劳动合同的，应当自本法施行之日起一个月内订立。

本法施行之日存续的劳动合同在本法施行后解除或者终止，依照本法第四十六条规定应当支付经济补偿的，经济补偿年限自本法施行之日起计算；本法施行前按照当时有关规定，用人单位应当向劳动者支付经济补偿的，按照当时有关规定执行。

第九十八条 【施行时间】本法自2008年1月1日起施行。

中华人民共和国劳动合同法实施条例

(2008年9月3日国务院第25次常务会议通过 2008年9月18日中华人民共和国国务院令第535号公布 自公布之日起施行)

第一章 总 则

第一条 为了贯彻实施《中华人民共和国劳动合同法》（以下简称劳动合同法），制定本条例。

第二条 各级人民政府和县级以上人民政府劳动行政等有关部门以及工会等组织，应当采取措施，推动劳动合同法的贯彻实施，促进劳动关系的和谐。

第三条 依法成立的会计师事务所、律师事务所等合伙组织和基金会，属于劳动合同法规定的用人单位。

第二章 劳动合同的订立

第四条 劳动合同法规定的用人单位设立的分支机构，依法取得营业执照或者登记证书的，可以作为用人单位与劳动者订立劳动合同；未依法取得营业执照或者登记证书的，受用人单位委托可以与劳动者订立劳动合同。

第五条 自用工之日起一个月内，经用人单位书面通知后，劳动者不与用人单位订立书面劳动合同的，用人单位应当书面通知劳动者终止劳动关系，无需向劳动者支付经济补偿，但是应当依法向劳动者支付其实际工作时间的劳动报酬。

第六条 用人单位自用工之日起超过一个月不满一年未与劳动者订立书面劳动合同的，应当依照劳动合同法第八十二条的规定向劳动者每月支付两倍的工资，并与劳动者补订书面劳动合同；劳动者不与用人单位订立书面劳动合同的，用人单位应当书面通知劳动者终止劳动关系，并依照劳动合同法第四十七条的规定支付经济补偿。

前款规定的用人单位向劳动者每月支付两倍工资的起算时间为用工之日起满一个月的次日，截止时间为补订书面劳动合同的前一日。

第七条 用人单位自用工之日起满一年未与劳动者订立书面劳动合同的，自用工之日起满一个月的次日至满一年的前一日应当依照劳动合同法第八十二条的规定向劳动者每月支付两倍的工资，并视为自用工之日起满一年的当日已经与劳动者订立无固定期限劳动合同，应当立即与劳动者补订书面劳动合同。

第八条 劳动合同法第七条规定的职工名册，应当包括劳动者姓名、性别、公民身份号码、户籍地址及现住址、联系方式、用工形式、用工起始时间、劳动合同期限等内容。

第九条 劳动合同法第十四条第二款规定的连续工作满 10 年的起始时间，应当自用人单位用工之日起计算，包括劳动合同法施行前的工作年限。

第十条　劳动者非因本人原因从原用人单位被安排到新用人单位工作的，劳动者在原用人单位的工作年限合并计算为新用人单位的工作年限。原用人单位已经向劳动者支付经济补偿的，新用人单位在依法解除、终止劳动合同计算支付经济补偿的工作年限时，不再计算劳动者在原用人单位的工作年限。

第十一条　除劳动者与用人单位协商一致的情形外，劳动者依照劳动合同法第十四条第二款的规定，提出订立无固定期限劳动合同的，用人单位应当与其订立无固定期限劳动合同。对劳动合同的内容，双方应当按照合法、公平、平等自愿、协商一致、诚实信用的原则协商确定；对协商不一致的内容，依照劳动合同法第十八条的规定执行。

第十二条　地方各级人民政府及县级以上地方人民政府有关部门为安置就业困难人员提供的给予岗位补贴和社会保险补贴的公益性岗位，其劳动合同不适用劳动合同法有关无固定期限劳动合同的规定以及支付经济补偿的规定。

第十三条　用人单位与劳动者不得在劳动合同法第四十四条规定的劳动合同终止情形之外约定其他的劳动合同终止条件。

第十四条　劳动合同履行地与用人单位注册地不一致的，有关劳动者的最低工资标准、劳动保护、劳动条件、职业危害防护和本地区上年度职工月平均工资标准等事项，按照劳动合同履行地的有关规定执行；用人单位注册地的有关标准高于劳动合同履行地的有关标准，且用人单位与劳动者约定按照用人单位注册地的有关规定执行的，从其约定。

第十五条　劳动者在试用期的工资不得低于本单位相同岗位最低档工资的80%或者不得低于劳动合同约定工资的80%，并不得低于用人单位所在地的最低工资标准。

第十六条　劳动合同法第二十二条第二款规定的培训费用，包括用人单位为了对劳动者进行专业技术培训而支付的有凭证的培训费用、培训期间的差旅费用以及因培训产生的用于该劳动者的其他直接费用。

第十七条 劳动合同期满,但是用人单位与劳动者依照劳动合同法第二十二条的规定约定的服务期尚未到期的,劳动合同应当续延至服务期满;双方另有约定的,从其约定。

第三章 劳动合同的解除和终止

第十八条 有下列情形之一的,依照劳动合同法规定的条件、程序,劳动者可以与用人单位解除固定期限劳动合同、无固定期限劳动合同或者以完成一定工作任务为期限的劳动合同:

(一)劳动者与用人单位协商一致的;

(二)劳动者提前30日以书面形式通知用人单位的;

(三)劳动者在试用期内提前3日通知用人单位的;

(四)用人单位未按照劳动合同约定提供劳动保护或者劳动条件的;

(五)用人单位未及时足额支付劳动报酬的;

(六)用人单位未依法为劳动者缴纳社会保险费的;

(七)用人单位的规章制度违反法律、法规的规定,损害劳动者权益的;

(八)用人单位以欺诈、胁迫的手段或者乘人之危,使劳动者在违背真实意思的情况下订立或者变更劳动合同的;

(九)用人单位在劳动合同中免除自己的法定责任、排除劳动者权利的;

(十)用人单位违反法律、行政法规强制性规定的;

(十一)用人单位以暴力、威胁或者非法限制人身自由的手段强迫劳动者劳动的;

(十二)用人单位违章指挥、强令冒险作业危及劳动者人身安

全的;

（十三）法律、行政法规规定劳动者可以解除劳动合同的其他情形。

第十九条 有下列情形之一的，依照劳动合同法规定的条件、程序，用人单位可以与劳动者解除固定期限劳动合同、无固定期限劳动合同或者以完成一定工作任务为期限的劳动合同：

（一）用人单位与劳动者协商一致的；

（二）劳动者在试用期间被证明不符合录用条件的；

（三）劳动者严重违反用人单位的规章制度的；

（四）劳动者严重失职，营私舞弊，给用人单位造成重大损害的；

（五）劳动者同时与其他用人单位建立劳动关系，对完成本单位的工作任务造成严重影响，或者经用人单位提出，拒不改正的；

（六）劳动者以欺诈、胁迫的手段或者乘人之危，使用人单位在违背真实意思的情况下订立或者变更劳动合同的；

（七）劳动者被依法追究刑事责任的；

（八）劳动者患病或者非因工负伤，在规定的医疗期满后不能从事原工作，也不能从事由用人单位另行安排的工作的；

（九）劳动者不能胜任工作，经过培训或者调整工作岗位，仍不能胜任工作的；

（十）劳动合同订立时所依据的客观情况发生重大变化，致使劳动合同无法履行，经用人单位与劳动者协商，未能就变更劳动合同内容达成协议的；

（十一）用人单位依照企业破产法规定进行重整的；

（十二）用人单位生产经营发生严重困难的；

（十三）企业转产、重大技术革新或者经营方式调整，经变更劳动合同后，仍需裁减人员的；

（十四）其他因劳动合同订立时所依据的客观经济情况发生重大变化，致使劳动合同无法履行的。

第二十条 用人单位依照劳动合同法第四十条的规定,选择额外支付劳动者一个月工资解除劳动合同的,其额外支付的工资应当按照该劳动者上一个月的工资标准确定。

第二十一条 劳动者达到法定退休年龄的,劳动合同终止。

第二十二条 以完成一定工作任务为期限的劳动合同因任务完成而终止的,用人单位应当依照劳动合同法第四十七条的规定向劳动者支付经济补偿。

第二十三条 用人单位依法终止工伤职工的劳动合同的,除依照劳动合同法第四十七条的规定支付经济补偿外,还应当依照国家有关工伤保险的规定支付一次性工伤医疗补助金和伤残就业补助金。

第二十四条 用人单位出具的解除、终止劳动合同的证明,应当写明劳动合同期限、解除或者终止劳动合同的日期、工作岗位、在本单位的工作年限。

第二十五条 用人单位违反劳动合同法的规定解除或者终止劳动合同,依照劳动合同法第八十七条的规定支付了赔偿金的,不再支付经济补偿。赔偿金的计算年限自用工之日起计算。

第二十六条 用人单位与劳动者约定了服务期,劳动者依照劳动合同法第三十八条的规定解除劳动合同的,不属于违反服务期的约定,用人单位不得要求劳动者支付违约金。

有下列情形之一,用人单位与劳动者解除约定服务期的劳动合同的,劳动者应当按照劳动合同的约定向用人单位支付违约金:

(一)劳动者严重违反用人单位的规章制度的;

(二)劳动者严重失职,营私舞弊,给用人单位造成重大损害的;

(三)劳动者同时与其他用人单位建立劳动关系,对完成本单位的工作任务造成严重影响,或者经用人单位提出,拒不改正的;

(四)劳动者以欺诈、胁迫的手段或者乘人之危,使用人单位在违背真实意思的情况下订立或者变更劳动合同的;

(五)劳动者被依法追究刑事责任的。

第二十七条　劳动合同法第四十七条规定的经济补偿的月工资按照劳动者应得工资计算，包括计时工资或者计件工资以及奖金、津贴和补贴等货币性收入。劳动者在劳动合同解除或者终止前12个月的平均工资低于当地最低工资标准的，按照当地最低工资标准计算。劳动者工作不满12个月的，按照实际工作的月数计算平均工资。

第四章　劳务派遣特别规定

第二十八条　用人单位或者其所属单位出资或者合伙设立的劳务派遣单位，向本单位或者所属单位派遣劳动者的，属于劳动合同法第六十七条规定的不得设立的劳务派遣单位。

第二十九条　用工单位应当履行劳动合同法第六十二条规定的义务，维护被派遣劳动者的合法权益。

第三十条　劳务派遣单位不得以非全日制用工形式招用被派遣劳动者。

第三十一条　劳务派遣单位或者被派遣劳动者依法解除、终止劳动合同的经济补偿，依照劳动合同法第四十六条、第四十七条的规定执行。

第三十二条　劳务派遣单位违法解除或者终止被派遣劳动者的劳动合同的，依照劳动合同法第四十八条的规定执行。

第五章　法律责任

第三十三条　用人单位违反劳动合同法有关建立职工名册规定的，由劳动行政部门责令限期改正；逾期不改正的，由劳动行政部门处2000元以上2万元以下的罚款。

第三十四条　用人单位依照劳动合同法的规定应当向劳动者每月支付两倍的工资或者应当向劳动者支付赔偿金而未支付的，劳动行政部门应当责令用人单位支付。

第三十五条　用工单位违反劳动合同法和本条例有关劳务派遣

规定的，由劳动行政部门和其他有关主管部门责令改正；情节严重的，以每位被派遣劳动者 1000 元以上 5000 元以下的标准处以罚款；给被派遣劳动者造成损害的，劳务派遣单位和用工单位承担连带赔偿责任。

第六章 附 则

第三十六条 对违反劳动合同法和本条例的行为的投诉、举报，县级以上地方人民政府劳动行政部门依照《劳动保障监察条例》的规定处理。

第三十七条 劳动者与用人单位因订立、履行、变更、解除或者终止劳动合同发生争议的，依照《中华人民共和国劳动争议调解仲裁法》的规定处理。

第三十八条 本条例自公布之日起施行。

违反《劳动法》有关劳动合同规定的赔偿办法

（1995 年 5 月 10 日 劳部发〔1995〕223 号）

第一条 为明确违反劳动法有关劳动合同规定的赔偿责任，维护劳动合同双方当事人的合法权益，根据《中华人民共和国劳动法》的有关规定，制定本办法。

第二条 用人单位有下列情形之一，对劳动者造成损害的，应赔偿劳动者损失：

（一）用人单位故意拖延不订立劳动合同，即招用后故意不按规定订立劳动合同以及劳动合同到期后故意不及时续订劳动合同的；

（二）由于用人单位的原因订立无效劳动合同，或订立部分无效劳动合同的；

（三）用人单位违反规定或劳动合同的约定侵害女职工或未成年工合法权益的；

（四）用人单位违反规定或劳动合同的约定解除劳动合同的。

第三条 本办法第二条规定的赔偿，按下列规定执行：

（一）造成劳动者工资收入损失的，按劳动者本人应得工资收入支付给劳动者，并加付应得工资收入25%的赔偿费用；

（二）造成劳动者劳动保护待遇损失的，应按国家规定补足劳动者的劳动保护津贴和用品；

（三）造成劳动者工伤、医疗待遇损失的，除按国家规定为劳动者提供工伤、医疗待遇外，还应支付劳动者相当于医疗费用25%的赔偿费用；

（四）造成女职工和未成年工身体健康损害的，除按国家规定提供治疗期间的医疗待遇外，还应支付相当于其医疗费用25%的赔偿费用；

（五）劳动合同约定的其他赔偿费用。

第四条 劳动者违反规定或劳动合同的约定解除劳动合同，对用人单位造成损失的，劳动者应赔偿用人单位下列损失：

（一）用人单位招收录用其所支付的费用；

（二）用人单位为其支付的培训费用，双方另有约定的按约定办理；

（三）对生产、经营和工作造成的直接经济损失；

（四）劳动合同约定的其他赔偿费用。

第五条 劳动者违反劳动合同中约定的保密事项，对用人单位造成经济损失的，按《反不正当竞争法》第二十条的规定支付用人单位赔偿费用。

第六条 用人单位招用尚未解除劳动合同的劳动者，对原用人单位造成经济损失的，除该劳动者承担直接赔偿责任外，该用人单位应当承担连带赔偿责任。其连带赔偿的份额应不低于对原用人单位造成经济损失总额的 70%。向原用人单位赔偿下列损失：

（一）对生产、经营和工作造成的直接经济损失；

（二）因获取商业秘密给原用人单位造成的经济损失。

赔偿本条第（二）项规定的损失，按《反不正当竞争法》第二十条的规定执行。

第七条 因赔偿引起争议的，按照国家有关劳动争议处理的规定办理。

第八条 本办法自发布之日起施行。

劳动和社会保障部关于
确立劳动关系有关事项的通知

（2005 年 5 月 25 日　劳社部发〔2005〕12 号）

各省、自治区、直辖市劳动和社会保障厅（局）：

近一个时期，一些地方反映部分用人单位招用劳动者不签订劳动合同，发生劳动争议时因双方劳动关系难以确定，致使劳动者合法权益难以维护，对劳动关系的和谐稳定带来不利影响。为规范用人单位用工行为，保护劳动者合法权益，促进社会稳定，现就用人单位与劳动者确立劳动关系的有关事项通知如下：

一、用人单位招用劳动者未订立书面劳动合同，但同时具备下列情形的，劳动关系成立。

（一）用人单位和劳动者符合法律、法规规定的主体资格；

（二）用人单位依法制定的各项劳动规章制度适用于劳动者，劳动者受用人单位的劳动管理，从事用人单位安排的有报酬的劳动；

（三）劳动者提供的劳动是用人单位业务的组成部分。

二、用人单位未与劳动者签订劳动合同，认定双方存在劳动关系时可参照下列凭证：

（一）工资支付凭证或记录（职工工资发放花名册）、缴纳各项社会保险费的记录；

（二）用人单位向劳动者发放的"工作证"、"服务证"等能够证明身份的证件；

（三）劳动者填写的用人单位招工招聘"登记表"、"报名表"等招用记录；

（四）考勤记录；

（五）其他劳动者的证言等。

其中，（一）、（三）、（四）项的有关凭证由用人单位负举证责任。

三、用人单位招用劳动者符合第一条规定的情形的，用人单位应当与劳动者补签劳动合同，劳动合同期限由双方协商确定。协商不一致的，任何一方均可提出终止劳动关系，但对符合签订无固定期限劳动合同条件的劳动者，如果劳动者提出订立无固定期限劳动合同，用人单位应当订立。

用人单位提出终止劳动关系的，应当按照劳动者在本单位工作年限每满一年支付一个月工资的经济补偿金。

四、建筑施工、矿山企业等用人单位将工程（业务）或经营权发包给不具备用工主体资格的组织或自然人，对该组织或自然人招用的劳动者，由具备用工主体资格的发包方承担用工主体责任。

五、劳动者与用人单位就是否存在劳动关系引发争议的，可以向有管辖权的劳动争议仲裁委员会申请仲裁。

电子劳动合同订立指引

(2021年7月1日 人社厅发〔2021〕54号)

第一章 总 则

第一条 本指引所指电子劳动合同,是指用人单位与劳动者按照《中华人民共和国劳动合同法》《中华人民共和国民法典》《中华人民共和国电子签名法》等法律法规规定,经协商一致,以可视为书面形式的数据电文为载体,使用可靠的电子签名订立的劳动合同。

第二条 依法订立的电子劳动合同具有法律效力,用人单位与劳动者应当按照电子劳动合同的约定,全面履行各自的义务。

第二章 电子劳动合同的订立

第三条 用人单位与劳动者订立电子劳动合同的,要通过电子劳动合同订立平台订立。

第四条 电子劳动合同订立平台要通过有效的现代信息技术手段提供劳动合同订立、调取、储存、应用等服务,具备身份认证、电子签名、意愿确认、数据安全防护等能力,确保电子劳动合同信息的订立、生成、传递、储存等符合法律法规规定,满足真实、完整、准确、不可篡改和可追溯等要求。

第五条 鼓励用人单位和劳动者使用政府发布的劳动合同示范文本订立电子劳动合同。劳动合同未载明《中华人民共和国劳动合同法》规定的劳动合同必备条款或内容违反法律法规规定的,用人单位依法承担相应的法律责任。

第六条 双方同意订立电子劳动合同的,用人单位要在订立电子劳动合同前，明确告知劳动者订立电子劳动合同的流程、操作方法、注意事项和查看、下载完整的劳动合同文本的途径，并不得向劳动者收取费用。

第七条　用人单位和劳动者要确保向电子劳动合同订立平台提交的身份信息真实、完整、准确。电子劳动合同订立平台要通过数字证书、联网信息核验、生物特征识别验证、手机短信息验证码等技术手段，真实反映订立人身份和签署意愿，并记录和保存验证确认过程。具备条件的，可使用电子社保卡开展实人实名认证。

第八条　用人单位和劳动者要使用符合《中华人民共和国电子签名法》要求、依法设立的电子认证服务机构颁发的数字证书和密钥，进行电子签名。

第九条　电子劳动合同经用人单位和劳动者签署可靠的电子签名后生效，并应附带可信时间戳。

第十条　电子劳动合同订立后，用人单位要以手机短信、微信、电子邮件或者 APP 信息提示等方式通知劳动者电子劳动合同已订立完成。

第三章　电子劳动合同的调取、储存、应用

第十一条　用人单位要提示劳动者及时下载和保存电子劳动合同文本，告知劳动者查看、下载电子劳动合同的方法，并提供必要的指导和帮助。

第十二条　用人单位要确保劳动者可以使用常用设备随时查看、下载、打印电子劳动合同的完整内容，不得向劳动者收取费用。

第十三条　劳动者需要电子劳动合同纸质文本的，用人单位要至少免费提供一份，并通过盖章等方式证明与数据电文原件一致。

第十四条　电子劳动合同的储存期限要符合《中华人民共和国劳动合同法》关于劳动合同保存期限的规定。

第十五条　鼓励用人单位和劳动者优先选用人力资源社会保障

部门等政府部门建设的电子劳动合同订立平台（以下简称政府平台）。用人单位和劳动者未通过政府平台订立电子劳动合同的，要按照当地人力资源社会保障部门公布的数据格式和标准，提交满足电子政务要求的电子劳动合同数据，便捷办理就业创业、劳动用工备案、社会保险、人事人才、职业培训等业务。非政府平台的电子劳动合同订立平台要支持用人单位和劳动者及时提交相关数据。

第十六条　电子劳动合同订立平台要留存订立和管理电子劳动合同全过程证据，包括身份认证、签署意愿、电子签名等，保证电子证据链的完整性，确保相关信息可查询、可调用，为用人单位、劳动者以及法律法规授权机构查询和提取电子数据提供便利。

第四章　信息保护和安全

第十七条　电子劳动合同信息的管理、调取和应用要符合《中华人民共和国网络安全法》《互联网信息服务管理办法》等法律法规，不得侵害信息主体合法权益。

第十八条　电子劳动合同订立平台及其所依赖的服务环境，要按照《信息安全等级保护管理办法》第三级的相关要求实施网络安全等级保护，确保平台稳定运行，提供连续服务，防止所收集或使用的身份信息、合同内容信息、日志信息泄漏、篡改、丢失。

第十九条　电子劳动合同订立平台要建立健全电子劳动合同信息保护制度，不得非法收集、使用、加工、传输、提供、公开电子劳动合同信息。未经信息主体同意或者法律法规授权，电子劳动合同订立平台不得向他人非法提供电子劳动合同查阅、调取等服务。

第五章　附　　则

第二十条　本指引中主要用语的含义：

（一）数据电文，是指以电子、光学、磁或者类似手段生成、发送、接收或者储存的信息。

（二）可视为书面形式的数据电文，是指能够有形地表现所载内容，并可以随时调取查用的数据电文。

（三）电子签名，是指数据电文中以电子形式所含、所附用于识别签名人身份并表明签名人认可其中内容的数据。

（四）可靠的电子签名，是指同时符合下列条件的电子签名：

1. 电子签名制作数据用于电子签名时，属于电子签名人专有；
2. 签署时电子签名制作数据仅由电子签名人控制；
3. 签署后对电子签名的任何改动能够被发现；
4. 签署后对数据电文内容和形式的任何改动能够被发现。

（五）可信时间戳，是指权威机构使用数字签名技术产生的能够证明所签名的原始文件在签名时间之前已经存在的数据。

第二十一条 本指引未尽事宜，按照有关法律法规和政策规定执行。

人力资源社会保障部、中华全国总工会、中国企业联合会/中国企业家协会、中华全国工商业联合会关于推进新时代和谐劳动关系创建活动的意见（节录）

（2023年1月3日 人社部发〔2023〕2号）

……

四、明确创建内容

（一）企业创建的重点内容。建立健全企业党组织，充分发挥党组织在和谐劳动关系创建活动中把关定向、团结凝聚各方力量的作用。全面落实劳动合同、集体合同制度，加强企业民主管理，依法保障职工劳动报酬、休息休假、劳动安全卫生、社会保险、职业技能培训等基本权益。建立职工工资集体协商和正常增长机制，加强劳动保护，改善劳动条件。建立企业劳动争议调解委员会，强化劳动争议预防，促进劳动争议协商和解。加强人文关怀，培育企业关心关爱职工、职工爱岗爱企的企业文化。

（二）工业园区、街道（乡镇）创建的重点内容。健全工业园区、街道（乡镇）党委领导的构建和谐劳动关系工作机制，加强对创建活动的组织领导，推动辖区内企业普遍开展和谐劳动关系创建活动。建立健全劳动关系协调机制、矛盾调处机制、权益保障机制，加强劳动保障法律宣传、用工指导服务，搭建劳动关系双方沟通协调平台，及时预防化解劳动关系矛盾。布局劳动关系基层公共服务站点，为企业和劳动者提供一站式、智慧化、标准化劳动关系公共服务。

五、规范创建标准

根据本地企业的类型、分布、职工人数和劳动关系状况以及工业园区、乡镇（街道）工作基础等，分类培育，分步推进。

（一）企业创建标准

——企业党组织健全，在创建活动中，组织职工、宣传职工、凝聚职工、服务职工的职能作用发挥充分，党员先锋模范作用有效发挥。

——企业工会组织健全、运行顺畅，针对工资等职工关心的问题定期开展集体协商并签订集体合同，协商程序规范、效果良好，职工工资增长与企业效益、劳动生产率增长相适应。

——以职工（代表）大会制度为基本形式的企业民主管理制度健全，定期召开职工（代表）大会，按规定将涉及职工切身利益的规章制度和重大事项经过职工（代表）大会审议通过，完善厂务公开制度，公司制企业依法设立职工董事、职工监事。

——企业劳动争议调解委员会机构健全、制度完善，建立劳动争议预防预警机制，及时调处劳动争议和影响劳动关系和谐稳定的苗头性、倾向性问题，促进劳动争议协商和解。

——职工培训制度健全，制定培训计划，采取岗前培训、学徒培训、脱产培训、技术比武、技能竞赛等方式，大幅提升职工技能水平。职工教育经费足额到位，经费60%以上用于企业一线职工的教育和培训。

——重视企业文化建设，努力培育与中华优秀传统文化相契合富有企业特色的企业精神和健康向上的企业文化，践行社会主义核心价值观，切实承担报效家园、服务社会、造福职工的责任。

——加强对职工的人文关怀，不断改善职工的生产和生活条件，支持和帮助职工平衡工作和家庭责任，保障生育女职工享有平等的就业机会、职业发展机会和待遇。注重职工的精神需求和心理健康，建立职工健康服务体系，塑造职工幸福生活环境，提高职工生活品质。

——职工爱岗敬业、遵守纪律、诚实守信，对企业的责任感、认同感和归属感较强，能够正确对待社会利益关系调整，以理性合法形式表达利益诉求，维护自身权益。

——职工满意度较高。职工对劳动报酬、社保缴纳、休息休假、工作环境、技能培训、劳动条件、协商民主、人文关怀等指标综合评价满意度高。

（二）工业园区、乡镇（街道）创建标准

——工业园区、乡镇（街道）党委领导的构建和谐劳动关系工作机制健全，将创建活动纳入当地党委、政府重要议事日程，制定出台推进创建活动的实施方案，完善政府、工会、企业代表组织共同参与的劳动关系协商协调机制。

——辖区内企业用工管理普遍合法合规，基本达到创建标准。

——辖区内企业普遍建立以工资集体协商为重点的集体合同制度，对不具备单独开展条件的小微企业，通过签订区域性、行业性集体合同实现覆盖。

——依法建立工会组织、企业代表组织以及劳动争议调解组织,健全劳动关系矛盾纠纷排查预防和联动化解机制,对辖区内带有普遍性、倾向性的劳动关系问题开展协商,预防和调处劳动争议。建立健全突发性、集体性劳动争议应急调解协调机制和重大劳动争议信息报告制度,及时化解矛盾和纠纷。

——成立厂务公开协调领导机构,辖区内企业普遍建立以职工代表大会为基本形式的企业民主管理制度,对不具备单独建立条件的小微企业,通过区域性(行业)职代会实现覆盖。

——辖区内防范和处置重大安全生产、重大职业危害事故以及重大劳动关系群体性、突发性事件的机制健全有效。

——根据辖区内企业规模,合理布局劳动关系基层公共服务站点,达到服务标识统一、服务场所固定、服务设施齐全、服务内容完备,配备一定数量的劳动关系协调员,经常性地对辖区内企业创建活动进行督促指导服务,定期组织培训、交流、观摩等活动,通过线上线下多种方式提升服务效能,形成地域、行业特色鲜明的公共服务品牌。

六、健全创建评价机制

(一)开展评审评估。科学设置创建标准指标体系,引导企业、工业园区、乡镇(街道)对照创建标准开展自我评价,由当地协调劳动关系三方对其是否达标进行评估。健全创建示范单位评审评估制度,在坚持协调劳动关系三方定期集中评审的基础上,探索引入社会第三方机构开展日常综合评估,形成协调劳动关系三方评审为主、社会评估为补充的和谐劳动关系评审评估机制和规范统一的综合评价体系,提高评审评估的客观权威性、科学合理性和社会公信力。

(二)定期命名授牌。国家协调劳动关系三方会议每三年开展一届全国和谐劳动关系创建活动,采取先创建后认定的方式,对创建活动中表现突出的企业、工业园区命名"全国和谐劳动关系创建示范企业、工业园区",颁发铭牌,并向社会公布名单,系统总结好的经验和做法,发挥先进典型示范引领作用,并采取措施予以推广。

(三)实施动态管理。建立创建单位定点联系培育机制,加强日常跟踪服务和监督管理,督促创建达标单位在持续巩固已有成效的基础上,不断提升创建水平。健全创建示范单位的动态退出机制,由省级协调劳动关系三方采取抽查、普查等方式,充分利用劳动保障监察和劳动争议调解仲裁案件以及群体访、群体性事件、集体停工事件等信息,加大动态精准核查力度,定期对已命名的示范单位进行核查。对存在不签劳动合同、未依法缴纳社会保险费、超时加班、拖欠工资等构成重大劳动保障违法行为的,以及引发较大影响的劳动关系群体性事件、极端恶性事件、重大安全生产事故和职业危害事故、负面网络舆情的全国和谐劳动关系创建示范单位,由省级协调劳动关系三方报国家协调劳动关系三方审议同意后,取消命名,收回铭牌,并在本省(自治区、直辖市)内向社会公布。国家协调劳动关系三方定期组织对全国和谐劳动关系创建示范单位交叉互检,对各省级协调劳动关系三方未及时核查处置的,予以通报。

七、完善创建激励措施

(一)定期表彰奖励。国家协调劳动关系三方会议每五年开展一届"全国和谐劳动关系创建工作先进集体、先进个人"表彰,对组织实施全国和谐劳动关系创建示范活动表现突出的工作机构、社会组织、企业、工业园区和乡镇(街道)及其相关工作人员授予"全国和谐劳动关系创建工作先进集体、先进个人"称号,颁发荣誉证书、奖章和奖牌,并向社会公布名单,激励社会各方积极参与。

(二)提供精准服务。对符合条件的企业,优化人社公共服务方式和手段,开展一对一用工"诊断",提供定制化企业薪酬数据服务，开通人社公共服务经办快速通道，优化各项补贴申领和办理流程，及时落实职业培训补贴、失业保险稳岗返还、社会保险补贴等政策。

（三）适当减少检查频次。对达到创建标准且符合守法诚信等级要求的企业，适当减少劳动保障监察和社会保险稽核日常巡视检查频次；劳动争议调解仲裁机构主动上门开展政策调研指导，对办理劳动争议案件开辟绿色通道。

（四）作为评选表彰重要参考因素。将达到创建标准的企业作为推荐和评选全国五一劳动奖状、全国厂务公开民主管理先进单位和示范单位、信用企业、全国企业优秀文化成果、全国就业与社会保障先进民营企业、全国关爱员工优秀民营企业家等荣誉的重要参考因素。

……

四 劳动报酬

关于工资总额组成的规定

（1989年9月30日国务院批准　1990年1月1日国家统计局发布）

第一章　总　　则

第一条　为了统一工资总额的计算范围，保证国家对工资进行统一的统计核算和会计核算，有利于编制、检查计划和进行工资管理以及正确地反映职工的工资收入，制定本规定。

第二条　全民所有制和集体所有制企业、事业单位，各种合营单位，各级国家机关、政党机关和社会团体，在计划、统计、会计上有关工资总额范围的计算，均应遵守本规定。

第三条　工资总额是指各单位在一定时期内直接支付给本单位全部职工的劳动报酬总额。

工资总额的计算应以直接支付给职工的全部劳动报酬为根据。

第二章　工资总额的组成

第四条　工资总额由下列6个部分组成：

（一）计时工资；

（二）计件工资；

（三）奖金；

（四）津贴和补贴；

（五）加班加点工资；

（六）特殊情况下支付的工资。

第五条 计时工资是指按计时工资标准（包括地区生活费补贴）和工作时间支付给个人的劳动报酬。包括：

（一）对已做工作按计时工资标准支付的工资；

（二）实行结构工资制的单位支付给职工的基础工资和职务（岗位）工资；

（三）新参加工作职工的见习工资（学徒的生活费）；

（四）运动员体育津贴。

第六条 计件工资是指对已做工作按计件单价支付的劳动报酬。包括：

（一）实行超额累进计件、直接无限计件、限额计件、超定额计件等工资制，按劳动部门或主管部门批准的定额和计件单价支付给个人的工资；

（二）按工作任务包干方法支付给个人的工资；

（三）按营业额提成或利润提成办法支付给个人的工资。

第七条 奖金是指支付给职工的超额劳动报酬和增收节支的劳动报酬。包括：

（一）生产奖；

（二）节约奖；

（三）劳动竞赛奖；

（四）机关、事业单位的奖励工资；

（五）其他奖金。

第八条 津贴和补贴是指为了补偿职工特殊或额外的劳动消耗和因其他特殊原因支付给职工的津贴，以及为了保证职工工资水平不受物价影响支付给职工的物价补贴。

（一）津贴。包括：补偿职工特殊或额外劳动消耗的津贴，保健性津贴，技术性津贴，年功性津贴及其他津贴。

（二）物价补贴。包括：为保证职工工资水平不受物价上涨或变动影响而支付的各种补贴。

第九条 加班加点工资是指按规定支付的加班工资和加点工资。

第十条 特殊情况下支付的工资。包括：

（一）根据国家法律、法规和政策规定，因病、工伤、产假、计划生育假、婚丧假、事假、探亲假、定期休假、停工学习、执行国家或社会义务等原因按计时工资标准或计时工资标准的一定比例支付的工资；

（二）附加工资、保留工资。

第三章　工资总额不包括的项目

第十一条 下列各项不列入工资总额的范围：

（一）根据国务院发布的有关规定颁发的创造发明奖、自然科学奖、科学技术进步奖和支付的合理化建议和技术改进奖以及支付给运动员、教练员的奖金；

（二）有关劳动保险和职工福利方面的各项费用；

（三）有关离休、退休、退职人员待遇的各项支出；

（四）劳动保护的各项支出；

（五）稿费、讲课费及其他专门工作报酬；

（六）出差伙食补助费、误餐补助、调动工作的旅费和安家费；

（七）对自带工具、牲畜来企业工作职工所支付的工具、牲畜等的补偿费用；

（八）实行租赁经营单位的承租人的风险性补偿收入；

（九）对购买本企业股票和债券的职工所支付的股息（包括股金分红）和利息；

（十）劳动合同制职工解除劳动合同时由企业支付的医疗补助

费、生活补助费等；

（十一）因录用临时工而在工资以外向提供劳动力单位支付的手续费或管理费；

（十二）支付给家庭工人的加工费和按加工订货办法支付给承包单位的发包费用；

（十三）支付给参加企业劳动的在校学生的补贴；

（十四）计划生育独生子女补贴。

第十二条 前条所列各项按照国家规定另行统计。

第四章 附 则

第十三条 中华人民共和国境内的私营单位、华侨及港、澳、台工商业者经营单位和外商经营单位有关工资总额范围的计算，参照本规定执行。

第十四条 本规定由国家统计局负责解释。

第十五条 各地区、各部门可依据本规定制定有关工资总额组成的具体范围的规定。

第十六条 本规定自发布之日起施行。国务院 1955 年 5 月 21 日批准颁发的《关于工资总额组成的暂行规定》同时废止。

保障农民工工资支付条例

（2019 年 12 月 4 日国务院第 73 次常务会议通过 2019 年 12 月 30 日中华人民共和国国务院令第 724 号公布 自 2020 年 5 月 1 日起施行）

第一章 总 则

第一条 为了规范农民工工资支付行为，保障农民工按时足额获得工资，根据《中华人民共和国劳动法》及有关法律规定，制定本条例。

第二条 保障农民工工资支付，适用本条例。

本条例所称农民工，是指为用人单位提供劳动的农村居民。

本条例所称工资，是指农民工为用人单位提供劳动后应当获得的劳动报酬。

第三条 农民工有按时足额获得工资的权利。任何单位和个人不得拖欠农民工工资。

农民工应当遵守劳动纪律和职业道德，执行劳动安全卫生规程，完成劳动任务。

第四条 县级以上地方人民政府对本行政区域内保障农民工工资支付工作负责，建立保障农民工工资支付工作协调机制，加强监管能力建设，健全保障农民工工资支付工作目标责任制，并纳入对本级人民政府有关部门和下级人民政府进行考核和监督的内容。

乡镇人民政府、街道办事处应当加强对拖欠农民工工资矛盾的排查和调处工作，防范和化解矛盾，及时调解纠纷。

第五条 保障农民工工资支付，应当坚持市场主体负责、政府依法监管、社会协同监督，按照源头治理、预防为主、防治结合、标本兼治的要求，依法根治拖欠农民工工资问题。

第六条 用人单位实行农民工劳动用工实名制管理，与招用的农民工书面约定或者通过依法制定的规章制度规定工资支付标准、支付时间、支付方式等内容。

第七条 人力资源社会保障行政部门负责保障农民工工资支付工作的组织协调、管理指导和农民工工资支付情况的监督检查，查处有关拖欠农民工工资案件。

住房城乡建设、交通运输、水利等相关行业工程建设主管部门按照职责履行行业监管责任，督办因违法发包、转包、违法分包、挂靠、拖欠工程款等导致的拖欠农民工工资案件。

发展改革等部门按照职责负责政府投资项目的审批管理，依法审查政府投资项目的资金来源和筹措方式，按规定及时安排政府投资，加强社会信用体系建设，组织对拖欠农民工工资失信联合惩戒对象依法依规予以限制和惩戒。

财政部门负责政府投资资金的预算管理，根据经批准的预算按规定及时足额拨付政府投资资金。

公安机关负责及时受理、侦办涉嫌拒不支付劳动报酬刑事案件，依法处置因农民工工资拖欠引发的社会治安案件。

司法行政、自然资源、人民银行、审计、国有资产管理、税务、市场监管、金融监管等部门，按照职责做好与保障农民工工资支付相关的工作。

第八条 工会、共产主义青年团、妇女联合会、残疾人联合会等组织按照职责依法维护农民工获得工资的权利。

第九条 新闻媒体应当开展保障农民工工资支付法律法规政策的公益宣传和先进典型的报道，依法加强对拖欠农民工工资违法行为的舆论监督，引导用人单位增强依法用工、按时足额支付工资的法律意识，引导农民工依法维权。

第十条 被拖欠工资的农民工有权依法投诉，或者申请劳动争议调解仲裁和提起诉讼。

任何单位和个人对拖欠农民工工资的行为，有权向人力资源社会保障行政部门或者其他有关部门举报。

人力资源社会保障行政部门和其他有关部门应当公开举报投诉电话、网站等渠道，依法接受对拖欠农民工工资行为的举报、投诉。对于举报、投诉的处理实行首问负责制，属于本部门受理的，应当依法及时处理；不属于本部门受理的，应当及时转送相关部门，相关部门应当依法及时处理，并将处理结果告知举报、投诉人。

第二章　工资支付形式与周期

第十一条　农民工工资应当以货币形式，通过银行转账或者现金支付给农民工本人，不得以实物或者有价证券等其他形式替代。

第十二条　用人单位应当按照与农民工书面约定或者依法制定的规章制度规定的工资支付周期和具体支付日期足额支付工资。

第十三条　实行月、周、日、小时工资制的，按照月、周、日、小时为周期支付工资；实行计件工资制的，工资支付周期由双方依法约定。

第十四条　用人单位与农民工书面约定或者依法制定的规章制度规定的具体支付日期，可以在农民工提供劳动的当期或者次期。具体支付日期遇法定节假日或者休息日的，应当在法定节假日或者休息日前支付。

用人单位因不可抗力未能在支付日期支付工资的，应当在不可抗力消除后及时支付。

第十五条　用人单位应当按照工资支付周期编制书面工资支付台账，并至少保存3年。

书面工资支付台账应当包括用人单位名称，支付周期，支付日期，支付对象姓名、身份证号码、联系方式，工作时间，应发工资项目及数额，代扣、代缴、扣除项目和数额，实发工资数额，银行代发工资凭证或者农民工签字等内容。

用人单位向农民工支付工资时，应当提供农民工本人的工资清单。

第三章　工资清偿

第十六条　用人单位拖欠农民工工资的，应当依法予以清偿。

第十七条　不具备合法经营资格的单位招用农民工，农民工已经付出劳动而未获得工资的，依照有关法律规定执行。

第十八条　用工单位使用个人、不具备合法经营资格的单位或者未依法取得劳务派遣许可证的单位派遣的农民工，拖欠农民工工资的，由用工单位清偿，并可以依法进行追偿。

第十九条　用人单位将工作任务发包给个人或者不具备合法经营资格的单位，导致拖欠所招用农民工工资的，依照有关法律规定执行。

用人单位允许个人、不具备合法经营资格或者未取得相应资质的单位以用人单位的名义对外经营，导致拖欠所招用农民工工资的，由用人单位清偿，并可以依法进行追偿。

第二十条　合伙企业、个人独资企业、个体经济组织等用人单位拖欠农民工工资的，应当依法予以清偿，不清偿的，由出资人依法清偿。

第二十一条　用人单位合并或者分立时，应当在实施合并或者分立前依法清偿拖欠的农民工工资；经与农民工书面协商一致的，可以由合并或者分立后承继其权利和义务的用人单位清偿。

第二十二条　用人单位被依法吊销营业执照或者登记证书、被责令关闭、被撤销或者依法解散的，应当在申请注销登记前依法清偿拖欠的农民工工资。

未依据前款规定清偿农民工工资的用人单位主要出资人，应当在注册新用人单位前清偿拖欠的农民工工资。

第四章　工程建设领域特别规定

第二十三条　建设单位应当有满足施工所需要的资金安排。没有满足施工所需要的资金安排的，工程建设项目不得开工建设；依法需要办理施工许可证的，相关行业工程建设主管部门不予颁发施工许可证。

政府投资项目所需资金，应当按照国家有关规定落实到位，不得由施工单位垫资建设。

第二十四条 建设单位应当向施工单位提供工程款支付担保。

建设单位与施工总承包单位依法订立书面工程施工合同,应当约定工程款计量周期、工程款进度结算办法以及人工费用拨付周期,并按照保障农民工工资按时足额支付的要求约定人工费用。人工费用拨付周期不得超过 1 个月。

建设单位与施工总承包单位应当将工程施工合同保存备查。

第二十五条 施工总承包单位与分包单位依法订立书面分包合同,应当约定工程款计量周期、工程款进度结算办法。

第二十六条 施工总承包单位应当按照有关规定开设农民工工资专用账户,专项用于支付该工程建设项目农民工工资。

开设、使用农民工工资专用账户有关资料应当由施工总承包单位妥善保存备查。

第二十七条 金融机构应当优化农民工工资专用账户开设服务流程,做好农民工工资专用账户的日常管理工作;发现资金未按约定拨付等情况的,及时通知施工总承包单位,由施工总承包单位报告人力资源社会保障行政部门和相关行业工程建设主管部门,并纳入欠薪预警系统。

工程完工且未拖欠农民工工资的,施工总承包单位公示 30 日后,可以申请注销农民工工资专用账户,账户内余额归施工总承包单位所有。

第二十八条 施工总承包单位或者分包单位应当依法与所招用的农民工订立劳动合同并进行用工实名登记,具备条件的行业应当通过相应的管理服务信息平台进行用工实名登记、管理。未与施工总承包单位或者分包单位订立劳动合同并进行用工实名登记的人员,不得进入项目现场施工。

施工总承包单位应当在工程项目部配备劳资专管员,对分包单位劳动用工实施监督管理,掌握施工现场用工、考勤、工资支付等情况,审核分包单位编制的农民工工资支付表,分包单位应当予以配合。

施工总承包单位、分包单位应当建立用工管理台账，并保存至工程完工且工资全部结清后至少 3 年。

第二十九条 建设单位应当按照合同约定及时拨付工程款，并将人工费用及时足额拨付至农民工工资专用账户，加强对施工总承包单位按时足额支付农民工工资的监督。

因建设单位未按照合同约定及时拨付工程款导致农民工工资拖欠的，建设单位应当以未结清的工程款为限先行垫付被拖欠的农民工工资。

建设单位应当以项目为单位建立保障农民工工资支付协调机制和工资拖欠预防机制，督促施工总承包单位加强劳动用工管理，妥善处理与农民工工资支付相关的矛盾纠纷。发生农民工集体讨薪事件的，建设单位应当会同施工总承包单位及时处理，并向项目所在地人力资源社会保障行政部门和相关行业工程建设主管部门报告有关情况。

第三十条 分包单位对所招用农民工的实名制管理和工资支付负直接责任。

施工总承包单位对分包单位劳动用工和工资发放等情况进行监督。

分包单位拖欠农民工工资的，由施工总承包单位先行清偿，再依法进行追偿。

工程建设项目转包，拖欠农民工工资的，由施工总承包单位先行清偿，再依法进行追偿。

第三十一条 工程建设领域推行分包单位农民工工资委托施工总承包单位代发制度。

分包单位应当按月考核农民工工作量并编制工资支付表，经农民工本人签字确认后，与当月工程进度等情况一并交施工总承包单位。

施工总承包单位根据分包单位编制的工资支付表,通过农民工工资专用账户直接将工资支付到农民工本人的银行账户,并向分包单位提供代发工资凭证。

用于支付农民工工资的银行账户所绑定的农民工本人社会保障卡或者银行卡,用人单位或者其他人员不得以任何理由扣押或者变相扣押。

第三十二条 施工总承包单位应当按照有关规定存储工资保证金,专项用于支付为所承包工程提供劳动的农民工被拖欠的工资。

工资保证金实行差异化存储办法,对一定时期内未发生工资拖欠的单位实行减免措施,对发生工资拖欠的单位适当提高存储比例。工资保证金可以用金融机构保函替代。

工资保证金的存储比例、存储形式、减免措施等具体办法,由国务院人力资源社会保障行政部门会同有关部门制定。

第三十三条 除法律另有规定外,农民工工资专用账户资金和工资保证金不得因支付为本项目提供劳动的农民工工资之外的原因被查封、冻结或者划拨。

第三十四条 施工总承包单位应当在施工现场醒目位置设立维权信息告示牌,明示下列事项:

(一)建设单位、施工总承包单位及所在项目部、分包单位、相关行业工程建设主管部门、劳资专管员等基本信息;

(二)当地最低工资标准、工资支付日期等基本信息;

(三)相关行业工程建设主管部门和劳动保障监察投诉举报电话、劳动争议调解仲裁申请渠道、法律援助申请渠道、公共法律服务热线等信息。

第三十五条 建设单位与施工总承包单位或者承包单位与分包单位因工程数量、质量、造价等产生争议的,建设单位不得因争议不按照本条例第二十四条的规定拨付工程款中的人工费用,施工总承包单位也不得因争议不按照规定代发工资。

第三十六条 建设单位或者施工总承包单位将建设工程发包或者分包给个人或者不具备合法经营资格的单位，导致拖欠农民工工资的，由建设单位或者施工总承包单位清偿。

施工单位允许其他单位和个人以施工单位的名义对外承揽建设工程，导致拖欠农民工工资的，由施工单位清偿。

第三十七条 工程建设项目违反国土空间规划、工程建设等法律法规，导致拖欠农民工工资的，由建设单位清偿。

第五章　监督检查

第三十八条 县级以上地方人民政府应当建立农民工工资支付监控预警平台，实现人力资源社会保障、发展改革、司法行政、财政、住房城乡建设、交通运输、水利等部门的工程项目审批、资金落实、施工许可、劳动用工、工资支付等信息及时共享。

人力资源社会保障行政部门根据水电燃气供应、物业管理、信贷、税收等反映企业生产经营相关指标的变化情况，及时监控和预警工资支付隐患并做好防范工作，市场监管、金融监管、税务等部门应当予以配合。

第三十九条 人力资源社会保障行政部门、相关行业工程建设主管部门和其他有关部门应当按照职责，加强对用人单位与农民工签订劳动合同、工资支付以及工程建设项目实行农民工实名制管理、农民工工资专用账户管理、施工总承包单位代发工资、工资保证金存储、维权信息公示等情况的监督检查，预防和减少拖欠农民工工资行为的发生。

第四十条 人力资源社会保障行政部门在查处拖欠农民工工资案件时，需要依法查询相关单位金融账户和相关当事人拥有房产、车辆等情况的，应当经设区的市级以上地方人民政府人力资源社会保障行政部门负责人批准，有关金融机构和登记部门应当予以配合。

第四十一条 人力资源社会保障行政部门在查处拖欠农民工工

资案件时，发生用人单位拒不配合调查、清偿责任主体及相关当事人无法联系等情形的，可以请求公安机关和其他有关部门协助处理。

人力资源社会保障行政部门发现拖欠农民工工资的违法行为涉嫌构成拒不支付劳动报酬罪的，应当按照有关规定及时移送公安机关审查并作出决定。

第四十二条 人力资源社会保障行政部门作出责令支付被拖欠的农民工工资的决定，相关单位不支付的，可以依法申请人民法院强制执行。

第四十三条 相关行业工程建设主管部门应当依法规范本领域建设市场秩序，对违法发包、转包、违法分包、挂靠等行为进行查处，并对导致拖欠农民工工资的违法行为及时予以制止、纠正。

第四十四条 财政部门、审计机关和相关行业工程建设主管部门按照职责，依法对政府投资项目建设单位按照工程施工合同约定向农民工工资专用账户拨付资金情况进行监督。

第四十五条 司法行政部门和法律援助机构应当将农民工列为法律援助的重点对象，并依法为请求支付工资的农民工提供便捷的法律援助。

公共法律服务相关机构应当积极参与相关诉讼、咨询、调解等活动，帮助解决拖欠农民工工资问题。

第四十六条 人力资源社会保障行政部门、相关行业工程建设主管部门和其他有关部门应当按照"谁执法谁普法"普法责任制的要求，通过以案释法等多种形式，加大对保障农民工工资支付相关法律法规的普及宣传。

第四十七条 人力资源社会保障行政部门应当建立用人单位及相关责任人劳动保障守法诚信档案，对用人单位开展守法诚信等级评价。

用人单位有严重拖欠农民工工资违法行为的，由人力资源社会保障行政部门向社会公布，必要时可以通过召开新闻发布会等形式向媒体公开曝光。

第四十八条 用人单位拖欠农民工工资，情节严重或者造成严重不良社会影响的，有关部门应当将该用人单位及其法定代表人或者主要负责人、直接负责的主管人员和其他直接责任人员列入拖欠农民工工资失信联合惩戒对象名单，在政府资金支持、政府采购、招投标、融资贷款、市场准入、税收优惠、评优评先、交通出行等方面依法依规予以限制。

拖欠农民工工资需要列入失信联合惩戒名单的具体情形，由国务院人力资源社会保障行政部门规定。

第四十九条 建设单位未依法提供工程款支付担保或者政府投资项目拖欠工程款，导致拖欠农民工工资的，县级以上地方人民政府应当限制其新建项目，并记入信用记录，纳入国家信用信息系统进行公示。

第五十条 农民工与用人单位就拖欠工资存在争议，用人单位应当提供依法由其保存的劳动合同、职工名册、工资支付台账和清单等材料；不提供的，依法承担不利后果。

第五十一条 工会依法维护农民工工资权益，对用人单位工资支付情况进行监督；发现拖欠农民工工资的，可以要求用人单位改正，拒不改正的，可以请求人力资源社会保障行政部门和其他有关部门依法处理。

第五十二条 单位或者个人编造虚假事实或者采取非法手段讨要农民工工资，或者以拖欠农民工工资为名讨要工程款的，依法予以处理。

第六章　法　律　责　任

第五十三条 违反本条例规定拖欠农民工工资的，依照有关法律规定执行。

第五十四条 有下列情形之一的，由人力资源社会保障行政部门责令限期改正；逾期不改正的，对单位处 2 万元以上 5 万元以下的罚款，对法定代表人或者主要负责人、直接负责的主管人员和其他直接责任人员处 1 万元以上 3 万元以下的罚款：

（一）以实物、有价证券等形式代替货币支付农民工工资；

（二）未编制工资支付台账并依法保存，或者未向农民工提供工资清单；

（三）扣押或者变相扣押用于支付农民工工资的银行账户所绑定的农民工本人社会保障卡或者银行卡。

第五十五条 有下列情形之一的，由人力资源社会保障行政部门、相关行业工程建设主管部门按照职责责令限期改正；逾期不改正的，责令项目停工，并处 5 万元以上 10 万元以下的罚款；情节严重的，给予施工单位限制承接新工程、降低资质等级、吊销资质证书等处罚：

（一）施工总承包单位未按规定开设或者使用农民工工资专用账户；

（二）施工总承包单位未按规定存储工资保证金或者未提供金融机构保函；

（三）施工总承包单位、分包单位未实行劳动用工实名制管理。

第五十六条 有下列情形之一的，由人力资源社会保障行政部门、相关行业工程建设主管部门按照职责责令限期改正；逾期不改正的，处 5 万元以上 10 万元以下的罚款：

（一）分包单位未按月考核农民工工作量、编制工资支付表并经农民工本人签字确认；

（二）施工总承包单位未对分包单位劳动用工实施监督管理；

（三）分包单位未配合施工总承包单位对其劳动用工进行监督管理；

（四）施工总承包单位未实行施工现场维权信息公示制度。

第五十七条 有下列情形之一的，由人力资源社会保障行政部门、相关行业工程建设主管部门按照职责责令限期改正；逾期不改正的，责令项目停工，并处 5 万元以上 10 万元以下的罚款：

（一）建设单位未依法提供工程款支付担保；

（二）建设单位未按约定及时足额向农民工工资专用账户拨付工程款中的人工费用；

（三）建设单位或者施工总承包单位拒不提供或者无法提供工程施工合同、农民工工资专用账户有关资料。

第五十八条 不依法配合人力资源社会保障行政部门查询相关单位金融账户的，由金融监管部门责令改正；拒不改正的，处 2 万元以上 5 万元以下的罚款。

第五十九条 政府投资项目政府投资资金不到位拖欠农民工工资的，由人力资源社会保障行政部门报本级人民政府批准，责令限期足额拨付所拖欠的资金；逾期不拨付的，由上一级人民政府人力资源社会保障行政部门约谈直接责任部门和相关监管部门负责人，必要时进行通报，约谈地方人民政府负责人。情节严重的，对地方人民政府及其有关部门负责人、直接负责的主管人员和其他直接责任人员依法依规给予处分。

第六十条 政府投资项目建设单位未经批准立项建设、擅自扩大建设规模、擅自增加投资概算、未及时拨付工程款等导致拖欠农民工工资的，除依法承担责任外，由人力资源社会保障行政部门、其他有关部门按照职责约谈建设单位负责人，并作为其业绩考核、薪酬分配、评优评先、职务晋升等的重要依据。

第六十一条 对于建设资金不到位、违法违规开工建设的社会投资工程建设项目拖欠农民工工资的，由人力资源社会保障行政部门、其他有关部门按照职责依法对建设单位进行处罚；对建设单位负责人依法依规给予处分。相关部门工作人员未依法履行职责的，由有关机关依法依规给予处分。

第六十二条 县级以上地方人民政府人力资源社会保障、发展改革、财政、公安等部门和相关行业工程建设主管部门工作人员，在履行农民工工资支付监督管理职责过程中滥用职权、玩忽职守、徇私舞弊的，依法依规给予处分；构成犯罪的，依法追究刑事责任。

第七章 附 则

第六十三条 用人单位一时难以支付拖欠的农民工工资或者拖欠农民工工资逃匿的，县级以上地方人民政府可以动用应急周转金，先行垫付用人单位拖欠的农民工部分工资或者基本生活费。对已经垫付的应急周转金，应当依法向拖欠农民工工资的用人单位进行追偿。

第六十四条 本条例自2020年5月1日起施行。

保障农民工工资支付工作考核办法

（2023年9月21日 国办发〔2023〕33号）

第一条 为落实保障农民工工资支付工作的属地监管责任，有效预防和解决拖欠农民工工资问题，切实保障农民工劳动报酬权益，维护社会公平正义，促进社会和谐稳定，根据《保障农民工工资支付条例》等有关规定，制定本办法。

第二条 本办法适用于对各省（自治区、直辖市）人民政府及新疆生产建设兵团（以下统称各省级政府）保障农民工工资支付工作的年度考核。

第三条 考核工作在国务院领导下，由国务院就业促进和劳动保护工作领导小组（以下简称领导小组）负责实施，领导小组办公室具体组织落实。考核工作从2023年到2027年，每年开展一次。

第四条 考核工作坚持目标导向、问题导向、结果导向，坚持定性与定量评价相结合，遵循客观公正原则，突出重点，注重实效。

第五条 考核内容主要包括加强对保障农民工工资支付工作的组织领导、完善落实工资支付保障制度、治理欠薪特别是工程建设领域欠薪工作成效、人民群众满意度等情况。

第六条 领导小组办公室组织有关成员单位制定年度考核方案及细则，明确具体考核指标和分值。

第七条 考核工作按照以下程序进行：

（一）省级自查。各省级政府对照考核方案及细则，对考核年度保障农民工工资支付工作进展情况和成效进行自查，填报考核自查表，形成自查报告，报送领导小组办公室。各省级政府对自查报告的真实性、准确性负责。

（二）实地核查。领导小组办公室组织有关成员单位组成考核组，对省级政府考核年度保障农民工工资支付工作进展情况和成效进行实地核查，对各地组织领导、源头治理、制度建设等考核指标进行评估。实地核查采取听取汇报、核验资料等方式进行。

（三）第三方评估。领导小组办公室委托第三方机构，采取抽样调查、座谈访谈与数据分析相结合的方式，对各地制度落实、人民群众满意度等考核指标进行评估。

（四）暗访抽查。领导小组办公室组织力量或委托媒体组建暗访组，采取"暗访+明查"方式，对各地畅通维权渠道、作风建设等进行调查。

（五）综合评议。领导小组办公室组织有关成员单位根据省级自查、实地核查、第三方评估、暗访抽查情况，结合行业主管、公安、信访等部门掌握的情况，进行考核评议，形成考核报告，报领导小组审批。

第八条 考核采取分级评分法，基准分为100分，考核结果分为A、B、C三个等级。

（一）同时符合以下两个条件的，考核等级为A级：

1. 领导重视、工作机制健全，各项工资支付保障制度完备、落实得力，工作成效明显；

2. 考核得分排在全国前十名。

（二）有下列情形之一的，考核等级为C级：

1. 保障农民工工资支付工作不力、成效不明显、欠薪问题突出，考核得分排在全国后三名的；

2. 发生5起及以上因拖欠农民工工资引发50人以上群体性事件，或发生2起及以上因政府投资工程项目拖欠农民工工资引发50人以上群体性事件的；

3. 发生1起及以上因拖欠农民工工资引发极端事件并造成严重后果的。

（三）考核等级在A、C级以外的为B级。

第九条 考核结果经领导小组审批，按程序报国务院同意后，由领导小组办公室向各省级政府通报，并抄送中央组织部，作为对各省级政府领导班子和有关领导干部进行综合考核评价的参考。需要问责的，按照干部管理权限，移交有关党组织或纪检监察机关。

第十条 对考核等级为A级的，由领导小组予以通报表扬；对考核等级为C级的，由领导小组对该省级政府有关负责人进行约谈。领导小组办公室向各省级政府反馈考核发现的问题，并提出改进工作的意见建议。各省级政府及时组织整改，并向领导小组办公室报送整改情况。

第十一条 对在考核工作中弄虚作假、瞒报谎报造成考核结果失实的，予以通报批评；情节严重的，依纪依法追究相关人员责任。

第十二条 各省级政府参照本办法，结合本地区实际制定相关办法，加强对本地区各级政府保障农民工工资支付工作的考核。

第十三条 本办法由领导小组办公室负责解释，自印发之日起施行。

工资支付暂行规定

(1994 年 12 月 6 日　劳部发〔1994〕489 号)

第一条　为维护劳动者通过劳动获得劳动报酬的权利，规范用人单位的工资支付行为，根据《中华人民共和国劳动法》有关规定，制定本规定。

第二条　本规定适用于在中华人民共和国境内的企业、个体经济组织（以下统称用人单位）和与之形成劳动关系的劳动者。

国家机关、事业组织、社会团体和与之建立劳动合同关系的劳动者，依照本规定执行。

第三条　本规定所称工资是指用人单位依据劳动合同的规定，以各种形式支付给劳动者的工资报酬。

第四条　工资支付主要包括：工资支付项目、工资支付水平、工资支付形式、工资支付对象、工资支付时间以及特殊情况下的工资支付。

第五条　工资应当以法定货币支付。不得以实物及有价证券替代货币支付。

第六条　用人单位应将工资支付给劳动者本人。劳动者本人因故不能领取工资时，可由其亲属或委托他人代领。

用人单位可委托银行代发工资。

用人单位必须书面记录支付劳动者工资的数额、时间、领取者的姓名以及签字，并保存两年以上备查。用人单位在支付工资时应向劳动者提供一份其个人的工资清单。

第七条　工资必须在用人单位与劳动者约定的日期支付。如遇节假日或休息日，则应提前在最近的工作日支付。工资至少每月支付一次，实行周、日、小时工资制的可按周、日、小时支付工资。

第八条 对完成一次性临时劳动或某项具体工作的劳动者，用人单位应按有关协议或合同规定在其完成劳动任务后即支付工资。

第九条 劳动关系双方依法解除或终止劳动合同时，用人单位应在解除或终止劳动合同时一次付清劳动者工资。

第十条 劳动者在法定工作时间内依法参加社会活动期间，用人单位应视同其提供了正常劳动而支付工资。社会活动包括：依法行使选举权或被选举权；当选代表出席乡（镇）、区以上政府、党派、工会、青年团、妇女联合会等组织召开的会议；出任人民法院证明人；出席劳动模范、先进工作者大会；《工会法》规定的不脱产工会基层委员会委员因工会活动占用的生产或工作时间；其他依法参加的社会活动。

第十一条 劳动者依法享受年休假、探亲假、婚假、丧假期间，用人单位应按劳动合同规定的标准支付劳动者工资。

第十二条 非因劳动者原因造成单位停工、停产在一个工资支付周期内的，用人单位应按劳动合同规定的标准支付劳动者工资。超过一个工资支付周期的，若劳动者提供了正常劳动，则支付给劳动者的劳动报酬不得低于当地的最低工资标准；若劳动者没有提供正常劳动，应按国家有关规定办理。

第十三条 用人单位在劳动者完成劳动定额或规定的工作任务后，根据实际需要安排劳动者在法定标准工作时间以外工作的，应按以下标准支付工资：

（一）用人单位依法安排劳动者在日法定标准工作时间以外延长工作时间的，按照不低于劳动合同规定的劳动者本人小时工资标准的150%支付劳动者工资；

（二）用人单位依法安排劳动者在休息日工作，而又不能安排补休的，按照不低于劳动合同规定的劳动者本人日或小时工资标准的200%支付劳动者工资；

（三）用人单位依法安排劳动者在法定休假节日工作的，按照不低于劳动合同规定的劳动者本人日或小时工资标准的300%支付劳动者工资。

实行计件工资的劳动者，在完成计件定额任务后，由用人单位安排延长工作时间的，应根据上述规定的原则，分别按照不低于其本人法定工作时间计件单价的150%、200%、300%支付其工资。

经劳动行政部门批准实行综合计算工时工作制的，其综合计算工作时间超过法定标准工作时间的部分，应视为延长工作时间，并应按本规定支付劳动者延长工作时间的工资。

实行不定时工时制度的劳动者，不执行上述规定。

第十四条　用人单位依法破产时，劳动者有权获得其工资。在破产清偿中用人单位应按《中华人民共和国企业破产法》规定的清偿顺序，首先支付欠付本单位劳动者的工资。

第十五条　用人单位不得克扣劳动者工资。有下列情况之一的，用人单位可以代扣劳动者工资：

（一）用人单位代扣代缴的个人所得税；

（二）用人单位代扣代缴的应由劳动者个人负担的各项社会保险费用；

（三）法院判决、裁定中要求代扣的抚养费、赡养费；

（四）法律、法规规定可以从劳动者工资中扣除的其他费用。

第十六条　因劳动者本人原因给用人单位造成经济损失的，用人单位可按照劳动合同的约定要求其赔偿经济损失。经济损失的赔偿，可从劳动者本人的工资中扣除。但每月扣除的部分不得超过劳动者当月工资的20%。若扣除后的剩余工资部分低于当地月最低工资标准，则按最低工资标准支付。

第十七条　用人单位应根据本规定，通过与职工大会、职工代表大会或者其他形式协商制定内部的工资支付制度，并告知本单位全体劳动者，同时抄报当地劳动行政部门备案。

第十八条　各级劳动行政部门有权监察用人单位工资支付的情况。用人单位有下列侵害劳动者合法权益行为的，由劳动行政部门责令其支付劳动者工资和经济补偿，并可责令其支付赔偿金：

（一）克扣或者无故拖欠劳动者工资的；

（二）拒不支付劳动者延长工作时间工资的；

（三）低于当地最低工资标准支付劳动者工资的。

经济补偿和赔偿金的标准，按国家有关规定执行。

第十九条　劳动者与用人单位因工资支付发生劳动争议的，当事人可依法向劳动争议仲裁机关申请仲裁。对仲裁裁决不服的，可以向人民法院提起诉讼。

第二十条　本规定自1995年1月1日起执行。

工资集体协商试行办法

（2000年11月8日劳动和社会保障部令第9号发布　自发布之日起施行）

第一章　总　　则

第一条　为规范工资集体协商和签订工资集体协议（以下简称工资协议）的行为，保障劳动关系双方的合法权益，促进劳动关系的和谐稳定，依据《中华人民共和国劳动法》和国家有关规定，制定本办法。

第二条　中华人民共和国境内的企业依法开展工资集体协商，签订工资协议，适用本办法。

第三条　本办法所称工资集体协商，是指职工代表与企业代表依法就企业内部工资分配制度、工资分配形式、工资收入水平等事项进行平等协商，在协商一致的基础上签订工资协议的行为。

本办法所称工资协议,是指专门就工资事项签订的专项集体合同。已订立集体合同的,工资协议作为集体合同的附件,并与集体合同具有同等效力。

第四条 依法订立的工资协议对企业和职工双方具有同等约束力。双方必须全面履行工资协议规定的义务,任何一方不得擅自变更或解除工资协议。

第五条 职工个人与企业订立的劳动合同中关于工资报酬的标准,不得低于工资协议规定的最低标准。

第六条 县级以上劳动保障行政部门依法对工资协议进行审查,对协议的履行情况进行监督检查。

第二章 工资集体协商内容

第七条 工资集体协商一般包括以下内容:
(一) 工资协议的期限;
(二) 工资分配制度、工资标准和工资分配形式;
(三) 职工年度平均工资水平及其调整幅度;
(四) 奖金、津贴、补贴等分配办法;
(五) 工资支付办法;
(六) 变更、解除工资协议的程序;
(七) 工资协议的终止条件;
(八) 工资协议的违约责任;
(九) 双方认为应当协商约定的其他事项。

第八条 协商确定职工年度工资水平应符合国家有关工资分配的宏观调控政策,并综合参考下列因素:
(一) 地区、行业、企业的人工成本水平;
(二) 地区、行业的职工平均工资水平;
(三) 当地政府发布的工资指导线、劳动力市场工资指导价位;
(四) 本地区城镇居民消费价格指数;

（五）企业劳动生产率和经济效益；

（六）国有资产保值增值；

（七）上年度企业职工工资总额和职工平均工资水平；

（八）其他与工资集体协商有关的情况。

第三章 工资集体协商代表

第九条 工资集体协商代表应依照法定程序产生。职工一方由工会代表。未建工会的企业由职工民主推举代表，并得到半数以上职工的同意。企业代表由法定代表人和法定代表人指定的其他人员担任。

第十条 协商双方各确定一名首席代表。职工首席代表应当由工会主席担任，工会主席可以书面委托其他人员作为自己的代理人；未成立工会的，由职工集体协商代表推举。企业首席代表应当由法定代表人担任，法定代表人可以书面委托其他管理人员作为自己的代理人。

第十一条 协商双方的首席代表在工资集体协商期间轮流担任协商会议执行主席。协商会议执行主席的主要职责是负责工资集体协商有关组织协调工作，并对协商过程中发生的问题提出处理建议。

第十二条 协商双方可书面委托本企业以外的专业人士作为本方协商代表。委托人数不得超过本方代表的1/3。

第十三条 协商双方享有平等的建议权、否决权和陈述权。

第十四条 由企业内部产生的协商代表参加工资集体协商的活动应视为提供正常劳动，享受的工资、奖金、津贴、补贴、保险福利待遇不变。其中，职工协商代表的合法权益受法律保护。企业不得对职工协商代表采取歧视性行为，不得违法解除或变更其劳动合同。

第十五条 协商代表应遵守双方确定的协商规则，履行代表职责，并负有保守企业商业秘密的责任。协商代表任何一方不得采取过激、威胁、收买、欺骗等行为。

第十六条　协商代表应了解和掌握工资分配的有关情况，广泛征求各方面的意见，接受本方人员对工资集体协商有关问题的质询。

第四章　工资集体协商程序

第十七条　职工和企业任何一方均可提出进行工资集体协商的要求。工资集体协商的提出方应向另一方提出书面的协商意向书，明确协商的时间、地点、内容等。另一方接到协商意向书后，应于20日内予以书面答复，并与提出方共同进行工资集体协商。

第十八条　在不违反有关法律、法规的前提下，协商双方有义务按照对方要求，在协商开始前5日内，提供与工资集体协商有关的真实情况和资料。

第十九条　工资协议草案应提交职工代表大会或职工大会讨论审议。

第二十条　工资集体协商双方达成一致意见后，由企业行政方制作工资协议文本。工资协议经双方首席代表签字盖章后成立。

第五章　工资协议审查

第二十一条　工资协议签订后，应于7日内由企业将工资协议一式三份及说明，报送劳动保障行政部门审查。

第二十二条　劳动保障行政部门应在收到工资协议15日内，对工资集体协商双方代表资格、工资协议的条款内容和签订程序等进行审查。劳动保障行政部门经审查对工资协议无异议，应及时向协商双方送达《工资协议审查意见书》，工资协议即行生效。

劳动保障行政部门对工资协议有修改意见，应将修改意见在《工资协议审查意见书》中通知协商双方。双方应就修改意见及时协商，修改工资协议，并重新报送劳动保障行政部门。

工资协议向劳动保障行政部门报送经过15日后，协议双方未收到劳动保障行政部门的《工资协议审查意见书》，视为已经劳动保障行政部门同意，该工资协议即行生效。

第二十三条 协商双方应于5日内将已经生效的工资协议以适当形式向本方全体人员公布。

第二十四条 工资集体协商一般情况下一年进行一次。职工和企业双方均可在原工资协议期满前60日内，向对方书面提出协商意向书，进行下一轮的工资集体协商，做好新旧工资协议的相互衔接。

第六章 附 则

第二十五条 本办法对工资集体协商和工资协议的有关内容未做规定的，按《集体合同规定》的有关规定执行。

第二十六条 本办法自发布之日起施行。

最低工资规定

（2004年1月20日劳动和社会保障部令第21号公布 自2004年3月1日起施行）

第一条 为了维护劳动者取得劳动报酬的合法权益，保障劳动者个人及其家庭成员的基本生活，根据劳动法和国务院有关规定，制定本规定。

第二条 本规定适用于在中华人民共和国境内的企业、民办非企业单位、有雇工的个体工商户（以下统称用人单位）和与之形成劳动关系的劳动者。

国家机关、事业单位、社会团体和与之建立劳动合同关系的劳动者，依照本规定执行。

第三条 本规定所称最低工资标准,是指劳动者在法定工作时间或依法签订的劳动合同约定的工作时间内提供了正常劳动的前提下,用人单位依法应支付的最低劳动报酬。

本规定所称正常劳动,是指劳动者按依法签订的劳动合同约定,在法定工作时间或劳动合同约定的工作时间内从事的劳动。劳动者依法享受带薪年休假、探亲假、婚丧假、生育(产)假、节育手术假等国家规定的假期间,以及法定工作时间内依法参加社会活动期间,视为提供了正常劳动。

第四条 县级以上地方人民政府劳动保障行政部门负责对本行政区域内用人单位执行本规定情况进行监督检查。

各级工会组织依法对本规定执行情况进行监督,发现用人单位支付劳动者工资违反本规定的,有权要求当地劳动保障行政部门处理。

第五条 最低工资标准一般采取月最低工资标准和小时最低工资标准的形式。月最低工资标准适用于全日制就业劳动者,小时最低工资标准适用于非全日制就业劳动者。

第六条 确定和调整月最低工资标准,应参考当地就业者及其赡养人口的最低生活费用、城镇居民消费价格指数、职工个人缴纳的社会保险费和住房公积金、职工平均工资、经济发展水平、就业状况等因素。

确定和调整小时最低工资标准,应在颁布的月最低工资标准的基础上,考虑单位应缴纳的基本养老保险费和基本医疗保险费因素,同时还应适当考虑非全日制劳动者在工作稳定性、劳动条件和劳动强度、福利等方面与全日制就业人员之间的差异。

月最低工资标准和小时最低工资标准具体测算方法见附件。

第七条 省、自治区、直辖市范围内的不同行政区域可以有不同的最低工资标准。

第八条 最低工资标准的确定和调整方案,由省、自治区、直辖市人民政府劳动保障行政部门会同同级工会、企业联合会/企业家协会研究拟订,并将拟订的方案报送劳动保障部。方案内容包括最低工资确定和调整的依据、适用范围、拟订标准和说明。劳动保障部在收到拟订方案后,应征求全国总工会、中国企业联合会/企业家协会的意见。

劳动保障部对方案可以提出修订意见,若在方案收到后 14 日内未提出修订意见的,视为同意。

第九条 省、自治区、直辖市劳动保障行政部门应将本地区最低工资标准方案报省、自治区、直辖市人民政府批准,并在批准后 7 日内在当地政府公报上和至少一种全地区性报纸上发布。省、自治区、直辖市劳动保障行政部门应在发布后 10 日内将最低工资标准报劳动保障部。

第十条 最低工资标准发布实施后,如本规定第六条所规定的相关因素发生变化,应当适时调整。最低工资标准每两年至少调整一次。

第十一条 用人单位应在最低工资标准发布后 10 日内将该标准向本单位全体劳动者公示。

第十二条 在劳动者提供正常劳动的情况下,用人单位应支付给劳动者的工资在剔除下列各项以后,不得低于当地最低工资标准:

(一)延长工作时间工资;

(二)中班、夜班、高温、低温、井下、有毒有害等特殊工作环境、条件下的津贴;

(三)法律、法规和国家规定的劳动者福利待遇等。

实行计件工资或提成工资等工资形式的用人单位,在科学合理的劳动定额基础上,其支付劳动者的工资不得低于相应的最低工资标准。

劳动者由于本人原因造成在法定工作时间内或依法签订的劳动合同约定的工作时间内未提供正常劳动的,不适用于本条规定。

第十三条 用人单位违反本规定第十一条规定的,由劳动保障行政部门责令其限期改正;违反本规定第十二条规定的,由劳动保障行政部门责令其限期补发所欠劳动者工资,并可责令其按所欠工资的 1 至 5 倍支付劳动者赔偿金。

第十四条 劳动者与用人单位之间就执行最低工资标准发生争议,按劳动争议处理有关规定处理。

第十五条 本规定自 2004 年 3 月 1 日起实施。1993 年 11 月 24 日原劳动部发布的《企业最低工资规定》同时废止。

附件:

最低工资标准测算方法

一、确定最低工资标准应考虑的因素

确定最低工资标准一般考虑城镇居民生活费用支出、职工个人缴纳社会保险费、住房公积金、职工平均工资、失业率、经济发展水平等因素。可用公式表示为:

$M = f(C、S、A、U、E、a)$

M 最低工资标准;

C 城镇居民人均生活费用;

S 职工个人缴纳社会保险费、住房公积金;

A 职工平均工资;

U 失业率;

E 经济发展水平;

a 调整因素。

二、确定最低工资标准的通用方法

1. 比重法即根据城镇居民家计调查资料,确定一定比例的最低人均收入户为贫困户,统计出贫困户的人均生活费用支出水平,

乘以每一就业者的赡养系数,再加上一个调整数。

2. 恩格尔系数法即根据国家营养学会提供的年度标准食物谱及标准食物摄取量,结合标准食物的市场价格,计算出最低食物支出标准,除以恩格尔系数,得出最低生活费用标准,再乘以每一就业者的赡养系数,再加上一个调整数。

以上方法计算出月最低工资标准后,再考虑职工个人缴纳社会保险费、住房公积金、职工平均工资水平、社会救济金和失业保险金标准、就业状况、经济发展水平等进行必要的修正。

举例:某地区最低收入组人均每月生活费支出为210元,每一就业者赡养系数为1.87,最低食物费用为127元,恩格尔系数为0.604,平均工资为900元。

1. 按比重法计算得出该地区月最低工资标准为:

月最低工资标准 = 210×1.87+a = 393+a(元)(1)

2. 按恩格尔系数法计算得出该地区月最低工资标准为:

月最低工资标准 = 127÷0.604×1.87+a = 393+a(元)(2)

公式(1)与(2)中a的调整因素主要考虑当地个人缴纳养老、失业、医疗保险费和住房公积金等费用。

另,按照国际上一般月最低工资标准相当于月平均工资的40—60%,则该地区月最低工资标准范围应在360元—540元之间。

小时最低工资标准 = 〔(月最低工资标准÷20.92÷8)×(1+单位应当缴纳的基本养老保险费、基本医疗保险费比例之和)〕×(1+浮动系数)[①]

浮动系数的确定主要考虑非全日制就业劳动者工作稳定性、劳动条件和劳动强度、福利等方面与全日制就业人员之间的差异。

---

① 由于法定节假日的变化(见《全国年节及纪念日放假办法》,国务院令第513号),法定月平均工作日也发生相应变化,因而影响到月平均工资与日平均工资的计算。具体方法见《关于职工全年月平均工作时间和工资折算问题的通知》(2008年1月3日劳社部发〔2008〕3号)。

各地可参照以上测算办法，根据当地实际情况合理确定月、小时最低工资标准。

对《工资支付暂行规定》有关问题的补充规定

（1995年5月12日 劳部发〔1995〕226号）

根据《工资支付暂行规定》（劳部发〔1994〕489号，以下简称《规定》）确定的原则，现就有关问题作出如下补充规定：

一、《规定》第十一条、第十二条、第十三条所称"按劳动合同规定的标准"，系指劳动合同规定的劳动者本人所在的岗位（职位）相对应的工资标准。

因劳动合同制度尚处于推进的过程中，按上述条款规定执行确有困难的，地方或行业劳动行政部门可在不违反《规定》所确定的总的原则基础上，制定过渡措施。

二、关于加班加点的工资支付问题

1.《规定》第十三条第（一）（二）（三）款规定的在符合法定标准工作时间的制度工时以外延长工作时间及安排休息日和法定休假节日工作应支付的工资，是根据加班加点的多少，以劳动合同确定的正常工作时间工资标准的一定倍数所支付的劳动报酬，即凡是安排劳动者在法定工作日延长工作时间或安排在休息日工作而又不能补休的，均应支付给劳动者不低于劳动合同规定的劳动者本人小时或日工资标准150%、200%的工资；安排在法定休假节日工作的，应另外支付给劳动者不低于劳动合同规定的劳动者本人小时或日工资标准300%的工资。

2. 关于劳动者日工资的折算。由于劳动定额等劳动标准都与制度工时相联系，因此，劳动者日工资可统一按劳动者本人的月工资标准除以每月制度工作天数进行折算。

根据国家关于职工每日工作 8 小时，每周工作时间 40 小时的规定，每月制度工时天数为 21.5 天①。考虑到国家允许施行每周 40 小时工时制度有困难的企业最迟可以延期到 1997 年 5 月 1 日施行，因此，在过渡期内，实行每周 44 小时工时制度的企业，其日工资折算可仍按每月制度工作天数 23.5 天执行。

三、《规定》第十五条中所称"克扣"系指用人单位无正当理由扣减劳动者应得工资（即在劳动者已提供正常劳动的前提下用人单位按劳动合同规定的标准应当支付给劳动者的全部劳动报酬）。不包括以下减发工资的情况：（1）国家的法律、法规中有明确规定的；（2）依法签订的劳动合同中有明确规定的；（3）用人单位依法制定并经职代会批准的厂规、厂纪中有明确规定的；（4）企业工资总额与经济效益相联系，经济效益下浮时，工资必须下浮的（但支付给劳动者工资不得低于当地的最低工资标准）；（5）因劳动者请事假等相应减发工资等。

四、《规定》第十八条所称"无故拖欠"系指用人单位无正当理由超过规定付薪时间未支付劳动者工资。不包括：（1）用人单位遇到非人力所能抗拒的自然灾害、战争等原因，无法按时支付工资；（2）用人单位确因生产经营困难、资金周转受到影响，在征得本单位工会同意后，可暂时延期支付劳动者工资，延期时间的最长限制可由各省、自治区、直辖市劳动行政部门根据各地情况确定。其他情况下拖欠工资均属无故拖欠。

五、关于特殊人员的工资支付问题

1. 劳动者受处分后的工资支付：（1）劳动者受行政处分后仍在原单位工作（如留用察看、降级等）或受刑事处分后重新就业

---

① 由于法定节假日变化，月工作日及计薪天数也发生相应变化，具体参见《关于职工全年月平均工作时间和工资折算问题的通知》（2008 年 1 月 3 日 劳社部发〔2008〕3 号）。

的，应主要由用人单位根据具体情况自主确定其工资报酬；（2）劳动者受刑事处分期间，如收容审查、拘留（羁押）、缓刑、监外执行或劳动教养期间，其待遇按国家有关规定执行。

2. 学徒工、熟练工、大中专毕业生在学徒期、熟练期、见习期、试用期及转正定级后的工资待遇由用人单位自主确定。

3. 新就业复员军人的工资待遇由用人单位自主确定；分配到企业的军队转业干部的工资待遇，按国家有关规定执行。

最高人民法院关于审理拒不支付劳动报酬刑事案件适用法律若干问题的解释

（2013年1月14日最高人民法院审判委员会第1567次会议通过 2013年1月16日最高人民法院公告公布 自2013年1月23日起施行 法释〔2013〕3号）

为依法惩治拒不支付劳动报酬犯罪，维护劳动者的合法权益，根据《中华人民共和国刑法》有关规定，现就办理此类刑事案件适用法律的若干问题解释如下：

第一条 劳动者依照《中华人民共和国劳动法》和《中华人民共和国劳动合同法》等法律的规定应得的劳动报酬，包括工资、奖金、津贴、补贴、延长工作时间的工资报酬及特殊情况下支付的工资等，应当认定为刑法第二百七十六条之一第一款规定的"劳动者的劳动报酬"。

第二条 以逃避支付劳动者的劳动报酬为目的，具有下列情形之一的，应当认定为刑法第二百七十六条之一第一款规定的"以转移财产、逃匿等方法逃避支付劳动者的劳动报酬"：

（一）隐匿财产、恶意清偿、虚构债务、虚假破产、虚假倒闭或者以其他方法转移、处分财产的；

（二）逃跑、藏匿的；

（三）隐匿、销毁或者篡改账目、职工名册、工资支付记录、考勤记录等与劳动报酬相关的材料的；

（四）以其他方法逃避支付劳动报酬的。

第三条 具有下列情形之一的，应当认定为刑法第二百七十六条之一第一款规定的"数额较大"：

（一）拒不支付一名劳动者三个月以上的劳动报酬且数额在五千元至二万元以上的；

（二）拒不支付十名以上劳动者的劳动报酬且数额累计在三万元至十万元以上的。

各省、自治区、直辖市高级人民法院可以根据本地区经济社会发展状况，在前款规定的数额幅度内，研究确定本地区执行的具体数额标准，报最高人民法院备案。

第四条 经人力资源社会保障部门或者政府其他有关部门依法以限期整改指令书、行政处理决定书等文书责令支付劳动者的劳动报酬后，在指定的期限内仍不支付的，应当认定为刑法第二百七十六条之一第一款规定的"经政府有关部门责令支付仍不支付"，但有证据证明行为人有正当理由未知悉责令支付或者未及时支付劳动报酬的除外。

行为人逃匿，无法将责令支付文书送交其本人、同住成年家属或者所在单位负责收件的人的，如果有关部门已通过在行为人的住所地、生产经营场所等地张贴责令支付文书等方式责令支付，并采用拍照、录像等方式记录的，应当视为"经政府有关部门责令支付"。

第五条 拒不支付劳动者的劳动报酬，符合本解释第三条的规定，并具有下列情形之一的，应当认定为刑法第二百七十六条之一第一款规定的"造成严重后果"：

(一)造成劳动者或者其被赡养人、被扶养人、被抚养人的基本生活受到严重影响、重大疾病无法及时医治或者失学的;
(二)对要求支付劳动报酬的劳动者使用暴力或者进行暴力威胁的;
(三)造成其他严重后果的。

第六条 拒不支付劳动者的劳动报酬,尚未造成严重后果,在刑事立案前支付劳动者的劳动报酬,并依法承担相应赔偿责任的,可以认定为情节显著轻微危害不大,不认为是犯罪;在提起公诉前支付劳动者的劳动报酬,并依法承担相应赔偿责任的,可以减轻或者免除刑事处罚;在一审宣判前支付劳动者的劳动报酬,并依法承担相应赔偿责任的,可以从轻处罚。

对于免除刑事处罚的,可以根据案件的不同情况,予以训诫、责令具结悔过或者赔礼道歉。

拒不支付劳动者的劳动报酬,造成严重后果,但在宣判前支付劳动者的劳动报酬,并依法承担相应赔偿责任的,可以酌情从宽处罚。

第七条 不具备用工主体资格的单位或者个人,违法用工且拒不支付劳动者的劳动报酬,数额较大,经政府有关部门责令支付仍不支付的,应当依照刑法第二百七十六条之一的规定,以拒不支付劳动报酬罪追究刑事责任。

第八条 用人单位的实际控制人实施拒不支付劳动报酬行为,构成犯罪的,应当依照刑法第二百七十六条之一的规定追究刑事责任。

第九条 单位拒不支付劳动报酬,构成犯罪的,依照本解释规定的相应个人犯罪的定罪量刑标准,对直接负责的主管人员和其他直接责任人员定罪处罚,并对单位判处罚金。

五 工时与休假

国务院关于职工工作时间的规定

(1994年2月3日中华人民共和国国务院令第146号发布 根据1995年3月25日《国务院关于修改〈国务院关于职工工作时间的规定〉的决定》修订)

第一条 为了合理安排职工的工作和休息时间,维护职工的休息权利,调动职工的积极性,促进社会主义现代化建设事业的发展,根据宪法有关规定,制定本规定。

第二条 本规定适用于在中华人民共和国境内的国家机关、社会团体、企业事业单位以及其他组织的职工。

第三条 职工每日工作8小时,每周工作40小时。

第四条 在特殊条件下从事劳动和有特殊情况,需要适当缩短工作时间的,按照国家有关规定执行。

第五条 因工作性质或者生产特点的限制,不能实行每日工作8小时、每周工作40小时标准工时制度的,按照国家有关规定,可以实行其他工作和休息办法。

第六条 任何单位和个人不得擅自延长职工工作时间。因特殊情况和紧急任务确需延长工作时间的,按照国家有关规定执行。

第七条 国家机关、事业单位实行统一的工作时间,星期六和星期日为周休息日。

企业和不能实行前款规定的统一工作时间的事业单位,可以根据实际情况灵活安排周休息日。

第八条 本规定由劳动部、人事部负责解释;实施办法由劳动部、人事部制定。

第九条 本规定自1995年5月1日起施行。1995年5月1日施行有困难的企业、事业单位,可以适当延期;但是,事业单位最迟应当自1996年1月1日起施行,企业最迟应当自1997年5月1日起施行。

职工带薪年休假条例

(2007年12月7日国务院第198次常务会议通过
2007年12月14日中华人民共和国国务院令第514号公布
自2008年1月1日起施行)

第一条 为了维护职工休息休假权利,调动职工工作积极性,根据劳动法和公务员法,制定本条例。

第二条 机关、团体、企业、事业单位、民办非企业单位、有雇工的个体工商户等单位的职工连续工作1年以上的,享受带薪年休假(以下简称年休假)。单位应当保证职工享受年休假。

职工在年休假期间享受与正常工作期间相同的工资收入。

第三条 职工累计工作已满1年不满10年的,年休假5天;已满10年不满20年的,年休假10天;已满20年的,年休假15天。

国家法定休假日、休息日不计入年休假的假期。

第四条 职工有下列情形之一的,不享受当年的年休假:

(一)职工依法享受寒暑假,其休假天数多于年休假天数的;

（二）职工请事假累计20天以上且单位按照规定不扣工资的；

（三）累计工作满1年不满10年的职工，请病假累计2个月以上的；

（四）累计工作满10年不满20年的职工，请病假累计3个月以上的；

（五）累计工作满20年以上的职工，请病假累计4个月以上的。

第五条 单位根据生产、工作的具体情况，并考虑职工本人意愿，统筹安排职工年休假。

年休假在1个年度内可以集中安排，也可以分段安排，一般不跨年度安排。单位因生产、工作特点确有必要跨年度安排职工年休假的，可以跨1个年度安排。

单位确因工作需要不能安排职工休年休假的，经职工本人同意，可以不安排职工休年休假。对职工应休未休的年休假天数，单位应当按照该职工日工资收入的300%支付年休假工资报酬。

第六条 县级以上地方人民政府人事部门、劳动保障部门应当依据职权对单位执行本条例的情况主动进行监督检查。

工会组织依法维护职工的年休假权利。

第七条 单位不安排职工休年休假又不依照本条例规定给予年休假工资报酬的，由县级以上地方人民政府人事部门或者劳动保障部门依据职权责令限期改正；对逾期不改正的，除责令该单位支付年休假工资报酬外，单位还应当按照年休假工资报酬的数额向职工加付赔偿金；对拒不支付年休假工资报酬、赔偿金的，属于公务员和参照公务员法管理的人员所在单位的，对直接负责的主管人员以及其他直接责任人员依法给予处分；属于其他单位的，由劳动保障部门、人事部门或者职工申请人民法院强制执行。

第八条 职工与单位因年休假发生的争议，依照国家有关法律、行政法规的规定处理。

第九条　国务院人事部门、国务院劳动保障部门依据职权，分别制定本条例的实施办法。

第十条　本条例自 2008 年 1 月 1 日起施行。

全国年节及纪念日放假办法

（1949 年 12 月 23 日政务院发布　根据 1999 年 9 月 18 日《国务院关于修改〈全国年节及纪念日放假办法〉的决定》第一次修订　根据 2007 年 12 月 14 日《国务院关于修改〈全国年节及纪念日放假办法〉的决定》第二次修订　根据 2013 年 12 月 11 日《国务院关于修改〈全国年节及纪念日放假办法〉的决定》第三次修订）

第一条　为统一全国年节及纪念日的假期，制定本办法。

第二条　全体公民放假的节日：

（一）新年，放假 1 天（1 月 1 日）；

（二）春节，放假 3 天（农历正月初一、初二、初三）；

（三）清明节，放假 1 天（农历清明当日）；

（四）劳动节，放假 1 天（5 月 1 日）；

（五）端午节，放假 1 天（农历端午当日）；

（六）中秋节，放假 1 天（农历中秋当日）；

（七）国庆节，放假 3 天（10 月 1 日、2 日、3 日）。

第三条　部分公民放假的节日及纪念日：

（一）妇女节（3 月 8 日），妇女放假半天；

（二）青年节（5 月 4 日），14 周岁以上的青年放假半天；

（三）儿童节（6 月 1 日），不满 14 周岁的少年儿童放假 1 天；

（四）中国人民解放军建军纪念日（8 月 1 日），现役军人放假半天。

第四条 少数民族习惯的节日,由各少数民族聚居地区的地方人民政府,按照各该民族习惯,规定放假日期。

第五条 二七纪念日、五卅纪念日、七七抗战纪念日、九三抗战胜利纪念日、九一八纪念日、教师节、护士节、记者节、植树节等其他节日、纪念日,均不放假。

第六条 全体公民放假的假日,如果适逢星期六、星期日,应当在工作日补假。部分公民放假的假日,如果适逢星期六、星期日,则不补假。

第七条 本办法自公布之日起施行。

企业职工带薪年休假实施办法

(2008年9月18日人力资源和社会保障部令第1号公布 自公布之日起施行)

第一条 为了实施《职工带薪年休假条例》(以下简称条例),制定本实施办法。

第二条 中华人民共和国境内的企业、民办非企业单位、有雇工的个体工商户等单位(以下称用人单位)和与其建立劳动关系的职工,适用本办法。

第三条 职工连续工作满12个月以上的,享受带薪年休假(以下简称年休假)。

第四条 年休假天数根据职工累计工作时间确定。职工在同一或者不同用人单位工作期间,以及依照法律、行政法规或者国务院规定视同工作期间,应当计为累计工作时间。

第五条 职工新进用人单位且符合本办法第三条规定的,当年度年休假天数，按照在本单位剩余日历天数折算确定，折算后不足 1 整天的部分不享受年休假。

前款规定的折算方法为：（当年度在本单位剩余日历天数÷365 天）×职工本人全年应当享受的年休假天数。

第六条 职工依法享受的探亲假、婚丧假、产假等国家规定的假期以及因工伤停工留薪期间不计入年休假假期。

第七条 职工享受寒暑假天数多于其年休假天数的，不享受当年的年休假。确因工作需要，职工享受的寒暑假天数少于其年休假天数的，用人单位应当安排补足年休假天数。

第八条 职工已享受当年的年休假，年度内又出现条例第四条第（二）、（三）、（四）、（五）项规定情形之一的，不享受下一年度的年休假。

第九条 用人单位根据生产、工作的具体情况，并考虑职工本人意愿，统筹安排年休假。用人单位确因工作需要不能安排职工年休假或者跨1个年度安排年休假的，应征得职工本人同意。

第十条 用人单位经职工同意不安排年休假或者安排职工休假天数少于应休年休假天数的，应当在本年度内对职工应休未休年休假天数，按照其日工资收入的300%支付未休年休假工资报酬，其中包含用人单位支付职工正常工作期间的工资收入。

用人单位安排职工休年休假，但是职工因本人原因且书面提出不休年休假的，用人单位可以只支付其正常工作期间的工资收入。

第十一条 计算未休年休假工资报酬的日工资收入按照职工本人的月工资除以月计薪天数（21.75天）进行折算。

前款所称月工资是指职工在用人单位支付其未休年休假工资报酬前12个月剔除加班工资后的月平均工资。在本用人单位工作时间不满12个月的，按实际月份计算月平均工资。

职工在年休假期间享受与正常工作期间相同的工资收入。实行计件工资、提成工资或者其他绩效工资制的职工，日工资收入的计发办法按照本条第一款、第二款的规定执行。

第十二条 用人单位与职工解除或者终止劳动合同时，当年度未安排职工休满应休年休假天数的，应当按照职工当年已工作时间折算应休未休年休假天数并支付未休年休假工资报酬，但折算后不足 1 整天的部分不支付未休年休假工资报酬。

前款规定的折算方法为：（当年度在本单位已过日历天数÷365 天）×职工本人全年应当享受的年休假天数－当年度已安排年休假天数。

用人单位当年已安排职工年休假的，多于折算应休年休假的天数不再扣回。

第十三条 劳动合同、集体合同约定的或者用人单位规章制度规定的年休假天数、未休年休假工资报酬高于法定标准的，用人单位应当按照有关约定或者规定执行。

第十四条 劳务派遣单位的职工符合本办法第三条规定条件的，享受年休假。

被派遣职工在劳动合同期限内无工作期间由劳务派遣单位依法支付劳动报酬的天数多于其全年应当享受的年休假天数的，不享受当年的年休假；少于其全年应当享受的年休假天数的，劳务派遣单位、用工单位应当协商安排补足被派遣职工年休假天数。

第十五条 县级以上地方人民政府劳动行政部门应当依法监督检查用人单位执行条例及本办法的情况。

用人单位不安排职工休年休假又不依照条例及本办法规定支付未休年休假工资报酬的，由县级以上地方人民政府劳动行政部门依据职权责令限期改正；对逾期不改正的，除责令该用人单位支付未休年休假工资报酬外，用人单位还应当按照未休年休假工资报酬的数额向职工加付赔偿金；对拒不执行支付未休年休假工资报酬、赔偿金行政处理决定的，由劳动行政部门申请人民法院强制执行。

第十六条 职工与用人单位因年休假发生劳动争议的，依照劳动争议处理的规定处理。

第十七条　除法律、行政法规或者国务院另有规定外，机关、事业单位、社会团体和与其建立劳动关系的职工，依照本办法执行。

船员的年休假按《中华人民共和国船员条例》执行。

第十八条　本办法中的"年度"是指公历年度。

第十九条　本办法自发布之日起施行。

关于《企业职工带薪年休假实施办法》有关问题的复函

(2009年4月15日　人社厅函〔2009〕149号)

上海市人力资源和社会保障局：

你局《关于〈企业职工带薪年休假实施办法〉若干问题的请示》(沪人社福字〔2008〕15号)收悉。经研究，现函复如下：

一、关于带薪年休假的享受条件

《企业职工带薪年休假实施办法》第三条中的"职工连续工作满12个月以上"，既包括职工在同一用人单位连续工作满12个月以上的情形，也包括职工在不同用人单位连续工作满12个月以上的情形。

二、关于累计工作时间的确定

《企业职工带薪年休假实施办法》第四条中的"累计工作时间"，包括职工在机关、团体、企业、事业单位、民办非企业单位、有雇工的个体工商户等单位从事全日制工作期间，以及依法服兵役和其他按照国家法律、行政法规和国务院规定可以计算为工龄的期间(视同工作期间)。职工的累计工作时间可以根据档案记载、单位缴纳社保费记录、劳动合同或者其他具有法律效力的证明材料确定。

六 劳务派遣

劳务派遣行政许可实施办法

（2013年6月20日人力资源和社会保障部令第19号公布 自2013年7月1日起施行）

第一章 总 则

第一条 为了规范劳务派遣，根据《中华人民共和国劳动合同法》《中华人民共和国行政许可法》等法律，制定本办法。

第二条 劳务派遣行政许可的申请受理、审查批准以及相关的监督检查等，适用本办法。

第三条 人力资源社会保障部负责对全国的劳务派遣行政许可工作进行监督指导。

县级以上地方人力资源社会保障行政部门按照省、自治区、直辖市人力资源社会保障行政部门确定的许可管辖分工，负责实施本行政区域内劳务派遣行政许可工作以及相关的监督检查。

第四条 人力资源社会保障行政部门实施劳务派遣行政许可，应当遵循权责统一、公开公正、优质高效的原则。

第五条 人力资源社会保障行政部门应当在本行政机关办公场所、网站上公布劳务派遣行政许可的依据、程序、期限、条件和需要提交的全部材料目录以及监督电话，并在本行政机关网站和至少一种全地区性报纸上向社会公布获得许可的劳务派遣单位名单及其许可变更、延续、撤销、吊销、注销等情况。

第二章 劳务派遣行政许可

第六条 经营劳务派遣业务，应当向所在地有许可管辖权的人力资源社会保障行政部门（以下称许可机关）依法申请行政许可。

未经许可，任何单位和个人不得经营劳务派遣业务。

第七条 申请经营劳务派遣业务应当具备下列条件：

（一）注册资本不得少于人民币200万元；

（二）有与开展业务相适应的固定的经营场所和设施；

（三）有符合法律、行政法规规定的劳务派遣管理制度；

（四）法律、行政法规规定的其他条件。

第八条 申请经营劳务派遣业务的，申请人应当向许可机关提交下列材料：

（一）劳务派遣经营许可申请书；

（二）营业执照或者《企业名称预先核准通知书》；

（三）公司章程以及验资机构出具的验资报告或者财务审计报告；

（四）经营场所的使用证明以及与开展业务相适应的办公设施设备、信息管理系统等清单；

（五）法定代表人的身份证明；

（六）劳务派遣管理制度，包括劳动合同、劳动报酬、社会保险、工作时间、休息休假、劳动纪律等与劳动者切身利益相关的规章制度文本；拟与用工单位签订的劳务派遣协议样本。

第九条 许可机关收到申请材料后，应当根据下列情况分别作出处理：

（一）申请材料存在可以当场更正的错误的，应当允许申请人当场更正；

（二）申请材料不齐全或者不符合法定形式的，应当当场或者在5个工作日内一次告知申请人需要补正的全部内容，逾期不告知的，自收到申请材料之日起即为受理；

（三）申请材料齐全、符合法定形式，或者申请人按照要求提交了全部补正申请材料的，应当受理行政许可申请。

第十条 许可机关对申请人提出的申请决定受理的，应当出具《受理决定书》；决定不予受理的，应当出具《不予受理决定书》，说明不予受理的理由，并告知申请人享有依法申请行政复议或者提起行政诉讼的权利。

第十一条 许可机关决定受理申请的，应当对申请人提交的申请材料进行审查。根据法定条件和程序，需要对申请材料的实质内容进行核实的，许可机关应当指派2名以上工作人员进行核查。

第十二条 许可机关应当自受理之日起20个工作日内作出是否准予行政许可的决定。20个工作日内不能作出决定的，经本行政机关负责人批准，可以延长10个工作日，并应当将延长期限的理由告知申请人。

第十三条 申请人的申请符合法定条件的，许可机关应当依法作出准予行政许可的书面决定，并自作出决定之日起5个工作日内通知申请人领取《劳务派遣经营许可证》。

申请人的申请不符合法定条件的，许可机关应当依法作出不予行政许可的书面决定，说明不予行政许可的理由，并告知申请人享有依法申请行政复议或者提起行政诉讼的权利。

第十四条 《劳务派遣经营许可证》应当载明单位名称、住所、法定代表人、注册资本、许可经营事项、有效期限、编号、发证机关以及发证日期等事项。《劳务派遣经营许可证》分为正本、副本。正本、副本具有同等法律效力。

《劳务派遣经营许可证》有效期为3年。

《劳务派遣经营许可证》由人力资源社会保障部统一制定样式，由各省、自治区、直辖市人力资源社会保障行政部门负责印制、免费发放和管理。

第十五条　劳务派遣单位取得《劳务派遣经营许可证》后，应当妥善保管，不得涂改、倒卖、出租、出借或者以其他形式非法转让。

第十六条　劳务派遣单位名称、住所、法定代表人或者注册资本等改变的，应当向许可机关提出变更申请。符合法定条件的，许可机关应当自收到变更申请之日起10个工作日内依法办理变更手续，并换发新的《劳务派遣经营许可证》或者在原《劳务派遣经营许可证》上予以注明；不符合法定条件的，许可机关应当自收到变更申请之日起10个工作日内作出不予变更的书面决定，并说明理由。

第十七条　劳务派遣单位分立、合并后继续存续，其名称、住所、法定代表人或者注册资本等改变的，应当按照本办法第十六条规定执行。

劳务派遣单位分立、合并后设立新公司的，应当按照本办法重新申请劳务派遣行政许可。

第十八条　劳务派遣单位需要延续行政许可有效期的，应当在有效期届满60日前向许可机关提出延续行政许可的书面申请，并提交3年以来的基本经营情况；劳务派遣单位逾期提出延续行政许可的书面申请的，按照新申请经营劳务派遣行政许可办理。

第十九条　许可机关应当根据劳务派遣单位的延续申请，在该行政许可有效期届满前作出是否准予延续的决定；逾期未作决定的，视为准予延续。

准予延续行政许可的，应当换发新的《劳务派遣经营许可证》。

第二十条　劳务派遣单位有下列情形之一的，许可机关应当自收到延续申请之日起10个工作日内作出不予延续书面决定，并说明理由：

（一）逾期不提交劳务派遣经营情况报告或者提交虚假劳务派遣经营情况报告，经责令改正，拒不改正的；

（二）违反劳动保障法律法规，在一个行政许可期限内受到2

次以上行政处罚的。

第二十一条　劳务派遣单位设立子公司经营劳务派遣业务的，应当由子公司向所在地许可机关申请行政许可；劳务派遣单位设立分公司经营劳务派遣业务的，应当书面报告许可机关，并由分公司向所在地人力资源社会保障行政部门备案。

第三章　监督检查

第二十二条　劳务派遣单位应当于每年 3 月 31 日前向许可机关提交上一年度劳务派遣经营情况报告，如实报告下列事项：

（一）经营情况以及上年度财务审计报告；

（二）被派遣劳动者人数以及订立劳动合同、参加工会的情况；

（三）向被派遣劳动者支付劳动报酬的情况；

（四）被派遣劳动者参加社会保险、缴纳社会保险费的情况；

（五）被派遣劳动者派往的用工单位、派遣数量、派遣期限、用工岗位的情况；

（六）与用工单位订立的劳务派遣协议情况以及用工单位履行法定义务的情况；

（七）设立子公司、分公司等情况。

劳务派遣单位设立的子公司或者分公司，应当向办理许可或者备案手续的人力资源社会保障行政部门提交上一年度劳务派遣经营情况报告。

第二十三条　许可机关应当对劳务派遣单位提交的年度经营情况报告进行核验，依法对劳务派遣单位进行监督，并将核验结果和监督情况载入企业信用记录。

第二十四条　有下列情形之一的，许可机关或者其上级行政机关，可以撤销劳务派遣行政许可：

（一）许可机关工作人员滥用职权、玩忽职守，给不符合条件的申请人发放《劳务派遣经营许可证》的；

（二）超越法定职权发放《劳务派遣经营许可证》的；

（三）违反法定程序发放《劳务派遣经营许可证》的；

（四）依法可以撤销行政许可的其他情形。

第二十五条 申请人隐瞒真实情况或者提交虚假材料申请行政许可的，许可机关不予受理、不予行政许可。

劳务派遣单位以欺骗、贿赂等不正当手段和隐瞒真实情况或者提交虚假材料取得行政许可的，许可机关应当予以撤销。被撤销行政许可的劳务派遣单位在1年内不得再次申请劳务派遣行政许可。

第二十六条 有下列情形之一的，许可机关应当依法办理劳务派遣行政许可注销手续：

（一）《劳务派遣经营许可证》有效期届满，劳务派遣单位未申请延续的，或者延续申请未被批准的；

（二）劳务派遣单位依法终止的；

（三）劳务派遣行政许可依法被撤销，或者《劳务派遣经营许可证》依法被吊销的；

（四）法律、法规规定的应当注销行政许可的其他情形。

第二十七条 劳务派遣单位向许可机关申请注销劳务派遣行政许可的，应当提交已经依法处理与被派遣劳动者的劳动关系及其社会保险权益等材料，许可机关应当在核实有关情况后办理注销手续。

第二十八条 当事人对许可机关作出的有关劳务派遣行政许可的行政决定不服的，可以依法申请行政复议或者提起行政诉讼。

第二十九条 任何组织和个人有权对实施劳务派遣行政许可中的违法违规行为进行举报，人力资源社会保障行政部门应当及时核实、处理。

第四章 法律责任

第三十条 人力资源社会保障行政部门有下列情形之一的，由其上级行政机关或者监察机关责令改正，对直接负责的主管人员和其他直接责任人员依法给予处分；构成犯罪的，依法追究刑事责任：

（一）向不符合法定条件的申请人发放《劳务派遣经营许可证》，或者超越法定职权发放《劳务派遣经营许可证》的；

（二）对符合法定条件的申请人不予行政许可或者不在法定期限内作出准予行政许可决定的；

（三）在办理行政许可、实施监督检查工作中，玩忽职守、徇私舞弊，索取或者收受他人财物或者谋取其他利益的；

（四）不依法履行监督职责或者监督不力，造成严重后果的。

许可机关违法实施行政许可，给当事人的合法权益造成损害的，应当依照国家赔偿法的规定给予赔偿。

第三十一条 任何单位和个人违反《中华人民共和国劳动合同法》的规定，未经许可，擅自经营劳务派遣业务的，由人力资源社会保障行政部门责令停止违法行为，没收违法所得，并处违法所得1倍以上5倍以下的罚款；没有违法所得的，可以处5万元以下的罚款。

第三十二条 劳务派遣单位违反《中华人民共和国劳动合同法》有关劳务派遣规定的，由人力资源社会保障行政部门责令限期改正；逾期不改正的，以每人5000元以上1万元以下的标准处以罚款，并吊销其《劳务派遣经营许可证》。

第三十三条 劳务派遣单位有下列情形之一的，由人力资源社会保障行政部门处1万元以下的罚款；情节严重的，处1万元以上3万元以下的罚款：

（一）涂改、倒卖、出租、出借《劳务派遣经营许可证》，或者以其他形式非法转让《劳务派遣经营许可证》的；

（二）隐瞒真实情况或者提交虚假材料取得劳务派遣行政许可的；

（三）以欺骗、贿赂等不正当手段取得劳务派遣行政许可的。

第五章 附 则

第三十四条 劳务派遣单位在2012年12月28日至2013年6

月 30 日之间订立的劳动合同和劳务派遣协议，2013 年 7 月 1 日后应当按照《全国人大常委会关于修改〈中华人民共和国劳动合同法〉的决定》执行。

本办法施行前经营劳务派遣业务的单位，应当按照本办法取得劳务派遣行政许可后，方可经营新的劳务派遣业务；本办法施行后未取得劳务派遣行政许可的，不得经营新的劳务派遣业务。

第三十五条 本办法自 2013 年 7 月 1 日起施行。

劳务派遣暂行规定

（2014 年 1 月 24 日人力资源和社会保障部令第 22 号公布　自 2014 年 3 月 1 日起施行）

第一章　总　　则

第一条 为规范劳务派遣，维护劳动者的合法权益，促进劳动关系和谐稳定，依据《中华人民共和国劳动合同法》（以下简称劳动合同法）和《中华人民共和国劳动合同法实施条例》（以下简称劳动合同法实施条例）等法律、行政法规，制定本规定。

第二条 劳务派遣单位经营劳务派遣业务，企业（以下称用工单位）使用被派遣劳动者，适用本规定。

依法成立的会计师事务所、律师事务所等合伙组织和基金会以及民办非企业单位等组织使用被派遣劳动者，依照本规定执行。

第二章　用工范围和用工比例

第三条 用工单位只能在临时性、辅助性或者替代性的工作岗位上使用被派遣劳动者。

前款规定的临时性工作岗位是指存续时间不超过 6 个月的岗

位；辅助性工作岗位是指为主营业务岗位提供服务的非主营业务岗位；替代性工作岗位是指用工单位的劳动者因脱产学习、休假等原因无法工作的一定期间内，可以由其他劳动者替代工作的岗位。

用工单位决定使用被派遣劳动者的辅助性岗位，应当经职工代表大会或者全体职工讨论，提出方案和意见，与工会或者职工代表平等协商确定，并在用工单位内公示。

第四条 用工单位应当严格控制劳务派遣用工数量，使用的被派遣劳动者数量不得超过其用工总量的10%。

前款所称用工总量是指用工单位订立劳动合同人数与使用的被派遣劳动者人数之和。

计算劳务派遣用工比例的用工单位是指依照劳动合同法和劳动合同法实施条例可以与劳动者订立劳动合同的用人单位。

第三章 劳动合同、劳务派遣协议的订立和履行

第五条 劳务派遣单位应当依法与被派遣劳动者订立2年以上的固定期限书面劳动合同。

第六条 劳务派遣单位可以依法与被派遣劳动者约定试用期。劳务派遣单位与同一被派遣劳动者只能约定一次试用期。

第七条 劳务派遣协议应当载明下列内容：

（一）派遣的工作岗位名称和岗位性质；

（二）工作地点；

（三）派遣人员数量和派遣期限；

（四）按照同工同酬原则确定的劳动报酬数额和支付方式；

（五）社会保险费的数额和支付方式；

（六）工作时间和休息休假事项；

（七）被派遣劳动者工伤、生育或者患病期间的相关待遇；

（八）劳动安全卫生以及培训事项；

（九）经济补偿等费用；

（十）劳务派遣协议期限；

（十一）劳务派遣服务费的支付方式和标准；

（十二）违反劳务派遣协议的责任；

（十三）法律、法规、规章规定应当纳入劳务派遣协议的其他事项。

第八条 劳务派遣单位应当对被派遣劳动者履行下列义务：

（一）如实告知被派遣劳动者劳动合同法第八条规定的事项、应遵守的规章制度以及劳务派遣协议的内容；

（二）建立培训制度，对被派遣劳动者进行上岗知识、安全教育培训；

（三）按照国家规定和劳务派遣协议约定，依法支付被派遣劳动者的劳动报酬和相关待遇；

（四）按照国家规定和劳务派遣协议约定，依法为被派遣劳动者缴纳社会保险费，并办理社会保险相关手续；

（五）督促用工单位依法为被派遣劳动者提供劳动保护和劳动安全卫生条件；

（六）依法出具解除或者终止劳动合同的证明；

（七）协助处理被派遣劳动者与用工单位的纠纷；

（八）法律、法规和规章规定的其他事项。

第九条 用工单位应当按照劳动合同法第六十二条规定，向被派遣劳动者提供与工作岗位相关的福利待遇，不得歧视被派遣劳动者。

第十条 被派遣劳动者在用工单位因工作遭受事故伤害的，劳务派遣单位应当依法申请工伤认定，用工单位应当协助工伤认定的调查核实工作。劳务派遣单位承担工伤保险责任，但可以与用工单位约定补偿办法。

被派遣劳动者在申请进行职业病诊断、鉴定时，用工单位应当负责处理职业病诊断、鉴定事宜，并如实提供职业病诊断、鉴定所需的劳动者职业史和职业危害接触史、工作场所职业病危害因素检测结果等资料,劳务派遣单位应当提供被派遣劳动者职业病诊断、鉴定所需的其他材料。

第十一条 劳务派遣单位行政许可有效期未延续或者《劳务派遣经营许可证》被撤销、吊销的,已经与被派遣劳动者依法订立的劳动合同应当履行至期限届满。双方经协商一致,可以解除劳动合同。

第十二条 有下列情形之一的,用工单位可以将被派遣劳动者退回劳务派遣单位:

(一)用工单位有劳动合同法第四十条第三项、第四十一条规定情形的;

(二)用工单位被依法宣告破产、吊销营业执照、责令关闭、撤销、决定提前解散或者经营期限届满不再继续经营的;

(三)劳务派遣协议期满终止的。

被派遣劳动者退回后在无工作期间,劳务派遣单位应当按照不低于所在地人民政府规定的最低工资标准,向其按月支付报酬。

第十三条 被派遣劳动者有劳动合同法第四十二条规定情形的,在派遣期限届满前,用工单位不得依据本规定第十二条第一款第一项规定将被派遣劳动者退回劳务派遣单位;派遣期限届满的,应当延续至相应情形消失时方可退回。

第四章 劳动合同的解除和终止

第十四条 被派遣劳动者提前 30 日以书面形式通知劳务派遣单位,可以解除劳动合同。被派遣劳动者在试用期内提前 3 日通知劳务派遣单位,可以解除劳动合同。劳务派遣单位应当将被派遣劳动者通知解除劳动合同的情况及时告知用工单位。

第十五条 被派遣劳动者因本规定第十二条规定被用工单位退回,劳务派遣单位重新派遣时维持或者提高劳动合同约定条件,被派遣劳动者不同意的,劳务派遣单位可以解除劳动合同。

被派遣劳动者因本规定第十二条规定被用工单位退回，劳务派遣单位重新派遣时降低劳动合同约定条件，被派遣劳动者不同意的，劳务派遣单位不得解除劳动合同。但被派遣劳动者提出解除劳动合同的除外。

第十六条 劳务派遣单位被依法宣告破产、吊销营业执照、责令关闭、撤销、决定提前解散或者经营期限届满不再继续经营的，劳动合同终止。用工单位应当与劳务派遣单位协商妥善安置被派遣劳动者。

第十七条 劳务派遣单位因劳动合同法第四十六条或者本规定第十五条、第十六条规定的情形，与被派遣劳动者解除或者终止劳动合同的，应当依法向被派遣劳动者支付经济补偿。

第五章 跨地区劳务派遣的社会保险

第十八条 劳务派遣单位跨地区派遣劳动者的，应当在用工单位所在地为被派遣劳动者参加社会保险，按照用工单位所在地的规定缴纳社会保险费，被派遣劳动者按照国家规定享受社会保险待遇。

第十九条 劳务派遣单位在用工单位所在地设立分支机构的，由分支机构为被派遣劳动者办理参保手续，缴纳社会保险费。

劳务派遣单位未在用工单位所在地设立分支机构的，由用工单位代劳务派遣单位为被派遣劳动者办理参保手续，缴纳社会保险费。

第六章 法 律 责 任

第二十条 劳务派遣单位、用工单位违反劳动合同法和劳动合同法实施条例有关劳务派遣规定的，按照劳动合同法第九十二条规定执行。

第二十一条 劳务派遣单位违反本规定解除或者终止被派遣劳动者劳动合同的，按照劳动合同法第四十八条、第八十七条规定执行。

第二十二条 用工单位违反本规定第三条第三款规定的，由人力资源社会保障行政部门责令改正，给予警告；给被派遣劳动者造成损害的，依法承担赔偿责任。

第二十三条 劳务派遣单位违反本规定第六条规定的，按照劳动合同法第八十三条规定执行。

第二十四条 用工单位违反本规定退回被派遣劳动者的，按照劳动合同法第九十二条第二款规定执行。

第七章 附 则

第二十五条 外国企业常驻代表机构和外国金融机构驻华代表机构等使用被派遣劳动者的，以及船员用人单位以劳务派遣形式使用国际远洋海员的，不受临时性、辅助性、替代性岗位和劳务派遣用工比例的限制。

第二十六条 用人单位将本单位劳动者派往境外工作或者派往家庭、自然人处提供劳动的，不属于本规定所称劳务派遣。

第二十七条 用人单位以承揽、外包等名义，按劳务派遣用工形式使用劳动者的，按照本规定处理。

第二十八条 用工单位在本规定施行前使用被派遣劳动者数量超过其用工总量10%的，应当制定调整用工方案，于本规定施行之日起2年内降至规定比例。但是，《全国人民代表大会常务委员会关于修改〈中华人民共和国劳动合同法〉的决定》公布前已依法订立的劳动合同和劳务派遣协议期限届满日期在本规定施行之日起2年后的，可以依法继续履行至期限届满。

用工单位应当将制定的调整用工方案报当地人力资源社会保障行政部门备案。

用工单位未将本规定施行前使用的被派遣劳动者数量降至符合规定比例之前，不得新用被派遣劳动者。

第二十九条 本规定自2014年3月1日起施行。

七 劳动安全

（一）基本制度

中华人民共和国安全生产法（节录）

（2002年6月29日第九届全国人民代表大会常务委员会第二十八次会议通过 根据2009年8月27日第十一届全国人民代表大会常务委员会第十次会议《关于修改部分法律的决定》第一次修正 根据2014年8月31日第十二届全国人民代表大会常务委员会第十次会议《关于修改〈中华人民共和国安全生产法〉的决定》第二次修正 根据2021年6月10日第十三届全国人民代表大会常务委员会第二十九次会议《关于修改〈中华人民共和国安全生产法〉的决定》第三次修正）

……

第二章 生产经营单位的安全生产保障

第二十条 【安全生产条件】生产经营单位应当具备本法和有关法律、行政法规和国家标准或者行业标准规定的安全生产条件；

不具备安全生产条件的,不得从事生产经营活动。

第二十一条 【单位主要负责人安全生产职责】生产经营单位的主要负责人对本单位安全生产工作负有下列职责:

(一)建立健全并落实本单位全员安全生产责任制,加强安全生产标准化建设;

(二)组织制定并实施本单位安全生产规章制度和操作规程;

(三)组织制定并实施本单位安全生产教育和培训计划;

(四)保证本单位安全生产投入的有效实施;

(五)组织建立并落实安全风险分级管控和隐患排查治理双重预防工作机制,督促、检查本单位的安全生产工作,及时消除生产安全事故隐患;

(六)组织制定并实施本单位的生产安全事故应急救援预案;

(七)及时、如实报告生产安全事故。

第二十二条 【全员安全生产责任制】生产经营单位的全员安全生产责任制应当明确各岗位的责任人员、责任范围和考核标准等内容。

生产经营单位应当建立相应的机制,加强对全员安全生产责任制落实情况的监督考核,保证全员安全生产责任制的落实。

第二十三条 【保证安全生产资金投入】生产经营单位应当具备的安全生产条件所必需的资金投入,由生产经营单位的决策机构、主要负责人或者个人经营的投资人予以保证,并对由于安全生产所必需的资金投入不足导致的后果承担责任。

有关生产经营单位应当按照规定提取和使用安全生产费用,专门用于改善安全生产条件。安全生产费用在成本中据实列支。安全生产费用提取、使用和监督管理的具体办法由国务院财政部门会同国务院应急管理部门征求国务院有关部门意见后制定。

第二十四条 【安全生产管理机构及人员】矿山、金属冶炼、建筑施工、运输单位和危险物品的生产、经营、储存、装卸单位,应当设置安全生产管理机构或者配备专职安全生产管理人员。

前款规定以外的其他生产经营单位，从业人员超过一百人的，应当设置安全生产管理机构或者配备专职安全生产管理人员；从业人员在一百人以下的，应当配备专职或者兼职的安全生产管理人员。

第二十五条 **【安全生产管理机构及人员的职责】**生产经营单位的安全生产管理机构以及安全生产管理人员履行下列职责：

（一）组织或者参与拟订本单位安全生产规章制度、操作规程和生产安全事故应急救援预案；

（二）组织或者参与本单位安全生产教育和培训，如实记录安全生产教育和培训情况；

（三）组织开展危险源辨识和评估，督促落实本单位重大危险源的安全管理措施；

（四）组织或者参与本单位应急救援演练；

（五）检查本单位的安全生产状况，及时排查生产安全事故隐患，提出改进安全生产管理的建议；

（六）制止和纠正违章指挥、强令冒险作业、违反操作规程的行为；

（七）督促落实本单位安全生产整改措施。

生产经营单位可以设置专职安全生产分管负责人，协助本单位主要负责人履行安全生产管理职责。

第二十六条 **【履职要求与履职保障】**生产经营单位的安全生产管理机构以及安全生产管理人员应当恪尽职守，依法履行职责。

生产经营单位作出涉及安全生产的经营决策，应当听取安全生产管理机构以及安全生产管理人员的意见。

生产经营单位不得因安全生产管理人员依法履行职责而降低其工资、福利等待遇或者解除与其订立的劳动合同。

危险物品的生产、储存单位以及矿山、金属冶炼单位的安全生产管理人员的任免,应当告知主管的负有安全生产监督管理职责的部门。

第二十七条 【安全生产知识与管理能力】生产经营单位的主要负责人和安全生产管理人员必须具备与本单位所从事的生产经营活动相应的安全生产知识和管理能力。

危险物品的生产、经营、储存、装卸单位以及矿山、金属冶炼、建筑施工、运输单位的主要负责人和安全生产管理人员,应当由主管的负有安全生产监督管理职责的部门对其安全生产知识和管理能力考核合格。考核不得收费。

危险物品的生产、储存、装卸单位以及矿山、金属冶炼单位应当有注册安全工程师从事安全生产管理工作。鼓励其他生产经营单位聘用注册安全工程师从事安全生产管理工作。注册安全工程师按专业分类管理,具体办法由国务院人力资源和社会保障部门、国务院应急管理部门会同国务院有关部门制定。

第二十八条 【安全生产教育和培训】生产经营单位应当对从业人员进行安全生产教育和培训,保证从业人员具备必要的安全生产知识,熟悉有关的安全生产规章制度和安全操作规程,掌握本岗位的安全操作技能,了解事故应急处理措施,知悉自身在安全生产方面的权利和义务。未经安全生产教育和培训合格的从业人员,不得上岗作业。

生产经营单位使用被派遣劳动者的,应当将被派遣劳动者纳入本单位从业人员统一管理,对被派遣劳动者进行岗位安全操作规程和安全操作技能的教育和培训。劳务派遣单位应当对被派遣劳动者进行必要的安全生产教育和培训。

生产经营单位接收中等职业学校、高等学校学生实习的,应当对实习学生进行相应的安全生产教育和培训,提供必要的劳动防护用品。学校应当协助生产经营单位对实习学生进行安全生产教育和培训。

生产经营单位应当建立安全生产教育和培训档案,如实记录安全生产教育和培训的时间、内容、参加人员以及考核结果等情况。

第二十九条 【技术更新的教育和培训】生产经营单位采用新工艺、新技术、新材料或者使用新设备,必须了解、掌握其安全技术特性,采取有效的安全防护措施,并对从业人员进行专门的安全生产教育和培训。

第三十条 【特种作业人员从业资格】生产经营单位的特种作业人员必须按照国家有关规定经专门的安全作业培训,取得相应资格,方可上岗作业。

特种作业人员的范围由国务院应急管理部门会同国务院有关部门确定。

第三十一条 【建设项目安全设施"三同时"】生产经营单位新建、改建、扩建工程项目(以下统称建设项目)的安全设施,必须与主体工程同时设计、同时施工、同时投入生产和使用。安全设施投资应当纳入建设项目概算。

第三十二条 【特殊建设项目安全评价】矿山、金属冶炼建设项目和用于生产、储存、装卸危险物品的建设项目,应当按照国家有关规定进行安全评价。

第三十三条 【特殊建设项目安全设计审查】建设项目安全设施的设计人、设计单位应当对安全设施设计负责。

矿山、金属冶炼建设项目和用于生产、储存、装卸危险物品的建设项目的安全设施设计应当按照国家有关规定报经有关部门审查,审查部门及其负责审查的人员对审查结果负责。

第三十四条 【特殊建设项目安全设施验收】矿山、金属冶炼建设项目和用于生产、储存、装卸危险物品的建设项目的施工单位必须按照批准的安全设施设计施工,并对安全设施的工程质量负责。

矿山、金属冶炼建设项目和用于生产、储存、装卸危险物品的建设项目竣工投入生产或者使用前,应当由建设单位负责组织对安全设施进行验收；验收合格后，方可投入生产和使用。负有安全生产监督管理职责的部门应当加强对建设单位验收活动和验收结果的监督核查。

第三十五条　【安全警示标志】生产经营单位应当在有较大危险因素的生产经营场所和有关设施、设备上，设置明显的安全警示标志。

第三十六条　【安全设备管理】安全设备的设计、制造、安装、使用、检测、维修、改造和报废，应当符合国家标准或者行业标准。

生产经营单位必须对安全设备进行经常性维护、保养，并定期检测，保证正常运转。维护、保养、检测应当作好记录，并由有关人员签字。

生产经营单位不得关闭、破坏直接关系生产安全的监控、报警、防护、救生设备、设施，或者篡改、隐瞒、销毁其相关数据、信息。

餐饮等行业的生产经营单位使用燃气的，应当安装可燃气体报警装置，并保障其正常使用。

第三十七条　【特殊特种设备的管理】生产经营单位使用的危险物品的容器、运输工具，以及涉及人身安全、危险性较大的海洋石油开采特种设备和矿山井下特种设备，必须按照国家有关规定，由专业生产单位生产，并经具有专业资质的检测、检验机构检测、检验合格，取得安全使用证或者安全标志，方可投入使用。检测、检验机构对检测、检验结果负责。

第三十八条　【淘汰制度】国家对严重危及生产安全的工艺、设备实行淘汰制度，具体目录由国务院应急管理部门会同国务院有关部门制定并公布。法律、行政法规对目录的制定另有规定的，适用其规定。

省、自治区、直辖市人民政府可以根据本地区实际情况制定并公布具体目录，对前款规定以外的危及生产安全的工艺、设备予以淘汰。

生产经营单位不得使用应当淘汰的危及生产安全的工艺、设备。

第三十九条 【危险物品的监管】生产、经营、运输、储存、使用危险物品或者处置废弃危险物品的，由有关主管部门依照有关法律、法规的规定和国家标准或者行业标准审批并实施监督管理。

生产经营单位生产、经营、运输、储存、使用危险物品或者处置废弃危险物品，必须执行有关法律、法规和国家标准或者行业标准，建立专门的安全管理制度，采取可靠的安全措施，接受有关主管部门依法实施的监督管理。

第四十条 【重大危险源的管理和备案】生产经营单位对重大危险源应当登记建档，进行定期检测、评估、监控，并制定应急预案，告知从业人员和相关人员在紧急情况下应当采取的应急措施。

生产经营单位应当按照国家有关规定将本单位重大危险源及有关安全措施、应急措施报有关地方人民政府应急管理部门和有关部门备案。有关地方人民政府应急管理部门和有关部门应当通过相关信息系统实现信息共享。

第四十一条 【安全风险管控制度和事故隐患治理制度】生产经营单位应当建立安全风险分级管控制度，按照安全风险分级采取相应的管控措施。

生产经营单位应当建立健全并落实生产安全事故隐患排查治理制度，采取技术、管理措施，及时发现并消除事故隐患。事故隐患排查治理情况应当如实记录，并通过职工大会或者职工代表大会、信息公示栏等方式向从业人员通报。其中，重大事故隐患排查治理情况应当及时向负有安全生产监督管理职责的部门和职工大会或者职工代表大会报告。

县级以上地方各级人民政府负有安全生产监督管理职责的部门应当将重大事故隐患纳入相关信息系统，建立健全重大事故隐患治理督办制度，督促生产经营单位消除重大事故隐患。

第四十二条 【生产经营场所和员工宿舍安全要求】生产、经营、储存、使用危险物品的车间、商店、仓库不得与员工宿舍在同一座建筑物内，并应当与员工宿舍保持安全距离。

生产经营场所和员工宿舍应当设有符合紧急疏散要求、标志明显、保持畅通的出口、疏散通道。禁止占用、锁闭、封堵生产经营场所或者员工宿舍的出口、疏散通道。

第四十三条 【危险作业的现场安全管理】生产经营单位进行爆破、吊装、动火、临时用电以及国务院应急管理部门会同国务院有关部门规定的其他危险作业，应当安排专门人员进行现场安全管理，确保操作规程的遵守和安全措施的落实。

第四十四条 【从业人员的安全管理】生产经营单位应当教育和督促从业人员严格执行本单位的安全生产规章制度和安全操作规程；并向从业人员如实告知作业场所和工作岗位存在的危险因素、防范措施以及事故应急措施。

生产经营单位应当关注从业人员的身体、心理状况和行为习惯，加强对从业人员的心理疏导、精神慰藉，严格落实岗位安全生产责任，防范从业人员行为异常导致事故发生。

第四十五条 【劳动防护用品】生产经营单位必须为从业人员提供符合国家标准或者行业标准的劳动防护用品，并监督、教育从业人员按照使用规则佩戴、使用。

第四十六条 【安全检查和报告义务】生产经营单位的安全生产管理人员应当根据本单位的生产经营特点，对安全生产状况进行经常性检查；对检查中发现的安全问题，应当立即处理；不能处理的，应当及时报告本单位有关负责人，有关负责人应当及时处理。检查及处理情况应当如实记录在案。

生产经营单位的安全生产管理人员在检查中发现重大事故隐患，依照前款规定向本单位有关负责人报告，有关负责人不及时处理的，安全生产管理人员可以向主管的负有安全生产监督管理职责的部门报告，接到报告的部门应当依法及时处理。

第四十七条 【安全生产经费保障】生产经营单位应当安排用于配备劳动防护用品、进行安全生产培训的经费。

第四十八条 【安全生产协作】两个以上生产经营单位在同一作业区域内进行生产经营活动，可能危及对方生产安全的，应当签订安全生产管理协议，明确各自的安全生产管理职责和应当采取的安全措施，并指定专职安全生产管理人员进行安全检查与协调。

第四十九条 【生产经营项目、施工项目的安全管理】生产经营单位不得将生产经营项目、场所、设备发包或者出租给不具备安全生产条件或者相应资质的单位或者个人。

生产经营项目、场所发包或者出租给其他单位的，生产经营单位应当与承包单位、承租单位签订专门的安全生产管理协议，或者在承包合同、租赁合同中约定各自的安全生产管理职责；生产经营单位对承包单位、承租单位的安全生产工作统一协调、管理，定期进行安全检查，发现安全问题的，应当及时督促整改。

矿山、金属冶炼建设项目和用于生产、储存、装卸危险物品的建设项目的施工单位应当加强对施工项目的安全管理，不得倒卖、出租、出借、挂靠或者以其他形式非法转让施工资质，不得将其承包的全部建设工程转包给第三人或者将其承包的全部建设工程支解以后以分包的名义分别转包给第三人，不得将工程分包给不具备相应资质条件的单位。

第五十条 【单位主要负责人组织事故抢救职责】生产经营单位发生生产安全事故时，单位的主要负责人应当立即组织抢救，并不得在事故调查处理期间擅离职守。

第五十一条 【工伤保险和安全生产责任保险】生产经营单位必须依法参加工伤保险，为从业人员缴纳保险费。

国家鼓励生产经营单位投保安全生产责任保险；属于国家规定

的高危行业、领域的生产经营单位，应当投保安全生产责任保险。具体范围和实施办法由国务院应急管理部门会同国务院财政部门、国务院保险监督管理机构和相关行业主管部门制定。

第三章　从业人员的安全生产权利义务

第五十二条　【劳动合同的安全条款】生产经营单位与从业人员订立的劳动合同，应当载明有关保障从业人员劳动安全、防止职业危害的事项，以及依法为从业人员办理工伤保险的事项。

生产经营单位不得以任何形式与从业人员订立协议，免除或者减轻其对从业人员因生产安全事故伤亡依法应承担的责任。

第五十三条　【知情权和建议权】生产经营单位的从业人员有权了解其作业场所和工作岗位存在的危险因素、防范措施及事故应急措施，有权对本单位的安全生产工作提出建议。

第五十四条　【批评、检举、控告、拒绝权】从业人员有权对本单位安全生产工作中存在的问题提出批评、检举、控告；有权拒绝违章指挥和强令冒险作业。

生产经营单位不得因从业人员对本单位安全生产工作提出批评、检举、控告或者拒绝违章指挥、强令冒险作业而降低其工资、福利等待遇或者解除与其订立的劳动合同。

第五十五条　【紧急处置权】从业人员发现直接危及人身安全的紧急情况时，有权停止作业或者在采取可能的应急措施后撤离作业场所。

生产经营单位不得因从业人员在前款紧急情况下停止作业或者采取紧急撤离措施而降低其工资、福利等待遇或者解除与其订立的劳动合同。

第五十六条　【事故后的人员救治和赔偿】生产经营单位发生生产安全事故后，应当及时采取措施救治有关人员。

因生产安全事故受到损害的从业人员，除依法享有工伤保险外，依照有关民事法律尚有获得赔偿的权利的，有权提出赔偿要求。

第五十七条 【落实岗位安全责任和服从安全管理】从业人员在作业过程中，应当严格落实岗位安全责任，遵守本单位的安全生产规章制度和操作规程，服从管理，正确佩戴和使用劳动防护用品。

第五十八条 【接受安全生产教育和培训义务】从业人员应当接受安全生产教育和培训，掌握本职工作所需的安全生产知识，提高安全生产技能，增强事故预防和应急处理能力。

第五十九条 【事故隐患和不安全因素的报告义务】从业人员发现事故隐患或者其他不安全因素，应当立即向现场安全生产管理人员或者本单位负责人报告；接到报告的人员应当及时予以处理。

第六十条 【工会监督】工会有权对建设项目的安全设施与主体工程同时设计、同时施工、同时投入生产和使用进行监督，提出意见。

工会对生产经营单位违反安全生产法律、法规，侵犯从业人员合法权益的行为，有权要求纠正；发现生产经营单位违章指挥、强令冒险作业或者发现事故隐患时，有权提出解决的建议，生产经营单位应当及时研究答复；发现危及从业人员生命安全的情况时，有权向生产经营单位建议组织从业人员撤离危险场所，生产经营单位必须立即作出处理。

工会有权依法参加事故调查，向有关部门提出处理意见，并要求追究有关人员的责任。

第六十一条 【被派遣劳动者的权利义务】生产经营单位使用被派遣劳动者的，被派遣劳动者享有本法规定的从业人员的权利，并应当履行本法规定的从业人员的义务。

……

中华人民共和国矿山安全法（节录）

（1992年11月7日第七届全国人民代表大会常务委员会第二十八次会议通过　根据2009年8月27日第十一届全国人民代表大会常务委员会第十次会议《关于修改部分法律的决定》修正）

……

第二章　矿山建设的安全保障

第七条　矿山建设工程的安全设施必须和主体工程同时设计、同时施工、同时投入生产和使用。

第八条　矿山建设工程的设计文件，必须符合矿山安全规程和行业技术规范，并按照国家规定经管理矿山企业的主管部门批准；不符合矿山安全规程和行业技术规范的，不得批准。

矿山建设工程安全设施的设计必须有劳动行政主管部门参加审查。

矿山安全规程和行业技术规范，由国务院管理矿山企业的主管部门制定。

第九条　矿山设计下列项目必须符合矿山安全规程和行业技术规范：

（一）矿井的通风系统和供风量、风质、风速；

（二）露天矿的边坡角和台阶的宽度、高度；

（三）供电系统；

（四）提升、运输系统；

（五）防水、排水系统和防火、灭火系统；

（六）防瓦斯系统和防尘系统；

（七）有关矿山安全的其他项目。

第十条 每个矿井必须有两个以上能行人的安全出口，出口之间的直线水平距离必须符合矿山安全规程和行业技术规范。

第十一条 矿山必须有与外界相通的、符合安全要求的运输和通讯设施。

第十二条 矿山建设工程必须按照管理矿山企业的主管部门批准的设计文件施工。

矿山建设工程安全设施竣工后，由管理矿山企业的主管部门验收，并须有劳动行政主管部门参加；不符合矿山安全规程和行业技术规范的，不得验收，不得投入生产。

第三章　矿山开采的安全保障

第十三条 矿山开采必须具备保障安全生产的条件，执行开采不同矿种的矿山安全规程和行业技术规范。

第十四条 矿山设计规定保留的矿柱、岩柱，在规定的期限内，应当予以保护，不得开采或者毁坏。

第十五条 矿山使用的有特殊安全要求的设备、器材、防护用品和安全检测仪器，必须符合国家安全标准或者行业安全标准；不符合国家安全标准或者行业安全标准的，不得使用。

第十六条 矿山企业必须对机电设备及其防护装置、安全检测仪器，定期检查、维修，保证使用安全。

第十七条 矿山企业必须对作业场所中的有毒有害物质和井下空气含氧量进行检测，保证符合安全要求。

第十八条 矿山企业必须对下列危害安全的事故隐患采取预防措施：

（一）冒顶、片帮、边坡滑落和地表塌陷；

（二）瓦斯爆炸、煤尘爆炸；

（三）冲击地压、瓦斯突出、井喷；

（四）地面和井下的火灾、水害；

（五）爆破器材和爆破作业发生的危害；

（六）粉尘、有毒有害气体、放射性物质和其他有害物质引起的危害；

（七）其他危害。

第十九条 矿山企业对使用机械、电气设备，排土场、矸石山、尾矿库和矿山闭坑后可能引起的危害，应当采取预防措施。

第四章 矿山企业的安全管理

第二十条 矿山企业必须建立、健全安全生产责任制。

矿长对本企业的安全生产工作负责。

第二十一条 矿长应当定期向职工代表大会或者职工大会报告安全生产工作，发挥职工代表大会的监督作用。

第二十二条 矿山企业职工必须遵守有关矿山安全的法律、法规和企业规章制度。

矿山企业职工有权对危害安全的行为，提出批评、检举和控告。

第二十三条 矿山企业工会依法维护职工生产安全的合法权益，组织职工对矿山安全工作进行监督。

第二十四条 矿山企业违反有关安全的法律、法规，工会有权要求企业行政方面或者有关部门认真处理。

矿山企业召开讨论有关安全生产的会议，应当有工会代表参加，工会有权提出意见和建议。

第二十五条 矿山企业工会发现企业行政方面违章指挥、强令工人冒险作业或者生产过程中发现明显重大事故隐患和职业危害，有权提出解决的建议；发现危及职工生命安全的情况时，有权向矿山企业行政方面建议组织职工撤离危险现场，矿山企业行政方面必须及时作出处理决定。

第二十六条　矿山企业必须对职工进行安全教育、培训；未经安全教育、培训的，不得上岗作业。

矿山企业安全生产的特种作业人员必须接受专门培训，经考核合格取得操作资格证书的，方可上岗作业。

第二十七条　矿长必须经过考核，具备安全专业知识，具有领导安全生产和处理矿山事故的能力。

矿山企业安全工作人员必须具备必要的安全专业知识和矿山安全工作经验。

第二十八条　矿山企业必须向职工发放保障安全生产所需的劳动防护用品。

第二十九条　矿山企业不得录用未成年人从事矿山井下劳动。

矿山企业对女职工按照国家规定实行特殊劳动保护，不得分配女职工从事矿山井下劳动。

第三十条　矿山企业必须制定矿山事故防范措施，并组织落实。

第三十一条　矿山企业应当建立由专职或者兼职人员组成的救护和医疗急救组织，配备必要的装备、器材和药物。

第三十二条　矿山企业必须从矿产品销售额中按照国家规定提取安全技术措施专项费用。安全技术措施专项费用必须全部用于改善矿山安全生产条件，不得挪作他用。

第五章　矿山安全的监督和管理

第三十三条　县级以上各级人民政府劳动行政主管部门对矿山安全工作行使下列监督职责：

（一）检查矿山企业和管理矿山企业的主管部门贯彻执行矿山安全法律、法规的情况；

（二）参加矿山建设工程安全设施的设计审查和竣工验收；

（三）检查矿山劳动条件和安全状况；

（四）检查矿山企业职工安全教育、培训工作；

（五）监督矿山企业提取和使用安全技术措施专项费用的情况；

（六）参加并监督矿山事故的调查和处理；

（七）法律、行政法规规定的其他监督职责。

第三十四条 县级以上人民政府管理矿山企业的主管部门对矿山安全工作行使下列管理职责：

（一）检查矿山企业贯彻执行矿山安全法律、法规的情况；

（二）审查批准矿山建设工程安全设施的设计；

（三）负责矿山建设工程安全设施的竣工验收；

（四）组织矿长和矿山企业安全工作人员的培训工作；

（五）调查和处理重大矿山事故；

（六）法律、行政法规规定的其他管理职责。

第三十五条 劳动行政主管部门的矿山安全监督人员有权进入矿山企业，在现场检查安全状况；发现有危及职工安全的紧急险情时，应当要求矿山企业立即处理。

……

安全生产许可证条例

（2004年1月13日中华人民共和国国务院令第397号公布　根据2013年7月18日《国务院关于废止和修改部分行政法规的决定》第一次修订　根据2014年7月29日《国务院关于修改部分行政法规的决定》第二次修订）

第一条 为了严格规范安全生产条件，进一步加强安全生产监督管理，防止和减少生产安全事故，根据《中华人民共和国安全生产法》的有关规定，制定本条例。

第二条 国家对矿山企业、建筑施工企业和危险化学品、烟花爆竹、民用爆炸物品生产企业（以下统称企业）实行安全生产许可制度。

企业未取得安全生产许可证的，不得从事生产活动。

第三条 国务院安全生产监督管理部门负责中央管理的非煤矿矿山企业和危险化学品、烟花爆竹生产企业安全生产许可证的颁发和管理。

省、自治区、直辖市人民政府安全生产监督管理部门负责前款规定以外的非煤矿矿山企业和危险化学品、烟花爆竹生产企业安全生产许可证的颁发和管理，并接受国务院安全生产监督管理部门的指导和监督。

国家煤矿安全监察机构负责中央管理的煤矿企业安全生产许可证的颁发和管理。

在省、自治区、直辖市设立的煤矿安全监察机构负责前款规定以外的其他煤矿企业安全生产许可证的颁发和管理，并接受国家煤矿安全监察机构的指导和监督。

第四条 省、自治区、直辖市人民政府建设主管部门负责建筑施工企业安全生产许可证的颁发和管理，并接受国务院建设主管部门的指导和监督。

第五条 省、自治区、直辖市人民政府民用爆炸物品行业主管部门负责民用爆炸物品生产企业安全生产许可证的颁发和管理，并接受国务院民用爆炸物品行业主管部门的指导和监督。

第六条 企业取得安全生产许可证，应当具备下列安全生产条件：

（一）建立、健全安全生产责任制，制定完备的安全生产规章制度和操作规程；

（二）安全投入符合安全生产要求；

（三）设置安全生产管理机构，配备专职安全生产管理人员；

（四）主要负责人和安全生产管理人员经考核合格；

（五）特种作业人员经有关业务主管部门考核合格，取得特种作业操作资格证书；

（六）从业人员经安全生产教育和培训合格；

（七）依法参加工伤保险，为从业人员缴纳保险费；

（八）厂房、作业场所和安全设施、设备、工艺符合有关安全生产法律、法规、标准和规程的要求；

（九）有职业危害防治措施，并为从业人员配备符合国家标准或者行业标准的劳动防护用品；

（十）依法进行安全评价；

（十一）有重大危险源检测、评估、监控措施和应急预案；

（十二）有生产安全事故应急救援预案、应急救援组织或者应急救援人员，配备必要的应急救援器材、设备；

（十三）法律、法规规定的其他条件。

第七条 企业进行生产前，应当依照本条例的规定向安全生产许可证颁发管理机关申请领取安全生产许可证，并提供本条例第六条规定的相关文件、资料。安全生产许可证颁发管理机关应当自收到申请之日起 45 日内审查完毕，经审查符合本条例规定的安全生产条件的，颁发安全生产许可证；不符合本条例规定的安全生产条件的，不予颁发安全生产许可证，书面通知企业并说明理由。

煤矿企业应当以矿（井）为单位，依照本条例的规定取得安全生产许可证。

第八条 安全生产许可证由国务院安全生产监督管理部门规定统一的式样。

第九条 安全生产许可证的有效期为 3 年。安全生产许可证有效期满需要延期的，企业应当于期满前 3 个月向原安全生产许可证颁发管理机关办理延期手续。

企业在安全生产许可证有效期内，严格遵守有关安全生产的法律法规，未发生死亡事故的，安全生产许可证有效期届满时，经原安全生产许可证颁发管理机关同意，不再审查，安全生产许可证有效期延期 3 年。

第十条 安全生产许可证颁发管理机关应当建立、健全安全生产许可证档案管理制度，并定期向社会公布企业取得安全生产许可证的情况。

第十一条 煤矿企业安全生产许可证颁发管理机关、建筑施工企业安全生产许可证颁发管理机关、民用爆炸物品生产企业安全生产许可证颁发管理机关，应当每年向同级安全生产监督管理部门通报其安全生产许可证颁发和管理情况。

第十二条 国务院安全生产监督管理部门和省、自治区、直辖市人民政府安全生产监督管理部门对建筑施工企业、民用爆炸物品生产企业、煤矿企业取得安全生产许可证的情况进行监督。

第十三条 企业不得转让、冒用安全生产许可证或者使用伪造的安全生产许可证。

第十四条 企业取得安全生产许可证后，不得降低安全生产条件，并应当加强日常安全生产管理，接受安全生产许可证颁发管理机关的监督检查。

安全生产许可证颁发管理机关应当加强对取得安全生产许可证的企业的监督检查，发现其不再具备本条例规定的安全生产条件的，应当暂扣或者吊销安全生产许可证。

第十五条 安全生产许可证颁发管理机关工作人员在安全生产许可证颁发、管理和监督检查工作中，不得索取或者接受企业的财物，不得谋取其他利益。

第十六条 监察机关依照《中华人民共和国行政监察法》的规定，对安全生产许可证颁发管理机关及其工作人员履行本条例规定的职责实施监察。

第十七条 任何单位或者个人对违反本条例规定的行为，有权向安全生产许可证颁发管理机关或者监察机关等有关部门举报。

第十八条　安全生产许可证颁发管理机关工作人员有下列行为之一的，给予降级或者撤职的行政处分；构成犯罪的，依法追究刑事责任：

（一）向不符合本条例规定的安全生产条件的企业颁发安全生产许可证的；

（二）发现企业未依法取得安全生产许可证擅自从事生产活动，不依法处理的；

（三）发现取得安全生产许可证的企业不再具备本条例规定的安全生产条件，不依法处理的；

（四）接到对违反本条例规定行为的举报后，不及时处理的；

（五）在安全生产许可证颁发、管理和监督检查工作中，索取或者接受企业的财物，或者谋取其他利益的。

第十九条　违反本条例规定，未取得安全生产许可证擅自进行生产的，责令停止生产，没收违法所得，并处 10 万元以上 50 万元以下的罚款；造成重大事故或者其他严重后果，构成犯罪的，依法追究刑事责任。

第二十条　违反本条例规定，安全生产许可证有效期满未办理延期手续，继续进行生产的，责令停止生产，限期补办延期手续，没收违法所得，并处 5 万元以上 10 万元以下的罚款；逾期仍不办理延期手续，继续进行生产的，依照本条例第十九条的规定处罚。

第二十一条　违反本条例规定，转让安全生产许可证的，没收违法所得，处 10 万元以上 50 万元以下的罚款，并吊销其安全生产许可证；构成犯罪的，依法追究刑事责任；接受转让的，依照本条例第十九条的规定处罚。

冒用安全生产许可证或者使用伪造的安全生产许可证的，依照本条例第十九条的规定处罚。

第二十二条　本条例施行前已经进行生产的企业，应当自本条例施行之日起 1 年内，依照本条例的规定向安全生产许可证颁发管理机关申请办理安全生产许可证；逾期不办理安全生产许可证，或者经审查不符合本条例规定的安全生产条件，未取得安全生产许可证，继续进行生产的，依照本条例第十九条的规定处罚。

第二十三条 本条例规定的行政处罚，由安全生产许可证颁发管理机关决定。

第二十四条 本条例自公布之日起施行。

（二）劳动防护用品

用人单位劳动防护用品管理规范

（2015年12月29日安监总厅安健〔2015〕124号公布 根据2018年1月15日《国家安全监管总局办公厅关于修改用人单位劳动防护用品管理规范的通知》修订）

第一章 总 则

第一条 为规范用人单位劳动防护用品的使用和管理，保障劳动者安全健康及相关权益，根据《中华人民共和国安全生产法》、《中华人民共和国职业病防治法》等法律、行政法规和规章，制定本规范。

第二条 本规范适用于中华人民共和国境内企业、事业单位和个体经济组织等用人单位的劳动防护用品管理工作。

第三条 本规范所称的劳动防护用品，是指由用人单位为劳动者配备的，使其在劳动过程中免遭或者减轻事故伤害及职业病危害的个体防护装备。

第四条 劳动防护用品是由用人单位提供的，保障劳动者安全与健康的辅助性、预防性措施，不得以劳动防护用品替代工程防护设施和其他技术、管理措施。

第五条 用人单位应当健全管理制度，加强劳动防护用品配备、发放、使用等管理工作。

第六条 用人单位应当安排专项经费用于配备劳动防护用品，不得以货币或者其他物品替代。该项经费计入生产成本，据实列支。

第七条 用人单位应当为劳动者提供符合国家标准或者行业标准的劳动防护用品。使用进口的劳动防护用品，其防护性能不得低于我国相关标准。

第八条 劳动者在作业过程中，应当按照规章制度和劳动防护用品使用规则，正确佩戴和使用劳动防护用品。

第九条 用人单位使用的劳务派遣工、接纳的实习学生应当纳入本单位人员统一管理，并配备相应的劳动防护用品。对处于作业地点的其他外来人员，必须按照与进行作业的劳动者相同的标准，正确佩戴和使用劳动防护用品。

第二章 劳动防护用品选择

第十条 劳动防护用品分为以下十大类：

（一）防御物理、化学和生物危险、有害因素对头部伤害的头部防护用品。

（二）防御缺氧空气和空气污染物进入呼吸道的呼吸防护用品。

（三）防御物理和化学危险、有害因素对眼面部伤害的眼面部防护用品。

（四）防噪声危害及防水、防寒等的听力防护用品。

（五）防御物理、化学和生物危险、有害因素对手部伤害的手部防护用品。

（六）防御物理和化学危险、有害因素对足部伤害的足部防护用品。

（七）防御物理、化学和生物危险、有害因素对躯干伤害的躯干防护用品。

（八）防御物理、化学和生物危险、有害因素损伤皮肤或引起皮肤疾病的护肤用品。

（九）防止高处作业劳动者坠落或者高处落物伤害的坠落防护用品。

（十）其他防御危险、有害因素的劳动防护用品。

第十一条 用人单位应按照识别、评价、选择的程序（见附件1），结合劳动者作业方式和工作条件，并考虑其个人特点及劳动强度，选择防护功能和效果适用的劳动防护用品。

（一）接触粉尘、有毒、有害物质的劳动者应当根据不同粉尘种类、粉尘浓度及游离二氧化硅含量和毒物的种类及浓度配备相应的呼吸器（见附件2）、防护服、防护手套和防护鞋等。具体可参照《呼吸防护用品自吸过滤式防颗粒物呼吸器》（GB2626）、《呼吸防护用品的选择、使用及维护》（GB/T18664）、《防护服装化学防护服的选择、使用和维护》（GB/T24536）、《手部防护 防护手套的选择、使用和维护指南》（GB/T29512）和《个体防护装备足部防护鞋（靴）的选择、使用和维护指南》（GB/T28409）等标准。

（二）接触噪声的劳动者，当暴露于 $80dB \leqslant LEX，8h < 85dB$ 的工作场所时，用人单位应当根据劳动者需求为其配备适用的护听器；当暴露于 $LEX，8h \geqslant 85dB$ 的工作场所时，用人单位必须为劳动者配备适用的护听器，并指导劳动者正确佩戴和使用（见附件2）。具体可参照《护听器的选择指南》（GB/T23466）。

（三）工作场所中存在电离辐射危害的，经危害评价确认劳动者需佩戴劳动防护用品的，用人单位可参照电离辐射的相关标准及《个体防护装备配备基本要求》（GB/T29510）为劳动者配备劳动防护用品，并指导劳动者正确佩戴和使用。

（四）从事存在物体坠落、碎屑飞溅、转动机械和锋利器具等作业的劳动者,用人单位还可参照《个体防护装备选用规范》(GB/T11651)、《头部防护安全帽选用规范》(GB/T30041)和《坠落防护装备安全使用规范》(GB/T23468)等标准,为劳动者配备适用的劳动防护用品。

第十二条 同一工作地点存在不同种类的危险、有害因素的,应当为劳动者同时提供防御各类危害的劳动防护用品。需要同时配备的劳动防护用品,还应考虑其可兼容性。

劳动者在不同地点工作,并接触不同的危险、有害因素,或接触不同的危害程度的有害因素的,为其选配的劳动防护用品应满足不同工作地点的防护需求。

第十三条 劳动防护用品的选择还应当考虑其佩戴的合适性和基本舒适性,根据个人特点和需求选择适合号型、式样。

第十四条 用人单位应当在可能发生急性职业损伤的有毒、有害工作场所配备应急劳动防护用品,放置于现场临近位置并有醒目标识。

用人单位应当为巡检等流动性作业的劳动者配备随身携带的个人应急防护用品。

第三章 劳动防护用品采购、发放、培训及使用

第十五条 用人单位应当根据劳动者工作场所中存在的危险、有害因素种类及危害程度、劳动环境条件、劳动防护用品有效使用时间制定适合本单位的劳动防护用品配备标准(见附件3)。

第十六条 用人单位应当根据劳动防护用品配备标准制定采购计划,购买符合标准的合格产品。

第十七条 用人单位应当查验并保存劳动防护用品检验报告等质量证明文件的原件或复印件。

第十八条 用人单位应当按照本单位制定的配备标准发放劳动防护用品,并作好登记(见附件4)。

第十九条　用人单位应当对劳动者进行劳动防护用品的使用、维护等专业知识的培训。

第二十条　用人单位应当督促劳动者在使用劳动防护用品前，对劳动防护用品进行检查，确保外观完好、部件齐全、功能正常。

第二十一条　用人单位应当定期对劳动防护用品的使用情况进行检查，确保劳动者正确使用。

第四章　劳动防护用品维护、更换及报废

第二十二条　劳动防护用品应当按照要求妥善保存，及时更换，保证其在有效期内。

公用的劳动防护用品应当由车间或班组统一保管，定期维护。

第二十三条　用人单位应当对应急劳动防护用品进行经常性的维护、检修，定期检测劳动防护用品的性能和效果，保证其完好有效。

第二十四条　用人单位应当按照劳动防护用品发放周期定期发放，对工作过程中损坏的，用人单位应及时更换。

第二十五条　安全帽、呼吸器、绝缘手套等安全性能要求高、易损耗的劳动防护用品，应当按照有效防护功能最低指标和有效使用期，到期强制报废。

第五章　附　　则

第二十六条　本规范所称的工作地点，是指劳动者从事职业活动或进行生产管理而经常或定时停留的岗位和作业地点。

第二十七条　煤矿劳动防护用品的管理，按照《煤矿职业安全卫生个体防护用品配备标准》（AQ1051）规定执行。

附件1：劳动防护用品选择程序（略）

附件2：呼吸器和护听器的选用（略）

附件3：用人单位劳动防护用品配备标准（略）

附件4：劳动防护用品发放登记表（略）

市场监管总局办公厅、住房和城乡建设部办公厅、应急管理部办公厅关于进一步加强安全帽等特种劳动防护用品监督管理工作的通知（节录）

（2019年7月4日 市监质监〔2019〕35号）

……

二、主要内容

（一）加强生产流通领域质量安全监管。

1. 全面落实企业主体责任。各级市场监管部门要加大对特种劳动防护用品的监管力度，督促企业全面落实产品质量主体责任，通过建立完善原料进厂查验、过程质量控制、成品出厂检验以及产品质量追溯等制度，切实履行法律法规规定的产品质量安全责任与义务，提高质量保障能力，促进行业健康发展。

2. 强化产品质量监督抽查。各级市场监管部门要结合本地区行业状况，统筹做好生产和流通领域特种劳动防护用品的质量监督抽查。要以建材市场、批发零售市场、工地周边、城乡结合部劳保商店以及电商平台等为重点场所，以防护性能等涉及安全的指标为重点项目，加大对流通领域的监督抽查力度，提高抽查比重，扩大抽查范围。对抽查不合格的生产、销售企业，要依法严肃处理。

3. 严厉打击质量违法行为。各级市场监管部门对制假"黑窝点"，要报请当地政府予以取缔；对违反产品标识规定、伪造冒用质量标志、偷工减料、以次充好、以不合格产品冒充合格产品等行为，要依法查处。要加强对电商平台的监督管理，督促其落实法定责任，规范网络交易行为。

(二) 加强使用环节监督管理。

1. 加强采购进场监管。各级住房和城乡建设、应急管理部门要督促建筑施工企业、相关工矿企业等特种劳动防护用品使用单位采购持有营业执照和出厂检验合格报告的生产厂家生产的产品；要求使用单位严格控制进场验收程序，建立特种劳动防护用品收货验收制度，并留存生产企业的产品合格证和检验检测报告，所配发的劳动防护用品安全防护性能要符合国家或行业标准，禁止质量不合格、资料不齐全或假冒伪劣产品进入现场。

2. 加强现场使用监管。各级住房和城乡建设、应急管理部门要督促使用单位按照国家规定，免费发放和管理特种劳动防护用品，并建立验货、保管、发放、使用、更换、报废等管理制度，及时形成管理档案；对存有疑义或发现与检测报告不符的，要将该批产品退出现场，重新购置质量达标的产品并进行见证取样送检。要落实施工总承包单位的管理责任，鼓励实行统一采购配发的管理制度。

3. 加强日常检查管理。各级住房和城乡建设、应急管理部门要督促使用单位切实加强对作业现场特种劳动防护用品质量和使用情况的日常监督管理，并形成检查台账。对不符合质量要求及破损的劳动防护用品要及时处理更换；对到报废期的劳动防护用品，要立即进行报废处理；已损坏的，不得擅自修补使用。

(三) 构建监管长效机制。

1. 实施失信企业联合惩戒。各级主管部门对生产、销售和使用特种劳动防护用品过程中的违法行为作出的行政处罚，应及时归集至国家企业信用信息公示系统并依法向社会公示。要加强安全信用建设，建立守信激励和失信惩戒机制，将信用情况作为招投标、资质资格、施工许可等市场准入管理的重要依据。对于严重失信行为，要依法依规列入"黑名单"，与有关部门实施联合惩戒。

2. 实施质量安全手册制度。要落实企业安全生产主体责任，提高从业人员安全素质，提升现场安全管理能力。

3. 加强劳动防护知识普及。开展各种形式的宣传教育和培训活动，普及劳动防护知识，提高企业安全生产管理水平和职工自我保护意识。

4. 加强质量监管信息联动。各级主管部门要加强与辖区内特种劳动防护用品使用单位的信息联动，鼓励使用单位及个人积极反馈质量问题，及时获取不合格产品及生产销售企业的相关情况。对不在本辖区的生产企业，要及时向企业所在地监管部门通报。要建立不合格特种劳动防护用品信息公示制度，为企业购买产品提供信息服务。

三、保障措施

（一）加强组织领导。各级市场监管、住房和城乡建设、应急管理部门要以对劳动者生命安全和职业健康高度负责的态度，充分认识加强特种劳动防护用品监管工作的重要意义，加强领导、精心组织、认真部署、明确责任，层层督促落实。

（二）强化督促检查。各级市场监管、住房和城乡建设、应急管理部门要加强对特种劳动防护用品生产、销售和使用单位的监督检查，对发现的问题要严格依照相关法律法规处罚，对问题突出的生产、销售、使用单位要进行约谈，并公开曝光。

（三）加强部门联动。各级住房和城乡建设、应急管理部门要将在日常监督检查中发现的特种劳动防护用品质量问题线索，及时向同级市场监管部门通报，市场监管部门要根据线索倒查市场流通和生产环节，努力从源头消除问题和隐患。

（四）严格追责问责。对未使用符合国家或行业标准的特种劳动防护用品，特种劳动防护用品进入现场前未经查验或查验不合格即投入使用，因特种劳动防护用品管理混乱给作业人员带来事故伤害及职业危害的责任单位和责任人，依法追究相关责任。

（三）职业健康管理

中华人民共和国职业病防治法

（2001年10月27日第九届全国人民代表大会常务委员会第二十四次会议通过　根据2011年12月31日第十一届全国人民代表大会常务委员会第二十四次会议《关于修改〈中华人民共和国职业病防治法〉的决定》第一次修正

根据2016年7月2日第十二届全国人民代表大会常务委员会第二十一次会议《关于修改〈中华人民共和国节约能源法〉等六部法律的决定》第二次修正　根据2017年11月4日第十二届全国人民代表大会常务委员会第三十次会议《关于修改〈中华人民共和国会计法〉等十一部法律的决定》第三次修正　根据2018年12月29日第十三届全国人民代表大会常务委员会第七次会议《关于修改〈中华人民共和国劳动法〉等七部法律的决定》第四次修正）

目　录

第一章　总　　则
第二章　前期预防
第三章　劳动过程中的防护与管理
第四章　职业病诊断与职业病病人保障
第五章　监督检查
第六章　法律责任
第七章　附　　则

第一章 总　则

第一条　为了预防、控制和消除职业病危害，防治职业病，保护劳动者健康及其相关权益，促进经济社会发展，根据宪法，制定本法。

第二条　本法适用于中华人民共和国领域内的职业病防治活动。

本法所称职业病，是指企业、事业单位和个体经济组织等用人单位的劳动者在职业活动中，因接触粉尘、放射性物质和其他有毒、有害因素而引起的疾病。

职业病的分类和目录由国务院卫生行政部门会同国务院劳动保障行政部门制定、调整并公布。

第三条　职业病防治工作坚持预防为主、防治结合的方针，建立用人单位负责、行政机关监管、行业自律、职工参与和社会监督的机制，实行分类管理、综合治理。

第四条　劳动者依法享有职业卫生保护的权利。

用人单位应当为劳动者创造符合国家职业卫生标准和卫生要求的工作环境和条件，并采取措施保障劳动者获得职业卫生保护。

工会组织依法对职业病防治工作进行监督，维护劳动者的合法权益。用人单位制定或者修改有关职业病防治的规章制度，应当听取工会组织的意见。

第五条　用人单位应当建立、健全职业病防治责任制，加强对职业病防治的管理，提高职业病防治水平，对本单位产生的职业病危害承担责任。

第六条　用人单位的主要负责人对本单位的职业病防治工作全面负责。

第七条　用人单位必须依法参加工伤保险。

国务院和县级以上地方人民政府劳动保障行政部门应当加强对工伤保险的监督管理，确保劳动者依法享受工伤保险待遇。

第八条 国家鼓励和支持研制、开发、推广、应用有利于职业病防治和保护劳动者健康的新技术、新工艺、新设备、新材料，加强对职业病的机理和发生规律的基础研究，提高职业病防治科学技术水平；积极采用有效的职业病防治技术、工艺、设备、材料；限制使用或者淘汰职业病危害严重的技术、工艺、设备、材料。

国家鼓励和支持职业病医疗康复机构的建设。

第九条 国家实行职业卫生监督制度。

国务院卫生行政部门、劳动保障行政部门依照本法和国务院确定的职责，负责全国职业病防治的监督管理工作。国务院有关部门在各自的职责范围内负责职业病防治的有关监督管理工作。

县级以上地方人民政府卫生行政部门、劳动保障行政部门依据各自职责，负责本行政区域内职业病防治的监督管理工作。县级以上地方人民政府有关部门在各自的职责范围内负责职业病防治的有关监督管理工作。

县级以上人民政府卫生行政部门、劳动保障行政部门（以下统称职业卫生监督管理部门）应当加强沟通，密切配合，按照各自职责分工，依法行使职权，承担责任。

第十条 国务院和县级以上地方人民政府应当制定职业病防治规划，将其纳入国民经济和社会发展计划，并组织实施。

县级以上地方人民政府统一负责、领导、组织、协调本行政区域的职业病防治工作，建立健全职业病防治工作体制、机制，统一领导、指挥职业卫生突发事件应对工作；加强职业病防治能力建设和服务体系建设，完善、落实职业病防治工作责任制。

乡、民族乡、镇的人民政府应当认真执行本法，支持职业卫生监督管理部门依法履行职责。

第十一条 县级以上人民政府职业卫生监督管理部门应当加强对职业病防治的宣传教育，普及职业病防治的知识，增强用人单位的职业病防治观念，提高劳动者的职业健康意识、自我保护意识和行使职业卫生保护权利的能力。

第十二条 有关防治职业病的国家职业卫生标准，由国务院卫生行政部门组织制定并公布。

国务院卫生行政部门应当组织开展重点职业病监测和专项调查，对职业健康风险进行评估，为制定职业卫生标准和职业病防治政策提供科学依据。

县级以上地方人民政府卫生行政部门应当定期对本行政区域的职业病防治情况进行统计和调查分析。

第十三条 任何单位和个人有权对违反本法的行为进行检举和控告。有关部门收到相关的检举和控告后，应当及时处理。

对防治职业病成绩显著的单位和个人，给予奖励。

第二章 前期预防

第十四条 用人单位应当依照法律、法规要求，严格遵守国家职业卫生标准，落实职业病预防措施，从源头上控制和消除职业病危害。

第十五条 产生职业病危害的用人单位的设立除应当符合法律、行政法规规定的设立条件外，其工作场所还应当符合下列职业卫生要求：

（一）职业病危害因素的强度或者浓度符合国家职业卫生标准；

（二）有与职业病危害防护相适应的设施；

（三）生产布局合理，符合有害与无害作业分开的原则；

（四）有配套的更衣间、洗浴间、孕妇休息间等卫生设施；

（五）设备、工具、用具等设施符合保护劳动者生理、心理健康的要求；

（六）法律、行政法规和国务院卫生行政部门关于保护劳动者健康的其他要求。

第十六条 国家建立职业病危害项目申报制度。

用人单位工作场所存在职业病目录所列职业病的危害因素的,应当及时、如实向所在地卫生行政部门申报危害项目,接受监督。

职业病危害因素分类目录由国务院卫生行政部门制定、调整并公布。职业病危害项目申报的具体办法由国务院卫生行政部门制定。

第十七条 新建、扩建、改建建设项目和技术改造、技术引进项目(以下统称建设项目)可能产生职业病危害的,建设单位在可行性论证阶段应当进行职业病危害预评价。

医疗机构建设项目可能产生放射性职业病危害的,建设单位应当向卫生行政部门提交放射性职业病危害预评价报告。卫生行政部门应当自收到预评价报告之日起三十日内,作出审核决定并书面通知建设单位。未提交预评价报告或者预评价报告未经卫生行政部门审核同意的,不得开工建设。

职业病危害预评价报告应当对建设项目可能产生的职业病危害因素及其对工作场所和劳动者健康的影响作出评价,确定危害类别和职业病防护措施。

建设项目职业病危害分类管理办法由国务院卫生行政部门制定。

第十八条 建设项目的职业病防护设施所需费用应当纳入建设项目工程预算,并与主体工程同时设计,同时施工,同时投入生产和使用。

建设项目的职业病防护设施设计应当符合国家职业卫生标准和卫生要求;其中,医疗机构放射性职业病危害严重的建设项目的防护设施设计,应当经卫生行政部门审查同意后,方可施工。

建设项目在竣工验收前,建设单位应当进行职业病危害控制效果评价。

医疗机构可能产生放射性职业病危害的建设项目竣工验收时,其放射性职业病防护设施经卫生行政部门验收合格后,方可投入使用;其他建设项目的职业病防护设施应当由建设单位负责依法组织验收，验收合格后，方可投入生产和使用。卫生行政部门应当加强对建设单位组织的验收活动和验收结果的监督核查。

第十九条 国家对从事放射性、高毒、高危粉尘等作业实行特殊管理。具体管理办法由国务院制定。

第三章 劳动过程中的防护与管理

第二十条 用人单位应当采取下列职业病防治管理措施：

（一）设置或者指定职业卫生管理机构或者组织，配备专职或者兼职的职业卫生管理人员，负责本单位的职业病防治工作；

（二）制定职业病防治计划和实施方案；

（三）建立、健全职业卫生管理制度和操作规程；

（四）建立、健全职业卫生档案和劳动者健康监护档案；

（五）建立、健全工作场所职业病危害因素监测及评价制度；

（六）建立、健全职业病危害事故应急救援预案。

第二十一条 用人单位应当保障职业病防治所需的资金投入，不得挤占、挪用，并对因资金投入不足导致的后果承担责任。

第二十二条 用人单位必须采用有效的职业病防护设施，并为劳动者提供个人使用的职业病防护用品。

用人单位为劳动者个人提供的职业病防护用品必须符合防治职业病的要求；不符合要求的，不得使用。

第二十三条 用人单位应当优先采用有利于防治职业病和保护劳动者健康的新技术、新工艺、新设备、新材料，逐步替代职业病危害严重的技术、工艺、设备、材料。

第二十四条 产生职业病危害的用人单位，应当在醒目位置设置公告栏，公布有关职业病防治的规章制度、操作规程、职业病危害事故应急救援措施和工作场所职业病危害因素检测结果。

对产生严重职业病危害的作业岗位，应当在其醒目位置，设置警示标识和中文警示说明。警示说明应当载明产生职业病危害的种类、后果、预防以及应急救治措施等内容。

第二十五条 对可能发生急性职业损伤的有毒、有害工作场所，用人单位应当设置报警装置，配置现场急救用品、冲洗设备、应急撤离通道和必要的泄险区。

对放射工作场所和放射性同位素的运输、贮存，用人单位必须配置防护设备和报警装置，保证接触放射线的工作人员佩戴个人剂量计。

对职业病防护设备、应急救援设施和个人使用的职业病防护用品，用人单位应当进行经常性的维护、检修，定期检测其性能和效果，确保其处于正常状态，不得擅自拆除或者停止使用。

第二十六条 用人单位应当实施由专人负责的职业病危害因素日常监测，并确保监测系统处于正常运行状态。

用人单位应当按照国务院卫生行政部门的规定，定期对工作场所进行职业病危害因素检测、评价。检测、评价结果存入用人单位职业卫生档案，定期向所在地卫生行政部门报告并向劳动者公布。

职业病危害因素检测、评价由依法设立的取得国务院卫生行政部门或者设区的市级以上地方人民政府卫生行政部门按照职责分工给予资质认可的职业卫生技术服务机构进行。职业卫生技术服务机构所作检测、评价应当客观、真实。

发现工作场所职业病危害因素不符合国家职业卫生标准和卫生要求时，用人单位应当立即采取相应治理措施，仍然达不到国家职业卫生标准和卫生要求的，必须停止存在职业病危害因素的作业；职业病危害因素经治理后，符合国家职业卫生标准和卫生要求的，方可重新作业。

第二十七条 职业卫生技术服务机构依法从事职业病危害因素检测、评价工作，接受卫生行政部门的监督检查。卫生行政部门应当依法履行监督职责。

第二十八条 向用人单位提供可能产生职业病危害的设备的，

应当提供中文说明书，并在设备的醒目位置设置警示标识和中文警示说明。警示说明应当载明设备性能、可能产生的职业病危害、安全操作和维护注意事项、职业病防护以及应急救治措施等内容。

第二十九条 向用人单位提供可能产生职业病危害的化学品、放射性同位素和含有放射性物质的材料的，应当提供中文说明书。说明书应当载明产品特性、主要成份、存在的有害因素、可能产生的危害后果、安全使用注意事项、职业病防护以及应急救治措施等内容。产品包装应当有醒目的警示标识和中文警示说明。贮存上述材料的场所应当在规定的部位设置危险物品标识或者放射性警示标识。

国内首次使用或者首次进口与职业病危害有关的化学材料，使用单位或者进口单位按照国家规定经国务院有关部门批准后，应当向国务院卫生行政部门报送该化学材料的毒性鉴定以及经有关部门登记注册或者批准进口的文件等资料。

进口放射性同位素、射线装置和含有放射性物质的物品的，按照国家有关规定办理。

第三十条 任何单位和个人不得生产、经营、进口和使用国家明令禁止使用的可能产生职业病危害的设备或者材料。

第三十一条 任何单位和个人不得将产生职业病危害的作业转移给不具备职业病防护条件的单位和个人。不具备职业病防护条件的单位和个人不得接受产生职业病危害的作业。

第三十二条 用人单位对采用的技术、工艺、设备、材料，应当知悉其产生的职业病危害，对有职业病危害的技术、工艺、设备、材料隐瞒其危害而采用的，对所造成的职业病危害后果承担责任。

第三十三条 用人单位与劳动者订立劳动合同（含聘用合同，下同）时，应当将工作过程中可能产生的职业病危害及其后果、职业病防护措施和待遇等如实告知劳动者，并在劳动合同中写明，不得隐瞒或者欺骗。

劳动者在已订立劳动合同期间因工作岗位或者工作内容变更，从事与所订立劳动合同中未告知的存在职业病危害的作业时，用人单位应当依照前款规定，向劳动者履行如实告知的义务，并协商变更原劳动合同相关条款。

用人单位违反前两款规定的，劳动者有权拒绝从事存在职业病危害的作业，用人单位不得因此解除与劳动者所订立的劳动合同。

第三十四条 用人单位的主要负责人和职业卫生管理人员应当接受职业卫生培训，遵守职业病防治法律、法规，依法组织本单位的职业病防治工作。

用人单位应当对劳动者进行上岗前的职业卫生培训和在岗期间的定期职业卫生培训，普及职业卫生知识，督促劳动者遵守职业病防治法律、法规、规章和操作规程，指导劳动者正确使用职业病防护设备和个人使用的职业病防护用品。

劳动者应当学习和掌握相关的职业卫生知识，增强职业病防范意识，遵守职业病防治法律、法规、规章和操作规程，正确使用、维护职业病防护设备和个人使用的职业病防护用品，发现职业病危害事故隐患应当及时报告。

劳动者不履行前款规定义务的，用人单位应当对其进行教育。

第三十五条 对从事接触职业病危害的作业的劳动者，用人单位应当按照国务院卫生行政部门的规定组织上岗前、在岗期间和离岗时的职业健康检查，并将检查结果书面告知劳动者。职业健康检查费用由用人单位承担。

用人单位不得安排未经上岗前职业健康检查的劳动者从事接触职业病危害的作业；不得安排有职业禁忌的劳动者从事其所禁忌的作业；对在职业健康检查中发现有与所从事的职业相关的健康损害的劳动者，应当调离原工作岗位，并妥善安置；对未进行离岗前职业健康检查的劳动者不得解除或者终止与其订立的劳动合同。

职业健康检查应当由取得《医疗机构执业许可证》的医疗卫生机构承担。卫生行政部门应当加强对职业健康检查工作的规范管理，具体管理办法由国务院卫生行政部门制定。

第三十六条　用人单位应当为劳动者建立职业健康监护档案，并按照规定的期限妥善保存。

职业健康监护档案应当包括劳动者的职业史、职业病危害接触史、职业健康检查结果和职业病诊疗等有关个人健康资料。

劳动者离开用人单位时，有权索取本人职业健康监护档案复印件，用人单位应当如实、无偿提供，并在所提供的复印件上签章。

第三十七条　发生或者可能发生急性职业病危害事故时，用人单位应当立即采取应急救援和控制措施，并及时报告所在地卫生行政部门和有关部门。卫生行政部门接到报告后，应当及时会同有关部门组织调查处理；必要时，可以采取临时控制措施。卫生行政部门应当组织做好医疗救治工作。

对遭受或者可能遭受急性职业病危害的劳动者，用人单位应当及时组织救治、进行健康检查和医学观察，所需费用由用人单位承担。

第三十八条　用人单位不得安排未成年工从事接触职业病危害的作业；不得安排孕期、哺乳期的女职工从事对本人和胎儿、婴儿有危害的作业。

第三十九条　劳动者享有下列职业卫生保护权利：

（一）获得职业卫生教育、培训；

（二）获得职业健康检查、职业病诊疗、康复等职业病防治服务；

（三）了解工作场所产生或者可能产生的职业病危害因素、危害后果和应当采取的职业病防护措施；

（四）要求用人单位提供符合防治职业病要求的职业病防护设施和个人使用的职业病防护用品，改善工作条件；

（五）对违反职业病防治法律、法规以及危及生命健康的行为

提出批评、检举和控告;

（六）拒绝违章指挥和强令进行没有职业病防护措施的作业;

（七）参与用人单位职业卫生工作的民主管理,对职业病防治工作提出意见和建议。

用人单位应当保障劳动者行使前款所列权利。因劳动者依法行使正当权利而降低其工资、福利等待遇或者解除、终止与其订立的劳动合同的,其行为无效。

第四十条 工会组织应当督促并协助用人单位开展职业卫生宣传教育和培训,有权对用人单位的职业病防治工作提出意见和建议,依法代表劳动者与用人单位签订劳动安全卫生专项集体合同,与用人单位就劳动者反映的有关职业病防治的问题进行协调并督促解决。

工会组织对用人单位违反职业病防治法律、法规,侵犯劳动者合法权益的行为,有权要求纠正;产生严重职业病危害时,有权要求采取防护措施,或者向政府有关部门建议采取强制性措施;发生职业病危害事故时,有权参与事故调查处理;发现危及劳动者生命健康的情形时,有权向用人单位建议组织劳动者撤离危险现场,用人单位应当立即作出处理。

第四十一条 用人单位按照职业病防治要求,用于预防和治理职业病危害、工作场所卫生检测、健康监护和职业卫生培训等费用,按照国家有关规定,在生产成本中据实列支。

第四十二条 职业卫生监督管理部门应当按照职责分工,加强对用人单位落实职业病防护管理措施情况的监督检查,依法行使职权,承担责任。

第四章 职业病诊断与职业病病人保障

第四十三条 职业病诊断应当由取得《医疗机构执业许可证》的医疗卫生机构承担。卫生行政部门应当加强对职业病诊断工作的规范管理，具体管理办法由国务院卫生行政部门制定。

承担职业病诊断的医疗卫生机构还应当具备下列条件：

（一）具有与开展职业病诊断相适应的医疗卫生技术人员；

（二）具有与开展职业病诊断相适应的仪器、设备；

（三）具有健全的职业病诊断质量管理制度。

承担职业病诊断的医疗卫生机构不得拒绝劳动者进行职业病诊断的要求。

第四十四条 劳动者可以在用人单位所在地、本人户籍所在地或者经常居住地依法承担职业病诊断的医疗卫生机构进行职业病诊断。

第四十五条 职业病诊断标准和职业病诊断、鉴定办法由国务院卫生行政部门制定。职业病伤残等级的鉴定办法由国务院劳动保障行政部门会同国务院卫生行政部门制定。

第四十六条 职业病诊断，应当综合分析下列因素：

（一）病人的职业史；

（二）职业病危害接触史和工作场所职业病危害因素情况；

（三）临床表现以及辅助检查结果等。

没有证据否定职业病危害因素与病人临床表现之间的必然联系的，应当诊断为职业病。

职业病诊断证明书应当由参与诊断的取得职业病诊断资格的执业医师签署，并经承担职业病诊断的医疗卫生机构审核盖章。

第四十七条 用人单位应当如实提供职业病诊断、鉴定所需的劳动者职业史和职业病危害接触史、工作场所职业病危害因素检测结果等资料；卫生行政部门应当监督检查和督促用人单位提供上述资料；劳动者和有关机构也应当提供与职业病诊断、鉴定有关的资料。

职业病诊断、鉴定机构需要了解工作场所职业病危害因素情况时，可以对工作场所进行现场调查，也可以向卫生行政部门提出，卫生行政部门应当在十日内组织现场调查。用人单位不得拒绝、阻挠。

第四十八条 职业病诊断、鉴定过程中，用人单位不提供工作场所职业病危害因素检测结果等资料的，诊断、鉴定机构应当结合劳动者的临床表现、辅助检查结果和劳动者的职业史、职业病危害接触史，并参考劳动者的自述、卫生行政部门提供的日常监督检查信息等，作出职业病诊断、鉴定结论。

劳动者对用人单位提供的工作场所职业病危害因素检测结果等资料有异议，或者因劳动者的用人单位解散、破产，无用人单位提供上述资料的，诊断、鉴定机构应当提请卫生行政部门进行调查，卫生行政部门应当自接到申请之日起三十日内对存在异议的资料或者工作场所职业病危害因素情况作出判定；有关部门应当配合。

第四十九条 职业病诊断、鉴定过程中，在确认劳动者职业史、职业病危害接触史时，当事人对劳动关系、工种、工作岗位或者在岗时间有争议的，可以向当地的劳动人事争议仲裁委员会申请仲裁；接到申请的劳动人事争议仲裁委员会应当受理，并在三十日内作出裁决。

当事人在仲裁过程中对自己提出的主张，有责任提供证据。劳动者无法提供由用人单位掌握管理的与仲裁主张有关的证据的，仲裁庭应当要求用人单位在指定期限内提供；用人单位在指定期限内不提供的，应当承担不利后果。

劳动者对仲裁裁决不服的，可以依法向人民法院提起诉讼。

用人单位对仲裁裁决不服的，可以在职业病诊断、鉴定程序结束之日起十五日内依法向人民法院提起诉讼；诉讼期间，劳动者的治疗费用按照职业病待遇规定的途径支付。

第五十条 用人单位和医疗卫生机构发现职业病病人或者疑似职业病病人时，应当及时向所在地卫生行政部门报告。确诊为职业病的，用人单位还应当向所在地劳动保障行政部门报告。接到报告的部门应当依法作出处理。

第五十一条 县级以上地方人民政府卫生行政部门负责本行政区域内的职业病统计报告的管理工作，并按照规定上报。

第五十二条 当事人对职业病诊断有异议的，可以向作出诊断的医疗卫生机构所在地地方人民政府卫生行政部门申请鉴定。

职业病诊断争议由设区的市级以上地方人民政府卫生行政部门根据当事人的申请，组织职业病诊断鉴定委员会进行鉴定。

当事人对设区的市级职业病诊断鉴定委员会的鉴定结论不服的，可以向省、自治区、直辖市人民政府卫生行政部门申请再鉴定。

第五十三条 职业病诊断鉴定委员会由相关专业的专家组成。

省、自治区、直辖市人民政府卫生行政部门应当设立相关的专家库，需要对职业病争议作出诊断鉴定时，由当事人或者当事人委托有关卫生行政部门从专家库中以随机抽取的方式确定参加诊断鉴定委员会的专家。

职业病诊断鉴定委员会应当按照国务院卫生行政部门颁布的职业病诊断标准和职业病诊断、鉴定办法进行职业病诊断鉴定，向当事人出具职业病诊断鉴定书。职业病诊断、鉴定费用由用人单位承担。

第五十四条 职业病诊断鉴定委员会组成人员应当遵守职业道德，客观、公正地进行诊断鉴定，并承担相应的责任。职业病诊断鉴定委员会组成人员不得私下接触当事人，不得收受当事人的财物或者其他好处，与当事人有利害关系的，应当回避。

人民法院受理有关案件需要进行职业病鉴定时，应当从省、自治区、直辖市人民政府卫生行政部门依法设立的相关的专家库中选取参加鉴定的专家。

第五十五条 医疗卫生机构发现疑似职业病病人时，应当告知劳动者本人并及时通知用人单位。

用人单位应当及时安排对疑似职业病病人进行诊断；在疑似职

业病病人诊断或者医学观察期间，不得解除或者终止与其订立的劳动合同。

疑似职业病病人在诊断、医学观察期间的费用，由用人单位承担。

第五十六条 用人单位应当保障职业病病人依法享受国家规定的职业病待遇。

用人单位应当按照国家有关规定，安排职业病病人进行治疗、康复和定期检查。

用人单位对不适宜继续从事原工作的职业病病人，应当调离原岗位，并妥善安置。

用人单位对从事接触职业病危害的作业的劳动者，应当给予适当岗位津贴。

第五十七条 职业病病人的诊疗、康复费用，伤残以及丧失劳动能力的职业病病人的社会保障，按照国家有关工伤保险的规定执行。

第五十八条 职业病病人除依法享有工伤保险外，依照有关民事法律，尚有获得赔偿的权利的，有权向用人单位提出赔偿要求。

第五十九条 劳动者被诊断患有职业病，但用人单位没有依法参加工伤保险的，其医疗和生活保障由该用人单位承担。

第六十条 职业病病人变动工作单位，其依法享有的待遇不变。

用人单位在发生分立、合并、解散、破产等情形时，应当对从事接触职业病危害的作业的劳动者进行健康检查，并按照国家有关规定妥善安置职业病病人。

第六十一条 用人单位已经不存在或者无法确认劳动关系的职业病病人，可以向地方人民政府医疗保障、民政部门申请医疗救助和生活等方面的救助。

地方各级人民政府应当根据本地区的实际情况，采取其他措施，使前款规定的职业病病人获得医疗救治。

第五章 监 督 检 查

第六十二条 县级以上人民政府职业卫生监督管理部门依照职业病防治法律、法规、国家职业卫生标准和卫生要求，依据职责划分，对职业病防治工作进行监督检查。

第六十三条 卫生行政部门履行监督检查职责时，有权采取下列措施：

（一）进入被检查单位和职业病危害现场，了解情况，调查取证；

（二）查阅或者复制与违反职业病防治法律、法规的行为有关的资料和采集样品；

（三）责令违反职业病防治法律、法规的单位和个人停止违法行为。

第六十四条 发生职业病危害事故或者有证据证明危害状态可能导致职业病危害事故发生时，卫生行政部门可以采取下列临时控制措施：

（一）责令暂停导致职业病危害事故的作业；

（二）封存造成职业病危害事故或者可能导致职业病危害事故发生的材料和设备；

（三）组织控制职业病危害事故现场。

在职业病危害事故或者危害状态得到有效控制后，卫生行政部门应当及时解除控制措施。

第六十五条 职业卫生监督执法人员依法执行职务时，应当出示监督执法证件。

职业卫生监督执法人员应当忠于职守，秉公执法，严格遵守执法规范；涉及用人单位的秘密的，应当为其保密。

第六十六条 职业卫生监督执法人员依法执行职务时，被检查单位应当接受检查并予以支持配合，不得拒绝和阻碍。

第六十七条 卫生行政部门及其职业卫生监督执法人员履行职责时，不得有下列行为：

（一）对不符合法定条件的，发给建设项目有关证明文件、资质证明文件或者予以批准；

（二）对已经取得有关证明文件的，不履行监督检查职责；

（三）发现用人单位存在职业病危害的，可能造成职业病危害事故，不及时依法采取控制措施；

（四）其他违反本法的行为。

第六十八条 职业卫生监督执法人员应当依法经过资格认定。

职业卫生监督管理部门应当加强队伍建设，提高职业卫生监督执法人员的政治、业务素质，依照本法和其他有关法律、法规的规定，建立、健全内部监督制度，对其工作人员执行法律、法规和遵守纪律的情况，进行监督检查。

第六章 法律责任

第六十九条 建设单位违反本法规定，有下列行为之一的，由卫生行政部门给予警告，责令限期改正；逾期不改正的，处十万元以上五十万元以下的罚款；情节严重的，责令停止产生职业病危害的作业，或者提请有关人民政府按照国务院规定的权限责令停建、关闭：

（一）未按照规定进行职业病危害预评价的；

（二）医疗机构可能产生放射性职业病危害的建设项目未按照规定提交放射性职业病危害预评价报告，或者放射性职业病危害预评价报告未经卫生行政部门审核同意，开工建设的；

（三）建设项目的职业病防护设施未按照规定与主体工程同时设计、同时施工、同时投入生产和使用的；

（四）建设项目的职业病防护设施设计不符合国家职业卫生标准和卫生要求，或者医疗机构放射性职业病危害严重的建设项目的防护设施设计未经卫生行政部门审查同意擅自施工的；

（五）未按照规定对职业病防护设施进行职业病危害控制效果评价的；

（六）建设项目竣工投入生产和使用前，职业病防护设施未按照规定验收合格的。

第七十条 违反本法规定，有下列行为之一的，由卫生行政部门给予警告，责令限期改正；逾期不改正的，处十万元以下的罚款：

（一）工作场所职业病危害因素检测、评价结果没有存档、上报、公布的；

（二）未采取本法第二十条规定的职业病防治管理措施的；

（三）未按照规定公布有关职业病防治的规章制度、操作规程、职业病危害事故应急救援措施的；

（四）未按照规定组织劳动者进行职业卫生培训，或者未对劳动者个人职业病防护采取指导、督促措施的；

（五）国内首次使用或者首次进口与职业病危害有关的化学材料，未按照规定报送毒性鉴定资料以及经有关部门登记注册或者批准进口的文件的。

第七十一条 用人单位违反本法规定，有下列行为之一的，由卫生行政部门责令限期改正，给予警告，可以并处五万元以上十万元以下的罚款：

（一）未按照规定及时、如实向卫生行政部门申报产生职业病危害的项目的；

（二）未实施由专人负责的职业病危害因素日常监测，或者监测系统不能正常监测的；

（三）订立或者变更劳动合同时，未告知劳动者职业病危害真实情况的；

（四）未按照规定组织职业健康检查、建立职业健康监护档案

或者未将检查结果书面告知劳动者的;

（五）未依照本法规定在劳动者离开用人单位时提供职业健康监护档案复印件的。

第七十二条 用人单位违反本法规定，有下列行为之一的，由卫生行政部门给予警告，责令限期改正，逾期不改正的，处五万元以上二十万元以下的罚款；情节严重的，责令停止产生职业病危害的作业，或者提请有关人民政府按照国务院规定的权限责令关闭：

（一）工作场所职业病危害因素的强度或者浓度超过国家职业卫生标准的；

（二）未提供职业病防护设施和个人使用的职业病防护用品，或者提供的职业病防护设施和个人使用的职业病防护用品不符合国家职业卫生标准和卫生要求的；

（三）对职业病防护设备、应急救援设施和个人使用的职业病防护用品未按照规定进行维护、检修、检测，或者不能保持正常运行、使用状态的；

（四）未按照规定对工作场所职业病危害因素进行检测、评价的；

（五）工作场所职业病危害因素经治理仍然达不到国家职业卫生标准和卫生要求时，未停止存在职业病危害因素的作业的；

（六）未按照规定安排职业病病人、疑似职业病病人进行诊治的；

（七）发生或者可能发生急性职业病危害事故时，未立即采取应急救援和控制措施或者未按照规定及时报告的；

（八）未按照规定在产生严重职业病危害的作业岗位醒目位置设置警示标识和中文警示说明的；

（九）拒绝职业卫生监督管理部门监督检查的；

（十）隐瞒、伪造、篡改、毁损职业健康监护档案、工作场所职业病危害因素检测评价结果等相关资料，或者拒不提供职业病诊断、鉴定所需资料的；

（十一）未按照规定承担职业病诊断、鉴定费用和职业病病人的医疗、生活保障费用的。

第七十三条 向用人单位提供可能产生职业病危害的设备、材料，未按照规定提供中文说明书或者设置警示标识和中文警示说明的，由卫生行政部门责令限期改正，给予警告，并处五万元以上二十万元以下的罚款。

第七十四条 用人单位和医疗卫生机构未按照规定报告职业病、疑似职业病的，由有关主管部门依据职责分工责令限期改正，给予警告，可以并处一万元以下的罚款；弄虚作假的，并处二万元以上五万元以下的罚款；对直接负责的主管人员和其他直接责任人员，可以依法给予降级或者撤职的处分。

第七十五条 违反本法规定，有下列情形之一的，由卫生行政部门责令限期治理，并处五万元以上三十万元以下的罚款；情节严重的，责令停止产生职业病危害的作业，或者提请有关人民政府按照国务院规定的权限责令关闭：

（一）隐瞒技术、工艺、设备、材料所产生的职业病危害而采用的；

（二）隐瞒本单位职业卫生真实情况的；

（三）可能发生急性职业损伤的有毒、有害工作场所、放射工作场所或者放射性同位素的运输、贮存不符合本法第二十五条规定的；

（四）使用国家明令禁止使用的可能产生职业病危害的设备或者材料的；

（五）将产生职业病危害的作业转移给没有职业病防护条件的单位和个人，或者没有职业病防护条件的单位和个人接受产生职业病危害的作业的；

（六）擅自拆除、停止使用职业病防护设备或者应急救援设施的；

（七）安排未经职业健康检查的劳动者、有职业禁忌的劳动者、未成年工或者孕期、哺乳期女职工从事接触职业病危害的作业或者禁忌作业的；

（八）违章指挥和强令劳动者进行没有职业病防护措施的作业的。

第七十六条 生产、经营或者进口国家明令禁止使用的可能产生职业病危害的设备或者材料的，依照有关法律、行政法规的规定给予处罚。

第七十七条 用人单位违反本法规定，已经对劳动者生命健康造成严重损害的，由卫生行政部门责令停止产生职业病危害的作业，或者提请有关人民政府按照国务院规定的权限责令关闭，并处十万元以上五十万元以下的罚款。

第七十八条 用人单位违反本法规定，造成重大职业病危害事故或者其他严重后果，构成犯罪的，对直接负责的主管人员和其他直接责任人员，依法追究刑事责任。

第七十九条 未取得职业卫生技术服务资质认可擅自从事职业卫生技术服务的，由卫生行政部门责令立即停止违法行为，没收违法所得；违法所得五千元以上的，并处违法所得二倍以上十倍以下的罚款；没有违法所得或者违法所得不足五千元的，并处五千元以上五万元以下的罚款；情节严重的，对直接负责的主管人员和其他直接责任人员，依法给予降级、撤职或者开除的处分。

第八十条 从事职业卫生技术服务的机构和承担职业病诊断的医疗卫生机构违反本法规定，有下列行为之一的，由卫生行政部门责令立即停止违法行为，给予警告，没收违法所得；违法所得五千元以上的，并处违法所得二倍以上五倍以下的罚款；没有违法所得或者违法所得不足五千元的，并处五千元以上二万元以下的罚款；情节严重的，由原认可或者登记机关取消其相应的资格；对直接负责的主管人员和其他直接责任人员，依法给予降级、撤职或者开除的处分；构成犯罪的，依法追究刑事责任：

（一）超出资质认可或者诊疗项目登记范围从事职业卫生技术服务或者职业病诊断的；

（二）不按照本法规定履行法定职责的；

（三）出具虚假证明文件的。

第八十一条 职业病诊断鉴定委员会组成人员收受职业病诊断争议当事人的财物或者其他好处的，给予警告，没收收受的财物，可以并处三千元以上五万元以下的罚款，取消其担任职业病诊断鉴定委员会组成人员的资格，并从省、自治区、直辖市人民政府卫生行政部门设立的专家库中予以除名。

第八十二条 卫生行政部门不按照规定报告职业病和职业病危害事故的，由上一级行政部门责令改正，通报批评，给予警告；虚报、瞒报的，对单位负责人、直接负责的主管人员和其他直接责任人员依法给予降级、撤职或者开除的处分。

第八十三条 县级以上地方人民政府在职业病防治工作中未依照本法履行职责，本行政区域出现重大职业病危害事故、造成严重社会影响的，依法对直接负责的主管人员和其他直接责任人员给予记大过直至开除的处分。

县级以上人民政府职业卫生监督管理部门不履行本法规定的职责，滥用职权、玩忽职守、徇私舞弊，依法对直接负责的主管人员和其他直接责任人员给予记大过或者降级的处分；造成职业病危害事故或者其他严重后果的，依法给予撤职或者开除的处分。

第八十四条 违反本法规定，构成犯罪的，依法追究刑事责任。

第七章　附　　则

第八十五条 本法下列用语的含义：

职业病危害，是指对从事职业活动的劳动者可能导致职业病的各种危害。职业病危害因素包括：职业活动中存在的各种有害的化学、物理、生物因素以及在作业过程中产生的其他职业有害因素。

职业禁忌，是指劳动者从事特定职业或者接触特定职业病危害因素时，比一般职业人群更易于遭受职业病危害和罹患职业病或者可能导致原有自身疾病病情加重，或者在从事作业过程中诱发可能导致对他人生命健康构成危险的疾病的个人特殊生理或者病理状态。

第八十六条 本法第二条规定的用人单位以外的单位，产生职业病危害的，其职业病防治活动可以参照本法执行。

劳务派遣用工单位应当履行本法规定的用人单位的义务。

中国人民解放军参照执行本法的办法，由国务院、中央军事委员会制定。

第八十七条 对医疗机构放射性职业病危害控制的监督管理，由卫生行政部门依照本法的规定实施。

第八十八条 本法自 2002 年 5 月 1 日起施行。

中华人民共和国尘肺病防治条例

（1987 年 12 月 3 日国务院发布）

第一章 总 则

第一条 为保护职工健康，消除粉尘危害，防止发生尘肺病，促进生产发展，制定本条例。

第二条 本条例适用于所有有粉尘作业的企业、事业单位。

第三条 尘肺病系指在生产活动中吸入粉尘而发生的肺组织纤维化为主的疾病。

第四条 地方各级人民政府要加强对尘肺病防治工作的领导。

在制定本地区国民经济和社会发展计划时，要统筹安排尘肺病防治工作。

第五条 企业、事业单位的主管部门应当根据国家卫生等有关标准，结合实际情况，制定所属企业的尘肺病防治规划，并督促其施行。

乡镇企业主管部门，必须指定专人负责乡镇企业尘肺病的防治工作，建立监督检查制度，并指导乡镇企业对尘肺病的防治工作。

第六条 企业、事业单位的负责人，对本单位的尘肺病防治工作负有直接责任，应采取有效措施使本单位的粉尘作业场所达到国家卫生标准。

第二章 防　　尘

第七条 凡有粉尘作业的企业、事业单位应采取综合防尘措施和无尘或低尘的新技术、新工艺、新设备，使作业场所的粉尘浓度不超过国家卫生标准。

第八条 尘肺病诊断标准由卫生行政部门制定，粉尘浓度卫生标准由卫生行政部门会同劳动等有关部门联合制定。

第九条 防尘设施的鉴定和定型制度，由劳动部门会同卫生行政部门制定。任何企业、事业单位除特殊情况外，未经上级主管部门批准，不得停止运行或者拆除防尘设施。

第十条 防尘经费应当纳入基本建设和技术改造经费计划，专款专用，不得挪用。

第十一条 严禁任何企业、事业单位将粉尘作业转嫁、外包或以联营的形式给没有防尘设施的乡镇、街道企业或个体工商户。

中、小学校各类校办的实习工厂或车间，禁止从事有粉尘的作业。

第十二条 职工使用的防止粉尘危害的防护用品，必须符合国家的有关标准。企业、事业单位应当建立严格的管理制度，并教育职工按规定和要求使用。

对初次从事粉尘作业的职工,由其所在单位进行防尘知识教育和考核,考试合格后方可从事粉尘作业。

不满十八周岁的未成年人,禁止从事粉尘作业。

第十三条 新建、改建、扩建、续建有粉尘作业的工程项目,防尘设施必须与主体工程同时设计、同时施工、同时投产。设计任务书,必须经当地卫生行政部门、劳动部门和工会组织审查同意后,方可施工。竣工验收,应由当地卫生行政部门、劳动部门和工会组织参加,凡不符合要求的,不得投产。

第十四条 作业场所的粉尘浓度超过国家卫生标准,又未积极治理,严重影响职工安全健康时,职工有权拒绝操作。

第三章 监督和监测

第十五条 卫生行政部门、劳动部门和工会组织分工协作,互相配合,对企业、事业单位的尘肺病防治工作进行监督。

第十六条 卫生行政部门负责卫生标准的监测;劳动部门负责劳动卫生工程技术标准的监测。

工会组织负责组织职工群众对本单位的尘肺病防治工作进行监督,并教育职工遵守操作规程与防尘制度。

第十七条 凡有粉尘作业的企业、事业单位,必须定期测定作业场所的粉尘浓度。测尘结果必须向主管部门和当地卫生行政部门、劳动部门和工会组织报告,并定期向职工公布。

从事粉尘作业的单位必须建立测尘资料档案。

第十八条 卫生行政部门和劳动部门,要对从事粉尘作业的企业、事业单位的测尘机构加强业务指导,并对测尘人员加强业务指导和技术培训。

第四章 健康管理

第十九条 各企业、事业单位对新从事粉尘作业的职工,必须进行健康检查。对在职和离职的从事粉尘作业的职工，必须定期进行健康检查。检查的内容、期限和尘肺病诊断标准，按卫生行政部门有关职业病管理的规定执行。

第二十条 各企业、事业单位必须贯彻执行职业病报告制度，按期向当地卫生行政部门、劳动部门、工会组织和本单位的主管部门报告职工尘肺病发生和死亡情况。

第二十一条 各企业、事业单位对已确诊为尘肺病的职工，必须调离粉尘作业岗位，并给予治疗或疗养。尘肺病患者的社会保险待遇，按国家有关规定办理。

第五章 奖励和处罚

第二十二条 对在尘肺病防治工作中做出显著成绩的单位和个人，由其上级主管部门给予奖励。

第二十三条 凡违反本条例规定，有下列行为之一的，卫生行政部门和劳动部门，可视其情节轻重，给予警告、限期治理、罚款和停业整顿的处罚。但停业整顿的处罚，需经当地人民政府同意。

（一）作业场所粉尘浓度超过国家卫生标准，逾期不采取措施的；

（二）任意拆除防尘设施，致使粉尘危害严重的；

（三）挪用防尘措施经费的；

（四）工程设计和竣工验收未经卫生行政部门、劳动部门和工会组织审查同意，擅自施工、投产的；

（五）将粉尘作业转嫁、外包或以联营的形式给没有防尘设施的乡镇、街道企业或个体工商户的；

（六）不执行健康检查制度和测尘制度的；

（七）强令尘肺病患者继续从事粉尘作业的；

（八）假报测尘结果或尘肺病诊断结果的；

（九）安排未成年人从事粉尘作业的。

第二十四条 当事人对处罚不服的,可在接到处罚通知之日起15日内,向作出处理的部门的上级机关申请复议。但是,对停业整顿的决定应当立即执行。上级机关应当在接到申请之日起30日内作出答复。对答复不服的,可以在接到答复之日起15日内,向人民法院起诉。

第二十五条 企业、事业单位负责人和监督、监测人员玩忽职守,致使公共财产、国家和人民利益遭受损失,情节轻微的,由其主管部门给予行政处分;造成重大损失,构成犯罪的,由司法机关依法追究直接责任人员的刑事责任。

第六章 附 则

第二十六条 本条例由国务院卫生行政部门和劳动部门联合进行解释。

第二十七条 各省、自治区、直辖市人民政府应当结合当地实际情况,制定本条例的实施办法。

第二十八条 本条例自发布之日起施行。

使用有毒物品作业场所劳动保护条例(节录)

(2002年4月30日国务院第57次常务会议通过
2002年5月12日中华人民共和国国务院令第352号公布
  自公布之日起施行)

......

第二章 作业场所的预防措施

第十一条 用人单位的设立,应当符合有关法律、行政法规规定的设立条件，并依法办理有关手续，取得营业执照。

用人单位的使用有毒物品作业场所，除应当符合职业病防治法规定的职业卫生要求外，还必须符合下列要求：

（一）作业场所与生活场所分开，作业场所不得住人；

（二）有害作业与无害作业分开，高毒作业场所与其他作业场所隔离；

（三）设置有效的通风装置；可能突然泄漏大量有毒物品或者易造成急性中毒的作业场所，设置自动报警装置和事故通风设施；

（四）高毒作业场所设置应急撤离通道和必要的泄险区。

用人单位及其作业场所符合前两款规定的，由卫生行政部门发给职业卫生安全许可证，方可从事使用有毒物品的作业。

第十二条 使用有毒物品作业场所应当设置黄色区域警示线、警示标识和中文警示说明。警示说明应当载明产生职业中毒危害的种类、后果、预防以及应急救治措施等内容。

高毒作业场所应当设置红色区域警示线、警示标识和中文警示说明，并设置通讯报警设备。

第十三条 新建、扩建、改建的建设项目和技术改造、技术引进项目（以下统称建设项目），可能产生职业中毒危害的，应当依照职业病防治法的规定进行职业中毒危害预评价，并经卫生行政部门审核同意；可能产生职业中毒危害的建设项目的职业中毒危害防护设施应当与主体工程同时设计，同时施工，同时投入生产和使用；建设项目竣工，应当进行职业中毒危害控制效果评价，并经卫生行政部门验收合格。

存在高毒作业的建设项目的职业中毒危害防护设施设计，应当经卫生行政部门进行卫生审查；经审查，符合国家职业卫生标准和卫生要求的，方可施工。

第十四条 用人单位应当按照国务院卫生行政部门的规定，向卫生行政部门及时、如实申报存在职业中毒危害项目。

从事使用高毒物品作业的用人单位，在申报使用高毒物品作业项目时，应当向卫生行政部门提交下列有关资料：

（一）职业中毒危害控制效果评价报告；

（二）职业卫生管理制度和操作规程等材料；

（三）职业中毒事故应急救援预案。

从事使用高毒物品作业的用人单位变更所使用的高毒物品品种的，应当依照前款规定向原受理申报的卫生行政部门重新申报。

第十五条 用人单位变更名称、法定代表人或者负责人的，应当向原受理申报的卫生行政部门备案。

第十六条 从事使用高毒物品作业的用人单位，应当配备应急救援人员和必要的应急救援器材、设备，制定事故应急救援预案，并根据实际情况变化对应急救援预案适时进行修订，定期组织演练。事故应急救援预案和演练记录应当报当地卫生行政部门、安全生产监督管理部门和公安部门备案。

第三章 劳动过程的防护

第十七条 用人单位应当依照职业病防治法的有关规定，采取有效的职业卫生防护管理措施，加强劳动过程中的防护与管理。

从事使用高毒物品作业的用人单位，应当配备专职的或者兼职的职业卫生医师和护士；不具备配备专职的或者兼职的职业卫生医师和护士条件的，应当与依法取得资质认证的职业卫生技术服务机构签订合同，由其提供职业卫生服务。

第十八条 用人单位应当与劳动者订立劳动合同，将工作过程中可能产生的职业中毒危害及其后果、职业中毒危害防护措施和待遇等如实告知劳动者，并在劳动合同中写明，不得隐瞒或者欺骗。

劳动者在已订立劳动合同期间因工作岗位或者工作内容变更，从事劳动合同中未告知的存在职业中毒危害的作业时，用人单位应当依照前款规定，如实告知劳动者，并协商变更原劳动合同有关条款。

用人单位违反前两款规定的，劳动者有权拒绝从事存在职业中毒危害的作业，用人单位不得因此单方面解除或者终止与劳动者所订立的劳动合同。

第十九条 用人单位有关管理人员应当熟悉有关职业病防治的法律、法规以及确保劳动者安全使用有毒物品作业的知识。

用人单位应当对劳动者进行上岗前的职业卫生培训和在岗期间的定期职业卫生培训，普及有关职业卫生知识，督促劳动者遵守有关法律、法规和操作规程，指导劳动者正确使用职业中毒危害防护设备和个人使用的职业中毒危害防护用品。

劳动者经培训考核合格，方可上岗作业。

第二十条 用人单位应当确保职业中毒危害防护设备、应急救援设施、通讯报警装置处于正常适用状态，不得擅自拆除或者停止运行。

用人单位应当对前款所列设施进行经常性的维护、检修，定期检测其性能和效果，确保其处于良好运行状态。

职业中毒危害防护设备、应急救援设施和通讯报警装置处于不正常状态时，用人单位应当立即停止使用有毒物品作业；恢复正常状态后，方可重新作业。

第二十一条 用人单位应当为从事使用有毒物品作业的劳动者提供符合国家职业卫生标准的防护用品，并确保劳动者正确使用。

第二十二条 有毒物品必须附具说明书，如实载明产品特性、主要成分、存在的职业中毒危害因素、可能产生的危害后果、安全使用注意事项、职业中毒危害防护以及应急救治措施等内容；没有说明书或者说明书不符合要求的，不得向用人单位销售。

用人单位有权向生产、经营有毒物品的单位索取说明书。

第二十三条 有毒物品的包装应当符合国家标准，并以易于劳动者理解的方式加贴或者拴挂有毒物品安全标签。有毒物品的包装必须有醒目的警示标识和中文警示说明。

经营、使用有毒物品的单位，不得经营、使用没有安全标签、警示标识和中文警示说明的有毒物品。

第二十四条 用人单位维护、检修存在高毒物品的生产装置，必须事先制订维护、检修方案，明确职业中毒危害防护措施，确保维护、检修人员的生命安全和身体健康。

维护、检修存在高毒物品的生产装置，必须严格按照维护、检修方案和操作规程进行。维护、检修现场应当有专人监护，并设置警示标志。

第二十五条 需要进入存在高毒物品的设备、容器或者狭窄封闭场所作业时，用人单位应当事先采取下列措施：

（一）保持作业场所良好的通风状态，确保作业场所职业中毒危害因素浓度符合国家职业卫生标准；

（二）为劳动者配备符合国家职业卫生标准的防护用品；

（三）设置现场监护人员和现场救援设备。

未采取前款规定措施或者采取的措施不符合要求的，用人单位不得安排劳动者进入存在高毒物品的设备、容器或者狭窄封闭场所作业。

第二十六条 用人单位应当按照国务院卫生行政部门的规定，定期对使用有毒物品作业场所职业中毒危害因素进行检测、评价。检测、评价结果存入用人单位职业卫生档案，定期向所在地卫生行政部门报告并向劳动者公布。

从事使用高毒物品作业的用人单位应当至少每一个月对高毒作业场所进行一次职业中毒危害因素检测；至少每半年进行一次职业中毒危害控制效果评价。

高毒作业场所职业中毒危害因素不符合国家职业卫生标准和卫生要求时，用人单位必须立即停止高毒作业，并采取相应的治理措施；经治理，职业中毒危害因素符合国家职业卫生标准和卫生要求的，方可重新作业。

第二十七条 从事使用高毒物品作业的用人单位应当设置淋浴间和更衣室，并设置清洗、存放或者处理从事使用高毒物品作业劳动者的工作服、工作鞋帽等物品的专用间。

劳动者结束作业时，其使用的工作服、工作鞋帽等物品必须存放在高毒作业区域内，不得穿戴到非高毒作业区域。

第二十八条 用人单位应当按照规定对从事使用高毒物品作业的劳动者进行岗位轮换。

用人单位应当为从事使用高毒物品作业的劳动者提供岗位津贴。

第二十九条 用人单位转产、停产、停业或者解散、破产的，应当采取有效措施，妥善处理留存或者残留有毒物品的设备、包装物和容器。

第三十条 用人单位应当对本单位执行本条例规定的情况进行经常性的监督检查；发现问题，应当及时依照本条例规定的要求进行处理。

第四章 职业健康监护

第三十一条 用人单位应当组织从事使用有毒物品作业的劳动者进行上岗前职业健康检查。

用人单位不得安排未经上岗前职业健康检查的劳动者从事使用有毒物品的作业，不得安排有职业禁忌的劳动者从事其所禁忌的作业。

第三十二条 用人单位应当对从事使用有毒物品作业的劳动者进行定期职业健康检查。

用人单位发现有职业禁忌或者有与所从事职业相关的健康损害的劳动者，应当将其及时调离原工作岗位，并妥善安置。

用人单位对需要复查和医学观察的劳动者，应当按照体检机构的要求安排其复查和医学观察。

第三十三条 用人单位应当对从事使用有毒物品作业的劳动者进行离岗时的职业健康检查；对离岗时未进行职业健康检查的劳动者，不得解除或者终止与其订立的劳动合同。

用人单位发生分立、合并、解散、破产等情形的，应当对从事使用有毒物品作业的劳动者进行健康检查，并按照国家有关规定妥善安置职业病病人。

第三十四条 用人单位对受到或者可能受到急性职业中毒危害的劳动者，应当及时组织进行健康检查和医学观察。

第三十五条 劳动者职业健康检查和医学观察的费用，由用人单位承担。

第三十六条 用人单位应当建立职业健康监护档案。

职业健康监护档案应当包括下列内容：

（一）劳动者的职业史和职业中毒危害接触史；

（二）相应作业场所职业中毒危害因素监测结果；

（三）职业健康检查结果及处理情况；

（四）职业病诊疗等劳动者健康资料。

第五章 劳动者的权利与义务

第三十七条 从事使用有毒物品作业的劳动者在存在威胁生命安全或者身体健康危险的情况下，有权通知用人单位并从使用有毒物品造成的危险现场撤离。

用人单位不得因劳动者依据前款规定行使权利，而取消或者减少劳动者在正常工作时享有的工资、福利待遇。

第三十八条 劳动者享有下列职业卫生保护权利：

（一）获得职业卫生教育、培训；

（二）获得职业健康检查、职业病诊疗、康复等职业病防治服务；

（三）了解工作场所产生或者可能产生的职业中毒危害因素、危害后果和应当采取的职业中毒危害防护措施；

（四）要求用人单位提供符合防治职业病要求的职业中毒危害防护设施和个人使用的职业中毒危害防护用品，改善工作条件；

（五）对违反职业病防治法律、法规，危及生命、健康的行为提出批评、检举和控告；

（六）拒绝违章指挥和强令进行没有职业中毒危害防护措施的作业；

（七）参与用人单位职业卫生工作的民主管理，对职业病防治工作提出意见和建议。

用人单位应当保障劳动者行使前款所列权利。禁止因劳动者依法行使正当权利而降低其工资、福利等待遇或者解除、终止与其订立的劳动合同。

第三十九条 劳动者有权在正式上岗前从用人单位获得下列资料：

（一）作业场所使用的有毒物品的特性、有害成分、预防措施、教育和培训资料；

（二）有毒物品的标签、标识及有关资料；

（三）有毒物品安全使用说明书；

（四）可能影响安全使用有毒物品的其他有关资料。

第四十条 劳动者有权查阅、复印其本人职业健康监护档案。

劳动者离开用人单位时，有权索取本人健康监护档案复印件；用人单位应当如实、无偿提供，并在所提供的复印件上签章。

第四十一条 用人单位按照国家规定参加工伤保险的，患职业病的劳动者有权按照国家有关工伤保险的规定，享受下列工伤保险待遇：

（一）医疗费：因患职业病进行诊疗所需费用，由工伤保险基金按照规定标准支付；

（二）住院伙食补助费：由用人单位按照当地因公出差伙食标准的一定比例支付；

（三）康复费：由工伤保险基金按照规定标准支付；

（四）残疾用具费：因残疾需要配置辅助器具的，所需费用由工伤保险基金按照普及型辅助器具标准支付；

（五）停工留薪期待遇：原工资、福利待遇不变，由用人单位支付；

（六）生活护理补助费：经评残并确认需要生活护理的，生活护理补助费由工伤保险基金按照规定标准支付；

（七）一次性伤残补助金：经鉴定为十级至一级伤残的，按照伤残等级享受相当于6个月至24个月的本人工资的一次性伤残补助金，由工伤保险基金支付；

（八）伤残津贴：经鉴定为四级至一级伤残的，按照规定享受相当于本人工资75%至90%的伤残津贴，由工伤保险基金支付；

（九）死亡补助金：因职业中毒死亡的，由工伤保险基金按照不低于48个月的统筹地区上年度职工月平均工资的标准一次支付；

（十）丧葬补助金：因职业中毒死亡的，由工伤保险基金按照6个月的统筹地区上年度职工月平均工资的标准一次支付；

（十一）供养亲属抚恤金：因职业中毒死亡的，对由死者生前提供主要生活来源的亲属由工伤保险基金支付抚恤金：对其配偶每月按照统筹地区上年度职工月平均工资的40%发给，对其生前供养的直系亲属每人每月按照统筹地区上年度职工月平均工资的30%发给；

（十二）国家规定的其他工伤保险待遇。

本条例施行后，国家对工伤保险待遇的项目和标准作出调整时，从其规定。

第四十二条 用人单位未参加工伤保险的，其劳动者从事有毒物品作业患职业病的，用人单位应当按照国家有关工伤保险规定的项目和标准，保证劳动者享受工伤待遇。

第四十三条 用人单位无营业执照以及被依法吊销营业执照，其劳动者从事使用有毒物品作业患职业病的，应当按照国家有关工伤保险规定的项目和标准，给予劳动者一次性赔偿。

第四十四条 用人单位分立、合并的，承继单位应当承担由原用人单位对患职业病的劳动者承担的补偿责任。

用人单位解散、破产的，应当依法从其清算财产中优先支付患职业病的劳动者的补偿费用。

第四十五条 劳动者除依法享有工伤保险外，依照有关民事法律的规定，尚有获得赔偿的权利的，有权向用人单位提出赔偿要求。

第四十六条 劳动者应当学习和掌握相关职业卫生知识，遵守有关劳动保护的法律、法规和操作规程，正确使用和维护职业中毒危害防护设施及其用品；发现职业中毒事故隐患时，应当及时报告。

作业场所出现使用有毒物品产生的危险时，劳动者应当采取必要措施，按照规定正确使用防护设施，将危险加以消除或者减少到最低限度。

……

（四）事故处理

生产安全事故应急条例

(2018年12月5日国务院第33次常务会议通过 2019年2月17日中华人民共和国国务院令第708号公布 自2019年4月1日起施行)

第一章 总 则

第一条 为了规范生产安全事故应急工作，保障人民群众生命和财产安全，根据《中华人民共和国安全生产法》和《中华人民共和国突发事件应对法》，制定本条例。

第二条 本条例适用于生产安全事故应急工作；法律、行政法规另有规定的，适用其规定。

第三条 国务院统一领导全国的生产安全事故应急工作，县级以上地方人民政府统一领导本行政区域内的生产安全事故应急工作。生产安全事故应急工作涉及两个以上行政区域的，由有关行政区域共同的上一级人民政府负责，或者由各有关行政区域的上一级人民政府共同负责。

县级以上人民政府应急管理部门和其他对有关行业、领域的安全生产工作实施监督管理的部门（以下统称负有安全生产监督管理职责的部门）在各自职责范围内，做好有关行业、领域的生产安全事故应急工作。

县级以上人民政府应急管理部门指导、协调本级人民政府其他负有安全生产监督管理职责的部门和下级人民政府的生产安全事故应急工作。

乡、镇人民政府以及街道办事处等地方人民政府派出机关应当协助上级人民政府有关部门依法履行生产安全事故应急工作职责。

第四条 生产经营单位应当加强生产安全事故应急工作，建立、健全生产安全事故应急工作责任制，其主要负责人对本单位的生产安全事故应急工作全面负责。

第二章 应急准备

第五条 县级以上人民政府及其负有安全生产监督管理职责的部门和乡、镇人民政府以及街道办事处等地方人民政府派出机关，应当针对可能发生的生产安全事故的特点和危害，进行风险辨识和评估，制定相应的生产安全事故应急救援预案，并依法向社会公布。

生产经营单位应当针对本单位可能发生的生产安全事故的特点

和危害，进行风险辨识和评估，制定相应的生产安全事故应急救援预案，并向本单位从业人员公布。

第六条　生产安全事故应急救援预案应当符合有关法律、法规、规章和标准的规定，具有科学性、针对性和可操作性，明确规定应急组织体系、职责分工以及应急救援程序和措施。

有下列情形之一的，生产安全事故应急救援预案制定单位应当及时修订相关预案：

（一）制定预案所依据的法律、法规、规章、标准发生重大变化；

（二）应急指挥机构及其职责发生调整；

（三）安全生产面临的风险发生重大变化；

（四）重要应急资源发生重大变化；

（五）在预案演练或者应急救援中发现需要修订预案的重大问题；

（六）其他应当修订的情形。

第七条　县级以上人民政府负有安全生产监督管理职责的部门应当将其制定的生产安全事故应急救援预案报送本级人民政府备案；易燃易爆物品、危险化学品等危险物品的生产、经营、储存、运输单位，矿山、金属冶炼、城市轨道交通运营、建筑施工单位，以及宾馆、商场、娱乐场所、旅游景区等人员密集场所经营单位，应当将其制定的生产安全事故应急救援预案按照国家有关规定报送县级以上人民政府负有安全生产监督管理职责的部门备案，并依法向社会公布。

第八条　县级以上地方人民政府以及县级以上人民政府负有安全生产监督管理职责的部门，乡、镇人民政府以及街道办事处等地方人民政府派出机关，应当至少每 2 年组织 1 次生产安全事故应急救援预案演练。

易燃易爆物品、危险化学品等危险物品的生产、经营、储存、运输单位，矿山、金属冶炼、城市轨道交通运营、建筑施工单位，以及宾馆、商场、娱乐场所、旅游景区等人员密集场所经营单位，应当至少每半年组织1次生产安全事故应急救援预案演练，并将演练情况报送所在地县级以上地方人民政府负有安全生产监督管理职责的部门。

县级以上地方人民政府负有安全生产监督管理职责的部门应当对本行政区域内前款规定的重点生产经营单位的生产安全事故应急救援预案演练进行抽查；发现演练不符合要求的，应当责令限期改正。

第九条 县级以上人民政府应当加强对生产安全事故应急救援队伍建设的统一规划、组织和指导。

县级以上人民政府负有安全生产监督管理职责的部门根据生产安全事故应急工作的实际需要，在重点行业、领域单独建立或者依托有条件的生产经营单位、社会组织共同建立应急救援队伍。

国家鼓励和支持生产经营单位和其他社会力量建立提供社会化应急救援服务的应急救援队伍。

第十条 易燃易爆物品、危险化学品等危险物品的生产、经营、储存、运输单位，矿山、金属冶炼、城市轨道交通运营、建筑施工单位，以及宾馆、商场、娱乐场所、旅游景区等人员密集场所经营单位，应当建立应急救援队伍；其中，小型企业或者微型企业等规模较小的生产经营单位，可以不建立应急救援队伍，但应当指定兼职的应急救援人员，并且可以与邻近的应急救援队伍签订应急救援协议。

工业园区、开发区等产业聚集区域内的生产经营单位，可以联合建立应急救援队伍。

第十一条 应急救援队伍的应急救援人员应当具备必要的专业知识、技能、身体素质和心理素质。

应急救援队伍建立单位或者兼职应急救援人员所在单位应当按

照国家有关规定对应急救援人员进行培训；应急救援人员经培训合格后，方可参加应急救援工作。

应急救援队伍应当配备必要的应急救援装备和物资，并定期组织训练。

第十二条 生产经营单位应当及时将本单位应急救援队伍建立情况按照国家有关规定报送县级以上人民政府负有安全生产监督管理职责的部门，并依法向社会公布。

县级以上人民政府负有安全生产监督管理职责的部门应当定期将本行业、本领域的应急救援队伍建立情况报送本级人民政府，并依法向社会公布。

第十三条 县级以上地方人民政府应当根据本行政区域内可能发生的生产安全事故的特点和危害，储备必要的应急救援装备和物资，并及时更新和补充。

易燃易爆物品、危险化学品等危险物品的生产、经营、储存、运输单位，矿山、金属冶炼、城市轨道交通运营、建筑施工单位，以及宾馆、商场、娱乐场所、旅游景区等人员密集场所经营单位，应当根据本单位可能发生的生产安全事故的特点和危害，配备必要的灭火、排水、通风以及危险物品稀释、掩埋、收集等应急救援器材、设备和物资，并进行经常性维护、保养，保证正常运转。

第十四条 下列单位应当建立应急值班制度，配备应急值班人员：

（一）县级以上人民政府及其负有安全生产监督管理职责的部门；

（二）危险物品的生产、经营、储存、运输单位以及矿山、金属冶炼、城市轨道交通运营、建筑施工单位；

（三）应急救援队伍。

规模较大、危险性较高的易燃易爆物品、危险化学品等危险物品的生产、经营、储存、运输单位应当成立应急处置技术组，实行

24 小时应急值班。

第十五条 生产经营单位应当对从业人员进行应急教育和培训，保证从业人员具备必要的应急知识，掌握风险防范技能和事故应急措施。

第十六条 国务院负有安全生产监督管理职责的部门应当按照国家有关规定建立生产安全事故应急救援信息系统，并采取有效措施，实现数据互联互通、信息共享。

生产经营单位可以通过生产安全事故应急救援信息系统办理生产安全事故应急救援预案备案手续，报送应急救援预案演练情况和应急救援队伍建设情况；但依法需要保密的除外。

第三章 应急救援

第十七条 发生生产安全事故后，生产经营单位应当立即启动生产安全事故应急救援预案，采取下列一项或者多项应急救援措施，并按照国家有关规定报告事故情况：

（一）迅速控制危险源，组织抢救遇险人员；

（二）根据事故危害程度，组织现场人员撤离或者采取可能的应急措施后撤离；

（三）及时通知可能受到事故影响的单位和人员；

（四）采取必要措施，防止事故危害扩大和次生、衍生灾害发生；

（五）根据需要请求邻近的应急救援队伍参加救援，并向参加救援的应急救援队伍提供相关技术资料、信息和处置方法；

（六）维护事故现场秩序，保护事故现场和相关证据；

（七）法律、法规规定的其他应急救援措施。

第十八条 有关地方人民政府及其部门接到生产安全事故报告后，应当按照国家有关规定上报事故情况，启动相应的生产安全事故应急救援预案，并按照应急救援预案的规定采取下列一项或者多项应急救援措施：

（一）组织抢救遇险人员，救治受伤人员，研判事故发展趋势以及可能造成的危害；

（二）通知可能受到事故影响的单位和人员，隔离事故现场，划定警戒区域，疏散受到威胁的人员，实施交通管制；

（三）采取必要措施，防止事故危害扩大和次生、衍生灾害发生，避免或者减少事故对环境造成的危害；

（四）依法发布调用和征用应急资源的决定；

（五）依法向应急救援队伍下达救援命令；

（六）维护事故现场秩序，组织安抚遇险人员和遇险遇难人员亲属；

（七）依法发布有关事故情况和应急救援工作的信息；

（八）法律、法规规定的其他应急救援措施。

有关地方人民政府不能有效控制生产安全事故的，应当及时向上级人民政府报告。上级人民政府应当及时采取措施，统一指挥应急救援。

第十九条 应急救援队伍接到有关人民政府及其部门的救援命令或者签有应急救援协议的生产经营单位的救援请求后，应当立即参加生产安全事故应急救援。

应急救援队伍根据救援命令参加生产安全事故应急救援所耗费用，由事故责任单位承担；事故责任单位无力承担的，由有关人民政府协调解决。

第二十条 发生生产安全事故后，有关人民政府认为有必要的，可以设立由本级人民政府及其有关部门负责人、应急救援专家、应急救援队伍负责人、事故发生单位负责人等人员组成的应急救援现场指挥部，并指定现场指挥部总指挥。

第二十一条 现场指挥部实行总指挥负责制，按照本级人民政府的授权组织制定并实施生产安全事故现场应急救援方案，协调、指挥有关单位和个人参加现场应急救援。

参加生产安全事故现场应急救援的单位和个人应当服从现场指挥部的统一指挥。

第二十二条 在生产安全事故应急救援过程中，发现可能直接危及应急救援人员生命安全的紧急情况时，现场指挥部或者统一指挥应急救援的人民政府应当立即采取相应措施消除隐患，降低或者化解风险，必要时可以暂时撤离应急救援人员。

第二十三条 生产安全事故发生地人民政府应当为应急救援人员提供必需的后勤保障，并组织通信、交通运输、医疗卫生、气象、水文、地质、电力、供水等单位协助应急救援。

第二十四条 现场指挥部或者统一指挥生产安全事故应急救援的人民政府及其有关部门应当完整、准确地记录应急救援的重要事项，妥善保存相关原始资料和证据。

第二十五条 生产安全事故的威胁和危害得到控制或者消除后，有关人民政府应当决定停止执行依照本条例和有关法律、法规采取的全部或者部分应急救援措施。

第二十六条 有关人民政府及其部门根据生产安全事故应急救援需要依法调用和征用的财产，在使用完毕或者应急救援结束后，应当及时归还。财产被调用、征用或者调用、征用后毁损、灭失的，有关人民政府及其部门应当按照国家有关规定给予补偿。

第二十七条 按照国家有关规定成立的生产安全事故调查组应当对应急救援工作进行评估，并在事故调查报告中作出评估结论。

第二十八条 县级以上地方人民政府应当按照国家有关规定，对在生产安全事故应急救援中伤亡的人员及时给予救治和抚恤；符合烈士评定条件的，按照国家有关规定评定为烈士。

第四章 法 律 责 任

第二十九条 地方各级人民政府和街道办事处等地方人民政府

派出机关以及县级以上人民政府有关部门违反本条例规定的，由其上级行政机关责令改正；情节严重的，对直接负责的主管人员和其他直接责任人员依法给予处分。

第三十条 生产经营单位未制定生产安全事故应急救援预案、未定期组织应急救援预案演练、未对从业人员进行应急教育和培训，生产经营单位的主要负责人在本单位发生生产安全事故时不立即组织抢救的，由县级以上人民政府负有安全生产监督管理职责的部门依照《中华人民共和国安全生产法》有关规定追究法律责任。

第三十一条 生产经营单位未对应急救援器材、设备和物资进行经常性维护、保养，导致发生严重生产安全事故或者生产安全事故危害扩大，或者在本单位发生生产安全事故后未立即采取相应的应急救援措施，造成严重后果的，由县级以上人民政府负有安全生产监督管理职责的部门依照《中华人民共和国突发事件应对法》有关规定追究法律责任。

第三十二条 生产经营单位未将生产安全事故应急救援预案报送备案、未建立应急值班制度或者配备应急值班人员的，由县级以上人民政府负有安全生产监督管理职责的部门责令限期改正；逾期未改正的，处3万元以上5万元以下的罚款，对直接负责的主管人员和其他直接责任人员处1万元以上2万元以下的罚款。

第三十三条 违反本条例规定，构成违反治安管理行为的，由公安机关依法给予处罚；构成犯罪的，依法追究刑事责任。

第五章 附 则

第三十四条 储存、使用易燃易爆物品、危险化学品等危险物品的科研机构、学校、医院等单位的安全事故应急工作，参照本条例有关规定执行。

第三十五条 本条例自2019年4月1日起施行。

生产安全事故报告和调查处理条例

(2007年3月28日国务院第172次常务会议通过 2007年4月9日中华人民共和国国务院令第493号公布 自2007年6月1日起施行)

第一章 总 则

第一条 为了规范生产安全事故的报告和调查处理，落实生产安全事故责任追究制度，防止和减少生产安全事故，根据《中华人民共和国安全生产法》和有关法律，制定本条例。

第二条 生产经营活动中发生的造成人身伤亡或者直接经济损失的生产安全事故的报告和调查处理，适用本条例；环境污染事故、核设施事故、国防科研生产事故的报告和调查处理不适用本条例。

第三条 根据生产安全事故（以下简称事故）造成的人员伤亡或者直接经济损失，事故一般分为以下等级：

（一）特别重大事故，是指造成30人以上死亡，或者100人以上重伤（包括急性工业中毒，下同），或者1亿元以上直接经济损失的事故；

（二）重大事故，是指造成10人以上30人以下死亡，或者50人以上100人以下重伤，或者5000万元以上1亿元以下直接经济损失的事故；

（三）较大事故，是指造成3人以上10人以下死亡，或者10人以上50人以下重伤，或者1000万元以上5000万元以下直接经济损失的事故；

（四）一般事故，是指造成3人以下死亡，或者10人以下重伤，或者1000万元以下直接经济损失的事故。

国务院安全生产监督管理部门可以会同国务院有关部门，制定事故等级划分的补充性规定。

本条第一款所称的"以上"包括本数，所称的"以下"不包括本数。

第四条 事故报告应当及时、准确、完整，任何单位和个人对事故不得迟报、漏报、谎报或者瞒报。

事故调查处理应当坚持实事求是、尊重科学的原则，及时、准确地查清事故经过、事故原因和事故损失，查明事故性质，认定事故责任，总结事故教训，提出整改措施，并对事故责任者依法追究责任。

第五条 县级以上人民政府应当依照本条例的规定，严格履行职责，及时、准确地完成事故调查处理工作。

事故发生地有关地方人民政府应当支持、配合上级人民政府或者有关部门的事故调查处理工作，并提供必要的便利条件。

参加事故调查处理的部门和单位应当互相配合，提高事故调查处理工作的效率。

第六条 工会依法参加事故调查处理，有权向有关部门提出处理意见。

第七条 任何单位和个人不得阻挠和干涉对事故的报告和依法调查处理。

第八条 对事故报告和调查处理中的违法行为，任何单位和个人有权向安全生产监督管理部门、监察机关或者其他有关部门举报，接到举报的部门应当依法及时处理。

第二章 事故报告

第九条 事故发生后，事故现场有关人员应当立即向本单位负责人报告；单位负责人接到报告后，应当于1小时内向事故发生地县级以上人民政府安全生产监督管理部门和负有安全生产监督管理职责的有关部门报告。

情况紧急时，事故现场有关人员可以直接向事故发生地县级以上人民政府安全生产监督管理部门和负有安全生产监督管理职责的有关部门报告。

第十条 安全生产监督管理部门和负有安全生产监督管理职责的有关部门接到事故报告后，应当依照下列规定上报事故情况，并通知公安机关、劳动保障行政部门、工会和人民检察院：

（一）特别重大事故、重大事故逐级上报至国务院安全生产监督管理部门和负有安全生产监督管理职责的有关部门；

（二）较大事故逐级上报至省、自治区、直辖市人民政府安全生产监督管理部门和负有安全生产监督管理职责的有关部门；

（三）一般事故上报至设区的市级人民政府安全生产监督管理部门和负有安全生产监督管理职责的有关部门。

安全生产监督管理部门和负有安全生产监督管理职责的有关部门依照前款规定上报事故情况，应当同时报告本级人民政府。国务院安全生产监督管理部门和负有安全生产监督管理职责的有关部门以及省级人民政府接到发生特别重大事故、重大事故的报告后，应当立即报告国务院。

必要时，安全生产监督管理部门和负有安全生产监督管理职责的有关部门可以越级上报事故情况。

第十一条 安全生产监督管理部门和负有安全生产监督管理职责的有关部门逐级上报事故情况，每级上报的时间不得超过2小时。

第十二条 报告事故应当包括下列内容：

（一）事故发生单位概况；

（二）事故发生的时间、地点以及事故现场情况；

（三）事故的简要经过；

（四）事故已经造成或者可能造成的伤亡人数（包括下落不明的人数）和初步估计的直接经济损失；

（五）已经采取的措施；

（六）其他应当报告的情况。

第十三条 事故报告后出现新情况的，应当及时补报。

自事故发生之日起 30 日内，事故造成的伤亡人数发生变化的，应当及时补报。道路交通事故、火灾事故自发生之日起 7 日内，事故造成的伤亡人数发生变化的，应当及时补报。

第十四条 事故发生单位负责人接到事故报告后，应当立即启动事故相应应急预案，或者采取有效措施，组织抢救，防止事故扩大，减少人员伤亡和财产损失。

第十五条 事故发生地有关地方人民政府、安全生产监督管理部门和负有安全生产监督管理职责的有关部门接到事故报告后，其负责人应当立即赶赴事故现场，组织事故救援。

第十六条 事故发生后，有关单位和人员应当妥善保护事故现场以及相关证据，任何单位和个人不得破坏事故现场、毁灭相关证据。

因抢救人员、防止事故扩大以及疏通交通等原因，需要移动事故现场物件的，应当做出标志，绘制现场简图并做出书面记录，妥善保存现场重要痕迹、物证。

第十七条 事故发生地公安机关根据事故的情况，对涉嫌犯罪的，应当依法立案侦查，采取强制措施和侦查措施。犯罪嫌疑人逃匿的，公安机关应当迅速追捕归案。

第十八条 安全生产监督管理部门和负有安全生产监督管理职责的有关部门应当建立值班制度，并向社会公布值班电话，受理事故报告和举报。

第三章 事故调查

第十九条 特别重大事故由国务院或者国务院授权有关部门组织事故调查组进行调查。

重大事故、较大事故、一般事故分别由事故发生地省级人民政府、设区的市级人民政府、县级人民政府负责调查。省级人民政府、设区的市级人民政府、县级人民政府可以直接组织事故调查组进行调查，也可以授权或者委托有关部门组织事故调查组进行调查。

未造成人员伤亡的一般事故，县级人民政府也可以委托事故发生单位组织事故调查组进行调查。

第二十条　上级人民政府认为必要时，可以调查由下级人民政府负责调查的事故。

自事故发生之日起30日内（道路交通事故、火灾事故自发生之日起7日内），因事故伤亡人数变化导致事故等级发生变化，依照本条例规定应当由上级人民政府负责调查的，上级人民政府可以另行组织事故调查组进行调查。

第二十一条　特别重大事故以下等级事故，事故发生地与事故发生单位不在同一个县级以上行政区域的，由事故发生地人民政府负责调查，事故发生单位所在地人民政府应当派人参加。

第二十二条　事故调查组的组成应当遵循精简、效能的原则。

根据事故的具体情况，事故调查组由有关人民政府、安全生产监督管理部门、负有安全生产监督管理职责的有关部门、监察机关、公安机关以及工会派人组成，并应当邀请人民检察院派人参加。

事故调查组可以聘请有关专家参与调查。

第二十三条　事故调查组成员应当具有事故调查所需要的知识和专长，并与所调查的事故没有直接利害关系。

第二十四条　事故调查组组长由负责事故调查的人民政府指定。事故调查组组长主持事故调查组的工作。

第二十五条　事故调查组履行下列职责：

（一）查明事故发生的经过、原因、人员伤亡情况及直接经济损失；

（二）认定事故的性质和事故责任；

（三）提出对事故责任者的处理建议；

（四）总结事故教训，提出防范和整改措施；

（五）提交事故调查报告。

第二十六条 事故调查组有权向有关单位和个人了解与事故有关的情况，并要求其提供相关文件、资料，有关单位和个人不得拒绝。

事故发生单位的负责人和有关人员在事故调查期间不得擅离职守，并应当随时接受事故调查组的询问，如实提供有关情况。

事故调查中发现涉嫌犯罪的，事故调查组应当及时将有关材料或者其复印件移交司法机关处理。

第二十七条 事故调查中需要进行技术鉴定的，事故调查组应当委托具有国家规定资质的单位进行技术鉴定。必要时，事故调查组可以直接组织专家进行技术鉴定。技术鉴定所需时间不计入事故调查期限。

第二十八条 事故调查组成员在事故调查工作中应当诚信公正、恪尽职守，遵守事故调查组的纪律，保守事故调查的秘密。

未经事故调查组组长允许，事故调查组成员不得擅自发布有关事故的信息。

第二十九条 事故调查组应当自事故发生之日起 60 日内提交事故调查报告；特殊情况下，经负责事故调查的人民政府批准，提交事故调查报告的期限可以适当延长，但延长的期限最长不超过 60 日。

第三十条 事故调查报告应当包括下列内容：

（一）事故发生单位概况；

（二）事故发生经过和事故救援情况；

（三）事故造成的人员伤亡和直接经济损失；

（四）事故发生的原因和事故性质；

（五）事故责任的认定以及对事故责任者的处理建议；

（六）事故防范和整改措施。

事故调查报告应当附具有关证据材料。事故调查组成员应当在事故调查报告上签名。

第三十一条　事故调查报告报送负责事故调查的人民政府后,事故调查工作即告结束。事故调查的有关资料应当归档保存。

第四章　事　故　处　理

第三十二条　重大事故、较大事故、一般事故,负责事故调查的人民政府应当自收到事故调查报告之日起 15 日内做出批复;特别重大事故,30 日内做出批复,特殊情况下,批复时间可以适当延长,但延长的时间最长不超过 30 日。

有关机关应当按照人民政府的批复,依照法律、行政法规规定的权限和程序,对事故发生单位和有关人员进行行政处罚,对负有事故责任的国家工作人员进行处分。

事故发生单位应当按照负责事故调查的人民政府的批复,对本单位负有事故责任的人员进行处理。

负有事故责任的人员涉嫌犯罪的,依法追究刑事责任。

第三十三条　事故发生单位应当认真吸取事故教训,落实防范和整改措施,防止事故再次发生。防范和整改措施的落实情况应当接受工会和职工的监督。

安全生产监督管理部门和负有安全生产监督管理职责的有关部门应当对事故发生单位落实防范和整改措施的情况进行监督检查。

第三十四条　事故处理的情况由负责事故调查的人民政府或者其授权的有关部门、机构向社会公布,依法应当保密的除外。

第五章　法　律　责　任

第三十五条　事故发生单位主要负责人有下列行为之一的,处上一年年收入 40% 至 80% 的罚款;属于国家工作人员的,并依法给予处分;构成犯罪的,依法追究刑事责任:

(一) 不立即组织事故抢救的;

(二) 迟报或者漏报事故的;

（三）在事故调查处理期间擅离职守的。

第三十六条 事故发生单位及其有关人员有下列行为之一的，对事故发生单位处 100 万元以上 500 万元以下的罚款；对主要负责人、直接负责的主管人员和其他直接责任人员处上一年年收入 60% 至 100% 的罚款；属于国家工作人员的，并依法给予处分；构成违反治安管理行为的，由公安机关依法给予治安管理处罚；构成犯罪的，依法追究刑事责任：

（一）谎报或者瞒报事故的；

（二）伪造或者故意破坏事故现场的；

（三）转移、隐匿资金、财产，或者销毁有关证据、资料的；

（四）拒绝接受调查或者拒绝提供有关情况和资料的；

（五）在事故调查中作伪证或者指使他人作伪证的；

（六）事故发生后逃匿的。

第三十七条 事故发生单位对事故发生负有责任的，依照下列规定处以罚款：

（一）发生一般事故的，处 10 万元以上 20 万元以下的罚款；

（二）发生较大事故的，处 20 万元以上 50 万元以下的罚款；

（三）发生重大事故的，处 50 万元以上 200 万元以下的罚款；

（四）发生特别重大事故的，处 200 万元以上 500 万元以下的罚款。

第三十八条 事故发生单位主要负责人未依法履行安全生产管理职责，导致事故发生的，依照下列规定处以罚款；属于国家工作人员的，并依法给予处分；构成犯罪的，依法追究刑事责任：

（一）发生一般事故的，处上一年年收入 30% 的罚款；

（二）发生较大事故的，处上一年年收入 40% 的罚款；

（三）发生重大事故的，处上一年年收入 60% 的罚款；

（四）发生特别重大事故的，处上一年年收入 80% 的罚款。

第三十九条 有关地方人民政府、安全生产监督管理部门和负有安全生产监督管理职责的有关部门有下列行为之一的,对直接负责的主管人员和其他直接责任人员依法给予处分;构成犯罪的,依法追究刑事责任:

（一）不立即组织事故抢救的;

（二）迟报、漏报、谎报或者瞒报事故的;

（三）阻碍、干涉事故调查工作的;

（四）在事故调查中作伪证或者指使他人作伪证的。

第四十条 事故发生单位对事故发生负有责任的,由有关部门依法暂扣或者吊销其有关证照;对事故发生单位负有事故责任的有关人员,依法暂停或者撤销其与安全生产有关的执业资格、岗位证书;事故发生单位主要负责人受到刑事处罚或者撤职处分的,自刑罚执行完毕或者受处分之日起,5年内不得担任任何生产经营单位的主要负责人。

为发生事故的单位提供虚假证明的中介机构,由有关部门依法暂扣或者吊销其有关证照及其相关人员的执业资格;构成犯罪的,依法追究刑事责任。

第四十一条 参与事故调查的人员在事故调查中有下列行为之一的,依法给予处分;构成犯罪的,依法追究刑事责任:

（一）对事故调查工作不负责任,致使事故调查工作有重大疏漏的;

（二）包庇、袒护负有事故责任的人员或者借机打击报复的。

第四十二条 违反本条例规定,有关地方人民政府或者有关部门故意拖延或者拒绝落实经批复的对事故责任人的处理意见的,由监察机关对有关责任人员依法给予处分。

第四十三条 本条例规定的罚款的行政处罚,由安全生产监督管理部门决定。

法律、行政法规对行政处罚的种类、幅度和决定机关另有规定的,依照其规定。

第六章 附 则

第四十四条 没有造成人员伤亡，但是社会影响恶劣的事故，国务院或者有关地方人民政府认为需要调查处理的，依照本条例的有关规定执行。

国家机关、事业单位、人民团体发生的事故的报告和调查处理，参照本条例的规定执行。

第四十五条 特别重大事故以下等级事故的报告和调查处理，有关法律、行政法规或者国务院另有规定的，依照其规定。

第四十六条 本条例自 2007 年 6 月 1 日起施行。国务院 1989 年 3 月 29 日公布的《特别重大事故调查程序暂行规定》和 1991 年 2 月 22 日公布的《企业职工伤亡事故报告和处理规定》同时废止。

生产安全事故罚款处罚规定

（2024 年 1 月 10 日应急管理部令第 14 号公布　自 2024 年 3 月 1 日起施行）

第一条 为防止和减少生产安全事故，严格追究生产安全事故发生单位及其有关责任人员的法律责任，正确适用事故罚款的行政处罚，依照《中华人民共和国行政处罚法》《中华人民共和国安全生产法》《生产安全事故报告和调查处理条例》等规定，制定本规定。

第二条 应急管理部门和矿山安全监察机构对生产安全事故发生单位（以下简称事故发生单位）及其主要负责人、其他负责人、安全生产管理人员以及直接负责的主管人员、其他直接责任人员等有关责任人员依照《中华人民共和国安全生产法》和《生产安全事故报告和调查处理条例》实施罚款的行政处罚，适用本规定。

第三条　本规定所称事故发生单位是指对事故发生负有责任的生产经营单位。

本规定所称主要负责人是指有限责任公司、股份有限公司的董事长、总经理或者个人经营的投资人，其他生产经营单位的厂长、经理、矿长（含实际控制人）等人员。

第四条　本规定所称事故发生单位主要负责人、其他负责人、安全生产管理人员以及直接负责的主管人员、其他直接责任人员的上一年年收入，属于国有生产经营单位的，是指该单位上级主管部门所确定的上一年年收入总额，属于非国有生产经营单位的，是指经财务、税务部门核定的上一年年收入总额。

生产经营单位提供虚假资料或者由于财务、税务部门无法核定等原因致使有关人员的上一年年收入难以确定的，按照下列办法确定：

（一）主要负责人的上一年年收入，按照本省、自治区、直辖市上一年度城镇单位就业人员平均工资的5倍以上10倍以下计算；

（二）其他负责人、安全生产管理人员以及直接负责的主管人员、其他直接责任人员的上一年年收入，按照本省、自治区、直辖市上一年度城镇单位就业人员平均工资的1倍以上5倍以下计算。

第五条　《生产安全事故报告和调查处理条例》所称的迟报、漏报、谎报和瞒报，依照下列情形认定：

（一）报告事故的时间超过规定时限的，属于迟报；

（二）因过失对应当上报的事故或者事故发生的时间、地点、类别、伤亡人数、直接经济损失等内容遗漏未报的，属于漏报；

（三）故意不如实报告事故发生的时间、地点、初步原因、性质、伤亡人数和涉险人数、直接经济损失等有关内容的，属于谎报；

（四）隐瞒已经发生的事故，超过规定时限未向应急管理部门、矿山安全监察机构和有关部门报告，经查证属实的，属于瞒报。

第六条 对事故发生单位及其有关责任人员处以罚款的行政处罚，依照下列规定决定：

（一）对发生特别重大事故的单位及其有关责任人员罚款的行政处罚，由应急管理部决定；

（二）对发生重大事故的单位及其有关责任人员罚款的行政处罚，由省级人民政府应急管理部门决定；

（三）对发生较大事故的单位及其有关责任人员罚款的行政处罚，由设区的市级人民政府应急管理部门决定；

（四）对发生一般事故的单位及其有关责任人员罚款的行政处罚，由县级人民政府应急管理部门决定。

上级应急管理部门可以指定下一级应急管理部门对事故发生单位及其有关责任人员实施行政处罚。

第七条 对煤矿事故发生单位及其有关责任人员处以罚款的行政处罚，依照下列规定执行：

（一）对发生特别重大事故的煤矿及其有关责任人员罚款的行政处罚，由国家矿山安全监察局决定；

（二）对发生重大事故、较大事故和一般事故的煤矿及其有关责任人员罚款的行政处罚，由国家矿山安全监察局省级局决定。

上级矿山安全监察机构可以指定下一级矿山安全监察机构对事故发生单位及其有关责任人员实施行政处罚。

第八条 特别重大事故以下等级事故，事故发生地与事故发生单位所在地不在同一个县级以上行政区域的，由事故发生地的应急管理部门或者矿山安全监察机构依照本规定第六条或者第七条规定的权限实施行政处罚。

第九条 应急管理部门和矿山安全监察机构对事故发生单位及其有关责任人员实施罚款的行政处罚，依照《中华人民共和国行政处罚法》《安全生产违法行为行政处罚办法》等规定的程序执行。

第十条　应急管理部门和矿山安全监察机构在作出行政处罚前,应当告知当事人依法享有的陈述、申辩、要求听证等权利;当事人对行政处罚不服的,有权依法申请行政复议或者提起行政诉讼。

第十一条　事故发生单位主要负责人有《中华人民共和国安全生产法》第一百一十条、《生产安全事故报告和调查处理条例》第三十五条、第三十六条规定的下列行为之一的,依照下列规定处以罚款:

（一）事故发生单位主要负责人在事故发生后不立即组织事故抢救,或者在事故调查处理期间擅离职守,或者瞒报、谎报、迟报事故,或者事故发生后逃匿的,处上一年年收入60%至80%的罚款;贻误事故抢救或者造成事故扩大或者影响事故调查或者造成重大社会影响的,处上一年年收入80%至100%的罚款;

（二）事故发生单位主要负责人漏报事故的,处上一年年收入40%至60%的罚款;贻误事故抢救或者造成事故扩大或者影响事故调查或者造成重大社会影响的,处上一年年收入60%至80%的罚款;

（三）事故发生单位主要负责人伪造、故意破坏事故现场,或者转移、隐匿资金、财产、销毁有关证据、资料,或者拒绝接受调查,或者拒绝提供有关情况和资料,或者在事故调查中作伪证,或者指使他人作伪证的,处上一年年收入60%至80%的罚款;贻误事故抢救或者造成事故扩大或者影响事故调查或者造成重大社会影响的,处上一年年收入80%至100%的罚款。

第十二条　事故发生单位直接负责的主管人员和其他直接责任人员有《生产安全事故报告和调查处理条例》第三十六条规定的行为之一的,处上一年年收入60%至80%的罚款;贻误事故抢救或者造成事故扩大或者影响事故调查或者造成重大社会影响的,处上一年年收入80%至100%的罚款。

第十三条 事故发生单位有《生产安全事故报告和调查处理条例》第三十六条第一项至第五项规定的行为之一的，依照下列规定处以罚款：

（一）发生一般事故的，处100万元以上150万元以下的罚款；

（二）发生较大事故的，处150万元以上200万元以下的罚款；

（三）发生重大事故的，处200万元以上250万元以下的罚款；

（四）发生特别重大事故的，处250万元以上300万元以下的罚款。

事故发生单位有《生产安全事故报告和调查处理条例》第三十六条第一项至第五项规定的行为之一，贻误事故抢救或者造成事故扩大或者影响事故调查或者造成重大社会影响的，依照下列规定处以罚款：

（一）发生一般事故的，处300万元以上350万元以下的罚款；

（二）发生较大事故的，处350万元以上400万元以下的罚款；

（三）发生重大事故的，处400万元以上450万元以下的罚款；

（四）发生特别重大事故的，处450万元以上500万元以下的罚款。

第十四条 事故发生单位对一般事故负有责任的，依照下列规定处以罚款：

（一）造成3人以下重伤（包括急性工业中毒，下同），或者300万元以下直接经济损失的，处30万元以上50万元以下的罚款；

（二）造成1人死亡，或者3人以上6人以下重伤，或者300万元以上500万元以下直接经济损失的，处50万元以上70万元以下的罚款；

（三）造成2人死亡，或者6人以上10人以下重伤，或者500万元以上1000万元以下直接经济损失的，处70万元以上100万元以下的罚款。

第十五条 事故发生单位对较大事故发生负有责任的，依照下列规定处以罚款：

（一）造成 3 人以上 5 人以下死亡，或者 10 人以上 20 人以下重伤，或者 1000 万元以上 2000 万元以下直接经济损失的，处 100 万元以上 120 万元以下的罚款；

（二）造成 5 人以上 7 人以下死亡，或者 20 人以上 30 人以下重伤，或者 2000 万元以上 3000 万元以下直接经济损失的，处 120 万元以上 150 万元以下的罚款；

（三）造成 7 人以上 10 人以下死亡，或者 30 人以上 50 人以下重伤，或者 3000 万元以上 5000 万元以下直接经济损失的，处 150 万元以上 200 万元以下的罚款。

第十六条 事故发生单位对重大事故发生负有责任的，依照下列规定处以罚款：

（一）造成 10 人以上 13 人以下死亡，或者 50 人以上 60 人以下重伤，或者 5000 万元以上 6000 万元以下直接经济损失的，处 200 万元以上 400 万元以下的罚款；

（二）造成 13 人以上 15 人以下死亡，或者 60 人以上 70 人以下重伤，或者 6000 万元以上 7000 万元以下直接经济损失的，处 400 万元以上 600 万元以下的罚款；

（三）造成 15 人以上 30 人以下死亡，或者 70 人以上 100 人以下重伤，或者 7000 万元以上 1 亿元以下直接经济损失的，处 600 万元以上 1000 万元以下的罚款。

第十七条 事故发生单位对特别重大事故发生负有责任的，依照下列规定处以罚款：

（一）造成 30 人以上 40 人以下死亡，或者 100 人以上 120 人以下重伤，或者 1 亿元以上 1.5 亿元以下直接经济损失的，处 1000 万元以上 1200 万元以下的罚款；

（二）造成 40 人以上 50 人以下死亡，或者 120 人以上 150 人以下重伤，或者 1.5 亿元以上 2 亿元以下直接经济损失的，处 1200

万元以上 1500 万元以下的罚款；

（三）造成 50 人以上死亡，或者 150 人以上重伤，或者 2 亿元以上直接经济损失的，处 1500 万元以上 2000 万元以下的罚款。

第十八条 发生生产安全事故，有下列情形之一的，属于《中华人民共和国安全生产法》第一百一十四条第二款规定的情节特别严重、影响特别恶劣的情形，可以按照法律规定罚款数额的 2 倍以上 5 倍以下对事故发生单位处以罚款：

（一）关闭、破坏直接关系生产安全的监控、报警、防护、救生设备、设施，或者篡改、隐瞒、销毁其相关数据、信息的；

（二）因存在重大事故隐患被依法责令停产停业、停止施工、停止使用有关设备、设施、场所或者立即采取排除危险的整改措施，而拒不执行的；

（三）涉及安全生产的事项未经依法批准或者许可，擅自从事矿山开采、金属冶炼、建筑施工，以及危险物品生产、经营、储存等高度危险的生产作业活动，或者未依法取得有关证照尚在从事生产经营活动的；

（四）拒绝、阻碍行政执法的；

（五）强令他人违章冒险作业，或者明知存在重大事故隐患而不排除，仍冒险组织作业的；

（六）其他情节特别严重、影响特别恶劣的情形。

第十九条 事故发生单位主要负责人未依法履行安全生产管理职责，导致事故发生的，依照下列规定处以罚款：

（一）发生一般事故的，处上一年年收入 40% 的罚款；

（二）发生较大事故的，处上一年年收入 60% 的罚款；

（三）发生重大事故的，处上一年年收入 80% 的罚款；

（四）发生特别重大事故的，处上一年年收入 100% 的罚款。

第二十条 事故发生单位其他负责人和安全生产管理人员未依法履行安全生产管理职责，导致事故发生的，依照下列规定处以罚款：

（一）发生一般事故的，处上一年年收入 20% 至 30% 的罚款；

（二）发生较大事故的，处上一年年收入 30% 至 40% 的罚款；

（三）发生重大事故的，处上一年年收入 40% 至 50% 的罚款；

（四）发生特别重大事故的，处上一年年收入 50% 的罚款。

第二十一条 个人经营的投资人未依照《中华人民共和国安全生产法》的规定保证安全生产所必需的资金投入，致使生产经营单位不具备安全生产条件，导致发生生产安全事故的，依照下列规定对个人经营的投资人处以罚款：

（一）发生一般事故的，处 2 万元以上 5 万元以下的罚款；

（二）发生较大事故的，处 5 万元以上 10 万元以下的罚款；

（三）发生重大事故的，处 10 万元以上 15 万元以下的罚款；

（四）发生特别重大事故的，处 15 万元以上 20 万元以下的罚款。

第二十二条 违反《中华人民共和国安全生产法》《生产安全事故报告和调查处理条例》和本规定，存在对事故发生负有责任以及谎报、瞒报事故等两种以上应当处以罚款的行为的，应急管理部门或者矿山安全监察机构应当分别裁量，合并作出处罚决定。

第二十三条 在事故调查中发现需要对存在违法行为的其他单位及其有关人员处以罚款的，依照相关法律、法规和规章的规定实施。

第二十四条 本规定自 2024 年 3 月 1 日起施行。原国家安全生产监督管理总局 2007 年 7 月 12 日公布，2011 年 9 月 1 日第一次修正、2015 年 4 月 2 日第二次修正的《生产安全事故罚款处罚规定（试行）》同时废止。

（五）煤矿、建设工程、特种设备

建设工程安全生产管理条例

（2003年11月12日国务院第28次常务会议通过 2003年11月24日中华人民共和国国务院令第393号公布 自2004年2月1日起施行）

第一章 总　　则

第一条 为了加强建设工程安全生产监督管理，保障人民群众生命和财产安全，根据《中华人民共和国建筑法》、《中华人民共和国安全生产法》，制定本条例。

第二条 在中华人民共和国境内从事建设工程的新建、扩建、改建和拆除等有关活动及实施对建设工程安全生产的监督管理，必须遵守本条例。

本条例所称建设工程，是指土木工程、建筑工程、线路管道和设备安装工程及装修工程。

第三条 建设工程安全生产管理，坚持安全第一、预防为主的方针。

第四条 建设单位、勘察单位、设计单位、施工单位、工程监理单位及其他与建设工程安全生产有关的单位，必须遵守安全生产法律、法规的规定，保证建设工程安全生产，依法承担建设工程安全生产责任。

第五条 国家鼓励建设工程安全生产的科学技术研究和先进技术的推广应用，推进建设工程安全生产的科学管理。

第二章　建设单位的安全责任

第六条　建设单位应当向施工单位提供施工现场及毗邻区域内供水、排水、供电、供气、供热、通信、广播电视等地下管线资料，气象和水文观测资料，相邻建筑物和构筑物、地下工程的有关资料，并保证资料的真实、准确、完整。

建设单位因建设工程需要，向有关部门或者单位查询前款规定的资料时，有关部门或者单位应当及时提供。

第七条　建设单位不得对勘察、设计、施工、工程监理等单位提出不符合建设工程安全生产法律、法规和强制性标准规定的要求，不得压缩合同约定的工期。

第八条　建设单位在编制工程概算时，应当确定建设工程安全作业环境及安全施工措施所需费用。

第九条　建设单位不得明示或者暗示施工单位购买、租赁、使用不符合安全施工要求的安全防护用具、机械设备、施工机具及配件、消防设施和器材。

第十条　建设单位在申请领取施工许可证时，应当提供建设工程有关安全施工措施的资料。

依法批准开工报告的建设工程，建设单位应当自开工报告批准之日起15日内，将保证安全施工的措施报送建设工程所在地的县级以上地方人民政府建设行政主管部门或者其他有关部门备案。

第十一条　建设单位应当将拆除工程发包给具有相应资质等级的施工单位。

建设单位应当在拆除工程施工15日前，将下列资料报送建设工程所在地的县级以上地方人民政府建设行政主管部门或者其他有关部门备案：

（一）施工单位资质等级证明；
（二）拟拆除建筑物、构筑物及可能危及毗邻建筑的说明；

（三）拆除施工组织方案；

（四）堆放、清除废弃物的措施。

实施爆破作业的，应当遵守国家有关民用爆炸物品管理的规定。

第三章　勘察、设计、工程监理及其他有关单位的安全责任

第十二条　勘察单位应当按照法律、法规和工程建设强制性标准进行勘察，提供的勘察文件应当真实、准确，满足建设工程安全生产的需要。

勘察单位在勘察作业时，应当严格执行操作规程，采取措施保证各类管线、设施和周边建筑物、构筑物的安全。

第十三条　设计单位应当按照法律、法规和工程建设强制性标准进行设计，防止因设计不合理导致生产安全事故的发生。

设计单位应当考虑施工安全操作和防护的需要，对涉及施工安全的重点部位和环节在设计文件中注明，并对防范生产安全事故提出指导意见。

采用新结构、新材料、新工艺的建设工程和特殊结构的建设工程，设计单位应当在设计中提出保障施工作业人员安全和预防生产安全事故的措施建议。

设计单位和注册建筑师等注册执业人员应当对其设计负责。

第十四条　工程监理单位应当审查施工组织设计中的安全技术措施或者专项施工方案是否符合工程建设强制性标准。

工程监理单位在实施监理过程中，发现存在安全事故隐患的，应当要求施工单位整改；情况严重的，应当要求施工单位暂时停止施工，并及时报告建设单位。施工单位拒不整改或者不停止施工的，工程监理单位应当及时向有关主管部门报告。

工程监理单位和监理工程师应当按照法律、法规和工程建设强制性标准实施监理，并对建设工程安全生产承担监理责任。

第十五条 为建设工程提供机械设备和配件的单位，应当按照安全施工的要求配备齐全有效的保险、限位等安全设施和装置。

第十六条 出租的机械设备和施工机具及配件，应当具有生产（制造）许可证、产品合格证。

出租单位应当对出租的机械设备和施工机具及配件的安全性能进行检测，在签订租赁协议时，应当出具检测合格证明。

禁止出租检测不合格的机械设备和施工机具及配件。

第十七条 在施工现场安装、拆卸施工起重机械和整体提升脚手架、模板等自升式架设设施，必须由具有相应资质的单位承担。

安装、拆卸施工起重机械和整体提升脚手架、模板等自升式架设设施，应当编制拆装方案、制定安全施工措施，并由专业技术人员现场监督。

施工起重机械和整体提升脚手架、模板等自升式架设设施安装完毕后，安装单位应当自检，出具自检合格证明，并向施工单位进行安全使用说明，办理验收手续并签字。

第十八条 施工起重机械和整体提升脚手架、模板等自升式架设设施的使用达到国家规定的检验检测期限的，必须经具有专业资质的检验检测机构检测。经检测不合格的，不得继续使用。

第十九条 检验检测机构对检测合格的施工起重机械和整体提升脚手架、模板等自升式架设设施，应当出具安全合格证明文件，并对检测结果负责。

第四章 施工单位的安全责任

第二十条 施工单位从事建设工程的新建、扩建、改建和拆除等活动，应当具备国家规定的注册资本、专业技术人员、技术装备和安全生产等条件，依法取得相应等级的资质证书，并在其资质等级许可的范围内承揽工程。

第二十一条 施工单位主要负责人依法对本单位的安全生产工

作全面负责。施工单位应当建立健全安全生产责任制度和安全生产教育培训制度，制定安全生产规章制度和操作规程，保证本单位安全生产条件所需资金的投入，对所承担的建设工程进行定期和专项安全检查，并做好安全检查记录。

施工单位的项目负责人应当由取得相应执业资格的人员担任，对建设工程项目的安全施工负责，落实安全生产责任制度、安全生产规章制度和操作规程，确保安全生产费用的有效使用，并根据工程的特点组织制定安全施工措施，消除安全事故隐患，及时、如实报告生产安全事故。

第二十二条 施工单位对列入建设工程概算的安全作业环境及安全施工措施所需费用，应当用于施工安全防护用具及设施的采购和更新、安全施工措施的落实、安全生产条件的改善，不得挪作他用。

第二十三条 施工单位应当设立安全生产管理机构，配备专职安全生产管理人员。

专职安全生产管理人员负责对安全生产进行现场监督检查。发现安全事故隐患，应当及时向项目负责人和安全生产管理机构报告；对违章指挥、违章操作的，应当立即制止。

专职安全生产管理人员的配备办法由国务院建设行政主管部门会同国务院其他有关部门制定。

第二十四条 建设工程实行施工总承包的，由总承包单位对施工现场的安全生产负总责。

总承包单位应当自行完成建设工程主体结构的施工。

总承包单位依法将建设工程分包给其他单位的，分包合同中应当明确各自的安全生产方面的权利、义务。总承包单位和分包单位对分包工程的安全生产承担连带责任。

分包单位应当服从总承包单位的安全生产管理，分包单位不服从管理导致生产安全事故的，由分包单位承担主要责任。

第二十五条 垂直运输机械作业人员、安装拆卸工、爆破作业人员、起重信号工、登高架设作业人员等特种作业人员,必须按照国家有关规定经过专门的安全作业培训,并取得特种作业操作资格证书后,方可上岗作业。

第二十六条 施工单位应当在施工组织设计中编制安全技术措施和施工现场临时用电方案,对下列达到一定规模的危险性较大的分部分项工程编制专项施工方案,并附具安全验算结果,经施工单位技术负责人、总监理工程师签字后实施,由专职安全生产管理人员进行现场监督:

(一)基坑支护与降水工程;

(二)土方开挖工程;

(三)模板工程;

(四)起重吊装工程;

(五)脚手架工程;

(六)拆除、爆破工程;

(七)国务院建设行政主管部门或者其他有关部门规定的其他危险性较大的工程。

对前款所列工程中涉及深基坑、地下暗挖工程、高大模板工程的专项施工方案,施工单位还应当组织专家进行论证、审查。

本条第一款规定的达到一定规模的危险性较大工程的标准,由国务院建设行政主管部门会同国务院其他有关部门制定。

第二十七条 建设工程施工前,施工单位负责项目管理的技术人员应当对有关安全施工的技术要求向施工作业班组、作业人员作出详细说明,并由双方签字确认。

第二十八条 施工单位应当在施工现场入口处、施工起重机械、临时用电设施、脚手架、出入通道口、楼梯口、电梯井口、孔洞口、桥梁口、隧道口、基坑边沿、爆破物及有害危险气体和液体存放处等危险部位,设置明显的安全警示标志。安全警示标志必须符合国家标准。

施工单位应当根据不同施工阶段和周围环境及季节、气候的变化,在施工现场采取相应的安全施工措施。施工现场暂时停止施工的,施工单位应当做好现场防护,所需费用由责任方承担,或者按照合同约定执行。

第二十九条 施工单位应当将施工现场的办公、生活区与作业区分开设置,并保持安全距离;办公、生活区的选址应当符合安全性要求。职工的膳食、饮水、休息场所等应当符合卫生标准。施工单位不得在尚未竣工的建筑物内设置员工集体宿舍。

施工现场临时搭建的建筑物应当符合安全使用要求。施工现场使用的装配式活动房屋应当具有产品合格证。

第三十条 施工单位对因建设工程施工可能造成损害的毗邻建筑物、构筑物和地下管线等,应当采取专项防护措施。

施工单位应当遵守有关环境保护法律、法规的规定,在施工现场采取措施,防止或者减少粉尘、废气、废水、固体废物、噪声、振动和施工照明对人和环境的危害和污染。

在城市市区内的建设工程,施工单位应当对施工现场实行封闭围挡。

第三十一条 施工单位应当在施工现场建立消防安全责任制度,确定消防安全责任人,制定用火、用电、使用易燃易爆材料等各项消防安全管理制度和操作规程,设置消防通道、消防水源,配备消防设施和灭火器材,并在施工现场入口处设置明显标志。

第三十二条 施工单位应当向作业人员提供安全防护用具和安全防护服装,并书面告知危险岗位的操作规程和违章操作的危害。

作业人员有权对施工现场的作业条件、作业程序和作业方式中存在的安全问题提出批评、检举和控告,有权拒绝违章指挥和强令冒险作业。

在施工中发生危及人身安全的紧急情况时,作业人员有权立即停止作业或者在采取必要的应急措施后撤离危险区域。

第三十三条 作业人员应当遵守安全施工的强制性标准、规章制度和操作规程,正确使用安全防护用具、机械设备等。

第三十四条 施工单位采购、租赁的安全防护用具、机械设备、施工机具及配件,应当具有生产(制造)许可证、产品合格证,并在进入施工现场前进行查验。

施工现场的安全防护用具、机械设备、施工机具及配件必须由专人管理,定期进行检查、维修和保养,建立相应的资料档案,并按照国家有关规定及时报废。

第三十五条 施工单位在使用施工起重机械和整体提升脚手架、模板等自升式架设设施前,应当组织有关单位进行验收,也可以委托具有相应资质的检验检测机构进行验收;使用承租的机械设备和施工机具及配件的,由施工总承包单位、分包单位、出租单位和安装单位共同进行验收。验收合格的方可使用。

《特种设备安全监察条例》规定的施工起重机械,在验收前应当经有相应资质的检验检测机构监督检验合格。

施工单位应当自施工起重机械和整体提升脚手架、模板等自升式架设设施验收合格之日起 30 日内,向建设行政主管部门或者其他有关部门登记。登记标志应当置于或者附着于该设备的显著位置。

第三十六条 施工单位的主要负责人、项目负责人、专职安全生产管理人员应当经建设行政主管部门或者其他有关部门考核合格后方可任职。

施工单位应当对管理人员和作业人员每年至少进行一次安全生产教育培训,其教育培训情况记入个人工作档案。安全生产教育培训考核不合格的人员,不得上岗。

第三十七条 作业人员进入新的岗位或者新的施工现场前,应当接受安全生产教育培训。未经教育培训或者教育培训考核不合格的人员,不得上岗作业。

施工单位在采用新技术、新工艺、新设备、新材料时,应当对作业人员进行相应的安全生产教育培训。

第三十八条 施工单位应当为施工现场从事危险作业的人员办理意外伤害保险。

意外伤害保险费由施工单位支付。实行施工总承包的,由总承包单位支付意外伤害保险费。意外伤害保险期限自建设工程开工之日起至竣工验收合格止。

第五章 监督管理

第三十九条 国务院负责安全生产监督管理的部门依照《中华人民共和国安全生产法》的规定,对全国建设工程安全生产工作实施综合监督管理。

县级以上地方人民政府负责安全生产监督管理的部门依照《中华人民共和国安全生产法》的规定,对本行政区域内建设工程安全生产工作实施综合监督管理。

第四十条 国务院建设行政主管部门对全国的建设工程安全生产实施监督管理。国务院铁路、交通、水利等有关部门按照国务院规定的职责分工,负责有关专业建设工程安全生产的监督管理。

县级以上地方人民政府建设行政主管部门对本行政区域内的建设工程安全生产实施监督管理。县级以上地方人民政府交通、水利等有关部门在各自的职责范围内,负责本行政区域内的专业建设工程安全生产的监督管理。

第四十一条 建设行政主管部门和其他有关部门应当将本条例第十条、第十一条规定的有关资料的主要内容抄送同级负责安全生产监督管理的部门。

第四十二条 建设行政主管部门在审核发放施工许可证时,应当对建设工程是否有安全施工措施进行审查,对没有安全施工措施的,不得颁发施工许可证。

建设行政主管部门或者其他有关部门对建设工程是否有安全施工措施进行审查时，不得收取费用。

第四十三条　县级以上人民政府负有建设工程安全生产监督管理职责的部门在各自的职责范围内履行安全监督检查职责时，有权采取下列措施：

（一）要求被检查单位提供有关建设工程安全生产的文件和资料；

（二）进入被检查单位施工现场进行检查；

（三）纠正施工中违反安全生产要求的行为；

（四）对检查中发现的安全事故隐患，责令立即排除；重大安全事故隐患排除前或者排除过程中无法保证安全的，责令从危险区域内撤出作业人员或者暂时停止施工。

第四十四条　建设行政主管部门或者其他有关部门可以将施工现场的监督检查委托给建设工程安全监督机构具体实施。

第四十五条　国家对严重危及施工安全的工艺、设备、材料实行淘汰制度。具体目录由国务院建设行政主管部门会同国务院其他有关部门制定并公布。

第四十六条　县级以上人民政府建设行政主管部门和其他有关部门应当及时受理对建设工程生产安全事故及安全事故隐患的检举、控告和投诉。

第六章　生产安全事故的应急救援和调查处理

第四十七条　县级以上地方人民政府建设行政主管部门应当根据本级人民政府的要求，制定本行政区域内建设工程特大生产安全事故应急救援预案。

第四十八条　施工单位应当制定本单位生产安全事故应急救援预案，建立应急救援组织或者配备应急救援人员，配备必要的应急救援器材、设备，并定期组织演练。

第四十九条 施工单位应当根据建设工程施工的特点、范围，对施工现场易发生重大事故的部位、环节进行监控，制定施工现场生产安全事故应急救援预案。实行施工总承包的，由总承包单位统一组织编制建设工程生产安全事故应急救援预案，工程总承包单位和分包单位按照应急救援预案，各自建立应急救援组织或者配备应急救援人员，配备救援器材、设备，并定期组织演练。

第五十条 施工单位发生生产安全事故，应当按照国家有关伤亡事故报告和调查处理的规定，及时、如实地向负责安全生产监督管理的部门、建设行政主管部门或者其他有关部门报告；特种设备发生事故的，还应当同时向特种设备安全监督管理部门报告。接到报告的部门应当按照国家有关规定，如实上报。

实行施工总承包的建设工程，由总承包单位负责上报事故。

第五十一条 发生生产安全事故后，施工单位应当采取措施防止事故扩大，保护事故现场。需要移动现场物品时，应当做出标记和书面记录，妥善保管有关证物。

第五十二条 建设工程生产安全事故的调查、对事故责任单位和责任人的处罚与处理，按照有关法律、法规的规定执行。

第七章 法律责任

第五十三条 违反本条例的规定，县级以上人民政府建设行政主管部门或者其他有关行政管理部门的工作人员，有下列行为之一的，给予降级或者撤职的行政处分；构成犯罪的，依照刑法有关规定追究刑事责任：

（一）对不具备安全生产条件的施工单位颁发资质证书的；

（二）对没有安全施工措施的建设工程颁发施工许可证的；

（三）发现违法行为不予查处的；

（四）不依法履行监督管理职责的其他行为。

第五十四条 违反本条例的规定，建设单位未提供建设工程安全生产作业环境及安全施工措施所需费用的,责令限期改正;逾期未改正的,责令该建设工程停止施工。

建设单位未将保证安全施工的措施或者拆除工程的有关资料报送有关部门备案的,责令限期改正,给予警告。

第五十五条 违反本条例的规定,建设单位有下列行为之一的,责令限期改正,处20万元以上50万元以下的罚款;造成重大安全事故,构成犯罪的,对直接责任人员,依照刑法有关规定追究刑事责任;造成损失的,依法承担赔偿责任:

(一)对勘察、设计、施工、工程监理等单位提出不符合安全生产法律、法规和强制性标准规定的要求的;

(二)要求施工单位压缩合同约定的工期的;

(三)将拆除工程发包给不具有相应资质等级的施工单位的。

第五十六条 违反本条例的规定,勘察单位、设计单位有下列行为之一的,责令限期改正,处10万元以上30万元以下的罚款;情节严重的,责令停业整顿,降低资质等级,直至吊销资质证书;造成重大安全事故,构成犯罪的,对直接责任人员,依照刑法有关规定追究刑事责任;造成损失的,依法承担赔偿责任:

(一)未按照法律、法规和工程建设强制性标准进行勘察、设计的;

(二)采用新结构、新材料、新工艺的建设工程和特殊结构的建设工程,设计单位未在设计中提出保障施工作业人员安全和预防生产安全事故的措施建议的。

第五十七条 违反本条例的规定,工程监理单位有下列行为之一的,责令限期改正;逾期未改正的,责令停业整顿,并处10万元以上30万元以下的罚款;情节严重的,降低资质等级,直至吊销资质证书;造成重大安全事故,构成犯罪的,对直接责任人员,依照刑法有关规定追究刑事责任;造成损失的,依法承担赔偿责任:

（一）未对施工组织设计中的安全技术措施或者专项施工方案进行审查的；

（二）发现安全事故隐患未及时要求施工单位整改或者暂时停止施工的；

（三）施工单位拒不整改或者不停止施工，未及时向有关主管部门报告的；

（四）未依照法律、法规和工程建设强制性标准实施监理的。

第五十八条　注册执业人员未执行法律、法规和工程建设强制性标准的，责令停止执业3个月以上1年以下；情节严重的，吊销执业资格证书，5年内不予注册；造成重大安全事故的，终身不予注册；构成犯罪的，依照刑法有关规定追究刑事责任。

第五十九条　违反本条例的规定，为建设工程提供机械设备和配件的单位，未按照安全施工的要求配备齐全有效的保险、限位等安全设施和装置的，责令限期改正，处合同价款1倍以上3倍以下的罚款；造成损失的，依法承担赔偿责任。

第六十条　违反本条例的规定，出租单位出租未经安全性能检测或者经检测不合格的机械设备和施工机具及配件的，责令停业整顿，并处5万元以上10万元以下的罚款；造成损失的，依法承担赔偿责任。

第六十一条　违反本条例的规定，施工起重机械和整体提升脚手架、模板等自升式架设设施安装、拆卸单位有下列行为之一的，责令限期改正，处5万元以上10万元以下的罚款；情节严重的，责令停业整顿，降低资质等级，直至吊销资质证书；造成损失的，依法承担赔偿责任：

（一）未编制拆装方案、制定安全施工措施的；

（二）未由专业技术人员现场监督的；

（三）未出具自检合格证明或者出具虚假证明的；

（四）未向施工单位进行安全使用说明，办理移交手续的。

施工起重机械和整体提升脚手架、模板等自升式架设设施安装、拆卸单位有前款规定的第（一）项、第（三）项行为，经有关部门或者单位职工提出后，对事故隐患仍不采取措施，因而发生重大伤亡事故或者造成其他严重后果，构成犯罪的，对直接责任人员，依照刑法有关规定追究刑事责任。

第六十二条 违反本条例的规定，施工单位有下列行为之一的，责令限期改正；逾期未改正的，责令停业整顿，依照《中华人民共和国安全生产法》的有关规定处以罚款；造成重大安全事故，构成犯罪的，对直接责任人员，依照刑法有关规定追究刑事责任：

（一）未设立安全生产管理机构、配备专职安全生产管理人员或者分部分项工程施工时无专职安全生产管理人员现场监督的；

（二）施工单位的主要负责人、项目负责人、专职安全生产管理人员、作业人员或者特种作业人员，未经安全教育培训或者经考核不合格即从事相关工作的；

（三）未在施工现场的危险部位设置明显的安全警示标志，或者未按照国家有关规定在施工现场设置消防通道、消防水源、配备消防设施和灭火器材的；

（四）未向作业人员提供安全防护用具和安全防护服装的；

（五）未按照规定在施工起重机械和整体提升脚手架、模板等自升式架设设施验收合格后登记的；

（六）使用国家明令淘汰、禁止使用的危及施工安全的工艺、设备、材料的。

第六十三条 违反本条例的规定，施工单位挪用列入建设工程概算的安全生产作业环境及安全施工措施所需费用的，责令限期改正，处挪用费用20%以上50%以下的罚款；造成损失的，依法承担赔偿责任。

第六十四条 违反本条例的规定，施工单位有下列行为之一的，责令限期改正；逾期未改正的，责令停业整顿，并处5万元以上 10 万元以下的罚款；造成重大安全事故，构成犯罪的，对直接责任人员，依照刑法有关规定追究刑事责任：

（一）施工前未对有关安全施工的技术要求作出详细说明的；

（二）未根据不同施工阶段和周围环境及季节、气候的变化，在施工现场采取相应的安全施工措施，或者在城市市区内的建设工程的施工现场未实行封闭围挡的；

（三）在尚未竣工的建筑物内设置员工集体宿舍的；

（四）施工现场临时搭建的建筑物不符合安全使用要求的；

（五）未对因建设工程施工可能造成损害的毗邻建筑物、构筑物和地下管线等采取专项防护措施的。

施工单位有前款规定第（四）项、第（五）项行为，造成损失的，依法承担赔偿责任。

第六十五条 违反本条例的规定，施工单位有下列行为之一的，责令限期改正；逾期未改正的，责令停业整顿，并处 10 万元以上 30 万元以下的罚款；情节严重的，降低资质等级，直至吊销资质证书；造成重大安全事故，构成犯罪的，对直接责任人员，依照刑法有关规定追究刑事责任；造成损失的，依法承担赔偿责任：

（一）安全防护用具、机械设备、施工机具及配件在进入施工现场前未经查验或者查验不合格即投入使用的；

（二）使用未经验收或者验收不合格的施工起重机械和整体提升脚手架、模板等自升式架设设施的；

（三）委托不具有相应资质的单位承担施工现场安装、拆卸施工起重机械和整体提升脚手架、模板等自升式架设设施的；

（四）在施工组织设计中未编制安全技术措施、施工现场临时用电方案或者专项施工方案的。

第六十六条 违反本条例的规定，施工单位的主要负责人、项目负责人未履行安全生产管理职责的，责令限期改正；逾期未改正的，责令施工单位停业整顿；造成重大安全事故、重大伤亡事故或者其他严重后果,构成犯罪的,依照刑法有关规定追究刑事责任。

作业人员不服管理、违反规章制度和操作规程冒险作业造成重大伤亡事故或者其他严重后果,构成犯罪的,依照刑法有关规定追究刑事责任。

施工单位的主要负责人、项目负责人有前款违法行为,尚不够刑事处罚的,处2万元以上20万元以下的罚款或者按照管理权限给予撤职处分;自刑罚执行完毕或者受处分之日起,5年内不得担任任何施工单位的主要负责人、项目负责人。

第六十七条　施工单位取得资质证书后,降低安全生产条件的,责令限期改正;经整改仍未达到与其资质等级相适应的安全生产条件的,责令停业整顿,降低其资质等级直至吊销资质证书。

第六十八条　本条例规定的行政处罚,由建设行政主管部门或者其他有关部门依照法定职权决定。

违反消防安全管理规定的行为,由公安消防机构依法处罚。

有关法律、行政法规对建设工程安全生产违法行为的行政处罚决定机关另有规定的,从其规定。

第八章　附　　则

第六十九条　抢险救灾和农民自建低层住宅的安全生产管理,不适用本条例。

第七十条　军事建设工程的安全生产管理,按照中央军事委员会的有关规定执行。

第七十一条　本条例自2004年2月1日起施行。

特种设备安全监察条例（节录）

（2003年3月11日中华人民共和国国务院令第373号公布　根据2009年1月24日《国务院关于修改〈特种设备安全监察条例〉的决定》修订）

……

第三章　特种设备的使用

第二十三条　特种设备使用单位，应当严格执行本条例和有关安全生产的法律、行政法规的规定，保证特种设备的安全使用。

第二十四条　特种设备使用单位应当使用符合安全技术规范要求的特种设备。特种设备投入使用前，使用单位应当核对其是否附有本条例第十五条规定的相关文件。

第二十五条　特种设备在投入使用前或者投入使用后30日内，特种设备使用单位应当向直辖市或者设区的市的特种设备安全监督管理部门登记。登记标志应当置于或者附着于该特种设备的显著位置。

第二十六条　特种设备使用单位应当建立特种设备安全技术档案。安全技术档案应当包括以下内容：

（一）特种设备的设计文件、制造单位、产品质量合格证明、使用维护说明等文件以及安装技术文件和资料；

（二）特种设备的定期检验和定期自行检查的记录；

（三）特种设备的日常使用状况记录；

（四）特种设备及其安全附件、安全保护装置、测量调控装置及有关附属仪器仪表的日常维护保养记录；

（五）特种设备运行故障和事故记录；

（六）高耗能特种设备的能效测试报告、能耗状况记录以及节能改造技术资料。

第二十七条 特种设备使用单位应当对在用特种设备进行经常性日常维护保养，并定期自行检查。

特种设备使用单位对在用特种设备应当至少每月进行一次自行检查，并作出记录。特种设备使用单位在对在用特种设备进行自行检查和日常维护保养时发现异常情况的，应当及时处理。

特种设备使用单位应当对在用特种设备的安全附件、安全保护装置、测量调控装置及有关附属仪器仪表进行定期校验、检修，并作出记录。

锅炉使用单位应当按照安全技术规范的要求进行锅炉水（介）质处理，并接受特种设备检验检测机构实施的水（介）质处理定期检验。

从事锅炉清洗的单位，应当按照安全技术规范的要求进行锅炉清洗，并接受特种设备检验检测机构实施的锅炉清洗过程监督检验。

第二十八条 特种设备使用单位应当按照安全技术规范的定期检验要求，在安全检验合格有效期届满前1个月向特种设备检验检测机构提出定期检验要求。

检验检测机构接到定期检验要求后，应当按照安全技术规范的要求及时进行安全性能检验和能效测试。

未经定期检验或者检验不合格的特种设备，不得继续使用。

第二十九条 特种设备出现故障或者发生异常情况，使用单位应当对其进行全面检查，消除事故隐患后，方可重新投入使用。

特种设备不符合能效指标的，特种设备使用单位应当采取相应措施进行整改。

第三十条 特种设备存在严重事故隐患，无改造、维修价值，或者超过安全技术规范规定使用年限，特种设备使用单位应当及时予以报废，并应当向原登记的特种设备安全监督管理部门办理注销。

第三十一条 电梯的日常维护保养必须由依照本条例取得许可的安装、改造、维修单位或者电梯制造单位进行。

电梯应当至少每 15 日进行一次清洁、润滑、调整和检查。

第三十二条 电梯的日常维护保养单位应当在维护保养中严格执行国家安全技术规范的要求，保证其维护保养的电梯的安全技术性能，并负责落实现场安全防护措施，保证施工安全。

电梯的日常维护保养单位，应当对其维护保养的电梯的安全性能负责。接到故障通知后，应当立即赶赴现场，并采取必要的应急救援措施。

第三十三条 电梯、客运索道、大型游乐设施等为公众提供服务的特种设备运营使用单位，应当设置特种设备安全管理机构或者配备专职的安全管理人员；其他特种设备使用单位，应当根据情况设置特种设备安全管理机构或者配备专职、兼职的安全管理人员。

特种设备的安全管理人员应当对特种设备使用状况进行经常性检查，发现问题的应当立即处理；情况紧急时，可以决定停止使用特种设备并及时报告本单位有关负责人。

第三十四条 客运索道、大型游乐设施的运营使用单位在客运索道、大型游乐设施每日投入使用前，应当进行试运行和例行安全检查，并对安全装置进行检查确认。

电梯、客运索道、大型游乐设施的运营使用单位应当将电梯、客运索道、大型游乐设施的安全注意事项和警示标志置于易于为乘客注意的显著位置。

第三十五条 客运索道、大型游乐设施的运营使用单位的主要负责人应当熟悉客运索道、大型游乐设施的相关安全知识，并全面负责客运索道、大型游乐设施的安全使用。

客运索道、大型游乐设施的运营使用单位的主要负责人至少应当每月召开一次会议，督促、检查客运索道、大型游乐设施的安全使用工作。

客运索道、大型游乐设施的运营使用单位，应当结合本单位的实际情况，配备相应数量的营救装备和急救物品。

第三十六条　电梯、客运索道、大型游乐设施的乘客应当遵守使用安全注意事项的要求，服从有关工作人员的指挥。

第三十七条　电梯投入使用后，电梯制造单位应当对其制造的电梯的安全运行情况进行跟踪调查和了解，对电梯的日常维护保养单位或者电梯的使用单位在安全运行方面存在的问题，提出改进建议，并提供必要的技术帮助。发现电梯存在严重事故隐患的，应当及时向特种设备安全监督管理部门报告。电梯制造单位对调查和了解的情况，应当作出记录。

第三十八条　锅炉、压力容器、电梯、起重机械、客运索道、大型游乐设施、场（厂）内专用机动车辆的作业人员及其相关管理人员（以下统称特种设备作业人员），应当按照国家有关规定经特种设备安全监督管理部门考核合格，取得国家统一格式的特种作业人员证书，方可从事相应的作业或者管理工作。

第三十九条　特种设备使用单位应当对特种设备作业人员进行特种设备安全、节能教育和培训，保证特种设备作业人员具备必要的特种设备安全、节能知识。

特种设备作业人员在作业中应当严格执行特种设备的操作规程和有关的安全规章制度。

第四十条　特种设备作业人员在作业过程中发现事故隐患或者其他不安全因素，应当立即向现场安全管理人员和单位有关负责人报告。

……

煤矿安全监察条例（节录）

（2000年11月7日中华人民共和国国务院令第296号公布　根据2013年7月18日《国务院关于废止和修改部分行政法规的决定》修订）

……

第三章　煤矿安全监察内容

第二十条　煤矿安全监察机构对煤矿执行煤炭法、矿山安全法和其他有关煤矿安全的法律、法规以及国家安全标准、行业安全标准、煤矿安全规程和行业技术规范的情况实施监察。

第二十一条　煤矿建设工程设计必须符合煤矿安全规程和行业技术规范的要求。煤矿建设工程安全设施设计必须经煤矿安全监察机构审查同意；未经审查同意的，不得施工。

煤矿安全监察机构审查煤矿建设工程安全设施设计，应当自收到申请审查的设计资料之日起30日内审查完毕，签署同意或者不同意的意见，并书面答复。

第二十二条　煤矿建设工程竣工后或者投产前，应当经煤矿安全监察机构对其安全设施和条件进行验收；未经验收或者验收不合格的，不得投入生产。

煤矿安全监察机构对煤矿建设工程安全设施和条件进行验收，应当自收到申请验收文件之日起30日内验收完毕，签署合格或者不合格的意见，并书面答复。

第二十三条　煤矿安全监察机构应当监督煤矿制定事故预防和应急计划，并检查煤矿制定的发现和消除事故隐患的措施及其落实情况。

第二十四条 煤矿安全监察机构发现煤矿矿井通风、防火、防水、防瓦斯、防毒、防尘等安全设施和条件不符合国家安全标准、行业安全标准、煤矿安全规程和行业技术规范要求的，应当责令立即停止作业或者责令限期达到要求。

第二十五条 煤矿安全监察机构发现煤矿进行独眼井开采的，应当责令关闭。

第二十六条 煤矿安全监察机构发现煤矿作业场所有下列情形之一的，应当责令立即停止作业，限期改正；有关煤矿或其作业场所经复查合格的，方可恢复作业：

（一）未使用专用防爆电器设备的；

（二）未使用专用放炮器的；

（三）未使用人员专用升降容器的；

（四）使用明火明电照明的。

第二十七条 煤矿安全监察机构对煤矿安全技术措施专项费用的提取和使用情况进行监督，对未依法提取或者使用的，应当责令限期改正。

第二十八条 煤矿安全监察机构发现煤矿矿井使用的设备、器材、仪器、仪表、防护用品不符合国家安全标准或者行业安全标准的，应当责令立即停止使用。

第二十九条 煤矿安全监察机构发现煤矿有下列情形之一的，应当责令限期改正：

（一）未依法建立安全生产责任制的；

（二）未设置安全生产机构或者配备安全生产人员的；

（三）矿长不具备安全专业知识的；

（四）特种作业人员未取得资格证书上岗作业的；

（五）分配职工上岗作业前，未进行安全教育、培训的；

（六）未向职工发放保障安全生产所需的劳动防护用品的。

第三十条 煤矿安全监察人员发现煤矿作业场所的瓦斯、粉尘或者其他有毒有害气体的浓度超过国家安全标准或者行业安全标准的，煤矿擅自开采保安煤柱的，或者采用危及相邻煤矿生产安全的决水、爆破、贯通巷道等危险方法进行采矿作业的，应当责令立即停止作业，并将有关情况报告煤矿安全监察机构。

第三十一条 煤矿安全监察人员发现煤矿矿长或者其他主管人员违章指挥工人或者强令工人违章、冒险作业，或者发现工人违章作业的，应当立即纠正或者责令立即停止作业。

第三十二条 煤矿安全监察机构及其煤矿安全监察人员履行安全监察职责，向煤矿有关人员了解情况时，有关人员应当如实反映情况，不得提供虚假情况，不得隐瞒本煤矿存在的事故隐患以及其他安全问题。

第三十三条 煤矿安全监察机构依照本条例的规定责令煤矿限期解决事故隐患、限期改正影响煤矿安全的违法行为或者限期使安全设施和条件达到要求的，应当在限期届满时及时对煤矿的执行情况进行复查并签署复查意见；经有关煤矿申请，也可以在限期内进行复查并签署复查意见。

煤矿安全监察机构及其煤矿安全监察人员依照本条例的规定责令煤矿立即停止作业，责令立即停止使用不符合国家安全标准或者行业安全标准的设备、器材、仪器、仪表、防护用品，或者责令关闭矿井的，应当对煤矿的执行情况随时进行检查。

第三十四条 煤矿安全监察机构及其煤矿安全监察人员履行安全监察职责，应当出示安全监察证件。发出安全监察指令，应当采用书面通知形式；紧急情况下需要采取紧急处置措施，来不及书面通知的，应当随后补充书面通知。

......

八 女职工和未成年工特殊保护

中华人民共和国未成年人保护法（节录）

（1991年9月4日第七届全国人民代表大会常务委员会第二十一次会议通过 2006年12月29日第十届全国人民代表大会常务委员会第二十五次会议第一次修订 根据2012年10月26日第十一届全国人民代表大会常务委员会第二十九次会议《关于修改〈中华人民共和国未成年人保护法〉的决定》修正 2020年10月17日第十三届全国人民代表大会常务委员会第二十二次会议第二次修订 2020年10月17日中华人民共和国主席令第57号公布 自2021年6月1日起施行）

……

第六十一条 【劳动保护】任何组织或者个人不得招用未满十六周岁未成年人，国家另有规定的除外。

营业性娱乐场所、酒吧、互联网上网服务营业场所等不适宜未成年人活动的场所不得招用已满十六周岁的未成年人。

招用已满十六周岁未成年人的单位和个人应当执行国家在工种、劳动时间、劳动强度和保护措施等方面的规定，不得安排其从事过重、有毒、有害等危害未成年人身心健康的劳动或者危险作业。

任何组织或者个人不得组织未成年人进行危害其身心健康的表演等活动。经未成年人的父母或者其他监护人同意，未成年人参与演出、节目制作等活动，活动组织方应当根据国家有关规定，保障未成年人合法权益。

……

中华人民共和国妇女权益保障法（节录）

（1992年4月3日第七届全国人民代表大会第五次会议通过 根据2005年8月28日第十届全国人民代表大会常务委员会第十七次会议《关于修改〈中华人民共和国妇女权益保障法〉的决定》第一次修正 根据2018年10月26日第十三届全国人民代表大会常务委员会第六次会议《关于修改〈中华人民共和国野生动物保护法〉等十五部法律的决定》第二次修正 2022年10月30日第十三届全国人民代表大会常务委员会第三十七次会议修订 2022年10月30日中华人民共和国主席令第122号公布 自2023年1月1日起施行）

……

第五章 劳动和社会保障权益

第四十一条 【保障妇女平等的劳动权利和社会保障权利】 国家保障妇女享有与男子平等的劳动权利和社会保障权利。

第四十二条 【政府和有关部门应防止和纠正就业性别歧视】 各级人民政府和有关部门应当完善就业保障政策措施，防止和纠正就业性别歧视，为妇女创造公平的就业创业环境，为就业困难的妇女提供必要的扶持和援助。

第四十三条 【用人单位招录时不得实施性别歧视行为】用人单位在招录（聘）过程中，除国家另有规定外，不得实施下列行为：

（一）限定为男性或者规定男性优先；

（二）除个人基本信息外，进一步询问或者调查女性求职者的婚育情况；

（三）将妊娠测试作为入职体检项目；

（四）将限制结婚、生育或者婚姻、生育状况作为录（聘）用条件；

（五）其他以性别为由拒绝录（聘）用妇女或者差别化地提高对妇女录（聘）用标准的行为。

第四十四条 【劳动合同应具备女职工特殊保护条款】用人单位在录（聘）用女职工时，应当依法与其签订劳动（聘用）合同或者服务协议，劳动（聘用）合同或者服务协议中应当具备女职工特殊保护条款，并不得规定限制女职工结婚、生育等内容。

职工一方与用人单位订立的集体合同中应当包含男女平等和女职工权益保护相关内容，也可以就相关内容制定专章、附件或者单独订立女职工权益保护专项集体合同。

第四十五条 【男女同工同酬】实行男女同工同酬。妇女在享受福利待遇方面享有与男子平等的权利。

第四十六条 【晋职、晋级等不得歧视妇女】在晋职、晋级、评聘专业技术职称和职务、培训等方面，应当坚持男女平等的原则，不得歧视妇女。

第四十七条 【保护妇女工作和劳动时的安全、健康及休息的权利】用人单位应当根据妇女的特点，依法保护妇女在工作和劳动时的安全、健康以及休息的权利。

妇女在经期、孕期、产期、哺乳期受特殊保护。

第四十八条 【用人单位用工中不得侵害女职工法定权益】用

人单位不得因结婚、怀孕、产假、哺乳等情形，降低女职工的工资和福利待遇，限制女职工晋职、晋级、评聘专业技术职称和职务，辞退女职工，单方解除劳动（聘用）合同或者服务协议。

女职工在怀孕以及依法享受产假期间，劳动（聘用）合同或者服务协议期满的，劳动（聘用）合同或者服务协议期限自动延续至产假结束。但是，用人单位依法解除、终止劳动（聘用）合同、服务协议，或者女职工依法要求解除、终止劳动（聘用）合同、服务协议的除外。

用人单位在执行国家退休制度时，不得以性别为由歧视妇女。

第四十九条　【性别歧视行为纳入劳动保障监察】人力资源和社会保障部门应当将招聘、录取、晋职、晋级、评聘专业技术职称和职务、培训、辞退等过程中的性别歧视行为纳入劳动保障监察范围。

第五十条　【妇女权益社会保障】国家发展社会保障事业，保障妇女享有社会保险、社会救助和社会福利等权益。

国家提倡和鼓励为帮助妇女而开展的社会公益活动。

第五十一条　【生育保险制度和职工生育休假制度】国家实行生育保险制度，建立健全婴幼儿托育服务等与生育相关的其他保障制度。

国家建立健全职工生育休假制度，保障孕产期女职工依法享有休息休假权益。

地方各级人民政府和有关部门应当按照国家有关规定，为符合条件的困难妇女提供必要的生育救助。

第五十二条　【加强困难妇女的权益保障】各级人民政府和有关部门应当采取必要措施，加强贫困妇女、老龄妇女、残疾妇女等困难妇女的权益保障，按照有关规定为其提供生活帮扶、就业创业支持等关爱服务。

……

禁止使用童工规定

(2002年9月18日国务院第63次常务会议通过 2002年10月1日中华人民共和国国务院令第364号公布 自2002年12月1日起施行)

第一条 为保护未成年人的身心健康,促进义务教育制度的实施,维护未成年人的合法权益,根据宪法和劳动法、未成年人保护法,制定本规定。

第二条 国家机关、社会团体、企业事业单位、民办非企业单位或者个体工商户(以下统称用人单位)均不得招用不满16周岁的未成年人(招用不满16周岁的未成年人,以下统称使用童工)。

禁止任何单位或者个人为不满16周岁的未成年人介绍就业。

禁止不满16周岁的未成年人开业从事个体经营活动。

第三条 不满16周岁的未成年人的父母或者其他监护人应当保护其身心健康,保障其接受义务教育的权利,不得允许其被用人单位非法招用。

不满16周岁的未成年人的父母或者其他监护人允许其被用人单位非法招用的,所在地的乡(镇)人民政府、城市街道办事处以及村民委员会、居民委员会应当给予批评教育。

第四条 用人单位招用人员时,必须核查被招用人员的身份证;对不满16周岁的未成年人,一律不得录用。用人单位录用人员的录用登记、核查材料应当妥善保管。

第五条 县级以上各级人民政府劳动保障行政部门负责本规定执行情况的监督检查。

县级以上各级人民政府公安、工商行政管理、教育、卫生等行政部门在各自职责范围内对本规定的执行情况进行监督检查,并对劳动保障行政部门的监督检查给予配合。

工会、共青团、妇联等群众组织应当依法维护未成年人的合法权益。

任何单位或者个人发现使用童工的,均有权向县级以上人民政府劳动保障行政部门举报。

第六条 用人单位使用童工的,由劳动保障行政部门按照每使用一名童工每月处5000元罚款的标准给予处罚;在使用有毒物品的作业场所使用童工的,按照《使用有毒物品作业场所劳动保护条例》规定的罚款幅度,或者按照每使用一名童工每月处5000元罚款的标准,从重处罚。劳动保障行政部门并应当责令用人单位限期将童工送回原居住地交其父母或者其他监护人,所需交通和食宿费用全部由用人单位承担。

用人单位经劳动保障行政部门依照前款规定责令限期改正,逾期仍不将童工送交其父母或者其他监护人的,从责令限期改正之日起,由劳动保障行政部门按照每使用一名童工每月处1万元罚款的标准处罚,并由工商行政管理部门吊销其营业执照或者由民政部门撤销民办非企业单位登记;用人单位是国家机关、事业单位的,由有关单位依法对直接负责的主管人员和其他直接责任人员给予降级或者撤职的行政处分或者纪律处分。

第七条 单位或者个人为不满16周岁的未成年人介绍就业的,由劳动保障行政部门按照每介绍一人处5000元罚款的标准给予处罚;职业中介机构为不满16周岁的未成年人介绍就业的,并由劳动保障行政部门吊销其职业介绍许可证。

第八条 用人单位未按照本规定第四条的规定保存录用登记材料,或者伪造录用登记材料的,由劳动保障行政部门处1万元的罚款。

第九条 无营业执照、被依法吊销营业执照的单位以及未依法登记、备案的单位使用童工或者介绍童工就业的,依照本规定第六条、第七条、第八条规定的标准加一倍罚款，该非法单位由有关的行政主管部门予以取缔。

第十条 童工患病或者受伤的，用人单位应当负责送到医疗机构治疗，并负担治疗期间的全部医疗和生活费用。

童工伤残或者死亡的，用人单位由工商行政管理部门吊销营业执照或者由民政部门撤销民办非企业单位登记；用人单位是国家机关、事业单位的，由有关单位依法对直接负责的主管人员和其他直接责任人员给予降级或者撤职的行政处分或者纪律处分；用人单位还应当一次性地对伤残的童工、死亡童工的直系亲属给予赔偿，赔偿金额按照国家工伤保险的有关规定计算。

第十一条 拐骗童工，强迫童工劳动，使用童工从事高空、井下、放射性、高毒、易燃易爆以及国家规定的第四级体力劳动强度的劳动，使用不满14周岁的童工，或者造成童工死亡或者严重伤残的，依照刑法关于拐卖儿童罪、强迫劳动罪或者其他罪的规定，依法追究刑事责任。

第十二条 国家行政机关工作人员有下列行为之一的，依法给予记大过或者降级的行政处分；情节严重的，依法给予撤职或者开除的行政处分；构成犯罪的，依照刑法关于滥用职权罪、玩忽职守罪或者其他罪的规定，依法追究刑事责任：

（一）劳动保障等有关部门工作人员在禁止使用童工的监督检查工作中发现使用童工的情况，不予制止、纠正、查处的；

（二）公安机关的人民警察违反规定发放身份证或者在身份证上登录虚假出生年月的；

（三）工商行政管理部门工作人员发现申请人是不满16周岁的未成年人，仍然为其从事个体经营发放营业执照的。

第十三条 文艺、体育单位经未成年人的父母或者其他监护人同意，可以招用不满16周岁的专业文艺工作者、运动员。用人单位应当保障被招用的不满16周岁的未成年人的身心健康，保障其接受义务教育的权利。文艺、体育单位招用不满16周岁的专业文艺工作者、运动员的办法,由国务院劳动保障行政部门会同国务院文化、体育行政部门制定。

学校、其他教育机构以及职业培训机构按照国家有关规定组织不满16周岁的未成年人进行不影响其人身安全和身心健康的教育实践劳动、职业技能培训劳动,不属于使用童工。

第十四条 本规定自2002年12月1日起施行。1991年4月15日国务院发布的《禁止使用童工规定》同时废止。

女职工劳动保护特别规定

(2012年4月18日国务院第200次常务会议通过 2012年4月28日中华人民共和国国务院令第619号公布 自公布之日起施行)

第一条 为了减少和解决女职工在劳动中因生理特点造成的特殊困难,保护女职工健康,制定本规定。

第二条 中华人民共和国境内的国家机关、企业、事业单位、社会团体、个体经济组织以及其他社会组织等用人单位及其女职工,适用本规定。

第三条 用人单位应当加强女职工劳动保护,采取措施改善女职工劳动安全卫生条件,对女职工进行劳动安全卫生知识培训。

第四条 用人单位应当遵守女职工禁忌从事的劳动范围的规定。用人单位应当将本单位属于女职工禁忌从事的劳动范围的岗位书面告知女职工。

女职工禁忌从事的劳动范围由本规定附录列示。国务院安全生产监督管理部门会同国务院人力资源社会保障行政部门、国务院卫生行政部门根据经济社会发展情况，对女职工禁忌从事的劳动范围进行调整。

第五条 用人单位不得因女职工怀孕、生育、哺乳降低其工资、予以辞退、与其解除劳动或者聘用合同。

第六条 女职工在孕期不能适应原劳动的，用人单位应当根据医疗机构的证明，予以减轻劳动量或者安排其他能够适应的劳动。

对怀孕7个月以上的女职工，用人单位不得延长劳动时间或者安排夜班劳动，并应当在劳动时间内安排一定的休息时间。

怀孕女职工在劳动时间内进行产前检查，所需时间计入劳动时间。

第七条 女职工生育享受98天产假，其中产前可以休假15天；难产的，增加产假15天；生育多胞胎的，每多生育1个婴儿，增加产假15天。

女职工怀孕未满4个月流产的，享受15天产假；怀孕满4个月流产的，享受42天产假。

第八条 女职工产假期间的生育津贴，对已经参加生育保险的，按照用人单位上年度职工月平均工资的标准由生育保险基金支付；对未参加生育保险的，按照女职工产假前工资的标准由用人单位支付。

女职工生育或者流产的医疗费用，按照生育保险规定的项目和标准，对已经参加生育保险的，由生育保险基金支付；对未参加生育保险的，由用人单位支付。

第九条 对哺乳未满1周岁婴儿的女职工，用人单位不得延长劳动时间或者安排夜班劳动。

用人单位应当在每天的劳动时间内为哺乳期女职工安排1小时哺乳时间；女职工生育多胞胎的，每多哺乳1个婴儿每天增加1小时哺乳时间。

第十条 女职工比较多的用人单位应当根据女职工的需要，建立女职工卫生室、孕妇休息室、哺乳室等设施,妥善解决女职工在生理卫生、哺乳方面的困难。

第十一条 在劳动场所,用人单位应当预防和制止对女职工的性骚扰。

第十二条 县级以上人民政府人力资源社会保障行政部门、安全生产监督管理部门按照各自职责负责对用人单位遵守本规定的情况进行监督检查。

工会、妇女组织依法对用人单位遵守本规定的情况进行监督。

第十三条 用人单位违反本规定第六条第二款、第七条、第九条第一款规定的,由县级以上人民政府人力资源社会保障行政部门责令限期改正,按照受侵害女职工每人1000元以上5000元以下的标准计算,处以罚款。

用人单位违反本规定附录第一条、第二条规定的,由县级以上人民政府安全生产监督管理部门责令限期改正,按照受侵害女职工每人1000元以上5000元以下的标准计算,处以罚款。用人单位违反本规定附录第三条、第四条规定的,由县级以上人民政府安全生产监督管理部门责令限期治理,处5万元以上30万元以下的罚款;情节严重的,责令停止有关作业,或者提请有关人民政府按照国务院规定的权限责令关闭。

第十四条 用人单位违反本规定,侵害女职工合法权益的,女职工可以依法投诉、举报、申诉,依法向劳动人事争议调解仲裁机构申请调解仲裁,对仲裁裁决不服的,依法向人民法院提起诉讼。

第十五条 用人单位违反本规定,侵害女职工合法权益,造成女职工损害的,依法给予赔偿;用人单位及其直接负责的主管人员和其他直接责任人员构成犯罪的,依法追究刑事责任。

第十六条 本规定自公布之日起施行。1988年7月21日国务院发布的《女职工劳动保护规定》同时废止。

附录：

女职工禁忌从事的劳动范围

一、女职工禁忌从事的劳动范围：

（一）矿山井下作业；

（二）体力劳动强度分级标准中规定的第四级体力劳动强度的作业；

（三）每小时负重6次以上、每次负重超过20公斤的作业，或者间断负重、每次负重超过25公斤的作业。

二、女职工在经期禁忌从事的劳动范围：

（一）冷水作业分级标准中规定的第二级、第三级、第四级冷水作业；

（二）低温作业分级标准中规定的第二级、第三级、第四级低温作业；

（三）体力劳动强度分级标准中规定的第三级、第四级体力劳动强度的作业；

（四）高处作业分级标准中规定的第三级、第四级高处作业。

三、女职工在孕期禁忌从事的劳动范围：

（一）作业场所空气中铅及其化合物、汞及其化合物、苯、镉、铍、砷、氰化物、氮氧化物、一氧化碳、二硫化碳、氯、己内酰胺、氯丁二烯、氯乙烯、环氧乙烷、苯胺、甲醛等有毒物质浓度超过国家职业卫生标准的作业；

（二）从事抗癌药物、己烯雌酚生产，接触麻醉剂气体等的作业；

（三）非密封源放射性物质的操作，核事故与放射事故的应急处置；

（四）高处作业分级标准中规定的高处作业；

（五）冷水作业分级标准中规定的冷水作业；

（六）低温作业分级标准中规定的低温作业；

（七）高温作业分级标准中规定的第三级、第四级的作业；

（八）噪声作业分级标准中规定的第三级、第四级的作业；

（九）体力劳动强度分级标准中规定的第三级、第四级体力劳动强度的作业；

（十）在密闭空间、高压室作业或者潜水作业，伴有强烈振动的作业，或者需要频繁弯腰、攀高、下蹲的作业。

四、女职工在哺乳期禁忌从事的劳动范围：

（一）孕期禁忌从事的劳动范围的第一项、第三项、第九项；

（二）作业场所空气中锰、氟、溴、甲醇、有机磷化合物、有机氯化合物等有毒物质浓度超过国家职业卫生标准的作业。

未成年工特殊保护规定

（1994年12月9日　劳部发〔1994〕498号）

第一条　为维护未成年工的合法权益，保护其在生产劳动中的健康，根据《中华人民共和国劳动法》的有关规定，制定本规定。

第二条　未成年工是指年满16周岁，未满18周岁的劳动者。

未成年工的特殊保护是针对未成年工处于生长发育期的特点，以及接受义务教育的需要，采取的特殊劳动保护措施。

第三条　用人单位不得安排未成年工从事以下范围的劳动：

（一）《生产性粉尘作业危害程度分级》国家标准中第一级以上的接尘作业；

（二）《有毒作业分级》国家标准中第一级以上的有毒作业；

（三）《高处作业分级》国家标准中第二级以上的高处作业；

（四）《冷水作业分级》国家标准中第二级以上的冷水作业；

（五）《高温作业分级》国家标准中第三级以上的高温作业；

（六）《低温作业分级》国家标准中第三级以上的低温作业；

（七）《体力劳动强度分级》国家标准中第四级体力劳动强度的作业；

（八）矿山井下及矿山地面采石作业；

（九）森林业中的伐木、流放及守林作业；

（十）工作场所接触放射性物质的作业；

（十一）有易燃易爆、化学性烧伤和热烧伤等危险性大的作业；

（十二）地质勘探和资源勘探的野外作业；

（十三）潜水、涵洞、涵道作业和海拔3000米以上的高原作业（不包括世居高原者）；

（十四）连续负重每小时在6次以上并每次超过20公斤，间断负重每次超过25公斤的作业；

（十五）使用凿岩机、捣固机、气镐、气铲、铆钉机、电锤的作业；

（十六）工作中需要长时间保持低头、弯腰、上举、下蹲等强迫体位和动作频率每分钟大于50次的流水线作业；

（十七）锅炉司炉。

第四条 未成年工患有某种疾病或具有某些生理缺陷（非残疾型）时，用人单位不得安排其从事以下范围的劳动：

（一）《高处作业分级》国家标准中第一级以上的高处作业；

（二）《低温作业分级》国家标准中第二级以上的低温作业；

（三）《高温作业分级》国家标准中第二级以上的高温作业；

（四）《体力劳动强度分级》国家标准中第三级以上体力劳动强度的作业；

（五）接触铅、苯、汞、甲醛、二硫化碳等易引起过敏反应的作业。

第五条 患有某种疾病或具有某些生理缺陷（非残疾型）的未成年工，是指有以下一种或一种以上情况者：

（一）心血管系统

1. 先天性心脏病；

2. 克山病；

3. 收缩期或舒张期二级以上心脏杂音。

（二）呼吸系统

1. 中度以上气管炎或支气管哮喘；

2. 呼吸音明显减弱；

3. 各类结核病；

4. 体弱儿，呼吸道反复感染者。

（三）消化系统

1. 各类肝炎；

2. 肝、脾肿大；

3. 胃、十二指肠溃疡；

4. 各种消化道疝。

（四）泌尿系统

1. 急、慢性肾炎；

2. 泌尿系感染。

（五）内分泌系统

1. 甲状腺机能亢进；

2. 中度以上糖尿病。

（六）精神神经系统

1. 智力明显低下；

2. 精神忧郁或狂暴。

（七）肌肉、骨骼运动系统

1. 身高和体重低于同龄人标准；

2. 一个及一个以上肢体存在明显功能障碍；

3. 躯干1/4以上部位活动受限，包括僵直或不能旋转。

（八）其他

1. 结核性胸膜炎；

2. 各类重度关节炎；

3. 血吸虫病；

4. 严重贫血，其血色素每升低于 95 克（<9.5g/dl）。

第六条 用人单位应按下列要求对未成年工定期进行健康检查：

（一）安排工作岗位之前；

（二）工作满 1 年；

（三）年满 18 周岁，距前一次的体检时间已超过半年。

第七条 未成年工的健康检查，应按本规定所附《未成年工健康检查表》列出的项目进行。

第八条 用人单位应根据未成年工的健康检查结果安排其从事适合的劳动，对不能胜任原劳动岗位的，应根据医务部门的证明，予以减轻劳动量或安排其他劳动。

第九条 对未成年工的使用和特殊保护实行登记制度。

（一）用人单位招收使用未成年工，除符合一般用工要求外，还须向所在地的县级以上劳动行政部门办理登记。劳动行政部门根据《未成年工健康检查表》、《未成年工登记表》，核发《未成年工登记证》。

（二）各级劳动行政部门须按本规定第三、四、五、七条的有关规定，审核体检情况和拟安排的劳动范围。

（三）未成年工须持《未成年工登记证》上岗。

（四）《未成年工登记证》由国务院劳动行政部门统一印制。

第十条 未成年工上岗前用人单位应对其进行有关的职业安全卫生教育、培训；未成年工体检和登记，由用人单位统一办理和承担费用。

第十一条 县级以上劳动行政部门对用人单位执行本规定的情况进行监督检查，对违犯本规定的行为依照有关法规进行处罚。

各级工会组织对本规定的执行情况进行监督。

第十二条 省、自治区、直辖市劳动行政部门可以根据本规定制定实施办法。

第十三条 本规定自 1995 年 1 月 1 日起施行。

九 社会保障

（一）综　合

中华人民共和国社会保险法

（2010年10月28日第十一届全国人民代表大会常务委员会第十七次会议通过　根据2018年12月29日第十三届全国人民代表大会常务委员会第七次会议《关于修改〈中华人民共和国社会保险法〉的决定》修正）

目　录

第一章　总　则
第二章　基本养老保险
第三章　基本医疗保险
第四章　工伤保险
第五章　失业保险
第六章　生育保险
第七章　社会保险费征缴
第八章　社会保险基金
第九章　社会保险经办

第十章　社会保险监督
第十一章　法律责任
第十二章　附　　则

第一章　总　　则

第一条　【立法宗旨】为了规范社会保险关系，维护公民参加社会保险和享受社会保险待遇的合法权益，使公民共享发展成果，促进社会和谐稳定，根据宪法，制定本法。

第二条　【建立社会保险制度】国家建立基本养老保险、基本医疗保险、工伤保险、失业保险、生育保险等社会保险制度，保障公民在年老、疾病、工伤、失业、生育等情况下依法从国家和社会获得物质帮助的权利。

第三条　【社会保险制度的方针和社会保险水平】社会保险制度坚持广覆盖、保基本、多层次、可持续的方针，社会保险水平应当与经济社会发展水平相适应。

第四条　【用人单位和个人的权利义务】中华人民共和国境内的用人单位和个人依法缴纳社会保险费，有权查询缴费记录、个人权益记录，要求社会保险经办机构提供社会保险咨询等相关服务。

个人依法享受社会保险待遇，有权监督本单位为其缴费情况。

第五条　【社会保险财政保障】县级以上人民政府将社会保险事业纳入国民经济和社会发展规划。

国家多渠道筹集社会保险资金。县级以上人民政府对社会保险事业给予必要的经费支持。

国家通过税收优惠政策支持社会保险事业。

第六条　【社会保险基金监督】国家对社会保险基金实行严格监管。

国务院和省、自治区、直辖市人民政府建立健全社会保险基金监督管理制度，保障社会保险基金安全、有效运行。

县级以上人民政府采取措施，鼓励和支持社会各方面参与社会保险基金的监督。

第七条　【社会保险行政管理职责分工】国务院社会保险行政部门负责全国的社会保险管理工作，国务院其他有关部门在各自的职责范围内负责有关的社会保险工作。

县级以上地方人民政府社会保险行政部门负责本行政区域的社会保险管理工作，县级以上地方人民政府其他有关部门在各自的职责范围内负责有关的社会保险工作。

第八条　【社会保险经办机构职责】社会保险经办机构提供社会保险服务，负责社会保险登记、个人权益记录、社会保险待遇支付等工作。

第九条　【工会的职责】工会依法维护职工的合法权益，有权参与社会保险重大事项的研究，参加社会保险监督委员会，对与职工社会保险权益有关的事项进行监督。

第二章　基本养老保险

第十条　【覆盖范围】职工应当参加基本养老保险，由用人单位和职工共同缴纳基本养老保险费。

无雇工的个体工商户、未在用人单位参加基本养老保险的非全日制从业人员以及其他灵活就业人员可以参加基本养老保险，由个人缴纳基本养老保险费。

公务员和参照公务员法管理的工作人员养老保险的办法由国务院规定。

第十一条　【制度模式和基金筹资方式】基本养老保险实行社会统筹与个人账户相结合。

基本养老保险基金由用人单位和个人缴费以及政府补贴等组成。

第十二条　【缴费基数和缴费比例】用人单位应当按照国家规定的本单位职工工资总额的比例缴纳基本养老保险费，记入基本养老保险统筹基金。

职工应当按照国家规定的本人工资的比例缴纳基本养老保险费,记入个人账户。

无雇工的个体工商户、未在用人单位参加基本养老保险的非全日制从业人员以及其他灵活就业人员参加基本养老保险的,应当按照国家规定缴纳基本养老保险费,分别记入基本养老保险统筹基金和个人账户。

第十三条 【政府财政补贴】国有企业、事业单位职工参加基本养老保险前,视同缴费年限期间应当缴纳的基本养老保险费由政府承担。

基本养老保险基金出现支付不足时,政府给予补贴。

第十四条 【个人账户养老金】个人账户不得提前支取,记账利率不得低于银行定期存款利率,免征利息税。个人死亡的,个人账户余额可以继承。

第十五条 【基本养老金构成】基本养老金由统筹养老金和个人账户养老金组成。

基本养老金根据个人累计缴费年限、缴费工资、当地职工平均工资、个人账户金额、城镇人口平均预期寿命等因素确定。

第十六条 【享受基本养老保险待遇的条件】参加基本养老保险的个人,达到法定退休年龄时累计缴费满十五年的,按月领取基本养老金。

参加基本养老保险的个人,达到法定退休年龄时累计缴费不足十五年的,可以缴费至满十五年,按月领取基本养老金;也可以转入新型农村社会养老保险或者城镇居民社会养老保险,按照国务院规定享受相应的养老保险待遇。

第十七条 【参保个人因病或非因工致残、死亡待遇】参加基本养老保险的个人,因病或者非因工死亡的,其遗属可以领取丧葬补助金和抚恤金;在未达到法定退休年龄时因病或者非因工致残完全丧失劳动能力的，可以领取病残津贴。所需资金从基本养老保险基金中支付。

第十八条 【基本养老金调整机制】国家建立基本养老金正常调整机制。根据职工平均工资增长、物价上涨情况，适时提高基本养老保险待遇水平。

第十九条 【基本养老保险关系转移接续制度】个人跨统筹地区就业的，其基本养老保险关系随本人转移，缴费年限累计计算。个人达到法定退休年龄时，基本养老金分段计算、统一支付。具体办法由国务院规定。

第二十条 【新型农村社会养老保险及其筹资方式】国家建立和完善新型农村社会养老保险制度。

新型农村社会养老保险实行个人缴费、集体补助和政府补贴相结合。

第二十一条 【新型农村社会养老保险待遇】新型农村社会养老保险待遇由基础养老金和个人账户养老金组成。

参加新型农村社会养老保险的农村居民，符合国家规定条件的，按月领取新型农村社会养老保险待遇。

第二十二条 【城镇居民社会养老保险】国家建立和完善城镇居民社会养老保险制度。

省、自治区、直辖市人民政府根据实际情况，可以将城镇居民社会养老保险和新型农村社会养老保险合并实施。

第三章 基本医疗保险

第二十三条 【职工基本医疗保险覆盖范围和缴费】职工应当参加职工基本医疗保险，由用人单位和职工按照国家规定共同缴纳基本医疗保险费。

无雇工的个体工商户、未在用人单位参加职工基本医疗保险的非全日制从业人员以及其他灵活就业人员可以参加职工基本医疗保险，由个人按照国家规定缴纳基本医疗保险费。

第二十四条　【新型农村合作医疗制度】国家建立和完善新型农村合作医疗制度。

新型农村合作医疗的管理办法，由国务院规定。

第二十五条　【城镇居民基本医疗保险制度】国家建立和完善城镇居民基本医疗保险制度。

城镇居民基本医疗保险实行个人缴费和政府补贴相结合。

享受最低生活保障的人、丧失劳动能力的残疾人、低收入家庭六十周岁以上的老年人和未成年人等所需个人缴费部分，由政府给予补贴。

第二十六条　【医疗保险待遇标准】职工基本医疗保险、新型农村合作医疗和城镇居民基本医疗保险的待遇标准按照国家规定执行。

第二十七条　【退休时享受基本医疗保险待遇】参加职工基本医疗保险的个人，达到法定退休年龄时累计缴费达到国家规定年限的，退休后不再缴纳基本医疗保险费，按照国家规定享受基本医疗保险待遇；未达到国家规定年限的，可以缴费至国家规定年限。

第二十八条　【基本医疗保险基金支付制度】符合基本医疗保险药品目录、诊疗项目、医疗服务设施标准以及急诊、抢救的医疗费用，按照国家规定从基本医疗保险基金中支付。

第二十九条　【基本医疗保险费用结算制度】参保人员医疗费用中应当由基本医疗保险基金支付的部分，由社会保险经办机构与医疗机构、药品经营单位直接结算。

社会保险行政部门和卫生行政部门应当建立异地就医医疗费用结算制度，方便参保人员享受基本医疗保险待遇。

第三十条　【不纳入基本医疗保险基金支付范围的医疗费用】下列医疗费用不纳入基本医疗保险基金支付范围：

（一）应当从工伤保险基金中支付的；

（二）应当由第三人负担的；

（三）应当由公共卫生负担的；

（四）在境外就医的。

医疗费用依法应当由第三人负担，第三人不支付或者无法确定第三人的，由基本医疗保险基金先行支付。基本医疗保险基金先行支付后，有权向第三人追偿。

第三十一条 【服务协议】社会保险经办机构根据管理服务的需要，可以与医疗机构、药品经营单位签订服务协议，规范医疗服务行为。

医疗机构应当为参保人员提供合理、必要的医疗服务。

第三十二条 【基本医疗保险关系转移接续制度】个人跨统筹地区就业的，其基本医疗保险关系随本人转移，缴费年限累计计算。

第四章 工 伤 保 险

第三十三条 【参保范围和缴费】职工应当参加工伤保险，由用人单位缴纳工伤保险费，职工不缴纳工伤保险费。

第三十四条 【工伤保险费率】国家根据不同行业的工伤风险程度确定行业的差别费率，并根据使用工伤保险基金、工伤发生率等情况在每个行业内确定费率档次。行业差别费率和行业内费率档次由国务院社会保险行政部门制定，报国务院批准后公布施行。

社会保险经办机构根据用人单位使用工伤保险基金、工伤发生率和所属行业费率档次等情况，确定用人单位缴费费率。

第三十五条 【工伤保险费缴费基数和费率】用人单位应当按照本单位职工工资总额，根据社会保险经办机构确定的费率缴纳工伤保险费。

第三十六条 【享受工伤保险待遇的条件】职工因工作原因受到事故伤害或者患职业病，且经工伤认定的，享受工伤保险待遇；其中，经劳动能力鉴定丧失劳动能力的，享受伤残待遇。

工伤认定和劳动能力鉴定应当简捷、方便。

第三十七条 【不认定工伤的情形】职工因下列情形之一导致本人在工作中伤亡的，不认定为工伤：

（一）故意犯罪；

（二）醉酒或者吸毒；

（三）自残或者自杀；

（四）法律、行政法规规定的其他情形。

第三十八条 【工伤保险基金负担的工伤保险待遇】因工伤发生的下列费用，按照国家规定从工伤保险基金中支付：

（一）治疗工伤的医疗费用和康复费用；

（二）住院伙食补助费；

（三）到统筹地区以外就医的交通食宿费；

（四）安装配置伤残辅助器具所需费用；

（五）生活不能自理的，经劳动能力鉴定委员会确认的生活护理费；

（六）一次性伤残补助金和一至四级伤残职工按月领取的伤残津贴；

（七）终止或者解除劳动合同时，应当享受的一次性医疗补助金；

（八）因工死亡的，其遗属领取的丧葬补助金、供养亲属抚恤金和因工死亡补助金；

（九）劳动能力鉴定费。

第三十九条 【用人单位负担的工伤保险待遇】因工伤发生的下列费用，按照国家规定由用人单位支付：

（一）治疗工伤期间的工资福利；

（二）五级、六级伤残职工按月领取的伤残津贴；

（三）终止或者解除劳动合同时，应当享受的一次性伤残就业补助金。

第四十条 【伤残津贴和基本养老保险待遇的衔接】工伤职工符合领取基本养老金条件的,停发伤残津贴,享受基本养老保险待遇。基本养老保险待遇低于伤残津贴的,从工伤保险基金中补足差额。

第四十一条 【未参保单位职工发生工伤时的待遇】职工所在用人单位未依法缴纳工伤保险费,发生工伤事故的,由用人单位支付工伤保险待遇。用人单位不支付的,从工伤保险基金中先行支付。

从工伤保险基金中先行支付的工伤保险待遇应当由用人单位偿还。用人单位不偿还的,社会保险经办机构可以依照本法第六十三条的规定追偿。

第四十二条 【民事侵权责任和工伤保险责任竞合】由于第三人的原因造成工伤,第三人不支付工伤医疗费用或者无法确定第三人的,由工伤保险基金先行支付。工伤保险基金先行支付后,有权向第三人追偿。

第四十三条 【停止享受工伤保险待遇的情形】工伤职工有下列情形之一的,停止享受工伤保险待遇:

(一) 丧失享受待遇条件的;
(二) 拒不接受劳动能力鉴定的;
(三) 拒绝治疗的。

第五章 失 业 保 险

第四十四条 【参保范围和失业保险费负担】职工应当参加失业保险,由用人单位和职工按照国家规定共同缴纳失业保险费。

第四十五条 【领取失业保险金的条件】失业人员符合下列条件的,从失业保险基金中领取失业保险金:

(一) 失业前用人单位和本人已经缴纳失业保险费满一年的;
(二) 非因本人意愿中断就业的;

（三）已经进行失业登记，并有求职要求的。

第四十六条 【领取失业保险金的期限】失业人员失业前用人单位和本人累计缴费满一年不足五年的，领取失业保险金的期限最长为十二个月；累计缴费满五年不足十年的，领取失业保险金的期限最长为十八个月；累计缴费十年以上的，领取失业保险金的期限最长为二十四个月。重新就业后，再次失业的，缴费时间重新计算，领取失业保险金的期限与前次失业应当领取而尚未领取的失业保险金的期限合并计算，最长不超过二十四个月。

第四十七条 【失业保险金标准】失业保险金的标准，由省、自治区、直辖市人民政府确定，不得低于城市居民最低生活保障标准。

第四十八条 【享受基本医疗保险待遇】失业人员在领取失业保险金期间，参加职工基本医疗保险，享受基本医疗保险待遇。

失业人员应当缴纳的基本医疗保险费从失业保险基金中支付，个人不缴纳基本医疗保险费。

第四十九条 【在领取失业保险金期间死亡时的待遇】失业人员在领取失业保险金期间死亡的，参照当地对在职职工死亡的规定，向其遗属发给一次性丧葬补助金和抚恤金。所需资金从失业保险基金中支付。

个人死亡同时符合领取基本养老保险丧葬补助金、工伤保险丧葬补助金和失业保险丧葬补助金条件的，其遗属只能选择领取其中的一项。

第五十条 【领取失业保险金的程序】用人单位应当及时为失业人员出具终止或者解除劳动关系的证明，并将失业人员的名单自终止或者解除劳动关系之日起十五日内告知社会保险经办机构。

失业人员应当持本单位为其出具的终止或者解除劳动关系的证明，及时到指定的公共就业服务机构办理失业登记。

失业人员凭失业登记证明和个人身份证明，到社会保险经办机构办理领取失业保险金的手续。失业保险金领取期限自办理失业登记之日起计算。

第五十一条 【停止领取失业保险待遇的情形】失业人员在领取失业保险金期间有下列情形之一的,停止领取失业保险金,并同时停止享受其他失业保险待遇:

(一) 重新就业的;

(二) 应征服兵役的;

(三) 移居境外的;

(四) 享受基本养老保险待遇的;

(五) 无正当理由,拒不接受当地人民政府指定部门或者机构介绍的适当工作或者提供的培训的。

第五十二条 【失业保险关系的转移接续】职工跨统筹地区就业的,其失业保险关系随本人转移,缴费年限累计计算。

第六章 生育保险

第五十三条 【参保范围和缴费】职工应当参加生育保险,由用人单位按照国家规定缴纳生育保险费,职工不缴纳生育保险费。

第五十四条 【生育保险待遇】用人单位已经缴纳生育保险费的,其职工享受生育保险待遇;职工未就业配偶按照国家规定享受生育医疗费用待遇。所需资金从生育保险基金中支付。

生育保险待遇包括生育医疗费用和生育津贴。

第五十五条 【生育医疗费的项目】生育医疗费用包括下列各项:

(一) 生育的医疗费用;

(二) 计划生育的医疗费用;

(三) 法律、法规规定的其他项目费用。

第五十六条 【享受生育津贴的情形】职工有下列情形之一的,可以按照国家规定享受生育津贴:

（一）女职工生育享受产假；
（二）享受计划生育手术休假；
（三）法律、法规规定的其他情形。
生育津贴按照职工所在用人单位上年度职工月平均工资计发。

第七章　社会保险费征缴

第五十七条　【用人单位社会保险登记】用人单位应当自成立之日起三十日内凭营业执照、登记证书或者单位印章，向当地社会保险经办机构申请办理社会保险登记。社会保险经办机构应当自收到申请之日起十五日内予以审核，发给社会保险登记证件。

用人单位的社会保险登记事项发生变更或者用人单位依法终止的，应当自变更或者终止之日起三十日内，到社会保险经办机构办理变更或者注销社会保险登记。

市场监督管理部门、民政部门和机构编制管理机关应当及时向社会保险经办机构通报用人单位的成立、终止情况，公安机关应当及时向社会保险经办机构通报个人的出生、死亡以及户口登记、迁移、注销等情况。

第五十八条　【个人社会保险登记】用人单位应当自用工之日起三十日内为其职工向社会保险经办机构申请办理社会保险登记。未办理社会保险登记的，由社会保险经办机构核定其应当缴纳的社会保险费。

自愿参加社会保险的无雇工的个体工商户、未在用人单位参加社会保险的非全日制从业人员以及其他灵活就业人员，应当向社会保险经办机构申请办理社会保险登记。

国家建立全国统一的个人社会保障号码。个人社会保障号码为公民身份号码。

第五十九条　【社会保险费征收】县级以上人民政府加强社会保险费的征收工作。

社会保险费实行统一征收，实施步骤和具体办法由国务院规定。

第六十条 【社会保险费的缴纳】 用人单位应当自行申报、按时足额缴纳社会保险费，非因不可抗力等法定事由不得缓缴、减免。职工应当缴纳的社会保险费由用人单位代扣代缴，用人单位应当按月将缴纳社会保险费的明细情况告知本人。

无雇工的个体工商户、未在用人单位参加社会保险的非全日制从业人员以及其他灵活就业人员，可以直接向社会保险费征收机构缴纳社会保险费。

第六十一条 【社会保险费征收机构的义务】 社会保险费征收机构应当依法按时足额征收社会保险费，并将缴费情况定期告知用人单位和个人。

第六十二条 【用人单位未按规定申报应缴数额】 用人单位未按规定申报应当缴纳的社会保险费数额的，按照该单位上月缴费额的百分之一百一十确定应当缴纳数额；缴费单位补办申报手续后，由社会保险费征收机构按照规定结算。

第六十三条 【用人单位未按时足额缴费】 用人单位未按时足额缴纳社会保险费的，由社会保险费征收机构责令其限期缴纳或者补足。

用人单位逾期仍未缴纳或者补足社会保险费的，社会保险费征收机构可以向银行和其他金融机构查询其存款账户；并可以申请县级以上有关行政部门作出划拨社会保险费的决定，书面通知其开户银行或者其他金融机构划拨社会保险费。用人单位账户余额少于应当缴纳的社会保险费的，社会保险费征收机构可以要求该用人单位提供担保，签订延期缴费协议。

用人单位未足额缴纳社会保险费且未提供担保的，社会保险费征收机构可以申请人民法院扣押、查封、拍卖其价值相当于应当缴纳社会保险费的财产，以拍卖所得抵缴社会保险费。

第八章　社会保险基金

第六十四条　【社会保险基金类别、管理原则和统筹层次】社会保险基金包括基本养老保险基金、基本医疗保险基金、工伤保险基金、失业保险基金和生育保险基金。除基本医疗保险基金与生育保险基金合并建账及核算外，其他各项社会保险基金按照社会保险险种分别建账，分账核算。社会保险基金执行国家统一的会计制度。

社会保险基金专款专用，任何组织和个人不得侵占或者挪用。

基本养老保险基金逐步实行全国统筹，其他社会保险基金逐步实行省级统筹，具体时间、步骤由国务院规定。

第六十五条　【社会保险基金的收支平衡和政府补贴责任】社会保险基金通过预算实现收支平衡。

县级以上人民政府在社会保险基金出现支付不足时，给予补贴。

第六十六条　【社会保险基金按照统筹层次设立预算】社会保险基金按照统筹层次设立预算。除基本医疗保险基金与生育保险基金预算合并编制外，其他社会保险基金预算按照社会保险项目分别编制。

第六十七条　【社会保险基金预算制定程序】社会保险基金预算、决算草案的编制、审核和批准，依照法律和国务院规定执行。

第六十八条　【社会保险基金财政专户】社会保险基金存入财政专户，具体管理办法由国务院规定。

第六十九条　【社会保险基金的保值增值】社会保险基金在保证安全的前提下，按照国务院规定投资运营实现保值增值。

社会保险基金不得违规投资运营，不得用于平衡其他政府预算，不得用于兴建、改建办公场所和支付人员经费、运行费用、管理费用，或者违反法律、行政法规规定挪作其他用途。

第七十条　【社会保险基金信息公开】社会保险经办机构应当定期向社会公布参加社会保险情况以及社会保险基金的收入、支出、结余和收益情况。

第七十一条 【全国社会保障基金】 国家设立全国社会保障基金，由中央财政预算拨款以及国务院批准的其他方式筹集的资金构成，用于社会保障支出的补充、调剂。全国社会保障基金由全国社会保障基金管理运营机构负责管理运营，在保证安全的前提下实现保值增值。

全国社会保障基金应当定期向社会公布收支、管理和投资运营的情况。国务院财政部门、社会保险行政部门、审计机关对全国社会保障基金的收支、管理和投资运营情况实施监督。

第九章 社会保险经办

第七十二条 【社会保险经办机构的设置及经费保障】 统筹地区设立社会保险经办机构。社会保险经办机构根据工作需要，经所在地的社会保险行政部门和机构编制管理机关批准，可以在本统筹地区设立分支机构和服务网点。

社会保险经办机构的人员经费和经办社会保险发生的基本运行费用、管理费用，由同级财政按照国家规定予以保障。

第七十三条 【管理制度和支付社会保险待遇职责】 社会保险经办机构应当建立健全业务、财务、安全和风险管理制度。

社会保险经办机构应当按时足额支付社会保险待遇。

第七十四条 【获取社会保险数据、建档、权益记录等服务】 社会保险经办机构通过业务经办、统计、调查获取社会保险工作所需的数据，有关单位和个人应当及时、如实提供。

社会保险经办机构应当及时为用人单位建立档案，完整、准确地记录参加社会保险的人员、缴费等社会保险数据，妥善保管登记、申报的原始凭证和支付结算的会计凭证。

社会保险经办机构应当及时、完整、准确地记录参加社会保险的个人缴费和用人单位为其缴费，以及享受社会保险待遇等个人权益记录，定期将个人权益记录单免费寄送本人。

用人单位和个人可以免费向社会保险经办机构查询、核对其缴费和享受社会保险待遇记录，要求社会保险经办机构提供社会保险咨询等相关服务。

第七十五条　【社会保险信息系统的建设】全国社会保险信息系统按照国家统一规划，由县级以上人民政府按照分级负责的原则共同建设。

第十章　社会保险监督

第七十六条　【人大监督】各级人民代表大会常务委员会听取和审议本级人民政府对社会保险基金的收支、管理、投资运营以及监督检查情况的专项工作报告，组织对本法实施情况的执法检查等，依法行使监督职权。

第七十七条　【行政部门监督】县级以上人民政府社会保险行政部门应当加强对用人单位和个人遵守社会保险法律、法规情况的监督检查。

社会保险行政部门实施监督检查时，被检查的用人单位和个人应当如实提供与社会保险有关的资料，不得拒绝检查或者谎报、瞒报。

第七十八条　【财政监督、审计监督】财政部门、审计机关按照各自职责，对社会保险基金的收支、管理和投资运营情况实施监督。

第七十九条　【社会保险行政部门对基金的监督】社会保险行政部门对社会保险基金的收支、管理和投资运营情况进行监督检查，发现存在问题的，应当提出整改建议，依法作出处理决定或者向有关行政部门提出处理建议。社会保险基金检查结果应当定期向社会公布。

社会保险行政部门对社会保险基金实施监督检查，有权采取下列措施：

（一）查阅、记录、复制与社会保险基金收支、管理和投资运营相关的资料，对可能被转移、隐匿或者灭失的资料予以封存；

（二）询问与调查事项有关的单位和个人，要求其对与调查事项有关的问题作出说明、提供有关证明材料；

（三）对隐匿、转移、侵占、挪用社会保险基金的行为予以制止并责令改正。

第八十条 【社会保险监督委员会】统筹地区人民政府成立由用人单位代表、参保人员代表，以及工会代表、专家等组成的社会保险监督委员会，掌握、分析社会保险基金的收支、管理和投资运营情况，对社会保险工作提出咨询意见和建议，实施社会监督。

社会保险经办机构应当定期向社会保险监督委员会汇报社会保险基金的收支、管理和投资运营情况。社会保险监督委员会可以聘请会计师事务所对社会保险基金的收支、管理和投资运营情况进行年度审计和专项审计。审计结果应当向社会公开。

社会保险监督委员会发现社会保险基金收支、管理和投资运营中存在问题的，有权提出改正建议；对社会保险经办机构及其工作人员的违法行为，有权向有关部门提出依法处理建议。

第八十一条 【为用人单位和个人信息保密】社会保险行政部门和其他有关行政部门、社会保险经办机构、社会保险费征收机构及其工作人员，应当依法为用人单位和个人的信息保密，不得以任何形式泄露。

第八十二条 【违法行为的举报、投诉】任何组织或者个人有权对违反社会保险法律、法规的行为进行举报、投诉。

社会保险行政部门、卫生行政部门、社会保险经办机构、社会保险费征收机构和财政部门、审计机关对属于本部门、本机构职责范围的举报、投诉，应当依法处理；对不属于本部门、本机构职责范围的，应当书面通知并移交有权处理的部门、机构处理。有权处理的部门、机构应当及时处理，不得推诿。

第八十三条 【社会保险权利救济途径】用人单位或者个人认为社会保险费征收机构的行为侵害自己合法权益的,可以依法申请行政复议或者提起行政诉讼。

用人单位或者个人对社会保险经办机构不依法办理社会保险登记、核定社会保险费、支付社会保险待遇、办理社会保险转移接续手续或者侵害其他社会保险权益的行为,可以依法申请行政复议或者提起行政诉讼。

个人与所在用人单位发生社会保险争议的,可以依法申请调解、仲裁,提起诉讼。用人单位侵害个人社会保险权益的,个人也可以要求社会保险行政部门或者社会保险费征收机构依法处理。

第十一章 法 律 责 任

第八十四条 【不办理社会保险登记的法律责任】用人单位不办理社会保险登记的,由社会保险行政部门责令限期改正;逾期不改正的,对用人单位处应缴社会保险费数额一倍以上三倍以下的罚款,对其直接负责的主管人员和其他直接责任人员处五百元以上三千元以下的罚款。

第八十五条 【拒不出具终止或者解除劳动关系证明的处理】用人单位拒不出具终止或者解除劳动关系证明的,依照《中华人民共和国劳动合同法》的规定处理。

第八十六条 【未按时足额缴费的责任】用人单位未按时足额缴纳社会保险费的,由社会保险费征收机构责令限期缴纳或者补足,并自欠缴之日起,按日加收万分之五的滞纳金;逾期仍不缴纳的,由有关行政部门处欠缴数额一倍以上三倍以下的罚款。

第八十七条 【骗取社保基金支出的责任】社会保险经办机构以及医疗机构、药品经营单位等社会保险服务机构以欺诈、伪造证明材料或者其他手段骗取社会保险基金支出的,由社会保险行政部门责令退回骗取的社会保险金,处骗取金额二倍以上五倍以下的罚款；属于社会保险服务机构的，解除服务协议；直接负责的主管人员和其他直接责任人员有执业资格的，依法吊销其执业资格。

第八十八条　【骗取社会保险待遇的责任】以欺诈、伪造证明材料或者其他手段骗取社会保险待遇的，由社会保险行政部门责令退回骗取的社会保险金，处骗取金额二倍以上五倍以下的罚款。

第八十九条　【经办机构及其工作人员违法行为责任】社会保险经办机构及其工作人员有下列行为之一的，由社会保险行政部门责令改正；给社会保险基金、用人单位或者个人造成损失的，依法承担赔偿责任；对直接负责的主管人员和其他直接责任人员依法给予处分：

（一）未履行社会保险法定职责的；

（二）未将社会保险基金存入财政专户的；

（三）克扣或者拒不按时支付社会保险待遇的；

（四）丢失或者篡改缴费记录、享受社会保险待遇记录等社会保险数据、个人权益记录的；

（五）有违反社会保险法律、法规的其他行为的。

第九十条　【擅自更改缴费基数、费率的责任】社会保险费征收机构擅自更改社会保险费缴费基数、费率，导致少收或者多收社会保险费的，由有关行政部门责令其追缴应当缴纳的社会保险费或者退还不应当缴纳的社会保险费；对直接负责的主管人员和其他直接责任人员依法给予处分。

第九十一条　【隐匿、转移、侵占、挪用社保基金等的责任】违反本法规定，隐匿、转移、侵占、挪用社会保险基金或者违规投资运营的，由社会保险行政部门、财政部门、审计机关责令追回；有违法所得的，没收违法所得；对直接负责的主管人员和其他直接责任人员依法给予处分。

第九十二条　【泄露用人单位和个人信息的行政责任】社会保险行政部门和其他有关行政部门、社会保险经办机构、社会保险费征收机构及其工作人员泄露用人单位和个人信息的,对直接负责的主管人员和其他直接责任人员依法给予处分;给用人单位或者个人造成损失的,应当承担赔偿责任。

第九十三条 【国家工作人员的相关责任】国家工作人员在社会保险管理、监督工作中滥用职权、玩忽职守、徇私舞弊的,依法给予处分。

第九十四条 【相关刑事责任】违反本法规定,构成犯罪的,依法追究刑事责任。

第十二章 附 则

第九十五条 【进城务工农村居民参加社会保险】进城务工的农村居民依照本法规定参加社会保险。

第九十六条 【被征地农民的社会保险】征收农村集体所有的土地,应当足额安排被征地农民的社会保险费,按照国务院规定将被征地农民纳入相应的社会保险制度。

第九十七条 【外国人参加我国社会保险】外国人在中国境内就业的,参照本法规定参加社会保险。

第九十八条 【施行日期】本法自2011年7月1日起施行。

社会保险费征缴暂行条例

(1999年1月22日中华人民共和国国务院令第259号发布 根据2019年3月24日《国务院关于修改部分行政法规的决定》修订)

第一章 总 则

第一条 【立法目的】为了加强和规范社会保险费征缴工作,

保障社会保险金的发放，制定本条例。

第二条　【适用范围】基本养老保险费、基本医疗保险费、失业保险费（以下统称社会保险费）的征收、缴纳，适用本条例。

本条例所称缴费单位、缴费个人，是指依照有关法律、行政法规和国务院的规定，应当缴纳社会保险费的单位和个人。

第三条　【征缴范围】基本养老保险费的征缴范围：国有企业、城镇集体企业、外商投资企业、城镇私营企业和其他城镇企业及其职工，实行企业化管理的事业单位及其职工。

基本医疗保险费的征缴范围：国有企业、城镇集体企业、外商投资企业、城镇私营企业和其他城镇企业及其职工，国家机关及其工作人员，事业单位及其职工，民办非企业单位及其职工，社会团体及其专职人员。

失业保险费的征缴范围：国有企业、城镇集体企业、外商投资企业、城镇私营企业和其他城镇企业及其职工，事业单位及其职工。

省、自治区、直辖市人民政府根据当地实际情况，可以规定将城镇个体工商户纳入基本养老保险、基本医疗保险的范围，并可以规定将社会团体及其专职人员、民办非企业单位及其职工以及有雇工的城镇个体工商户及其雇工纳入失业保险的范围。

社会保险费的费基、费率依照有关法律、行政法规和国务院的规定执行。

第四条　【足额缴纳与专款专用】缴费单位、缴费个人应当按时足额缴纳社会保险费。

征缴的社会保险费纳入社会保险基金，专款专用，任何单位和个人不得挪用。

第五条　【征缴主管部门】国务院劳动保障行政部门负责全国的社会保险费征缴管理和监督检查工作。县级以上地方各级人民政府劳动保障行政部门负责本行政区域内的社会保险费征缴管理和监督检查工作。

第六条 【征收机构】社会保险费实行三项社会保险费集中、统一征收。社会保险费的征收机构由省、自治区、直辖市人民政府规定，可以由税务机关征收，也可以由劳动保障行政部门按照国务院规定设立的社会保险经办机构（以下简称社会保险经办机构）征收。

第二章　征缴管理

第七条 【社会保险登记】缴费单位必须向当地社会保险经办机构办理社会保险登记，参加社会保险。

登记事项包括：单位名称、住所、经营地点、单位类型、法定代表人或者负责人、开户银行账号以及国务院劳动保障行政部门规定的其他事项。

第八条 【社会保险登记】企业在办理登记注册时，同步办理社会保险登记。

前款规定以外的缴费单位应当自成立之日起30日内，向当地社会保险经办机构申请办理社会保险登记。

第九条 【社保变更与注销】缴费单位的社会保险登记事项发生变更或者缴费单位依法终止的，应当自变更或者终止之日起30日内，到社会保险经办机构办理变更或者注销社会保险登记手续。

第十条 【社会保险费应缴数额】缴费单位必须按月向社会保险经办机构申报应缴纳的社会保险费数额，经社会保险经办机构核定后，在规定的期限内缴纳社会保险费。

缴费单位不按规定申报应缴纳的社会保险费数额的，由社会保险经办机构暂按该单位上月缴费数额的110%确定应缴数额；没有上月缴费数额的，由社会保险经办机构暂按该单位的经营状况、职工人数等有关情况确定应缴数额。缴费单位补办申报手续并按核定数额缴纳社会保险费后，由社会保险经办机构按照规定结算。

第十一条 【协助义务】省、自治区、直辖市人民政府规定由税务机关征收社会保险费的，社会保险经办机构应当及时向税务机关提供缴费单位社会保险登记、变更登记、注销登记以及缴费申报的情况。

第十二条 【缴费形式】缴费单位和缴费个人应当以货币形式全额缴纳社会保险费。

缴费个人应当缴纳的社会保险费，由所在单位从其本人工资中代扣代缴。

社会保险费不得减免。

第十三条 【欠缴处理】缴费单位未按规定缴纳和代扣代缴社会保险费的，由劳动保障行政部门或者税务机关责令限期缴纳；逾期仍不缴纳的，除补缴欠缴数额外，从欠缴之日起，按日加收2‰的滞纳金。滞纳金并入社会保险基金。

第十四条 【社会保障基金财政专户】征收的社会保险费存入财政部门在国有商业银行开设的社会保障基金财政专户。

社会保险基金按照不同险种的统筹范围，分别建立基本养老保险基金、基本医疗保险基金、失业保险基金。各项社会保险基金分别单独核算。

社会保险基金不计征税、费。

第十五条 【缴费情况汇总】省、自治区、直辖市人民政府规定由税务机关征收社会保险费的，税务机关应当及时向社会保险经办机构提供缴费单位和缴费个人的缴费情况；社会保险经办机构应当将有关情况汇总，报劳动保障行政部门。

第十六条 【缴费记录】社会保险经办机构应当建立缴费记录，其中基本养老保险、基本医疗保险并应当按照规定记录个人账户。社会保险经办机构负责保存缴费记录，并保证其完整、安全。社会保险经办机构应当至少每年向缴费个人发送一次基本养老保险、基本医疗保险个人账户通知单。

缴费单位、缴费个人有权按照规定查询缴费记录。

第三章 监督检查

第十七条 【缴费监督】缴费单位应当每年向本单位职工公布本单位全年社会保险费缴纳情况,接受职工监督。

社会保险经办机构应当定期向社会公告社会保险费征收情况,接受社会监督。

第十八条 【缴费检查】按照省、自治区、直辖市人民政府关于社会保险费征缴机构的规定,劳动保障行政部门或者税务机关依法对单位缴费情况进行检查时,被检查的单位应当提供与缴纳社会保险费有关的用人情况、工资表、财务报表等资料,如实反映情况,不得拒绝检查,不得谎报、瞒报。劳动保障行政部门或者税务机关可以记录、录音、录像、照相和复制有关资料;但是,应当为缴费单位保密。

劳动保障行政部门、税务机关的工作人员在行使前款所列职权时,应当出示执行公务证件。

第十九条 【有关单位协助义务】劳动保障行政部门或者税务机关调查社会保险费征缴违法案件时,有关部门、单位应当给予支持、协助。

第二十条 【社保经办机构受托检查、调查】社会保险经办机构受劳动保障行政部门的委托,可以进行与社会保险费征缴有关的检查、调查工作。

第二十一条 【举报】任何组织和个人对有关社会保险费征缴的违法行为,有权举报。劳动保障行政部门或者税务机关对举报应当及时调查,按照规定处理,并为举报人保密。

第二十二条 【收支管理】社会保险基金实行收支两条线管理,由财政部门依法进行监督。

审计部门依法对社会保险基金的收支情况进行监督。

第四章 罚 则

第二十三条 【社会保险登记等违规处理】缴费单位未按照规定办理社会保险登记、变更登记或者注销登记，或者未按照规定申报应缴纳的社会保险费数额的，由劳动保障行政部门责令限期改正；情节严重的，对直接负责的主管人员和其他直接责任人员可以处1 000元以上5 000元以下的罚款；情节特别严重的，对直接负责的主管人员和其他直接责任人员可以处5 000元以上1万元以下的罚款。

第二十四条 【违反财会制度欠缴处理】缴费单位违反有关财务、会计、统计的法律、行政法规和国家有关规定，伪造、变造、故意毁灭有关账册、材料，或者不设账册，致使社会保险费缴费基数无法确定的，除依照有关法律、行政法规的规定给予行政处罚、纪律处分、刑事处罚外，依照本条例第十条的规定征缴；迟延缴纳的，由劳动保障行政部门或者税务机关依照本条例第十三条的规定决定加收滞纳金，并对直接负责的主管人员和其他直接责任人员处5 000元以上2万元以下的罚款。

第二十五条 【行政争议与诉讼】缴费单位和缴费个人对劳动保障行政部门或者税务机关的处罚决定不服的，可以依法申请复议；对复议决定不服的，可以依法提起诉讼。

第二十六条 【强制征缴】缴费单位逾期拒不缴纳社会保险费、滞纳金的，由劳动保障行政部门或者税务机关申请人民法院依法强制征缴。

第二十七条 【失职责任】劳动保障行政部门、社会保险经办机构或者税务机关的工作人员滥用职权、徇私舞弊、玩忽职守，致使社会保险费流失的，由劳动保障行政部门或者税务机关追回流失的社会保险费；构成犯罪的，依法追究刑事责任；尚不构成犯罪的，依法给予行政处分。

第二十八条 【挪用责任】任何单位、个人挪用社会保险基金的，追回被挪用的社会保险基金；有违法所得的，没收违法所得，并入社会保险基金；构成犯罪的，依法追究刑事责任；尚不构成犯罪的，对直接负责的主管人员和其他直接责任人员依法给予行政处分。

第五章 附 则

第二十九条 【工伤、生育保险费的征缴】省、自治区、直辖市人民政府根据本地实际情况，可以决定本条例适用于本行政区域内工伤保险费和生育保险费的征收、缴纳。

第三十条 【征缴经费】税务机关、社会保险经办机构征收社会保险费，不得从社会保险基金中提取任何费用，所需经费列入预算，由财政拨付。

第三十一条 【施行日期】本条例自发布之日起施行。

社会保险经办条例

（2023年7月21日国务院第11次常务会议通过 2023年8月16日中华人民共和国国务院令第765号公布 自2023年12月1日起施行）

第一章 总 则

第一条 为了规范社会保险经办，优化社会保险服务，保障社会保险基金安全，维护用人单位和个人的合法权益，促进社会公平，根据《中华人民共和国社会保险法》，制定本条例。

第二条 经办基本养老保险、基本医疗保险、工伤保险、失业保险、生育保险等国家规定的社会保险，适用本条例。

第三条 社会保险经办工作坚持中国共产党的领导，坚持以人民为中心，遵循合法、便民、及时、公开、安全的原则。

第四条 国务院人力资源社会保障行政部门主管全国基本养老保险、工伤保险、失业保险等社会保险经办工作。国务院医疗保障行政部门主管全国基本医疗保险、生育保险等社会保险经办工作。

县级以上地方人民政府人力资源社会保障行政部门按照统筹层次主管基本养老保险、工伤保险、失业保险等社会保险经办工作。县级以上地方人民政府医疗保障行政部门按照统筹层次主管基本医疗保险、生育保险等社会保险经办工作。

第五条 国务院人力资源社会保障行政部门、医疗保障行政部门以及其他有关部门按照各自职责，密切配合、相互协作，共同做好社会保险经办工作。

县级以上地方人民政府应当加强对本行政区域社会保险经办工作的领导，加强社会保险经办能力建设，为社会保险经办工作提供保障。

第二章 社会保险登记和关系转移

第六条 用人单位在登记管理机关办理登记时同步办理社会保险登记。

个人申请办理社会保险登记，以公民身份号码作为社会保障号码，取得社会保障卡和医保电子凭证。社会保险经办机构应当自收到申请之日起10个工作日内办理完毕。

第七条 社会保障卡是个人参加基本养老保险、基本医疗保险、工伤保险、失业保险、生育保险等社会保险和享受各项社会保险待遇的凭证，包括实体社会保障卡和电子社会保障卡。

医保电子凭证是个人参加基本医疗保险、生育保险等社会保险和享受基本医疗保险、生育保险等社会保险待遇的凭证。

第八条 登记管理机关应当将用人单位设立、变更、注销登记的信息与社会保险经办机构共享，公安、民政、卫生健康、司法行政等部门应当将个人的出生、死亡以及户口登记、迁移、注销等信息与社会保险经办机构共享。

第九条 用人单位的性质、银行账户、用工等参保信息发生变化，以及个人参保信息发生变化的，用人单位和个人应当及时告知社会保险经办机构。社会保险经办机构应当对用人单位和个人提供的参保信息与共享信息进行比对核实。

第十条 用人单位和个人申请变更、注销社会保险登记，社会保险经办机构应当自收到申请之日起 10 个工作日内办理完毕。用人单位注销社会保险登记的，应当先结清欠缴的社会保险费、滞纳金、罚款。

第十一条 社会保险经办机构应当及时、完整、准确记录下列信息：

（一）社会保险登记情况；

（二）社会保险费缴纳情况；

（三）社会保险待遇享受情况；

（四）个人账户情况；

（五）与社会保险经办相关的其他情况。

第十二条 参加职工基本养老保险的个人跨统筹地区就业，其职工基本养老保险关系随同转移。

参加职工基本养老保险的个人在机关事业单位与企业等不同性质用人单位之间流动就业，其职工基本养老保险关系随同转移。

参加城乡居民基本养老保险且未享受待遇的个人跨统筹地区迁移户籍，其城乡居民基本养老保险关系可以随同转移。

第十三条 参加职工基本医疗保险的个人跨统筹地区就业，其职工基本医疗保险关系随同转移。

参加城乡居民基本医疗保险的个人跨统筹地区迁移户籍或者变动经常居住地，其城乡居民基本医疗保险关系可以按照规定随同转移。

职工基本医疗保险与城乡居民基本医疗保险之间的关系转移，按照规定执行。

第十四条 参加失业保险的个人跨统筹地区就业，其失业保险关系随同转移。

第十五条 参加工伤保险、生育保险的个人跨统筹地区就业，在新就业地参加工伤保险、生育保险。

第十六条 用人单位和个人办理社会保险关系转移接续手续的，社会保险经办机构应当在规定时限内办理完毕，并将结果告知用人单位和个人，或者提供办理情况查询服务。

第十七条 军事机关和社会保险经办机构，按照各自职责办理军人保险与社会保险关系转移接续手续。

社会保险经办机构应当为军人保险与社会保险关系转移接续手续办理优先提供服务。

第三章 社会保险待遇核定和支付

第十八条 用人单位和个人应当按照国家规定，向社会保险经办机构提出领取基本养老金的申请。社会保险经办机构应当自收到申请之日起20个工作日内办理完毕。

第十九条 参加职工基本养老保险的个人死亡或者失业人员在领取失业保险金期间死亡，其遗属可以依法向社会保险经办机构申领丧葬补助金和抚恤金。社会保险经办机构应当及时核实有关情况，按照规定核定并发放丧葬补助金和抚恤金。

第二十条 个人医疗费用、生育医疗费用中应当由基本医疗保险（含生育保险）基金支付的部分，由社会保险经办机构审核后与医疗机构、药品经营单位直接结算。

因特殊情况个人申请手工报销，应当向社会保险经办机构提供医疗机构、药品经营单位的收费票据、费用清单、诊断证明、病历资料。社会保险经办机构应当对收费票据、费用清单、诊断证明、病历资料进行审核，并自收到申请之日起30个工作日内办理完毕。

参加生育保险的个人申领生育津贴，应当向社会保险经办机构提供病历资料。社会保险经办机构应当对病历资料进行审核，并自收到申请之日起10个工作日内办理完毕。

第二十一条 工伤职工及其用人单位依法申请劳动能力鉴定、辅助器具配置确认、停工留薪期延长确认、工伤旧伤复发确认，应当向社会保险经办机构提供诊断证明、病历资料。

第二十二条 个人治疗工伤的医疗费用、康复费用、安装配置辅助器具费用中应当由工伤保险基金支付的部分，由社会保险经办机构审核后与医疗机构、辅助器具配置机构直接结算。

因特殊情况用人单位或者个人申请手工报销，应当向社会保险经办机构提供医疗机构、辅助器具配置机构的收费票据、费用清单、诊断证明、病历资料。社会保险经办机构应当对收费票据、费用清单、诊断证明、病历资料进行审核，并自收到申请之日起20个工作日内办理完毕。

第二十三条 人力资源社会保障行政部门、医疗保障行政部门应当按照各自职责建立健全异地就医医疗费用结算制度。社会保险经办机构应当做好异地就医医疗费用结算工作。

第二十四条 个人申领失业保险金，社会保险经办机构应当自收到申请之日起10个工作日内办理完毕。

个人在领取失业保险金期间，社会保险经办机构应当从失业保险基金中支付其应当缴纳的基本医疗保险（含生育保险）费。

个人申领职业培训等补贴，应当提供职业资格证书或者职业技能等级证书。社会保险经办机构应当对职业资格证书或者职业技能等级证书进行审核，并自收到申请之日起10个工作日内办理完毕。

第二十五条 个人出现国家规定的停止享受社会保险待遇的情形，用人单位、待遇享受人员或者其亲属应当自相关情形发生之日起20个工作日内告知社会保险经办机构。社会保险经办机构核实后应当停止发放相应的社会保险待遇。

第二十六条 社会保险经办机构应当通过信息比对、自助认证等方式，核验社会保险待遇享受资格。通过信息比对、自助认证等方式无法确认社会保险待遇享受资格的，社会保险经办机构可以委托用人单位或者第三方机构进行核实。

对涉嫌丧失社会保险待遇享受资格后继续享受待遇的，社会保险经办机构应当调查核实。经调查确认不符合社会保险待遇享受资格的，停止发放待遇。

第四章 社会保险经办服务和管理

第二十七条 社会保险经办机构应当依托社会保险公共服务平台、医疗保障信息平台等实现跨部门、跨统筹地区社会保险经办。

第二十八条 社会保险经办机构应当推动社会保险经办事项与相关政务服务事项协同办理。社会保险经办窗口应当进驻政务服务中心，为用人单位和个人提供一站式服务。

人力资源社会保障行政部门、医疗保障行政部门应当强化社会保险经办服务能力，实现省、市、县、乡镇（街道）、村（社区）全覆盖。

第二十九条 用人单位和个人办理社会保险事务，可以通过政府网站、移动终端、自助终端等服务渠道办理，也可以到社会保险经办窗口现场办理。

第三十条 社会保险经办机构应当加强无障碍环境建设，提供无障碍信息交流，完善无障碍服务设施设备，采用授权代办、上门服务等方式，为老年人、残疾人等特殊群体提供便利。

第三十一条 用人单位和个人办理社会保险事务，社会保险经办机构要求其提供身份证件以外的其他证明材料的，应当有法律、法规和国务院决定依据。

第三十二条 社会保险经办机构免费向用人单位和个人提供查询核对社会保险缴费和享受社会保险待遇记录、社会保险咨询等相关服务。

第三十三条 社会保险经办机构应当根据经办工作需要,与符合条件的机构协商签订服务协议,规范社会保险服务行为。人力资源社会保障行政部门、医疗保障行政部门应当加强对服务协议订立、履行等情况的监督。

第三十四条 医疗保障行政部门所属的社会保险经办机构应当改进基金支付和结算服务,加强服务协议管理,建立健全集体协商谈判机制。

第三十五条 社会保险经办机构应当妥善保管社会保险经办信息,确保信息完整、准确和安全。

第三十六条 社会保险经办机构应当建立健全业务、财务、安全和风险管理等内部控制制度。

社会保险经办机构应当定期对内部控制制度的制定、执行情况进行检查、评估,对发现的问题进行整改。

第三十七条 社会保险经办机构应当明确岗位权责,对重点业务、高风险业务分级审核。

第三十八条 社会保险经办机构应当加强信息系统应用管理,健全信息核验机制,记录业务经办过程。

第三十九条 社会保险经办机构具体编制下一年度社会保险基金预算草案,报本级人力资源社会保障行政部门、医疗保障行政部门审核汇总。社会保险基金收入预算草案由社会保险经办机构会同社会保险费征收机构具体编制。

第四十条 社会保险经办机构设立社会保险基金支出户,用于接受财政专户拨入基金、支付基金支出款项、上解上级经办机构基金、下拨下级经办机构基金等。

第四十一条 社会保险经办机构应当按照国家统一的会计制度

对社会保险基金进行会计核算、对账。

第四十二条 社会保险经办机构应当核查下列事项：

（一）社会保险登记和待遇享受等情况；

（二）社会保险服务机构履行服务协议、执行费用结算项目和标准情况；

（三）法律、法规规定的其他事项。

第四十三条 社会保险经办机构发现社会保险服务机构违反服务协议的，可以督促其履行服务协议，按照服务协议约定暂停或者不予拨付费用、追回违规费用、中止相关责任人员或者所在部门涉及社会保险基金使用的社会保险服务，直至解除服务协议；社会保险服务机构及其相关责任人员有权进行陈述、申辩。

第四十四条 社会保险经办机构发现用人单位、个人、社会保险服务机构违反社会保险法律、法规、规章的，应当责令改正。对拒不改正或者依法应当由人力资源社会保障行政部门、医疗保障行政部门处理的，及时移交人力资源社会保障行政部门、医疗保障行政部门处理。

第四十五条 国务院人力资源社会保障行政部门、医疗保障行政部门会同有关部门建立社会保险信用管理制度，明确社会保险领域严重失信主体名单认定标准。

社会保险经办机构应当如实记录用人单位、个人和社会保险服务机构及其工作人员违反社会保险法律、法规行为等失信行为。

第四十六条 个人多享受社会保险待遇的，由社会保险经办机构责令退回；难以一次性退回的，可以签订还款协议分期退回，也可以从其后续享受的社会保险待遇或者个人账户余额中抵扣。

第五章 社会保险经办监督

第四十七条 人力资源社会保障行政部门、医疗保障行政部门按照各自职责对社会保险经办机构下列事项进行监督检查：

（一）社会保险法律、法规、规章执行情况；
（二）社会保险登记、待遇支付等经办情况；
（三）社会保险基金管理情况；
（四）与社会保险服务机构签订服务协议和服务协议履行情况；
（五）法律、法规规定的其他事项。

财政部门、审计机关按照各自职责，依法对社会保险经办机构的相关工作实施监督。

第四十八条 人力资源社会保障行政部门、医疗保障行政部门应当按照各自职责加强对社会保险服务机构、用人单位和个人遵守社会保险法律、法规、规章情况的监督检查。社会保险服务机构、用人单位和个人应当配合，如实提供与社会保险有关的资料，不得拒绝检查或者谎报、瞒报。

人力资源社会保障行政部门、医疗保障行政部门发现社会保险服务机构、用人单位违反社会保险法律、法规、规章的，应当按照各自职责提出处理意见，督促整改，并可以约谈相关负责人。

第四十九条 人力资源社会保障行政部门、医疗保障行政部门、社会保险经办机构及其工作人员依法保护用人单位和个人的信息，不得以任何形式泄露。

第五十条 人力资源社会保障行政部门、医疗保障行政部门应当畅通监督渠道，鼓励和支持社会各方面对社会保险经办进行监督。

社会保险经办机构应当定期向社会公布参加社会保险情况以及社会保险基金的收入、支出、结余和收益情况，听取用人单位和个人的意见建议，接受社会监督。

工会、企业代表组织应当及时反映用人单位和个人对社会保险经办的意见建议。

第五十一条 任何组织和个人有权对违反社会保险法律、法规、规章的行为进行举报、投诉。

人力资源社会保障行政部门、医疗保障行政部门对收到的有关社会保险的举报、投诉，应当依法进行处理。

第五十二条　用人单位和个人认为社会保险经办机构在社会保险经办工作中侵害其社会保险权益的，可以依法申请行政复议或者提起行政诉讼。

第六章　法　律　责　任

第五十三条　社会保险经办机构及其工作人员有下列行为之一的，由人力资源社会保障行政部门、医疗保障行政部门按照各自职责责令改正；给社会保险基金、用人单位或者个人造成损失的，依法承担赔偿责任；对负有责任的领导人员和直接责任人员依法给予处分：

（一）未履行社会保险法定职责的；

（二）违反规定要求提供证明材料的；

（三）克扣或者拒不按时支付社会保险待遇的；

（四）丢失或者篡改缴费记录、享受社会保险待遇记录等社会保险数据、个人权益记录的；

（五）违反社会保险经办内部控制制度的。

第五十四条　人力资源社会保障行政部门、医疗保障行政部门、社会保险经办机构及其工作人员泄露用人单位和个人信息的，对负有责任的领导人员和直接责任人员依法给予处分；给用人单位或者个人造成损失的，依法承担赔偿责任。

第五十五条　以欺诈、伪造证明材料或者其他手段骗取社会保险基金支出的，由人力资源社会保障行政部门、医疗保障行政部门按照各自职责责令退回，处骗取金额2倍以上5倍以下的罚款；属于定点医药机构的，责令其暂停相关责任部门6个月以上1年以下涉及社会保险基金使用的社会保险服务，直至由社会保险经办机构解除服务协议；属于其他社会保险服务机构的，由社会保险经办机构解除服务协议。对负有责任的领导人员和直接责任人员，有执业资格的，由有关主管部门依法吊销其执业资格。

第五十六条　隐匿、转移、侵占、挪用社会保险基金或者违规投资运营的，由人力资源社会保障行政部门、医疗保障行政部门、财政部门、审计机关按照各自职责责令追回；有违法所得的，没收违法所得；对负有责任的领导人员和直接责任人员依法给予处分。

第五十七条　社会保险服务机构拒绝人力资源社会保障行政部门、医疗保障行政部门监督检查或者谎报、瞒报有关情况的，由人力资源社会保障行政部门、医疗保障行政部门按照各自职责责令改正，并可以约谈有关负责人；拒不改正的，处1万元以上5万元以下的罚款。

第五十八条　公职人员在社会保险经办工作中滥用职权、玩忽职守、徇私舞弊的，依法给予处分。

第五十九条　违反本条例规定，构成违反治安管理行为的，依法给予治安管理处罚；构成犯罪的，依法追究刑事责任。

第七章　附　　则

第六十条　本条例所称社会保险经办机构，是指人力资源社会保障行政部门所属的经办基本养老保险、工伤保险、失业保险等社会保险的机构和医疗保障行政部门所属的经办基本医疗保险、生育保险等社会保险的机构。

第六十一条　本条例所称社会保险服务机构，是指与社会保险经办机构签订服务协议，提供社会保险服务的医疗机构、药品经营单位、辅助器具配置机构、失业保险委托培训机构等机构。

第六十二条　社会保障卡加载金融功能，有条件的地方可以扩大社会保障卡的应用范围，提升民生服务效能。医保电子凭证可以根据需要，加载相关服务功能。

第六十三条　本条例自2023年12月1日起施行。

国务院办公厅关于全面推进生育保险和职工基本医疗保险合并实施的意见

（2019年3月6日　国办发〔2019〕10号）

全面推进生育保险和职工基本医疗保险（以下统称两项保险）合并实施，是保障职工社会保险待遇、增强基金共济能力、提升经办服务水平的重要举措。根据《中华人民共和国社会保险法》有关规定，经国务院同意，现就两项保险合并实施提出以下意见。

一、指导思想

以习近平新时代中国特色社会主义思想为指导，全面贯彻党的十九大和十九届二中、三中全会精神，认真落实党中央、国务院决策部署，统筹推进"五位一体"总体布局和协调推进"四个全面"战略布局，坚持以人民为中心，牢固树立新发展理念，遵循保留险种、保障待遇、统一管理、降低成本的总体思路，推进两项保险合并实施，实现参保同步登记、基金合并运行、征缴管理一致、监督管理统一、经办服务一体化。通过整合两项保险基金及管理资源，强化基金共济能力，提升管理综合效能，降低管理运行成本，建立适应我国经济发展水平、优化保险管理资源、实现两项保险长期稳定可持续发展的制度体系和运行机制。

二、主要政策

（一）统一参保登记。参加职工基本医疗保险的在职职工同步参加生育保险。实施过程中要完善参保范围，结合全民参保登记计划摸清底数，促进实现应保尽保。

（二）统一基金征缴和管理。生育保险基金并入职工基本医疗保险基金，统一征缴，统筹层次一致。按照用人单位参加生育保和职工基本医疗保险的缴费比例之和确定新的用人单位职工基本医疗保险费率,个人不缴纳生育保险费。同时,根据职工基本医疗保险基金支出情况和生育待遇的需求,按照收支平衡的原则,建立费率确定和调整机制。

职工基本医疗保险基金严格执行社会保险基金财务制度,不再单列生育保险基金收入,在职工基本医疗保险统筹基金待遇支出中设置生育待遇支出项目。探索建立健全基金风险预警机制,坚持基金运行情况公开,加强内部控制,强化基金行政监督和社会监督,确保基金安全运行。

(三)统一医疗服务管理。两项保险合并实施后实行统一定点医疗服务管理。医疗保险经办机构与定点医疗机构签订相关医疗服务协议时,要将生育医疗服务有关要求和指标增加到协议内容中,并充分利用协议管理,强化对生育医疗服务的监控。执行基本医疗保险、工伤保险、生育保险药品目录以及基本医疗保险诊疗项目和医疗服务设施范围。

促进生育医疗服务行为规范。将生育医疗费用纳入医保支付方式改革范围,推动住院分娩等医疗费用按病种、产前检查按人头等方式付费。生育医疗费用原则上实行医疗保险经办机构与定点医疗机构直接结算。充分利用医保智能监控系统,强化监控和审核,控制生育医疗费用不合理增长。

(四)统一经办和信息服务。两项保险合并实施后,要统一经办管理,规范经办流程。经办管理统一由基本医疗保险经办机构负责,经费列入同级财政预算。充分利用医疗保险信息系统平台,实行信息系统一体化运行。原有生育保险医疗费用结算平台可暂时保留,待条件成熟后并入医疗保险结算平台。完善统计信息系统,确保及时全面准确反映生育保险基金运行、待遇享受人员、待遇支付等方面情况。

(五)确保职工生育期间的生育保险待遇不变。生育保险待遇包括《中华人民共和国社会保险法》规定的生育医疗费用和生育津贴，所需资金从职工基本医疗保险基金中支付。生育津贴支付期限按照《女职工劳动保护特别规定》等法律法规规定的产假期限执行。

（六）确保制度可持续。各地要通过整合两项保险基金增强基金统筹共济能力；研判当前和今后人口形势对生育保险支出的影响，增强风险防范意识和制度保障能力；按照"尽力而为、量力而行"的原则，坚持从实际出发，从保障基本权益做起，合理引导预期；跟踪分析合并实施后基金运行情况和支出结构，完善生育保险监测指标；根据生育保险支出需求，建立费率动态调整机制，防范风险转嫁，实现制度可持续发展。

三、保障措施

（一）加强组织领导。两项保险合并实施是党中央、国务院作出的一项重要部署，也是推动建立更加公平更可持续社会保障制度的重要内容。各省（自治区、直辖市）要高度重视，加强领导，有序推进相关工作。国家医保局、财政部、国家卫生健康委要会同有关方面加强工作指导，及时研究解决工作中遇到的困难和问题，重要情况及时报告国务院。

（二）精心组织实施。各地要高度重视两项保险合并实施工作，按照本意见要求，根据当地生育保险和职工基本医疗保险参保人群差异、基金支付能力、待遇保障水平等因素进行综合分析和研究，周密组织实施，确保参保人员相关待遇不降低、基金收支平衡，保证平稳过渡。各省（自治区、直辖市）要加强工作部署，督促指导各统筹地区加快落实，2019年底前实现两项保险合并实施。

（三）加强政策宣传。各统筹地区要坚持正确的舆论导向，准确解读相关政策，大力宣传两项保险合并实施的重要意义，让社会公众充分了解合并实施不会影响参保人员享受相关待遇，且有利于提高基金共济能力、减轻用人单位事务性负担、提高管理效率，为推动两项保险合并实施创造良好的社会氛围。

社会保险行政争议处理办法

(2001年5月27日劳动和社会保障部令第13号发布 自发布之日起施行)

第一条 为妥善处理社会保险行政争议，维护公民、法人和其他组织的合法权益，保障和监督社会保险经办机构（以下简称经办机构）依法行使职权，根据劳动法、行政复议法及有关法律、行政法规，制定本办法。

第二条 本办法所称的社会保险行政争议，是指经办机构在依照法律、法规及有关规定经办社会保险事务过程中，与公民、法人或者其他组织之间发生的争议。

本办法所称的经办机构，是指法律、法规授权的劳动保障行政部门所属的专门办理养老保险、医疗保险、失业保险、工伤保险、生育保险等社会保险事务的工作机构。

第三条 公民、法人或者其他组织认为经办机构的具体行政行为侵犯其合法权益，向经办机构或者劳动保障行政部门申请社会保险行政争议处理，经办机构或者劳动保障行政部门处理社会保险行政争议适用本办法。

第四条 经办机构和劳动保障行政部门的法制工作机构或者负责法制工作的机构为本单位的社会保险行政争议处理机构（以下简称保险争议处理机构），具体负责社会保险行政争议的处理工作。

第五条 经办机构和劳动保障行政部门分别采用复查和行政复议的方式处理社会保险行政争议。

第六条 有下列情形之一的，公民、法人或者其他组织可以申请行政复议：

（一）认为经办机构未依法为其办理社会保险登记、变更或者注销手续的；

（二）认为经办机构未按规定审核社会保险缴费基数的；

（三）认为经办机构未按规定记录社会保险费缴费情况或者拒绝其查询缴费记录的；

（四）认为经办机构违法收取费用或者违法要求履行义务的；

（五）对经办机构核定其社会保险待遇标准有异议的；

（六）认为经办机构不依法支付其社会保险待遇或者对经办机构停止其享受社会保险待遇有异议的；

（七）认为经办机构未依法为其调整社会保险待遇的；

（八）认为经办机构未依法为其办理社会保险关系转移或者接续手续的；

（九）认为经办机构的其他具体行政行为侵犯其合法权益的。

属于前款第（二）、（五）、（六）、（七）项情形之一的，公民、法人或者其他组织可以直接向劳动保障行政部门申请行政复议，也可以先向作出该具体行政行为的经办机构申请复查，对复查决定不服，再向劳动保障行政部门申请行政复议。

第七条 公民、法人或者其他组织认为经办机构的具体行政行为所依据的除法律、法规、规章和国务院文件以外的其他规范性文件不合法，在对具体行政行为申请行政复议时，可以向劳动保障行政部门一并提出对该规范性文件的审查申请。

第八条 公民、法人或者其他组织对经办机构作出的具体行政行为不服，可以向直接管理该经办机构的劳动保障行政部门申请行政复议。

第九条 申请人认为经办机构的具体行政行为侵犯其合法权益的，可以自知道该具体行政行为之日起 60 日内向经办机构申请复查或者向劳动保障行政部门申请行政复议。

申请人与经办机构之间发生的属于人民法院受案范围的行政案

件，申请人也可以依法直接向人民法院提起行政诉讼。

第十条　经办机构作出具体行政行为时，未告知申请人有权申请行政复议或者行政复议申请期限的，行政复议申请期限从申请人知道行政复议权或者行政复议申请期限之日起计算，但最长不得超过二年。

因不可抗力或者其他正当理由耽误法定申请期限的，申请期限自障碍消除之日起继续计算。

第十一条　申请人向经办机构申请复查或者向劳动保障行政部门申请行政复议，一般应当以书面形式提出，也可以口头提出。口头提出的，接到申请的保险争议处理机构应当当场记录申请人的基本情况、请求事项、主要事实和理由、申请时间等事项，并由申请人签字或者盖章。

劳动保障行政部门的其他工作机构接到以书面形式提出的行政复议申请的，应当立即传送本部门的保险争议处理机构。

第十二条　申请人向作出该具体行政行为的经办机构申请复查的，该经办机构应指定其内部专门机构负责处理，并应当自接到复查申请之日起 20 日内作出维持或者改变该具体行政行为的复查决定。决定改变的，应当重新作出新的具体行政行为。

经办机构作出的复查决定应当采用书面形式。

第十三条　申请人对经办机构的复查决定不服，或者经办机构逾期未作出复查决定的，申请人可以向直接管理该经办机构的劳动保障行政部门申请行政复议。

申请人在经办机构复查该具体行政行为期间，向劳动保障行政部门申请行政复议的，经办机构的复查程序终止。

第十四条　经办机构复查期间，行政复议的申请期限中止，复查期限不计入行政复议申请期限。

第十五条　劳动保障行政部门的保险争议处理机构接到行政复议申请后，应当注明收到日期，并在 5 个工作日内进行审查，由劳动保障行政部门按照下列情况分别作出决定：

（一）对符合法定受理条件，但不属于本行政机关受理范围的，应当告知申请人向有关机关提出；

（二）对不符合法定受理条件的，应当作出不予受理决定，并制作行政复议不予受理决定书，送达申请人。该决定书中应当说明不予受理的理由。

除前款规定外，行政复议申请自劳动保障行政部门的保险争议处理机构收到之日起即为受理，并制作行政复议受理通知书，送达申请人和被申请人。该通知中应当告知受理日期。

本条规定的期限，从劳动保障行政部门的保险争议处理机构收到行政复议申请之日起计算；因行政复议申请书的主要内容欠缺致使劳动保障行政部门难以作出决定而要求申请人补正有关材料的，从保险争议处理机构收到补正材料之日起计算。

第十六条 经办机构作出具体行政行为时，没有制作或者没有送达行政文书，申请人不服提起行政复议的，只要能证明具体行政行为存在，劳动保障行政部门应当依法受理。

第十七条 申请人认为劳动保障行政部门无正当理由不受理其行政复议申请的，可以向上级劳动保障行政部门申诉，上级劳动保障行政部门在审查后，作出以下处理决定：

（一）申请人提出的行政复议申请符合法定受理条件的，应当责令下级劳动保障行政部门予以受理；其中申请人不服的具体行政行为是依据劳动保障法律、法规、部门规章、本级以上人民政府制定的规章或者本行政机关制定的规范性文件作出的，或者上级劳动保障行政部门认为有必要直接受理的，可以直接受理；

（二）上级劳动保障行政部门认为下级劳动保障行政部门不予受理行为确属有正当理由，应当将审查结论告知申请人。

第十八条 劳动保障行政部门的保险争议处理机构对已受理的社会保险行政争议案件，应当自收到申请之日起 7 个工作日内，将申请书副本或者申请笔录复印件和行政复议受理通知书送达被申请人。

第十九条 被申请人应当自接到行政复议申请书副本或者申请笔录复印件之日起 10 日内，提交答辩书，并提交作出该具体行政行为的证据、所依据的法律规范及其他有关材料。

被申请人不提供或者无正当理由逾期提供的，视为该具体行政行为没有证据、依据。

第二十条 申请人可以依法查阅被申请人提出的书面答辩、作出具体行政行为的证据、依据和其他有关材料。

第二十一条 劳动保障行政部门处理社会保险行政争议案件，原则上采用书面审查方式。必要时，可以向有关单位和个人调查了解情况，听取申请人、被申请人和有关人员的意见，并制作笔录。

第二十二条 劳动保障行政部门处理社会保险行政争议案件，以法律、法规、规章和依法制定的其他规范性文件为依据。

第二十三条 劳动保障行政部门在依法向有关部门请示行政复议过程中所遇到的问题应当如何处理期间，行政复议中止。

第二十四条 劳动保障行政部门在审查申请人一并提出的作出具体行政行为所依据的有关规定的合法性时，应当根据具体情况，分别作出以下处理：

（一）该规定是由本行政机关制定的，应当在 30 日内对该规定依法作出处理结论；

（二）该规定是由本行政机关以外的劳动保障行政部门制定的，应当在 7 个工作日内将有关材料直接移送制定该规定的劳动保障行政部门，请其在 60 日内依法作出处理结论，并将处理结论告知移送的劳动保障行政部门。

（三）该规定是由政府及其他工作部门制定的，应当在 7 个工作日内按照法定程序转送有权处理的国家机关依法处理。

审查该规定期间，行政复议中止，劳动保障行政部门应将有关中止情况通知申请人和被申请人。

第二十五条 行政复议中止的情形结束后，劳动保障行政部门应当继续对该具体行政行为进行审查，并将恢复行政复议审查的时间通知申请人和被申请人。

第二十六条 申请人向劳动保障行政部门提出行政复议申请后，在劳动保障行政部门作出处理决定之前，撤回行政复议申请的，经说明理由，劳动保障行政部门可以终止审理，并将有关情况记录在案。

第二十七条 劳动保障行政部门行政复议期间，被申请人变更或者撤销原具体行政行为的，应当书面告知劳动保障行政部门和申请人。劳动保障行政部门可以终止对原具体行政行为的审查，并书面告知申请人和被申请人。

申请人对被申请人变更或者重新作出的具体行政行为不服，向劳动保障行政部门提出行政复议申请的，劳动保障行政部门应当受理。

第二十八条 劳动保障行政部门的保险争议处理机构应当对其组织审理的社会保险行政争议案件提出处理建议，经本行政机关负责人审查同意或者重大案件经本行政机关集体讨论决定后，由本行政机关依法作出行政复议决定。

第二十九条 劳动保障行政部门作出行政复议决定，应当制作行政复议决定书。行政复议决定书应当载明下列事项：

（一）申请人的姓名、性别、年龄、工作单位、住址（法人或者其他组织的名称、地址、法定代表人的姓名、职务）；

（二）被申请人的名称、地址、法定代表人的姓名、职务；

（三）申请人的复议请求和理由；

（四）被申请人的答辩意见；

（五）劳动保障行政部门认定的事实、理由，适用的法律、法

规、规章和依法制定的其他规范性文件;

(六) 复议结论;

(七) 申请人不服复议决定向人民法院起诉的期限;

(八) 作出复议决定的年、月、日。

行政复议决定书应当加盖本行政机关的印章。

第三十条 经办机构和劳动保障行政部门应当依照民事诉讼法有关送达的规定,将复查决定和行政复议文书送达申请人和被申请人。

第三十一条 申请人对劳动保障行政部门作出的行政复议决定不服的,可以依法向人民法院提起行政诉讼。

第三十二条 经办机构必须执行生效的行政复议决定书。拒不执行或者故意拖延不执行的,由直接主管该经办机构的劳动保障行政部门责令其限期履行,并按照人事管理权限对直接负责的主管人员给予行政处分,或者建议经办机构对有关人员给予行政处分。

第三十三条 经办机构或者劳动保障行政部门审查社会保险行政争议案件,不得向申请人收取任何费用。

行政复议活动所需经费,由本单位的行政经费予以保障。

第三十四条 本办法自发布之日起施行。

实施《中华人民共和国社会保险法》若干规定

(2011年6月29日人力资源和社会保障部令第13号公布　自2011年7月1日起施行)

为了实施《中华人民共和国社会保险法》(以下简称社会保险法),制定本规定。

第一章 关于基本养老保险

第一条 社会保险法第十五条规定的统筹养老金,按照国务院规定的基础养老金计发办法计发。

第二条 参加职工基本养老保险的个人达到法定退休年龄时,累计缴费不足十五年的,可以延长缴费至满十五年。社会保险法实施前参保、延长缴费五年后仍不足十五年的,可以一次性缴费至满十五年。

第三条 参加职工基本养老保险的个人达到法定退休年龄后,累计缴费不足十五年(含依照第二条规定延长缴费)的,可以申请转入户籍所在地新型农村社会养老保险或者城镇居民社会养老保险,享受相应的养老保险待遇。

参加职工基本养老保险的个人达到法定退休年龄后,累计缴费不足十五年(含依照第二条规定延长缴费),且未转入新型农村社会养老保险或者城镇居民社会养老保险的,个人可以书面申请终止职工基本养老保险关系。社会保险经办机构收到申请后,应当书面告知其转入新型农村社会养老保险或者城镇居民社会养老保险的权利以及终止职工基本养老保险关系的后果,经本人书面确认后,终止其职工基本养老保险关系,并将个人账户储存额一次性支付给本人。

第四条 参加职工基本养老保险的个人跨省流动就业,达到法定退休年龄时累计缴费不足十五年的,按照《国务院办公厅关于转发人力资源社会保障部财政部城镇企业职工基本养老保险关系转移接续暂行办法的通知》(国办发〔2009〕66号)有关待遇领取地的规定确定继续缴费地后,按照本规定第二条办理。

第五条 参加职工基本养老保险的个人跨省流动就业,符合按月领取基本养老金条件时,基本养老金分段计算、统一支付的具体办法,按照《国务院办公厅关于转发人力资源社会保障部财政部城镇企业职工基本养老保险关系转移接续暂行办法的通知》（国办发〔2009〕66号）执行。

第六条 职工基本养老保险个人账户不得提前支取。个人在达到法定的领取基本养老金条件前离境定居的，其个人账户予以保留，达到法定领取条件时，按照国家规定享受相应的养老保险待遇。其中，丧失中华人民共和国国籍的，可以在其离境时或者离境后书面申请终止职工基本养老保险关系。社会保险经办机构收到申请后，应当书面告知其保留个人账户的权利以及终止职工基本养老保险关系的后果，经本人书面确认后，终止其职工基本养老保险关系，并将个人账户储存额一次性支付给本人。

参加职工基本养老保险的个人死亡后，其个人账户中的余额可以全部依法继承。

第二章 关于基本医疗保险

第七条 社会保险法第二十七条规定的退休人员享受基本医疗保险待遇的缴费年限按照各地规定执行。

参加职工基本医疗保险的个人，基本医疗保险关系转移接续时，基本医疗保险缴费年限累计计算。

第八条 参保人员在协议医疗机构发生的医疗费用，符合基本医疗保险药品目录、诊疗项目、医疗服务设施标准的，按照国家规定从基本医疗保险基金中支付。

参保人员确需急诊、抢救的，可以在非协议医疗机构就医；因抢救必须使用的药品可以适当放宽范围。参保人员急诊、抢救的医疗服务具体管理办法由统筹地区根据当地实际情况制定。

第三章 关于工伤保险

第九条 职工（包括非全日制从业人员）在两个或者两个以上用人单位同时就业的，各用人单位应当分别为职工缴纳工伤保险费。职工发生工伤,由职工受到伤害时工作的单位依法承担工伤保险责任。

第十条 社会保险法第三十七条第二项中的醉酒标准,按照《车辆驾驶人员血液、呼气酒精含量阈值与检验》(GB19522-2004)执行。公安机关交通管理部门、医疗机构等有关单位依法出具的检测结论、诊断证明等材料,可以作为认定醉酒的依据。

第十一条 社会保险法第三十八条第八项中的因工死亡补助金是指《工伤保险条例》第三十九条的一次性工亡补助金,标准为工伤发生时上一年度全国城镇居民人均可支配收入的20倍。

上一年度全国城镇居民人均可支配收入以国家统计局公布的数据为准。

第十二条 社会保险法第三十九条第一项治疗工伤期间的工资福利,按照《工伤保险条例》第三十三条有关职工在停工留薪期内应当享受的工资福利和护理等待遇的规定执行。

第四章 关于失业保险

第十三条 失业人员符合社会保险法第四十五条规定条件的,可以申请领取失业保险金并享受其他失业保险待遇。其中,非因本人意愿中断就业包括下列情形:

(一)依照劳动合同法第四十四条第一项、第四项、第五项规定终止劳动合同的;

(二)由用人单位依照劳动合同法第三十九条、第四十条、第四十一条规定解除劳动合同的;

(三)用人单位依照劳动合同法第三十六条规定向劳动者提出解除劳动合同并与劳动者协商一致解除劳动合同的;

(四)由用人单位提出解除聘用合同或者被用人单位辞退、除名、开除的;

(五)劳动者本人依照劳动合同法第三十八条规定解除劳动合

同的；

（六）法律、法规、规章规定的其他情形。

第十四条 失业人员领取失业保险金后重新就业的，再次失业时，缴费时间重新计算。失业人员因当期不符合失业保险金领取条件的，原有缴费时间予以保留，重新就业并参保的，缴费时间累计计算。

第十五条 失业人员在领取失业保险金期间，应当积极求职，接受职业介绍和职业培训。失业人员接受职业介绍、职业培训的补贴由失业保险基金按照规定支付。

第五章　关于基金管理和经办服务

第十六条 社会保险基金预算、决算草案的编制、审核和批准，依照《国务院关于试行社会保险基金预算的意见》（国发〔2010〕2号）的规定执行。

第十七条 社会保险经办机构应当每年至少一次将参保人员个人权益记录单通过邮寄方式寄送本人。同时，社会保险经办机构可以通过手机短信或者电子邮件等方式向参保人员发送个人权益记录。

第十八条 社会保险行政部门、社会保险经办机构及其工作人员应当依法为用人单位和个人的信息保密，不得违法向他人泄露下列信息：

（一）涉及用人单位商业秘密或者公开后可能损害用人单位合法利益的信息；

（二）涉及个人权益的信息。

第六章　关于法律责任

第十九条 用人单位在终止或者解除劳动合同时拒不向职工出具终止或者解除劳动关系证明，导致职工无法享受社会保险待遇的，用人单位应当依法承担赔偿责任。

第二十条 职工应当缴纳的社会保险费由用人单位代扣代缴。用人单位未依法代扣代缴的，由社会保险费征收机构责令用人单位限期代缴，并自欠缴之日起向用人单位按日加收万分之五的滞纳金。用人单位不得要求职工承担滞纳金。

第二十一条 用人单位因不可抗力造成生产经营出现严重困难的，经省级人民政府社会保险行政部门批准后，可以暂缓缴纳一定期限的社会保险费，期限一般不超过一年。暂缓缴费期间，免收滞纳金。到期后，用人单位应当缴纳相应的社会保险费。

第二十二条 用人单位按照社会保险法第六十三条的规定，提供担保并与社会保险费征收机构签订缓缴协议的，免收缓缴期间的滞纳金。

第二十三条 用人单位按照本规定第二十一条、第二十二条缓缴社会保险费期间，不影响其职工依法享受社会保险待遇。

第二十四条 用人单位未按月将缴纳社会保险费的明细情况告知职工本人的，由社会保险行政部门责令改正；逾期不改的，按照《劳动保障监察条例》第三十条的规定处理。

第二十五条 医疗机构、药品经营单位等社会保险服务机构以欺诈、伪造证明材料或者其他手段骗取社会保险基金支出的，由社会保险行政部门责令退回骗取的社会保险金，处骗取金额二倍以上五倍以下的罚款。对与社会保险经办机构签订服务协议的医疗机构、药品经营单位，由社会保险经办机构按照协议追究责任，情节严重的，可以解除与其签订的服务协议。对有执业资格的直接负责的主管人员和其他直接责任人员，由社会保险行政部门建议授予其执业资格的有关主管部门依法吊销其执业资格。

第二十六条 社会保险经办机构、社会保险费征收机构、社会保险基金投资运营机构、开设社会保险基金专户的机构和专户管理银行及其工作人员有下列违法情形的，由社会保险行政部门按照社会保险法第九十一条的规定查处：

（一）将应征和已征的社会保险基金，采取隐藏、非法放置等手段，未按规定征缴、入账的；

（二）违规将社会保险基金转入社会保险基金专户以外的账户的；

（三）侵吞社会保险基金的；

（四）将各项社会保险基金互相挤占或者其他社会保障基金挤占社会保险基金的；

（五）将社会保险基金用于平衡财政预算，兴建、改建办公场所和支付人员经费、运行费用、管理费用的；

（六）违反国家规定的投资运营政策的。

第七章　其　　他

第二十七条　职工与所在用人单位发生社会保险争议的，可以依照《中华人民共和国劳动争议调解仲裁法》、《劳动人事争议仲裁办案规则》的规定，申请调解、仲裁，提起诉讼。

职工认为用人单位有未按时足额为其缴纳社会保险费等侵害其社会保险权益行为的，也可以要求社会保险行政部门或者社会保险费征收机构依法处理。社会保险行政部门或者社会保险费征收机构应当按照社会保险法和《劳动保障监察条例》等相关规定处理。在处理过程中，用人单位对双方的劳动关系提出异议的，社会保险行政部门应当依法查明相关事实后继续处理。

第二十八条　在社会保险经办机构征收社会保险费的地区，社会保险行政部门应当依法履行社会保险法第六十二条所规定的有关行政部门的职责。

第二十九条　2011 年 7 月 1 日后对用人单位未按时足额缴纳社会保险费的处理，按照社会保险法和本规定执行；对 2011 年 7 月 1 日前发生的用人单位未按时足额缴纳社会保险费的行为，按照国家和地方人民政府的有关规定执行。

第三十条 本规定自 2011 年 7 月 1 日起施行。

社会保险基金先行支付暂行办法

（2011 年 6 月 29 日人力资源和社会保障部令第 15 号公布 根据 2018 年 12 月 14 日《人力资源社会保障部关于修改部分规章的决定》修订）

第一条 为了维护公民的社会保险合法权益，规范社会保险基金先行支付管理，根据《中华人民共和国社会保险法》（以下简称社会保险法）和《工伤保险条例》，制定本办法。

第二条 参加基本医疗保险的职工或者居民（以下简称个人）由于第三人的侵权行为造成伤病的，其医疗费用应当由第三人按照确定的责任大小依法承担。超过第三人责任部分的医疗费用，由基本医疗保险基金按照国家规定支付。

前款规定中应当由第三人支付的医疗费用，第三人不支付或者无法确定第三人的，在医疗费用结算时，个人可以向参保地社会保险经办机构书面申请基本医疗保险基金先行支付，并告知造成其伤病的原因和第三人不支付医疗费用或者无法确定第三人的情况。

第三条 社会保险经办机构接到个人根据第二条规定提出的申请后，经审核确定其参加基本医疗保险的，应当按照统筹地区基本医疗保险基金支付的规定先行支付相应部分的医疗费用。

第四条 个人由于第三人的侵权行为造成伤病被认定为工伤，第三人不支付工伤医疗费用或者无法确定第三人的，个人或者其近亲属可以向社会保险经办机构书面申请工伤保险基金先行支付，并告知第三人不支付或者无法确定第三人的情况。

第五条 社会保险经办机构接到个人根据第四条规定提出的申请后,应当审查个人获得基本医疗保险基金先行支付和其所在单位缴纳工伤保险费等情况,并按照下列情形分别处理:

(一)对于个人所在用人单位已经依法缴纳工伤保险费,且在认定工伤之前基本医疗保险基金有先行支付的,社会保险经办机构应当按照工伤保险有关规定,用工伤保险基金先行支付超出基本医疗保险基金先行支付部分的医疗费用,并向基本医疗保险基金退还先行支付的费用;

(二)对于个人所在用人单位已经依法缴纳工伤保险费,在认定工伤之前基本医疗保险基金无先行支付的,社会保险经办机构应当用工伤保险基金先行支付工伤医疗费用;

(三)对于个人所在用人单位未依法缴纳工伤保险费,且在认定工伤之前基本医疗保险基金有先行支付的,社会保险经办机构应当在3个工作日内向用人单位发出书面催告通知,要求用人单位在5个工作日内依法支付超出基本医疗保险基金先行支付部分的医疗费用,并向基本医疗保险基金偿还先行支付的医疗费用。用人单位在规定时间内不支付其余部分医疗费用的,社会保险经办机构应当用工伤保险基金先行支付;

(四)对于个人所在用人单位未依法缴纳工伤保险费,在认定工伤之前基本医疗保险基金无先行支付的,社会保险经办机构应当在3个工作日向用人单位发出书面催告通知,要求用人单位在5个工作日内依法支付全部工伤医疗费用;用人单位在规定时间内不支付的,社会保险经办机构应当用工伤保险基金先行支付。

第六条 职工所在用人单位未依法缴纳工伤保险费,发生工伤事故的,用人单位应当采取措施及时救治,并按照规定的工伤保险待遇项目和标准支付费用。

职工被认定为工伤后,有下列情形之一的,职工或者其近亲属可以持工伤认定决定书和有关材料向社会保险经办机构书面申请先行支付工伤保险待遇：

（一）用人单位被依法吊销营业执照或者撤销登记、备案的；

（二）用人单位拒绝支付全部或者部分费用的；

（三）依法经仲裁、诉讼后仍不能获得工伤保险待遇，法院出具中止执行文书的；

（四）职工认为用人单位不支付的其他情形。

第七条 社会保险经办机构收到职工或者其近亲属根据第六条规定提出的申请后，应当在3个工作日内向用人单位发出书面催告通知，要求其在5个工作日内予以核实并依法支付工伤保险待遇，告知其如在规定期限内不按时足额支付的，工伤保险基金在按照规定先行支付后，取得要求其偿还的权利。

第八条 用人单位未按照第七条规定按时足额支付的，社会保险经办机构应当按照社会保险法和《工伤保险条例》的规定，先行支付工伤保险待遇项目中应当由工伤保险基金支付的项目。

第九条 个人或者其近亲属提出先行支付医疗费用、工伤医疗费用或者工伤保险待遇申请，社会保险经办机构经审核不符合先行支付条件的，应当在收到申请后5个工作日内作出不予先行支付的决定，并书面通知申请人。

第十条 个人申请先行支付医疗费用、工伤医疗费用或者工伤保险待遇的，应当提交所有医疗诊断、鉴定等费用的原始票据等证据。社会保险经办机构应当保留所有原始票据等证据，要求申请人在先行支付凭据上签字确认，凭原始票据等证据先行支付医疗费用、工伤医疗费用或者工伤保险待遇。

个人因向第三人或者用人单位请求赔偿需要医疗费用、工伤医疗费用或者工伤保险待遇的原始票据等证据的，可以向社会保险经办机构索取复印件，并将第三人或者用人单位赔偿情况及时告知社会保险经办机构。

第十一条 个人已经从第三人或者用人单位处获得医疗费用、

工伤医疗费用或者工伤保险待遇的,应当主动将先行支付金额中应当由第三人承担的部分或者工伤保险基金先行支付的工伤保险待遇退还给基本医疗保险基金或者工伤保险基金,社会保险经办机构不再向第三人或者用人单位追偿。

个人拒不退还的,社会保险经办机构可以从以后支付的相关待遇中扣减其应当退还的数额,或者向人民法院提起诉讼。

第十二条 社会保险经办机构按照本办法第三条规定先行支付医疗费用或者按照第五条第一项、第二项规定先行支付工伤医疗费用后,有关部门确定了第三人责任的,应当要求第三人按照确定的责任大小依法偿还先行支付数额中的相应部分。第三人逾期不偿还的,社会保险经办机构应当依法向人民法院提起诉讼。

第十三条 社会保险经办机构按照本办法第五条第三项、第四项和第六条、第七条、第八条的规定先行支付工伤保险待遇后,应当责令用人单位在10日内偿还。

用人单位逾期不偿还的,社会保险经办机构可以按照社会保险法第六十三条的规定,向银行和其他金融机构查询其存款账户,申请县级以上社会保险行政部门作出划拨应偿还款项的决定,并书面通知用人单位开户银行或者其他金融机构划拨其应当偿还的数额。

用人单位账户余额少于应当偿还数额的,社会保险经办机构可以要求其提供担保,签订延期还款协议。

用人单位未按时足额偿还且未提供担保的,社会保险经办机构可以申请人民法院扣押、查封、拍卖其价值相当于应当偿还数额的财产,以拍卖所得偿还所欠数额。

第十四条 社会保险经办机构向用人单位追偿工伤保险待遇发生的合理费用以及用人单位逾期偿还部分的利息损失等,应当由用人单位承担。

第十五条 用人单位不支付依法应当由其支付的工伤保险待遇项目的,职工可以依法申请仲裁、提起诉讼。

第十六条 个人隐瞒已经从第三人或者用人单位处获得医疗费用、工伤医疗费用或者工伤保险待遇，向社会保险经办机构申请并获得社会保险基金先行支付的，按照社会保险法第八十八条的规定处理。

第十七条 用人单位对社会保险经办机构作出先行支付的追偿决定不服或者对社会保险行政部门作出的划拨决定不服的，可以依法申请行政复议或者提起行政诉讼。

个人或者其近亲属对社会保险经办机构作出不予先行支付的决定不服或者对先行支付的数额不服的，可以依法申请行政复议或者提起行政诉讼。

第十八条 本办法自 2011 年 7 月 1 日起施行。

（二）失业保险

失业保险条例

（1998 年 12 月 26 日国务院第 11 次常务会议通过
1999 年 1 月 22 日中华人民共和国国务院令第 258 号发布
自发布之日起施行）

第一章 总 则

第一条 【立法目的】为了保障失业人员失业期间的基本生活，促进其再就业，制定本条例。

第二条 【适用范围】城镇企业事业单位、城镇企业事业单位职工依照本条例的规定，缴纳失业保险费。

城镇企业事业单位失业人员依照本条例的规定，享受失业保险待遇。

本条所称城镇企业，是指国有企业、城镇集体企业、外商投资企业、城镇私营企业以及其他城镇企业。

第三条 【主管部门】国务院劳动保障行政部门主管全国的失业保险工作。县级以上地方各级人民政府劳动保障行政部门主管本行政区域内的失业保险工作。劳动保障行政部门按照国务院规定设立的经办失业保险业务的社会保险经办机构依照本条例的规定，具体承办失业保险工作。

第四条 【失业保险费征缴】失业保险费按照国家有关规定征缴。

第二章 失业保险基金

第五条 【失业保险基金构成】失业保险基金由下列各项构成：

（一）城镇企业事业单位、城镇企业事业单位职工缴纳的失业保险费；

（二）失业保险基金的利息；

（三）财政补贴；

（四）依法纳入失业保险基金的其他资金。

第六条 【缴费主体】城镇企业事业单位按照本单位工资总额的2%缴纳失业保险费。城镇企业事业单位职工按照本人工资的1%缴纳失业保险费。城镇企业事业单位招用的农民合同制工人本人不缴纳失业保险费。

第七条 【统筹层次】失业保险基金在直辖市和设区的市实行全市统筹；其他地区的统筹层次由省、自治区人民政府规定。

第八条 【失业保险调剂金】省、自治区可以建立失业保险调剂金。

失业保险调剂金以统筹地区依法应当征收的失业保险费为基数，按照省、自治区人民政府规定的比例筹集。

统筹地区的失业保险基金不敷使用时，由失业保险调剂金调剂、地方财政补贴。

失业保险调剂金的筹集、调剂使用以及地方财政补贴的具体办法，由省、自治区人民政府规定。

第九条　【费率调整】省、自治区、直辖市人民政府根据本行政区域失业人员数量和失业保险基金数额，报经国务院批准，可以适当调整本行政区域失业保险费的费率。

第十条　【支出项目】失业保险基金用于下列支出：

（一）失业保险金；

（二）领取失业保险金期间的医疗补助金；

（三）领取失业保险金期间死亡的失业人员的丧葬补助金和其供养的配偶、直系亲属的抚恤金；

（四）领取失业保险金期间接受职业培训、职业介绍的补贴，补贴的办法和标准由省、自治区、直辖市人民政府规定；

（五）国务院规定或者批准的与失业保险有关的其他费用。

第十一条　【收支管理】失业保险基金必须存入财政部门在国有商业银行开设的社会保障基金财政专户，实行收支两条线管理，由财政部门依法进行监督。

存入银行和按照国家规定购买国债的失业保险基金，分别按照城乡居民同期存款利率和国债利息计息。失业保险基金的利息并入失业保险基金。

失业保险基金专款专用，不得挪作他用，不得用于平衡财政收支。

第十二条　【预算、决算】失业保险基金收支的预算、决算，由统筹地区社会保险经办机构编制，经同级劳动保障行政部门复核、同级财政部门审核，报同级人民政府审批。

第十三条　【财会制度】失业保险基金的财务制度和会计制度按照国家有关规定执行。

第三章　失业保险待遇

第十四条　【失业保险金领取条件】具备下列条件的失业人员，可以领取失业保险金：

（一）按照规定参加失业保险，所在单位和本人已按照规定履行缴费义务满1年的；

（二）非因本人意愿中断就业的；

（三）已办理失业登记，并有求职要求的。

失业人员在领取失业保险金期间，按照规定同时享受其他失业保险待遇。

第十五条　【停止领取失业保险金】失业人员在领取失业保险金期间有下列情形之一的，停止领取失业保险金，并同时停止享受其他失业保险待遇：

（一）重新就业的；

（二）应征服兵役的；

（三）移居境外的；

（四）享受基本养老保险待遇的；

（五）被判刑收监执行或者被劳动教养的；

（六）无正当理由，拒不接受当地人民政府指定的部门或者机构介绍的工作的；

（七）有法律、行政法规规定的其他情形的。

第十六条　【失业证明】城镇企业事业单位应当及时为失业人员出具终止或者解除劳动关系的证明，告知其按照规定享受失业保险待遇的权利，并将失业人员的名单自终止或者解除劳动关系之日起7日内报社会保险经办机构备案。

城镇企业事业单位职工失业后，应当持本单位为其出具的终止或者解除劳动关系的证明，及时到指定的社会保险经办机构办理失业登记。失业保险金自办理失业登记之日起计算。

失业保险金由社会保险经办机构按月发放。社会保险经办机构为失业人员开具领取失业保险金的单证，失业人员凭单证到指定银行领取失业保险金。

第十七条 【领取期限】 失业人员失业前所在单位和本人按照规定累计缴费时间满1年不足5年的，领取失业保险金的期限最长为12个月；累计缴费时间满5年不足10年的，领取失业保险金的期限最长为18个月；累计缴费时间10年以上的，领取失业保险金的期限最长为24个月。重新就业后，再次失业的，缴费时间重新计算，领取失业保险金的期限可以与前次失业应领取而尚未领取的失业保险金的期限合并计算，但是最长不得超过24个月。

第十八条 【失业保险金标准】 失业保险金的标准，按照低于当地最低工资标准、高于城市居民最低生活保障标准的水平，由省、自治区、直辖市人民政府确定。

第十九条 【医疗补助金】 失业人员在领取失业保险金期间患病就医的，可以按照规定向社会保险经办机构申请领取医疗补助金。医疗补助金的标准由省、自治区、直辖市人民政府规定。

第二十条 【丧葬补助金与抚恤金】 失业人员在领取失业保险金期间死亡的，参照当地对在职职工的规定，对其家属一次性发给丧葬补助金和抚恤金。

第二十一条 【一次性生活补助】 单位招用的农民合同制工人连续工作满1年，本单位并已缴纳失业保险费，劳动合同期满未续订或者提前解除劳动合同的，由社会保险经办机构根据其工作时间长短，对其支付一次性生活补助。补助的办法和标准由省、自治区、直辖市人民政府规定。

第二十二条 【失业保险关系转迁】 城镇企业事业单位成建制跨统筹地区转移，失业人员跨统筹地区流动的，失业保险关系随之转迁。

第二十三条 【城市居民最低生活保障待遇】 失业人员符合城

市居民最低生活保障条件的，按照规定享受城市居民最低生活保障待遇。

第四章　管理和监督

第二十四条　【劳动保障部门职责】劳动保障行政部门管理失业保险工作，履行下列职责：

（一）贯彻实施失业保险法律、法规；

（二）指导社会保险经办机构的工作；

（三）对失业保险费的征收和失业保险待遇的支付进行监督检查。

第二十五条　【社保经办机构职责】社会保险经办机构具体承办失业保险工作，履行下列职责：

（一）负责失业人员的登记、调查、统计；

（二）按照规定负责失业保险基金的管理；

（三）按照规定核定失业保险待遇，开具失业人员在指定银行领取失业保险金和其他补助金的单证；

（四）拨付失业人员职业培训、职业介绍补贴费用；

（五）为失业人员提供免费咨询服务；

（六）国家规定由其履行的其他职责。

第二十六条　【收支监督】财政部门和审计部门依法对失业保险基金的收支、管理情况进行监督。

第二十七条　【经费拨付】社会保险经办机构所需经费列入预算，由财政拨付。

第五章　罚　　则

第二十八条　【骗取失业待遇的处理】不符合享受失业保险待遇条件，骗取失业保险金和其他失业保险待遇的，由社会保险经办机构责令退还；情节严重的，由劳动保障行政部门处骗取金额 1 倍以上 3 倍以下的罚款。

第二十九条 【开具单证违规责任】社会保险经办机构工作人员违反规定向失业人员开具领取失业保险金或者享受其他失业保险待遇单证，致使失业保险基金损失的，由劳动保障行政部门责令追回；情节严重的，依法给予行政处分。

第三十条 【失职责任】劳动保障行政部门和社会保险经办机构的工作人员滥用职权、徇私舞弊、玩忽职守，造成失业保险基金损失的，由劳动保障行政部门追回损失的失业保险基金；构成犯罪的，依法追究刑事责任；尚不构成犯罪的，依法给予行政处分。

第三十一条 【挪用责任】任何单位、个人挪用失业保险基金的，追回挪用的失业保险基金；有违法所得的，没收违法所得，并入失业保险基金；构成犯罪的，依法追究刑事责任；尚不构成犯罪的，对直接负责的主管人员和其他直接责任人员依法给予行政处分。

第六章 附 则

第三十二条 【社会团体等组织的适用】省、自治区、直辖市人民政府根据当地实际情况，可以决定本条例适用于本行政区域内的社会团体及其专职人员、民办非企业单位及其职工、有雇工的城镇个体工商户及其雇工。

第三十三条 【施行日期】本条例自发布之日起施行。1993 年 4 月 12 日国务院发布的《国有企业职工待业保险规定》同时废止。

失业保险金申领发放办法（节录）

（2000年10月26日劳动和社会保障部令第8号公布 根据2018年12月14日《人力资源社会保障部关于修改部分规章的决定》第一次修订 根据2019年12月9日《人力资源社会保障部关于修改部分规章的决定》第二次修订）

……

第二章 失业保险金申领

第四条 失业人员符合《条例》第十四条规定条件的，可以申请领取失业保险金，享受其他失业保险待遇。其中，非因本人意愿中断就业的是指下列人员：

（一）终止劳动合同的；

（二）被用人单位解除劳动合同的；

（三）被用人单位开除、除名和辞退的；

（四）根据《中华人民共和国劳动法》第三十二条第二、三项与用人单位解除劳动合同的；

（五）法律、行政法规另有规定的。

第五条 失业人员失业前所在单位，应将失业人员的名单自终止或者解除劳动合同之日起7日内报受理其失业保险业务的经办机构备案，并按要求提供终止或解除劳动合同证明等有关材料。

第六条 失业人员应在终止或者解除劳动合同之日起60日内到受理其单位失业保险业务的经办机构申领失业保险金。

第七条 失业人员申领失业保险金应填写《失业保险金申领

表》，并出示下列证明材料：

（一）本人身份证明；

（二）所在单位出具的终止或者解除劳动合同的证明；

（三）失业登记；

（四）省级劳动保障行政部门规定的其他材料。

第八条 失业人员领取失业保险金，应由本人按月到经办机构领取，同时应向经办机构如实说明求职和接受职业指导、职业培训情况。

第九条 失业人员在领取失业保险金期间患病就医的，可以按照规定向经办机构申请领取医疗补助金。

第十条 失业人员在领取失业保险金期间死亡的，其家属可持失业人员死亡证明、领取人身份证明、与失业人员的关系证明，按规定向经办机构领取一次性丧葬补助金和其供养配偶、直系亲属的抚恤金。失业人员当月尚未领取的失业保险金可由其家属一并领取。

第十一条 失业人员在领取失业保险金期间，应积极求职，接受职业指导和职业培训。失业人员在领取失业保险金期间求职时，可以按规定享受就业服务减免费用等优惠政策。

第十二条 失业人员在领取失业保险金期间或期满后，符合享受当地城市居民最低生活保障条件的，可以按照规定申请享受城市居民最低生活保障待遇。

第十三条 失业人员在领取失业保险金期间，发生《条例》第十五条规定情形之一的，不得继续领取失业保险金和享受其他失业保险待遇。

第三章 失业保险金发放

第十四条 经办机构自受理失业人员领取失业保险金申请之日起10日内，对申领者的资格进行审核认定，并将结果及有关事项告知本人。经审核合格者，从其办理失业登记之日起计发失业保险金。

第十五条 经办机构根据失业人员累计缴费时间核定其领取失

业保险金的期限。失业人员累计缴费时间按照下列原则确定：

（一）实行个人缴纳失业保险费前，按国家规定计算的工龄视同缴费时间，与《条例》发布后缴纳失业保险费的时间合并计算。

（二）失业人员在领取失业保险金期间重新就业后再次失业的，缴费时间重新计算，其领取失业保险金的期限可以与前次失业应领取而尚未领取的失业保险金的期限合并计算，但是最长不得超过24个月。失业人员在领取失业保险金期间重新就业后不满一年再次失业的，可以继续申领其前次失业应领取而尚未领取的失业保险金。

第十六条 失业保险金以及医疗补助金、丧葬补助金、抚恤金、职业培训和职业介绍补贴等失业保险待遇的标准按照各省、自治区、直辖市人民政府的有关规定执行。

第十七条 失业保险金应按月发放，由经办机构开具单证，失业人员凭单证到指定银行领取。

第十八条 对领取失业保险金期限即将届满的失业人员，经办机构应提前一个月告知本人。

失业人员在领取失业保险金期间，发生《条例》第十五条规定情形之一的，经办机构有权即行停止其失业保险金发放，并同时停止其享受其他失业保险待遇。

第十九条 经办机构应当通过准备书面资料、开设服务窗口、设立咨询电话等方式，为失业人员、用人单位和社会公众提供咨询服务。

第二十条 经办机构应按规定负责失业保险金申领、发放的统计工作。

第四章　失业保险关系转迁

第二十一条 对失业人员失业前所在单位与本人户籍不在同一统筹地区的，其失业保险金的发放和其他失业保险待遇的提供由两地劳动保障行政部门进行协商，明确具体办法。协商未能取得一致的，由上一级劳动保障行政部门确定。

第二十二条 失业人员失业保险关系跨省、自治区、直辖市转迁的,失业保险费用应随失业保险关系相应划转。需划转的失业保险费用包括失业保险金、医疗补助金和职业培训、职业介绍补贴。其中,医疗补助金和职业培训、职业介绍补贴按失业人员应享受的失业保险金总额的一半计算。

第二十三条 失业人员失业保险关系在省、自治区范围内跨统筹地区转迁,失业保险费用的处理由省级劳动保障行政部门规定。

第二十四条 失业人员跨统筹地区转移的,凭失业保险关系迁出地经办机构出具的证明材料到迁入地经办机构领取失业保险金。

……

人力资源社会保障部、财政部、国家税务总局关于阶段性降低失业保险、工伤保险费率有关问题的通知

(2023年3月29日 人社部发〔2023〕19号)

各省、自治区、直辖市及新疆生产建设兵团人力资源社会保障厅(局)、财政(财务)厅(局),国家税务总局各省、自治区、直辖市和计划单列市税务局:

为进一步减轻企业负担,增强企业活力,促进就业稳定,经国务院同意,现就阶段性降低失业保险、工伤保险费率有关问题通知如下:

一、自2023年5月1日起,继续实施阶段性降低失业保险费率至1%的政策,实施期限延长至2024年底。在省(区、市)行政区域内,单位及个人的费率应当统一,个人费率不得超过单位费率。

二、自2023年5月1日起,按照《国务院办公厅关于印发降

低社会保险费率综合方案的通知》（国办发〔2019〕13号）有关实施条件，继续实施阶段性降低工伤保险费率政策，实施期限延长至2024年底。

三、各地要加强失业保险、工伤保险基金运行分析，平衡好降费率与保发放之间的关系，既要确保降费率政策落实，也要确保待遇按时足额发放，确保制度运行安全平稳可持续。

四、各地要继续按照国家有关规定进一步规范缴费比例、缴费基数等相关政策，不得自行出台降低缴费基数、减免社会保险费等减少基金收入的政策。

五、各地人力资源社会保障、税务部门要按规定开展降费核算工作，并按月及时上报有关情况。

阶段性降低失业保险、工伤保险费率政策性强，社会关注度高。各地要把思想和行动统一到党中央、国务院决策部署上来，加强组织领导，精心组织实施。各地贯彻落实本通知情况以及执行中遇到的问题，请及时向人力资源社会保障部、财政部、国家税务总局报告。

（三）医疗保险

医疗保障基金使用监督管理条例

(2020年12月9日国务院第117次常务会议通过 2021年1月15日中华人民共和国国务院令第735号公布 自2021年5月1日起施行)

第一章 总 则

第一条 为了加强医疗保障基金使用监督管理，保障基金安全，促进基金有效使用，维护公民医疗保障合法权益，根据《中华人民共和国社会保险法》和其他有关法律规定，制定本条例。

第二条 本条例适用于中华人民共和国境内基本医疗保险（含生育保险）基金、医疗救助基金等医疗保障基金使用及其监督管理。

第三条 医疗保障基金使用坚持以人民健康为中心，保障水平与经济社会发展水平相适应，遵循合法、安全、公开、便民的原则。

第四条 医疗保障基金使用监督管理实行政府监管、社会监督、行业自律和个人守信相结合。

第五条 县级以上人民政府应当加强对医疗保障基金使用监督管理工作的领导，建立健全医疗保障基金使用监督管理机制和基金监督管理执法体制，加强医疗保障基金使用监督管理能力建设，为医疗保障基金使用监督管理工作提供保障。

第六条 国务院医疗保障行政部门主管全国的医疗保障基金使用监督管理工作。国务院其他有关部门在各自职责范围内负责有关的医疗保障基金使用监督管理工作。

县级以上地方人民政府医疗保障行政部门负责本行政区域的医疗保障基金使用监督管理工作。县级以上地方人民政府其他有关部门在各自职责范围内负责有关的医疗保障基金使用监督管理工作。

第七条 国家鼓励和支持新闻媒体开展医疗保障法律、法规和医疗保障知识的公益宣传，并对医疗保障基金使用行为进行舆论监督。有关医疗保障的宣传报道应当真实、公正。

县级以上人民政府及其医疗保障等行政部门应当通过书面征求意见、召开座谈会等方式，听取人大代表、政协委员、参保人员代表等对医疗保障基金使用的意见，畅通社会监督渠道，鼓励和支持社会各方面参与对医疗保障基金使用的监督。

医疗机构、药品经营单位（以下统称医药机构）等单位和医药卫生行业协会应当加强行业自律，规范医药服务行为，促进行业规范和自我约束，引导依法、合理使用医疗保障基金。

第二章 基 金 使 用

第八条 医疗保障基金使用应当符合国家规定的支付范围。

医疗保障基金支付范围由国务院医疗保障行政部门依法组织制定。省、自治区、直辖市人民政府按照国家规定的权限和程序,补充制定本行政区域内医疗保障基金支付的具体项目和标准,并报国务院医疗保障行政部门备案。

第九条 国家建立健全全国统一的医疗保障经办管理体系,提供标准化、规范化的医疗保障经办服务,实现省、市、县、乡镇（街道）、村（社区）全覆盖。

第十条 医疗保障经办机构应当建立健全业务、财务、安全和风险管理制度,做好服务协议管理、费用监控、基金拨付、待遇审核及支付等工作,并定期向社会公开医疗保障基金的收入、支出、结余等情况,接受社会监督。

第十一条 医疗保障经办机构应当与定点医药机构建立集体谈判协商机制,合理确定定点医药机构的医疗保障基金预算金额和拨付时限,并根据保障公众健康需求和管理服务的需要,与定点医药机构协商签订服务协议,规范医药服务行为,明确违反服务协议的行为及其责任。

医疗保障经办机构应当及时向社会公布签订服务协议的定点医药机构名单。

医疗保障行政部门应当加强对服务协议订立、履行等情况的监督。

第十二条 医疗保障经办机构应当按照服务协议的约定,及时结算和拨付医疗保障基金。

定点医药机构应当按照规定提供医药服务,提高服务质量,合理使用医疗保障基金,维护公民健康权益。

第十三条 定点医药机构违反服务协议的,医疗保障经办机构可以督促其履行服务协议,按照服务协议约定暂停或者不予拨付费用、追回违规费用、中止相关责任人员或者所在部门涉及医疗保障基金使用的医药服务,直至解除服务协议;定点医药机构及其相关责任人员有权进行陈述、申辩。

医疗保障经办机构违反服务协议的,定点医药机构有权要求纠正或者提请医疗保障行政部门协调处理、督促整改,也可以依法申请行政复议或者提起行政诉讼。

第十四条 定点医药机构应当建立医疗保障基金使用内部管理制度,由专门机构或者人员负责医疗保障基金使用管理工作,建立健全考核评价体系。

定点医药机构应当组织开展医疗保障基金相关制度、政策的培训,定期检查本单位医疗保障基金使用情况,及时纠正医疗保障基金使用不规范的行为。

第十五条 定点医药机构及其工作人员应当执行实名就医和购药管理规定,核验参保人员医疗保障凭证,按照诊疗规范提供合理、必要的医药服务,向参保人员如实出具费用单据和相关资料,不得分解住院、挂床住院,不得违反诊疗规范过度诊疗、过度检查、分解处方、超量开药、重复开药,不得重复收费、超标准收费、分解项目收费,不得串换药品、医用耗材、诊疗项目和服务设施,不得诱导、协助他人冒名或者虚假就医、购药。

定点医药机构应当确保医疗保障基金支付的费用符合规定的支付范围;除急诊、抢救等特殊情形外,提供医疗保障基金支付范围以外的医药服务的,应当经参保人员或者其近亲属、监护人同意。

第十六条 定点医药机构应当按照规定保管财务账目、会计凭证、处方、病历、治疗检查记录、费用明细、药品和医用耗材出入库记录等资料,及时通过医疗保障信息系统全面准确传送医疗保障基金使用有关数据,向医疗保障行政部门报告医疗保障基金使用监督管理所需信息,向社会公开医药费用、费用结构等信息,接受社会监督。

第十七条 参保人员应当持本人医疗保障凭证就医、购药，并主动出示接受查验。参保人员有权要求定点医药机构如实出具费用单据和相关资料。

参保人员应当妥善保管本人医疗保障凭证，防止他人冒名使用。因特殊原因需要委托他人代为购药的，应当提供委托人和受托人的身份证明。

参保人员应当按照规定享受医疗保障待遇，不得重复享受。

参保人员有权要求医疗保障经办机构提供医疗保障咨询服务，对医疗保障基金的使用提出改进建议。

第十八条 在医疗保障基金使用过程中，医疗保障等行政部门、医疗保障经办机构、定点医药机构及其工作人员不得收受贿赂或者取得其他非法收入。

第十九条 参保人员不得利用其享受医疗保障待遇的机会转卖药品，接受返还现金、实物或者获得其他非法利益。

定点医药机构不得为参保人员利用其享受医疗保障待遇的机会转卖药品，接受返还现金、实物或者获得其他非法利益提供便利。

第二十条 医疗保障经办机构、定点医药机构等单位及其工作人员和参保人员等人员不得通过伪造、变造、隐匿、涂改、销毁医学文书、医学证明、会计凭证、电子信息等有关资料，或者虚构医药服务项目等方式，骗取医疗保障基金。

第二十一条 医疗保障基金专款专用，任何组织和个人不得侵占或者挪用。

第三章 监督管理

第二十二条 医疗保障、卫生健康、中医药、市场监督管理、财政、审计、公安等部门应当分工协作、相互配合，建立沟通协调、案件移送等机制，共同做好医疗保障基金使用监督管理工作。

医疗保障行政部门应当加强对纳入医疗保障基金支付范围的医疗服务行为和医疗费用的监督，规范医疗保障经办业务，依法查处违法使用医疗保障基金的行为。

第二十三条　国务院医疗保障行政部门负责制定服务协议管理办法，规范、简化、优化医药机构定点申请、专业评估、协商谈判程序，制作并定期修订服务协议范本。

国务院医疗保障行政部门制定服务协议管理办法，应当听取有关部门、医药机构、行业协会、社会公众、专家等方面意见。

第二十四条　医疗保障行政部门应当加强与有关部门的信息交换和共享，创新监督管理方式，推广使用信息技术，建立全国统一、高效、兼容、便捷、安全的医疗保障信息系统，实施大数据实时动态智能监控，并加强共享数据使用全过程管理，确保共享数据安全。

第二十五条　医疗保障行政部门应当根据医疗保障基金风险评估、举报投诉线索、医疗保障数据监控等因素，确定检查重点，组织开展专项检查。

第二十六条　医疗保障行政部门可以会同卫生健康、中医药、市场监督管理、财政、公安等部门开展联合检查。

对跨区域的医疗保障基金使用行为，由共同的上一级医疗保障行政部门指定的医疗保障行政部门检查。

第二十七条　医疗保障行政部门实施监督检查，可以采取下列措施：

（一）进入现场检查；

（二）询问有关人员；

（三）要求被检查对象提供与检查事项相关的文件资料，并作出解释和说明；

（四）采取记录、录音、录像、照相或者复制等方式收集有关情况和资料；

（五）对可能被转移、隐匿或者灭失的资料等予以封存；

（六）聘请符合条件的会计师事务所等第三方机构和专业人员协助开展检查；

（七）法律、法规规定的其他措施。

第二十八条 医疗保障行政部门可以依法委托符合法定条件的组织开展医疗保障行政执法工作。

第二十九条 开展医疗保障基金使用监督检查，监督检查人员不得少于2人，并且应当出示执法证件。

医疗保障行政部门进行监督检查时，被检查对象应当予以配合，如实提供相关资料和信息，不得拒绝、阻碍检查或者谎报、瞒报。

第三十条 定点医药机构涉嫌骗取医疗保障基金支出的，在调查期间，医疗保障行政部门可以采取增加监督检查频次、加强费用监控等措施，防止损失扩大。定点医药机构拒不配合调查的，经医疗保障行政部门主要负责人批准，医疗保障行政部门可以要求医疗保障经办机构暂停医疗保障基金结算。经调查，属于骗取医疗保障基金支出的，依照本条例第四十条的规定处理；不属于骗取医疗保障基金支出的，按照规定结算。

参保人员涉嫌骗取医疗保障基金支出且拒不配合调查的，医疗保障行政部门可以要求医疗保障经办机构暂停医疗费用联网结算。暂停联网结算期间发生的医疗费用，由参保人员全额垫付。经调查，属于骗取医疗保障基金支出的，依照本条例第四十一条的规定处理；不属于骗取医疗保障基金支出的，按照规定结算。

第三十一条 医疗保障行政部门对违反本条例的行为作出行政处罚或者行政处理决定前，应当听取当事人的陈述、申辩；作出行政处罚或者行政处理决定，应当告知当事人依法享有申请行政复议或者提起行政诉讼的权利。

第三十二条 医疗保障等行政部门、医疗保障经办机构、会计师事务所等机构及其工作人员，不得将工作中获取、知悉的被调查对象资料或者相关信息用于医疗保障基金使用监督管理以外的其他目的,不得泄露、篡改、毁损、非法向他人提供当事人的个人信息和商业秘密。

第三十三条　国务院医疗保障行政部门应当建立定点医药机构、人员等信用管理制度,根据信用评价等级分级分类监督管理,将日常监督检查结果、行政处罚结果等情况纳入全国信用信息共享平台和其他相关信息公示系统,按照国家有关规定实施惩戒。

第三十四条　医疗保障行政部门应当定期向社会公布医疗保障基金使用监督检查结果,加大对医疗保障基金使用违法案件的曝光力度,接受社会监督。

第三十五条　任何组织和个人有权对侵害医疗保障基金的违法违规行为进行举报、投诉。

医疗保障行政部门应当畅通举报投诉渠道,依法及时处理有关举报投诉,并对举报人的信息保密。对查证属实的举报,按照国家有关规定给予举报人奖励。

第四章　法律责任

第三十六条　医疗保障经办机构有下列情形之一的,由医疗保障行政部门责令改正,对直接负责的主管人员和其他直接责任人员依法给予处分:

(一) 未建立健全业务、财务、安全和风险管理制度;

(二) 未履行服务协议管理、费用监控、基金拨付、待遇审核及支付等职责;

(三) 未定期向社会公开医疗保障基金的收入、支出、结余等情况。

第三十七条　医疗保障经办机构通过伪造、变造、隐匿、涂改、销毁医学文书、医学证明、会计凭证、电子信息等有关资料或者虚构医药服务项目等方式,骗取医疗保障基金支出的,由医疗保障行政部门责令退回,处骗取金额2倍以上5倍以下的罚款,对直接负责的主管人员和其他直接责任人员依法给予处分。

第三十八条 定点医药机构有下列情形之一的,由医疗保障行政部门责令改正,并可以约谈有关负责人;造成医疗保障基金损失的,责令退回,处造成损失金额1倍以上2倍以下的罚款;拒不改正或者造成严重后果的,责令定点医药机构暂停相关责任部门6个月以上1年以下涉及医疗保障基金使用的医药服务;违反其他法律、行政法规的,由有关主管部门依法处理:

(一)分解住院、挂床住院;

(二)违反诊疗规范过度诊疗、过度检查、分解处方、超量开药、重复开药或者提供其他不必要的医药服务;

(三)重复收费、超标准收费、分解项目收费;

(四)串换药品、医用耗材、诊疗项目和服务设施;

(五)为参保人员利用其享受医疗保障待遇的机会转卖药品,接受返还现金、实物或者获得其他非法利益提供便利;

(六)将不属于医疗保障基金支付范围的医药费用纳入医疗保障基金结算;

(七)造成医疗保障基金损失的其他违法行为。

第三十九条 定点医药机构有下列情形之一的,由医疗保障行政部门责令改正,并可以约谈有关负责人;拒不改正的,处1万元以上5万元以下的罚款;违反其他法律、行政法规的,由有关主管部门依法处理:

(一)未建立医疗保障基金使用内部管理制度,或者没有专门机构或者人员负责医疗保障基金使用管理工作;

(二)未按照规定保管财务账目、会计凭证、处方、病历、治疗检查记录、费用明细、药品和医用耗材出入库记录等资料;

(三)未按照规定通过医疗保障信息系统传送医疗保障基金使用有关数据;

（四）未按照规定向医疗保障行政部门报告医疗保障基金使用监督管理所需信息；

（五）未按照规定向社会公开医药费用、费用结构等信息；

（六）除急诊、抢救等特殊情形外，未经参保人员或者其近亲属、监护人同意提供医疗保障基金支付范围以外的医药服务；

（七）拒绝医疗保障等行政部门监督检查或者提供虚假情况。

第四十条 定点医药机构通过下列方式骗取医疗保障基金支出的，由医疗保障行政部门责令退回，处骗取金额2倍以上5倍以下的罚款；责令定点医药机构暂停相关责任部门6个月以上1年以下涉及医疗保障基金使用的医药服务，直至由医疗保障经办机构解除服务协议；有执业资格的，由有关主管部门依法吊销执业资格：

（一）诱导、协助他人冒名或者虚假就医、购药，提供虚假证明材料，或者串通他人虚开费用单据；

（二）伪造、变造、隐匿、涂改、销毁医学文书、医学证明、会计凭证、电子信息等有关资料；

（三）虚构医药服务项目；

（四）其他骗取医疗保障基金支出的行为。

定点医药机构以骗取医疗保障基金为目的，实施了本条例第三十八条规定行为之一，造成医疗保障基金损失的，按照本条规定处理。

第四十一条 个人有下列情形之一的，由医疗保障行政部门责令改正；造成医疗保障基金损失的，责令退回；属于参保人员的，暂停其医疗费用联网结算3个月至12个月：

（一）将本人的医疗保障凭证交由他人冒名使用；

（二）重复享受医疗保障待遇；

（三）利用享受医疗保障待遇的机会转卖药品，接受返还现金、实物或者获得其他非法利益。

个人以骗取医疗保障基金为目的，实施了前款规定行为之一，造成医疗保障基金损失的；或者使用他人医疗保障凭证冒名就医、购药的；或者通过伪造、变造、隐匿、涂改、销毁医学文书、医学证明、会计凭证、电子信息等有关资料或者虚构医药服务项目等方式，骗取医疗保障基金支出的，除依照前款规定处理外，还应当由医疗保障行政部门处骗取金额2倍以上5倍以下的罚款。

第四十二条　医疗保障等行政部门、医疗保障经办机构、定点医药机构及其工作人员收受贿赂或者取得其他非法收入的，没收违法所得，对有关责任人员依法给予处分；违反其他法律、行政法规的，由有关主管部门依法处理。

第四十三条　定点医药机构违反本条例规定，造成医疗保障基金重大损失或者其他严重不良社会影响的，其法定代表人或者主要负责人5年内禁止从事定点医药机构管理活动，由有关部门依法给予处分。

第四十四条　违反本条例规定，侵占、挪用医疗保障基金的，由医疗保障等行政部门责令追回；有违法所得的，没收违法所得；对直接负责的主管人员和其他直接责任人员依法给予处分。

第四十五条　退回的基金退回原医疗保障基金财政专户；罚款、没收的违法所得依法上缴国库。

第四十六条　医疗保障等行政部门、医疗保障经办机构、会计师事务所等机构及其工作人员，泄露、篡改、毁损、非法向他人提供个人信息、商业秘密的，对直接负责的主管人员和其他直接责任人员依法给予处分；违反其他法律、行政法规的，由有关主管部门依法处理。

第四十七条　医疗保障等行政部门工作人员在医疗保障基金使用监督管理工作中滥用职权、玩忽职守、徇私舞弊的，依法给予处分。

第四十八条　违反本条例规定，构成违反治安管理行为的，依法给予治安管理处罚；构成犯罪的，依法追究刑事责任。

违反本条例规定，给有关单位或者个人造成损失的，依法承担赔偿责任。

第五章 附 则

第四十九条 职工大额医疗费用补助、公务员医疗补助等医疗保障资金使用的监督管理,参照本条例执行。

居民大病保险资金的使用按照国家有关规定执行,医疗保障行政部门应当加强监督。

第五十条 本条例自 2021 年 5 月 1 日起施行。

企业职工患病或非因工负伤医疗期规定

(1994 年 12 月 1 日 劳部发〔1994〕479 号)

第一条 为了保障企业职工在患病或非因工负伤期间的合法权益,根据《中华人民共和国劳动法》第二十六、二十九条规定,制定本规定。

第二条 医疗期是指企业职工因患病或非因工负伤停止工作治病休息不得解除劳动合同的时限。

第三条 企业职工因患病或非因工负伤,需要停止工作医疗时,根据本人实际参加工作年限和在本单位工作年限,给予三个月到二十四个月的医疗期:

(一)实际工作年限十年以下的,在本单位工作年限五年以下的为三个月;五年以上的为六个月。

(二)实际工作年限十年以上的,在本单位工作年限五年以下的为六个月;五年以上十年以下的为九个月;十年以上十五年以下的为十二个月;十五年以上二十年以下的为十八个月;二十年以上的为二十四个月。

第四条 医疗期三个月的按六个月内累计病休时间计算;六个

月的按十二个月内累计病休时间计算；九个月的按十五个月内累计病休时间计算；十二个月的按十八个月内累计病休时间计算；十八个月的按二十四个月内累计病休时间计算；二十四个月的按三十个月内累计病休时间计算。

第五条 企业职工在医疗期内，其病假工资、疾病救济费和医疗待遇按照有关规定执行。

第六条 企业职工非因工致残和经医生或医疗机构认定患有难以治疗的疾病，在医疗期内医疗终结，不能从事原工作，也不能从事用人单位另行安排的工作的，应当由劳动鉴定委员会参照工伤与职业病致残程度鉴定标准进行劳动能力的鉴定。被鉴定为一至四级的，应当退出劳动岗位，终止劳动关系，办理退休、退职手续，享受退休、退职待遇；被鉴定为五至十级的，医疗期内不得解除劳动合同。

第七条 企业职工非因工致残和经医生或医疗机构认定患有难以治疗的疾病，医疗期满，应当由劳动鉴定委员会参照工伤与职业病致残程度鉴定标准进行劳动能力的鉴定。被鉴定为一至四级的，应当退出劳动岗位，解除劳动关系，并办理退休、退职手续，享受退休、退职待遇。

第八条 医疗期满尚未痊愈者，被解除劳动合同的经济补偿问题按照有关规定执行。

第九条 本规定自1995年1月1日起施行。

基本医疗保险关系转移接续暂行办法（节录）

（2021年11月1日 医保办发〔2021〕43号）

第一章 总 则

第一条 为规范基本医疗保险关系转移接续工作，统一经办流程，提升服务水平，根据《中华人民共和国社会保险法》《中共中央国务院关于深化医疗保障制度改革的意见》等有关规定，制定本办法。

第二条 本办法主要适用于职工基本医疗保险参保人员（不含退休人员，以下简称职工医保参保人员）和城乡居民基本医疗保险参保人员（以下简称居民医保参保人员）因跨统筹地区就业、户籍或常住地变动的，按规定办理基本医疗保险关系转移接续，包括个人医保信息记录的传递、职工医保个人账户（以下简称个人账户）资金的转移和医保待遇衔接的处理。

第三条 基本医疗保险关系转移接续实行统一规范、跨省通办。国家医疗保障经办机构负责指导协调跨省基本医疗保险关系转移接续经办工作。省级医疗保障经办机构负责组织实施跨省和省内跨统筹地区基本医疗保险关系转移接续经办工作。各统筹地区医疗保障经办机构按要求做好基本医疗保险关系转移接续经办工作。

第四条 本办法所称转出地是指参保人员转移接续前基本医疗保险关系所在地，转入地是指参保人员基本医疗保险关系拟转入地。

第二章 范围对象

第五条 参保人员跨统筹地区流动，不得重复参保和重复享受待遇，按规定办理基本医疗保险关系转移接续。有单位的职工医保参保人员可由单位为其申请办理，灵活就业人员及居民等参保人员由个人申请办理。

1. 职工医保制度内转移接续。职工医保参保人员跨统筹地区就业，转出地已中止参保，在转入地按规定参加职工医保的，应申请转移接续。

2. 居民医保制度内转移接续。居民医保参保人员因户籍或常住地变动跨统筹地区流动，原则上当年度在转入地不再办理转移接续手续，参保人员按转入地规定参加下一年度居民医保后，可申请转移接续。

3. 职工医保和居民医保跨制度转移接续。职工医保参保人员跨统筹地区流动，转出地已中止参保，在转入地按规定参加居民医保的，可申请转移接续。居民医保参保人员跨统筹地区流动，转出地已中止参保，在转入地按规定参加职工医保的，可申请转移接续。

第三章　转移接续申请

第六条　参保人员或用人单位提交基本医疗保险关系转移申请，可通过全国统一的医保信息平台（以下简称医保信息平台）直接提交申请，也可通过线下方式在转入地或转出地经办机构窗口申请。

第七条　转移接续申请实行统一的校验规则前置，在申请时转入地和转出地校验是否符合转移接续条件，若不符合条件则不予受理转移接续申请并及时告知申请人原因；符合条件则予以受理。

转出地的校验规则主要为是否已中止参保，转入地的校验规则主要为是否已按规定参加转入地基本医保。校验规则涉及事项应逐步实现网上办理、一站式联办。

第四章　转移接续手续办理

第八条　参保人员转移接续申请成功受理后，转出地经办机构10个工作日内完成基本医疗保险关系转出，生成《参保人员基本医疗保险信息表》（以下简称《信息表》），核对无误后，将带有电子签章的《信息表》同步上传到医保信息平台，经医保信息平台传送至转入地经办机构；若个人账户有余额的，办理个人账户余额划转手续。

第九条　转入地经办机构收到《信息表》后，核对相关信息并在5个工作日内将《信息表》同步至本地医保信息平台，完成基本医疗保险关系转入。

转入地经办机构收到转出地经办机构划转的个人账户余额后，与业务档案匹配并核对个人账户转移金额，核对无误后可将个人账户金额计入参保人员的个人账户。

第十条 转移接续手续办理过程中,参保人员或用人单位可通过医保信息平台查询业务办理进度。鼓励各地在本办法规定时限基础上,进一步压缩办理时限。

第五章 待遇衔接

第十一条 办理转移接续的职工医保参保人员,在转移接续前中断缴费3个月(含)以内的,可按转入地规定办理职工基本医疗保险费补缴手续,补缴后不设待遇享受等待期,缴费当月即可在转入地按规定享受待遇,中断期间的待遇可按规定追溯享受。中断缴费3个月以上的,基本医疗保险待遇按各统筹地区规定执行,原则上待遇享受等待期不超过6个月。

参保人员已连续2年(含2年)以上参加基本医疗保险的,因就业等个人状态变化在职工医保和居民医保间切换参保关系的,且中断缴费3个月(含)以内的,可按转入地规定办理基本医疗保险费补缴手续,补缴后不设待遇享受等待期,缴费当月即可在转入地按规定享受待遇,中断期间的待遇可按规定追溯享受。中断缴费3个月以上的,基本医疗保险待遇按各统筹地区规定执行,原则上待遇享受等待期不超过6个月。

第十二条 参加职工基本医疗保险的个人,基本医疗保险关系转移接续时,基本医疗保险缴费年限累计计算。达到法定退休年龄时,享受退休人员基本医疗保险待遇的缴费年限按照各地规定执行。各地不得将办理职工医保退休人员待遇与在当地按月领取基本养老金绑定。

第十三条 加强基本医疗保险关系转移接续管理,在转入地完成接续前,转出地应保存参保人员信息、暂停基本医保关系,并为其依规参保缴费和享受待遇提供便利。转移接续完成后,转出地参保关系自动终止。

......

（四）工伤保险

工伤保险条例

（2003年4月27日中华人民共和国国务院令第375号公布 根据2010年12月20日《国务院关于修改〈工伤保险条例〉的决定》修订）

第一章 总 则

第一条 【立法目的】为了保障因工作遭受事故伤害或者患职业病的职工获得医疗救治和经济补偿，促进工伤预防和职业康复，分散用人单位的工伤风险，制定本条例。

第二条 【适用范围】中华人民共和国境内的企业、事业单位、社会团体、民办非企业单位、基金会、律师事务所、会计师事务所等组织和有雇工的个体工商户（以下称用人单位）应当依照本条例规定参加工伤保险，为本单位全部职工或者雇工（以下称职工）缴纳工伤保险费。

中华人民共和国境内的企业、事业单位、社会团体、民办非企业单位、基金会、律师事务所、会计师事务所等组织的职工和个体工商户的雇工，均有依照本条例的规定享受工伤保险待遇的权利。

第三条 【保费征缴】工伤保险费的征缴按照《社会保险费征缴暂行条例》关于基本养老保险费、基本医疗保险费、失业保险费的征缴规定执行。

第四条 【用人单位责任】用人单位应当将参加工伤保险的有关情况在本单位内公示。

用人单位和职工应当遵守有关安全生产和职业病防治的法律法规，执行安全卫生规程和标准，预防工伤事故发生，避免和减少职业病危害。

职工发生工伤时，用人单位应当采取措施使工伤职工得到及时救治。

第五条 【主管部门与经办机构】国务院社会保险行政部门负责全国的工伤保险工作。

县级以上地方各级人民政府社会保险行政部门负责本行政区域内的工伤保险工作。

社会保险行政部门按照国务院有关规定设立的社会保险经办机构（以下称经办机构）具体承办工伤保险事务。

第六条 【工伤保险政策、标准的制定】社会保险行政部门等部门制定工伤保险的政策、标准，应当征求工会组织、用人单位代表的意见。

第二章 工伤保险基金

第七条 【工伤保险基金构成】工伤保险基金由用人单位缴纳的工伤保险费、工伤保险基金的利息和依法纳入工伤保险基金的其他资金构成。

第八条 【工伤保险费】工伤保险费根据以支定收、收支平衡的原则，确定费率。

国家根据不同行业的工伤风险程度确定行业的差别费率，并根据工伤保险费使用、工伤发生率等情况在每个行业内确定若干费率档次。行业差别费率及行业内费率档次由国务院社会保险行政部门制定，报国务院批准后公布施行。

统筹地区经办机构根据用人单位工伤保险费使用、工伤发生率等情况，适用所属行业内相应的费率档次确定单位缴费费率。

第九条 【行业差别费率及档次调整】国务院社会保险行政部

门应当定期了解全国各统筹地区工伤保险基金收支情况，及时提出调整行业差别费率及行业内费率档次的方案，报国务院批准后公布施行。

第十条　【缴费主体、缴费基数与费率】用人单位应当按时缴纳工伤保险费。职工个人不缴纳工伤保险费。

用人单位缴纳工伤保险费的数额为本单位职工工资总额乘以单位缴费费率之积。

对难以按照工资总额缴纳工伤保险费的行业，其缴纳工伤保险费的具体方式，由国务院社会保险行政部门规定。

第十一条　【统筹层次、特殊行业异地统筹】工伤保险基金逐步实行省级统筹。

跨地区、生产流动性较大的行业，可以采取相对集中的方式异地参加统筹地区的工伤保险。具体办法由国务院社会保险行政部门会同有关行业的主管部门制定。

第十二条　【工伤保险基金和用途】工伤保险基金存入社会保障基金财政专户，用于本条例规定的工伤保险待遇，劳动能力鉴定，工伤预防的宣传、培训等费用，以及法律、法规规定的用于工伤保险的其他费用的支付。

工伤预防费用的提取比例、使用和管理的具体办法，由国务院社会保险行政部门会同国务院财政、卫生行政、安全生产监督管理等部门规定。

任何单位或者个人不得将工伤保险基金用于投资运营、兴建或者改建办公场所、发放奖金，或者挪作其他用途。

第十三条　【工伤保险储备金】工伤保险基金应当留有一定比例的储备金，用于统筹地区重大事故的工伤保险待遇支付；储备金不足支付的，由统筹地区的人民政府垫付。储备金占基金总额的具体比例和储备金的使用办法，由省、自治区、直辖市人民政府规定。

第三章　工伤认定

第十四条　【应当认定工伤的情形】职工有下列情形之一的，应当认定为工伤：

（一）在工作时间和工作场所内，因工作原因受到事故伤害的；

（二）工作时间前后在工作场所内，从事与工作有关的预备性或者收尾性工作受到事故伤害的；

（三）在工作时间和工作场所内，因履行工作职责受到暴力等意外伤害的；

（四）患职业病的；

（五）因工外出期间，由于工作原因受到伤害或者发生事故下落不明的；

（六）在上下班途中，受到非本人主要责任的交通事故或者城市轨道交通、客运轮渡、火车事故伤害的；

（七）法律、行政法规规定应当认定为工伤的其他情形。

第十五条　【视同工伤的情形及其保险待遇】职工有下列情形之一的，视同工伤：

（一）在工作时间和工作岗位，突发疾病死亡或者在48小时之内经抢救无效死亡的；

（二）在抢险救灾等维护国家利益、公共利益活动中受到伤害的；

（三）职工原在军队服役，因战、因公负伤致残，已取得革命伤残军人证，到用人单位后旧伤复发的。

职工有前款第（一）项、第（二）项情形的，按照本条例的有关规定享受工伤保险待遇；职工有前款第（三）项情形的，按照本条例的有关规定享受除一次性伤残补助金以外的工伤保险待遇。

第十六条　【不属于工伤的情形】职工符合本条例第十四条、第十五条的规定，但是有下列情形之一的，不得认定为工伤或者视同工伤：

（一）故意犯罪的；

（二）醉酒或者吸毒的；

（三）自残或者自杀的。

第十七条　【申请工伤认定的主体、时限及受理部门】职工发生事故伤害或者按照职业病防治法规定被诊断、鉴定为职业病，所在单位应当自事故伤害发生之日或者被诊断、鉴定为职业病之日起30日内，向统筹地区社会保险行政部门提出工伤认定申请。遇有特殊情况，经报社会保险行政部门同意，申请时限可以适当延长。

用人单位未按前款规定提出工伤认定申请的，工伤职工或者其近亲属、工会组织在事故伤害发生之日或者被诊断、鉴定为职业病之日起1年内，可以直接向用人单位所在地统筹地区社会保险行政部门提出工伤认定申请。

按照本条第一款规定应当由省级社会保险行政部门进行工伤认定的事项，根据属地原则由用人单位所在地的设区的市级社会保险行政部门办理。

用人单位未在本条第一款规定的时限内提交工伤认定申请，在此期间发生符合本条例规定的工伤待遇等有关费用由该用人单位负担。

第十八条　【申请材料】提出工伤认定申请应当提交下列材料：

（一）工伤认定申请表；

（二）与用人单位存在劳动关系（包括事实劳动关系）的证明材料；

（三）医疗诊断证明或者职业病诊断证明书（或者职业病诊断鉴定书）。

工伤认定申请表应当包括事故发生的时间、地点、原因以及职工伤害程度等基本情况。

工伤认定申请人提供材料不完整的，社会保险行政部门应当一次性书面告知工伤认定申请人需要补正的全部材料。申请人按照书面告知要求补正材料后，社会保险行政部门应当受理。

第十九条 【事故调查及举证责任】社会保险行政部门受理工伤认定申请后，根据审核需要可以对事故伤害进行调查核实，用人单位、职工、工会组织、医疗机构以及有关部门应当予以协助。职业病诊断和诊断争议的鉴定，依照职业病防治法的有关规定执行。对依法取得职业病诊断证明书或者职业病诊断鉴定书的，社会保险行政部门不再进行调查核实。

职工或者其近亲属认为是工伤，用人单位不认为是工伤的，由用人单位承担举证责任。

第二十条 【工伤认定的时限、回避】社会保险行政部门应当自受理工伤认定申请之日起60日内作出工伤认定的决定，并书面通知申请工伤认定的职工或者其近亲属和该职工所在单位。

社会保险行政部门对受理的事实清楚、权利义务明确的工伤认定申请，应当在15日内作出工伤认定的决定。

作出工伤认定决定需要以司法机关或者有关行政主管部门的结论为依据的，在司法机关或者有关行政主管部门尚未作出结论期间，作出工伤认定决定的时限中止。

社会保险行政部门工作人员与工伤认定申请人有利害关系的，应当回避。

第四章 劳动能力鉴定

第二十一条 【鉴定的条件】职工发生工伤，经治疗伤情相对稳定后存在残疾、影响劳动能力的，应当进行劳动能力鉴定。

第二十二条 【劳动能力鉴定等级】劳动能力鉴定是指劳动功能障碍程度和生活自理障碍程度的等级鉴定。

劳动功能障碍分为十个伤残等级，最重的为一级，最轻的为十级。

生活自理障碍分为三个等级：生活完全不能自理、生活大部分不能自理和生活部分不能自理。

劳动能力鉴定标准由国务院社会保险行政部门会同国务院卫生行政部门等部门制定。

第二十三条 【申请鉴定的主体、受理机构、申请材料】劳动能力鉴定由用人单位、工伤职工或者其近亲属向设区的市级劳动能力鉴定委员会提出申请,并提供工伤认定决定和职工工伤医疗的有关资料。

第二十四条 【鉴定委员会人员构成、专家库】省、自治区、直辖市劳动能力鉴定委员会和设区的市级劳动能力鉴定委员会分别由省、自治区、直辖市和设区的市级社会保险行政部门、卫生行政部门、工会组织、经办机构代表以及用人单位代表组成。

劳动能力鉴定委员会建立医疗卫生专家库。列入专家库的医疗卫生专业技术人员应当具备下列条件:

(一)具有医疗卫生高级专业技术职务任职资格;

(二)掌握劳动能力鉴定的相关知识;

(三)具有良好的职业品德。

第二十五条 【鉴定步骤、时限】设区的市级劳动能力鉴定委员会收到劳动能力鉴定申请后,应当从其建立的医疗卫生专家库中随机抽取3名或者5名相关专家组成专家组,由专家组提出鉴定意见。设区的市级劳动能力鉴定委员会根据专家组的鉴定意见作出工伤职工劳动能力鉴定结论;必要时,可以委托具备资格的医疗机构协助进行有关的诊断。

设区的市级劳动能力鉴定委员会应当自收到劳动能力鉴定申请之日起60日内作出劳动能力鉴定结论,必要时,作出劳动能力鉴定结论的期限可以延长30日。劳动能力鉴定结论应当及时送达申请鉴定的单位和个人。

第二十六条 【再次鉴定】申请鉴定的单位或者个人对设区的市级劳动能力鉴定委员会作出的鉴定结论不服的,可以在收到该鉴定结论之日起 15 日内向省、自治区、直辖市劳动能力鉴定委员会提出再次鉴定申请。省、自治区、直辖市劳动能力鉴定委员会作出的劳动能力鉴定结论为最终结论。

第二十七条 【鉴定工作原则、回避制度】劳动能力鉴定工作应当客观、公正。劳动能力鉴定委员会组成人员或者参加鉴定的专家与当事人有利害关系的，应当回避。

第二十八条 【复查鉴定】自劳动能力鉴定结论作出之日起 1 年后，工伤职工或者其近亲属、所在单位或者经办机构认为伤残情况发生变化的，可以申请劳动能力复查鉴定。

第二十九条 【再次鉴定和复查鉴定的时限】劳动能力鉴定委员会依照本条例第二十六条和第二十八条的规定进行再次鉴定和复查鉴定的期限，依照本条例第二十五条第二款的规定执行。

第五章 工伤保险待遇

第三十条 【工伤职工的治疗】职工因工作遭受事故伤害或者患职业病进行治疗，享受工伤医疗待遇。

职工治疗工伤应当在签订服务协议的医疗机构就医，情况紧急时可以先到就近的医疗机构急救。

治疗工伤所需费用符合工伤保险诊疗项目目录、工伤保险药品目录、工伤保险住院服务标准的，从工伤保险基金支付。工伤保险诊疗项目目录、工伤保险药品目录、工伤保险住院服务标准，由国务院社会保险行政部门会同国务院卫生行政部门、食品药品监督管理部门等部门规定。

职工住院治疗工伤的伙食补助费，以及经医疗机构出具证明，报经办机构同意，工伤职工到统筹地区以外就医所需的交通、食宿费用从工伤保险基金支付，基金支付的具体标准由统筹地区人民政府规定。

工伤职工治疗非工伤引发的疾病，不享受工伤医疗待遇，按照基本医疗保险办法处理。

工伤职工到签订服务协议的医疗机构进行工伤康复的费用，符合规定的，从工伤保险基金支付。

第三十一条 【复议和诉讼期间不停止支付医疗费用】社会保险行政部门作出认定为工伤的决定后发生行政复议、行政诉讼的，行政复议和行政诉讼期间不停止支付工伤职工治疗工伤的医疗费用。

第三十二条 【配置辅助器具】工伤职工因日常生活或者就业需要，经劳动能力鉴定委员会确认，可以安装假肢、矫形器、假眼、假牙和配置轮椅等辅助器具，所需费用按照国家规定的标准从工伤保险基金支付。

第三十三条 【工伤治疗期间待遇】职工因工作遭受事故伤害或者患职业病需要暂停工作接受工伤医疗的，在停工留薪期内，原工资福利待遇不变，由所在单位按月支付。

停工留薪期一般不超过 12 个月。伤情严重或者情况特殊，经设区的市级劳动能力鉴定委员会确认，可以适当延长，但延长不得超过 12 个月。工伤职工评定伤残等级后，停发原待遇，按照本章的有关规定享受伤残待遇。工伤职工在停工留薪期满后仍需治疗的，继续享受工伤医疗待遇。

生活不能自理的工伤职工在停工留薪期需要护理的，由所在单位负责。

第三十四条 【生活护理费】工伤职工已经评定伤残等级并经劳动能力鉴定委员会确认需要生活护理的，从工伤保险基金按月支付生活护理费。

生活护理费按照生活完全不能自理、生活大部分不能自理或者生活部分不能自理 3 个不同等级支付，其标准分别为统筹地区上年度职工月平均工资的 50%、40% 或者 30%。

第三十五条 【一至四级工伤待遇】职工因工致残被鉴定为一

级至四级伤残的，保留劳动关系，退出工作岗位，享受以下待遇：

（一）从工伤保险基金按伤残等级支付一次性伤残补助金，标准为：一级伤残为 27 个月的本人工资，二级伤残为 25 个月的本人工资，三级伤残为 23 个月的本人工资，四级伤残为 21 个月的本人工资；

（二）从工伤保险基金按月支付伤残津贴，标准为：一级伤残为本人工资的 90%，二级伤残为本人工资的 85%，三级伤残为本人工资的 80%，四级伤残为本人工资的 75%。伤残津贴实际金额低于当地最低工资标准的，由工伤保险基金补足差额；

（三）工伤职工达到退休年龄并办理退休手续后，停发伤残津贴，按照国家有关规定享受基本养老保险待遇。基本养老保险待遇低于伤残津贴的，由工伤保险基金补足差额。

职工因工致残被鉴定为一级至四级伤残的，由用人单位和职工个人以伤残津贴为基数，缴纳基本医疗保险费。

第三十六条 【五至六级工伤待遇】 职工因工致残被鉴定为五级、六级伤残的，享受以下待遇：

（一）从工伤保险基金按伤残等级支付一次性伤残补助金，标准为：五级伤残为 18 个月的本人工资，六级伤残为 16 个月的本人工资；

（二）保留与用人单位的劳动关系，由用人单位安排适当工作。难以安排工作的，由用人单位按月发给伤残津贴，标准为：五级伤残为本人工资的 70%，六级伤残为本人工资的 60%，并由用人单位按照规定为其缴纳应缴纳的各项社会保险费。伤残津贴实际金额低于当地最低工资标准的，由用人单位补足差额。

经工伤职工本人提出，该职工可以与用人单位解除或者终止劳动关系，由工伤保险基金支付一次性工伤医疗补助金，由用人单位支付一次性伤残就业补助金。一次性工伤医疗补助金和一次性伤残就业补助金的具体标准由省、自治区、直辖市人民政府规定。

第三十七条 【七至十级工伤待遇】职工因工致残被鉴定为七级至十级伤残的,享受以下待遇:

(一)从工伤保险基金按伤残等级支付一次性伤残补助金,标准为:七级伤残为 13 个月的本人工资,八级伤残为 11 个月的本人工资,九级伤残为 9 个月的本人工资,十级伤残为 7 个月的本人工资;

(二)劳动、聘用合同期满终止,或者职工本人提出解除劳动、聘用合同的,由工伤保险基金支付一次性工伤医疗补助金,由用人单位支付一次性伤残就业补助金。一次性工伤医疗补助金和一次性伤残就业补助金的具体标准由省、自治区、直辖市人民政府规定。

第二十八条 【旧伤复发待遇】工伤职工工伤复发,确认需要治疗的,享受本条例第三十条、第三十二条和第三十三条规定的工伤待遇。

第三十九条 【工亡待遇】职工因工死亡,其近亲属按照下列规定从工伤保险基金领取丧葬补助金、供养亲属抚恤金和一次性工亡补助金:

(一)丧葬补助金为 6 个月的统筹地区上年度职工月平均工资;

(二)供养亲属抚恤金按照职工本人工资的一定比例发给由因工死亡职工生前提供主要生活来源、无劳动能力的亲属。标准为:配偶每月 40%,其他亲属每人每月 30%,孤寡老人或者孤儿每人每月在上述标准的基础上增加 10%。核定的各供养亲属的抚恤金之和不应高于因工死亡职工生前的工资。供养亲属的具体范围由国务院社会保险行政部门规定;

(三)一次性工亡补助金标准为上一年度全国城镇居民人均可支配收入的 20 倍。

伤残职工在停工留薪期内因工伤导致死亡的,其近亲属享受本条第一款规定的待遇。

一级至四级伤残职工在停工留薪期满后死亡的,其近亲属可以享受本条第一款第（一）项、第（二）项规定的待遇。

第四十条 【工伤待遇调整】伤残津贴、供养亲属抚恤金、生活护理费由统筹地区社会保险行政部门根据职工平均工资和生活费用变化等情况适时调整。调整办法由省、自治区、直辖市人民政府规定。

第四十一条 【职工抢险救灾、因工外出下落不明时的处理】职工因工外出期间发生事故或者在抢险救灾中下落不明的，从事故发生当月起3个月内照发工资，从第4个月起停发工资，由工伤保险基金向其供养亲属按月支付供养亲属抚恤金。生活有困难的，可以预支一次性工亡补助金的50%。职工被人民法院宣告死亡的，按照本条例第三十九条职工因工死亡的规定处理。

第四十二条 【停止支付工伤保险待遇的情形】工伤职工有下列情形之一的，停止享受工伤保险待遇：

（一）丧失享受待遇条件的；

（二）拒不接受劳动能力鉴定的；

（三）拒绝治疗的。

第四十三条 【用人单位分立合并等情况下的责任】用人单位分立、合并、转让的，承继单位应当承担原用人单位的工伤保险责任；原用人单位已经参加工伤保险的，承继单位应当到当地经办机构办理工伤保险变更登记。

用人单位实行承包经营的，工伤保险责任由职工劳动关系所在单位承担。

职工被借调期间受到工伤事故伤害的，由原用人单位承担工伤保险责任，但原用人单位与借调单位可以约定补偿办法。

企业破产的，在破产清算时依法拨付应当由单位支付的工伤保险待遇费用。

第四十四条 【派遣出境期间的工伤保险关系】职工被派遣出境工作，依据前往国家或者地区的法律应当参加当地工伤保险的，参加当地工伤保险，其国内工伤保险关系中止；不能参加当地工伤保险的，其国内工伤保险关系不中止。

第四十五条 【再次发生工伤的待遇】职工再次发生工伤，根据规定应当享受伤残津贴的，按照新认定的伤残等级享受伤残津贴待遇。

第六章 监督管理

第四十六条 【经办机构职责范围】经办机构具体承办工伤保险事务，履行下列职责：

（一）根据省、自治区、直辖市人民政府规定，征收工伤保险费；

（二）核查用人单位的工资总额和职工人数，办理工伤保险登记，并负责保存用人单位缴费和职工享受工伤保险待遇情况的记录；

（三）进行工伤保险的调查、统计；

（四）按照规定管理工伤保险基金的支出；

（五）按照规定核定工伤保险待遇；

（六）为工伤职工或者其近亲属免费提供咨询服务。

第四十七条 【服务协议】经办机构与医疗机构、辅助器具配置机构在平等协商的基础上签订服务协议，并公布签订服务协议的医疗机构、辅助器具配置机构的名单。具体办法由国务院社会保险行政部门分别会同国务院卫生行政部门、民政部门等部门制定。

第四十八条 【工伤保险费用的核查、结算】经办机构按照协议和国家有关目录、标准对工伤职工医疗费用、康复费用、辅助器具费用的使用情况进行核查，并按时足额结算费用。

第四十九条 【公布基金收支情况、费率调整建议】经办机构应当定期公布工伤保险基金的收支情况，及时向社会保险行政部门提出调整费率的建议。

第五十条 【听取社会意见】社会保险行政部门、经办机构应当定期听取工伤职工、医疗机构、辅助器具配置机构以及社会各界对改进工伤保险工作的意见。

第五十一条　【对工伤保险基金的监督】社会保险行政部门依法对工伤保险费的征缴和工伤保险基金的支付情况进行监督检查。

财政部门和审计机关依法对工伤保险基金的收支、管理情况进行监督。

第五十二条　【群众监督】任何组织和个人对有关工伤保险的违法行为，有权举报。社会保险行政部门对举报应当及时调查，按照规定处理，并为举报人保密。

第五十三条　【工会监督】工会组织依法维护工伤职工的合法权益，对用人单位的工伤保险工作实行监督。

第五十四条　【工伤待遇争议处理】职工与用人单位发生工伤待遇方面的争议，按照处理劳动争议的有关规定处理。

第五十五条　【其他工伤保险争议处理】有下列情形之一的，有关单位或者个人可以依法申请行政复议，也可以依法向人民法院提起行政诉讼：

（一）申请工伤认定的职工或者其近亲属、该职工所在单位对工伤认定申请不予受理的决定不服的；

（二）申请工伤认定的职工或者其近亲属、该职工所在单位对工伤认定结论不服的；

（三）用人单位对经办机构确定的单位缴费费率不服的；

（四）签订服务协议的医疗机构、辅助器具配置机构认为经办机构未履行有关协议或者规定的；

（五）工伤职工或者其近亲属对经办机构核定的工伤保险待遇有异议的。

第七章　法　律　责　任

第五十六条　【挪用工伤保险基金的责任】单位或者个人违反

本条例第十二条规定挪用工伤保险基金，构成犯罪的，依法追究刑事责任；尚不构成犯罪的，依法给予处分或者纪律处分。被挪用的基金由社会保险行政部门追回，并入工伤保险基金；没收的违法所得依法上缴国库。

第五十七条 【社会保险行政部门工作人员违法违纪责任】社会保险行政部门工作人员有下列情形之一的，依法给予处分；情节严重，构成犯罪的，依法追究刑事责任：

（一）无正当理由不受理工伤认定申请，或者弄虚作假将不符合工伤条件的人员认定为工伤职工的；

（二）未妥善保管申请工伤认定的证据材料，致使有关证据灭失的；

（三）收受当事人财物的。

第五十八条 【经办机构违规的责任】经办机构有下列行为之一的，由社会保险行政部门责令改正，对直接负责的主管人员和其他责任人员依法给予纪律处分；情节严重，构成犯罪的，依法追究刑事责任；造成当事人经济损失的，由经办机构依法承担赔偿责任：

（一）未按规定保存用人单位缴费和职工享受工伤保险待遇情况记录的；

（二）不按规定核定工伤保险待遇的；

（三）收受当事人财物的。

第五十九条 【医疗机构、辅助器具配置机构、经办机构间的关系】医疗机构、辅助器具配置机构不按服务协议提供服务的，经办机构可以解除服务协议。

经办机构不按时足额结算费用的，由社会保险行政部门责令改正；医疗机构、辅助器具配置机构可以解除服务协议。

第六十条 【对骗取工伤保险待遇的处罚】用人单位、工伤职工或者其近亲属骗取工伤保险待遇，医疗机构、辅助器具配置机构骗取工伤保险基金支出的，由社会保险行政部门责令退还，处骗取金额2倍以上5倍以下的罚款；情节严重，构成犯罪的，依法追究刑事责任。

第六十一条 【鉴定组织与个人违规的责任】从事劳动能力鉴定的组织或者个人有下列情形之一的，由社会保险行政部门责令改正，处2000元以上1万元以下的罚款；情节严重，构成犯罪的，依法追究刑事责任：

（一）提供虚假鉴定意见的；

（二）提供虚假诊断证明的；

（三）收受当事人财物的。

第六十二条 【未按规定参保的情形】用人单位依照本条例规定应当参加工伤保险而未参加的，由社会保险行政部门责令限期参加，补缴应当缴纳的工伤保险费，并自欠缴之日起，按日加收万分之五的滞纳金；逾期仍不缴纳的，处欠缴数额1倍以上3倍以下的罚款。

依照本条例规定应当参加工伤保险而未参加工伤保险的用人单位职工发生工伤的，由该用人单位按照本条例规定的工伤保险待遇项目和标准支付费用。

用人单位参加工伤保险并补缴应当缴纳的工伤保险费、滞纳金后，由工伤保险基金和用人单位依照本条例的规定支付新发生的费用。

第六十三条 【用人单位不协助调查的责任】用人单位违反本条例第十九条的规定，拒不协助社会保险行政部门对事故进行调查核实的，由社会保险行政部门责令改正，处2000元以上2万元以下的罚款。

第八章 附 则

第六十四条 【相关名词解释】本条例所称工资总额，是指用人单位直接支付给本单位全部职工的劳动报酬总额。

本条例所称本人工资，是指工伤职工因工作遭受事故伤害或者患职业病前12个月平均月缴费工资。本人工资高于统筹地区职工平均工资300%的，按照统筹地区职工平均工资的300%计算；本人工资低于统筹地区职工平均工资60%的，按照统筹地区职工平均工资的60%计算。

第六十五条　【公务员等的工伤保险】 公务员和参照公务员法管理的事业单位、社会团体的工作人员因工作遭受事故伤害或者患职业病的，由所在单位支付费用。具体办法由国务院社会保险行政部门会同国务院财政部门规定。

第六十六条　【非法经营单位工伤一次性赔偿及争议处理】 无营业执照或者未经依法登记、备案的单位以及被依法吊销营业执照或者撤销登记、备案的单位的职工受到事故伤害或者患职业病的，由该单位向伤残职工或者死亡职工的近亲属给予一次性赔偿，赔偿标准不得低于本条例规定的工伤保险待遇；用人单位不得使用童工，用人单位使用童工造成童工伤残、死亡的，由该单位向童工或者童工的近亲属给予一次性赔偿，赔偿标准不得低于本条例规定的工伤保险待遇。具体办法由国务院社会保险行政部门规定。

前款规定的伤残职工或者死亡职工的近亲属就赔偿数额与单位发生争议的，以及前款规定的童工或者童工的近亲属就赔偿数额与单位发生争议的，按照处理劳动争议的有关规定处理。

第六十七条　【实施日期及过渡事项】 本条例自2004年1月1日起施行。本条例施行前已受到事故伤害或者患职业病的职工尚未完成工伤认定的，按照本条例的规定执行。

劳动和社会保障部关于实施《工伤保险条例》若干问题的意见

（2004年11月1日 劳社部函〔2004〕256号）

各省、自治区、直辖市劳动和社会保障厅（局）：

《工伤保险条例》（以下简称条例）已于二〇〇四年一月一日起施行，现就条例实施中的有关问题提出如下意见。

一、职工在两个或两个以上用人单位同时就业的，各用人单位应当分别为职工缴纳工伤保险费。职工发生工伤，由职工受到伤害时其工作的单位依法承担工伤保险责任。

二、条例第十四条规定"上下班途中，受到机动车事故伤害的，应当认定为工伤"。这里"上下班途中"既包括职工正常工作的上下班途中，也包括职工加班加点的上下班途中。"受到机动车事故伤害的"既可以是职工驾驶或乘坐的机动车发生事故造成的，也可以是职工因其他机动车事故造成的。

三、条例第十五条规定"职工在工作时间和工作岗位，突发疾病死亡或者在48小时之内经抢救无效死亡的，视同工伤"。这里"突发疾病"包括各类疾病。"48小时"的起算时间，以医疗机构的初次诊断时间作为突发疾病的起算时间。

四、条例第十七条第二款规定的有权申请工伤认定的"工会组织"包括职工所在用人单位的工会组织以及符合《中华人民共和国工会法》规定的各级工会组织。

五、用人单位未按规定为职工提出工伤认定申请，受到事故伤害或者患职业病的职工或者其直系亲属、工会组织提出工伤认定申请，职工所在单位是否同意（签字、盖章），不是必经程序。

六、条例第十七条第四款规定"用人单位未在本条第一款规定的时限内提交工伤认定申请的,在此期间发生符合本条例规定的工伤待遇等有关费用由该用人单位负担"。这里用人单位承担工伤待遇等有关费用的期间是指从事故伤害发生之日或职业病确诊之日起到劳动保障行政部门受理工伤认定申请之日止。

七、条例第三十六条规定的工伤职工旧伤复发,是否需要治疗应由治疗工伤职工的协议医疗机构提出意见,有争议的由劳动能力鉴定委员会确认。

八、职工因工死亡,其供养亲属享受抚恤金待遇的资格,按职工因工死亡时的条件核定。

工伤认定办法

（2010年12月31日人力资源和社会保障部令第8号公布 自2011年1月1日起施行）

第一条 为规范工伤认定程序,依法进行工伤认定,维护当事人的合法权益,根据《工伤保险条例》的有关规定,制定本办法。

第二条 社会保险行政部门进行工伤认定按照本办法执行。

第三条 工伤认定应当客观公正、简捷方便,认定程序应当向社会公开。

第四条 职工发生事故伤害或者按照职业病防治法规定被诊断、鉴定为职业病,所在单位应当自事故伤害发生之日或者被诊断、鉴定为职业病之日起30日内,向统筹地区社会保险行政部门提出工伤认定申请。遇有特殊情况,经报社会保险行政部门同意,申请时限可以适当延长。

按照前款规定应当向省级社会保险行政部门提出工伤认定申请

的，根据属地原则应当向用人单位所在地设区的市级社会保险行政部门提出。

第五条 用人单位未在规定的时限内提出工伤认定申请的，受伤害职工或者其近亲属、工会组织在事故伤害发生之日或者被诊断、鉴定为职业病之日起1年内，可以直接按照本办法第四条规定提出工伤认定申请。

第六条 提出工伤认定申请应当填写《工伤认定申请表》，并提交下列材料：

（一）劳动、聘用合同文本复印件或者与用人单位存在劳动关系（包括事实劳动关系）、人事关系的其他证明材料；

（二）医疗机构出具的受伤后诊断证明书或者职业病诊断证明书（或者职业病诊断鉴定书）。

第七条 工伤认定申请人提交的申请材料符合要求，属于社会保险行政部门管辖范围且在受理时限内的，社会保险行政部门应当受理。

第八条 社会保险行政部门收到工伤认定申请后，应当在15日内对申请人提交的材料进行审核，材料完整的，作出受理或者不予受理的决定；材料不完整的，应当以书面形式一次性告知申请人需要补正的全部材料。社会保险行政部门收到申请人提交的全部补正材料后，应当在15日内作出受理或者不予受理的决定。

社会保险行政部门决定受理的，应当出具《工伤认定申请受理决定书》；决定不予受理的，应当出具《工伤认定申请不予受理决定书》。

第九条 社会保险行政部门受理工伤认定申请后，可以根据需要对申请人提供的证据进行调查核实。

第十条 社会保险行政部门进行调查核实，应当由两名以上工作人员共同进行，并出示执行公务的证件。

第十一条 社会保险行政部门工作人员在工伤认定中，可以进行以下调查核实工作：

（一）根据工作需要，进入有关单位和事故现场；

（二）依法查阅与工伤认定有关的资料，询问有关人员并作出调查笔录；

（三）记录、录音、录像和复制与工伤认定有关的资料。调查核实工作的证据收集参照行政诉讼证据收集的有关规定执行。

第十二条　社会保险行政部门工作人员进行调查核实时，有关单位和个人应当予以协助。用人单位、工会组织、医疗机构以及有关部门应当负责安排相关人员配合工作，据实提供情况和证明材料。

第十三条　社会保险行政部门在进行工伤认定时，对申请人提供的符合国家有关规定的职业病诊断证明书或者职业病诊断鉴定书，不再进行调查核实。职业病诊断证明书或者职业病诊断鉴定书不符合国家规定的要求和格式的，社会保险行政部门可以要求出具证据部门重新提供。

第十四条　社会保险行政部门受理工伤认定申请后，可以根据工作需要，委托其他统筹地区的社会保险行政部门或者相关部门进行调查核实。

第十五条　社会保险行政部门工作人员进行调查核实时，应当履行下列义务：

（一）保守有关单位商业秘密以及个人隐私；

（二）为提供情况的有关人员保密。

第十六条　社会保险行政部门工作人员与工伤认定申请人有利害关系的，应当回避。

第十七条　职工或者其近亲属认为是工伤，用人单位不认为是工伤的，由该用人单位承担举证责任。用人单位拒不举证的，社会保险行政部门可以根据受伤害职工提供的证据或者调查取得的证据，依法作出工伤认定决定。

第十八条　社会保险行政部门应当自受理工伤认定申请之日起60日内作出工伤认定决定，出具《认定工伤决定书》或者《不予认定工伤决定书》。

第十九条 《认定工伤决定书》应当载明下列事项：

（一）用人单位全称；

（二）职工的姓名、性别、年龄、职业、身份证号码；

（三）受伤害部位、事故时间和诊断时间或职业病名称、受伤害经过和核实情况、医疗救治的基本情况和诊断结论；

（四）认定工伤或者视同工伤的依据；

（五）不服认定决定申请行政复议或者提起行政诉讼的部门和时限；

（六）作出认定工伤或者视同工伤决定的时间。

《不予认定工伤决定书》应当载明下列事项：

（一）用人单位全称；

（二）职工的姓名、性别、年龄、职业、身份证号码；

（三）不予认定工伤或者不视同工伤的依据；

（四）不服认定决定申请行政复议或者提起行政诉讼的部门和时限；

（五）作出不予认定工伤或者不视同工伤决定的时间。

《认定工伤决定书》和《不予认定工伤决定书》应当加盖社会保险行政部门工伤认定专用印章。

第二十条 社会保险行政部门受理工伤认定申请后，作出工伤认定决定需要以司法机关或者有关行政主管部门的结论为依据的，在司法机关或者有关行政主管部门尚未作出结论期间，作出工伤认定决定的时限中止，并书面通知申请人。

第二十一条 社会保险行政部门对于事实清楚、权利义务明确的工伤认定申请，应当自受理工伤认定申请之日起15日内作出工伤认定决定。

第二十二条 社会保险行政部门应当自工伤认定决定作出之日起20日内，将《认定工伤决定书》或者《不予认定工伤决定书》

送达受伤害职工（或者其近亲属）和用人单位，并抄送社会保险经办机构。

《认定工伤决定书》和《不予认定工伤决定书》的送达参照民事法律有关送达的规定执行。

第二十三条 职工或者其近亲属、用人单位对不予受理决定不服或者对工伤认定决定不服的，可以依法申请行政复议或者提起行政诉讼。

第二十四条 工伤认定结束后，社会保险行政部门应当将工伤认定的有关资料保存50年。

第二十五条 用人单位拒不协助社会保险行政部门对事故伤害进行调查核实的，由社会保险行政部门责令改正，处2000元以上2万元以下的罚款。

第二十六条 本办法中的《工伤认定申请表》、《工伤认定申请受理决定书》、《工伤认定申请不予受理决定书》、《认定工伤决定书》、《不予认定工伤决定书》的样式由国务院社会保险行政部门统一制定。

第二十七条 本办法自2011年1月1日起施行。劳动和社会保障部2003年9月23日颁布的《工伤认定办法》同时废止。

工伤保险辅助器具配置管理办法（节录）

（2016年2月16日人力资源和社会保障部、民政部、国家卫生和计划生育委员会令第27号公布 根据2018年12月14日《人力资源社会保障部关于修改部分规章的决定》修订）

……

第二章　确认与配置程序

第七条　工伤职工认为需要配置辅助器具的，可以向劳动能力鉴定委员会提出辅助器具配置确认申请，并提交下列材料：

（一）《工伤认定决定书》原件，或者其他确认工伤的文件；

（二）居民身份证或者社会保障卡等有效身份证明原件；

（三）有效的诊断证明、按照医疗机构病历管理有关规定复印或者复制的检查、检验报告等完整病历材料。

工伤职工本人因身体等原因无法提出申请的，可由其近亲属或者用人单位代为申请。

第八条　劳动能力鉴定委员会收到辅助器具配置确认申请后，应当及时审核；材料不完整的，应当自收到申请之日起5个工作日内一次性书面告知申请人需要补正的全部材料；材料完整的，应当在收到申请之日起60日内作出确认结论。伤情复杂、涉及医疗卫生专业较多的，作出确认结论的期限可以延长30日。

第九条　劳动能力鉴定委员会专家库应当配备辅助器具配置专家，从事辅助器具配置确认工作。

劳动能力鉴定委员会应当根据配置确认申请材料，从专家库中随机抽取3名或者5名专家组成专家组，对工伤职工本人进行现场配置确认。专家组中至少包括1名辅助器具配置专家、2名与工伤职工伤情相关的专家。

第十条　专家组根据工伤职工伤情，依据工伤保险辅助器具配置目录有关规定，提出是否予以配置的确认意见。专家意见不一致时，按照少数服从多数的原则确定专家组的意见。

劳动能力鉴定委员会根据专家组确认意见作出配置辅助器具确认结论。其中，确认予以配置的，应当载明确认配置的理由、依据和辅助器具名称等信息；确认不予配置的，应当说明不予配置的理由。

第十一条　劳动能力鉴定委员会应当自作出确认结论之日起20

日内将确认结论送达工伤职工及其用人单位,并抄送经办机构。

第十二条 工伤职工收到予以配置的确认结论后,及时向经办机构进行登记,经办机构向工伤职工出具配置费用核付通知单,并告知下列事项:

(一)工伤职工应当到协议机构进行配置;

(二)确认配置的辅助器具最高支付限额和最低使用年限;

(三)工伤职工配置辅助器具超目录或者超出限额部分的费用,工伤保险基金不予支付。

第十三条 工伤职工可以持配置费用核付通知单,选择协议机构配置辅助器具。

协议机构应当根据与经办机构签订的服务协议,为工伤职工提供配置服务,并如实记录工伤职工信息、配置器具产品信息、最高支付限额、最低使用年限以及实际配置费用等配置服务事项。

前款规定的配置服务记录经工伤职工签字后,分别由工伤职工和协议机构留存。

第十四条 协议机构或者工伤职工与经办机构结算配置费用时,应当出具配置服务记录。经办机构核查后,应当按照工伤保险辅助器具配置目录有关规定及时支付费用。

第十五条 工伤职工配置辅助器具的费用包括安装、维修、训练等费用,按照规定由工伤保险基金支付。

经经办机构同意,工伤职工到统筹地区以外的协议机构配置辅助器具发生的交通、食宿费用,可以按照统筹地区人力资源社会保障行政部门的规定,由工伤保险基金支付。

第十六条 辅助器具达到规定的最低使用年限的,工伤职工可以按照统筹地区人力资源社会保障行政部门的规定申请更换。

工伤职工因伤情发生变化,需要更换主要部件或者配置新的辅助器具的,经向劳动能力鉴定委员会重新提出确认申请并经确认后,由工伤保险基金支付配置费用。

第三章 管理与监督

第十七条 辅助器具配置专家应当具备下列条件之一：

（一）具有医疗卫生中高级专业技术职务任职资格；

（二）具有假肢师或者矫形器师职业资格；

（三）从事辅助器具配置专业技术工作5年以上。

辅助器具配置专家应当具有良好的职业品德。

第十八条 工伤保险辅助器具配置机构的具体条件，由省、自治区、直辖市人力资源社会保障行政部门会同民政、卫生计生行政部门规定。

第十九条 经办机构与工伤保险辅助器具配置机构签订的服务协议，应当包括下列内容：

（一）经办机构与协议机构名称、法定代表人或者主要负责人等基本信息；

（二）服务协议期限；

（三）配置服务内容；

（四）配置费用结算；

（五）配置管理要求；

（六）违约责任及争议处理；

（七）法律、法规规定应当纳入服务协议的其他事项。

第二十条 配置的辅助器具应当符合相关国家标准或者行业标准。统一规格的产品或者材料等辅助器具在装配前应当由国家授权的产品质量检测机构出具质量检测报告，标注生产厂家、产品品牌、型号、材料、功能、出品日期、使用期和保修期等事项。

第二十一条 协议机构应当建立工伤职工配置服务档案，并至少保存至服务期限结束之日起两年。经办机构可以对配置服务档案进行抽查，并作为结算配置费用的依据之一。

第二十二条 经办机构应当建立辅助器具配置工作回访制度，

对辅助器具装配的质量和服务进行跟踪检查，并将检查结果作为对协议机构的评价依据。

第二十三条 工伤保险辅助器具配置机构违反国家规定的辅助器具配置管理服务标准，侵害工伤职工合法权益的，由民政、卫生计生行政部门在各自监管职责范围内依法处理。

第二十四条 有下列情形之一的，经办机构不予支付配置费用：

（一）未经劳动能力鉴定委员会确认，自行配置辅助器具的；

（二）在非协议机构配置辅助器具的；

（三）配置辅助器具超目录或者超出限额部分的；

（四）违反规定更换辅助器具的。

第二十五条 工伤职工或者其近亲属认为经办机构未依法支付辅助器具配置费用，或者协议机构认为经办机构未履行有关协议的，可以依法申请行政复议或者提起行政诉讼。

……

人力资源和社会保障部关于执行《工伤保险条例》若干问题的意见

（2013年4月25日　人社部发〔2013〕34号）

各省、自治区、直辖市及新疆生产建设兵团人力资源社会保障厅（局）：

《国务院关于修改〈工伤保险条例〉的决定》（国务院令第586号）已经于2011年1月1日实施。为贯彻执行新修订的《工伤保险条例》，妥善解决实际工作中的问题，更好地保障职工和用人单位的合法权益，现提出如下意见。

一、《工伤保险条例》（以下简称《条例》）第十四条第（五）

项规定的"因工外出期间"的认定,应当考虑职工外出是否属于用人单位指派的因工作外出,遭受的事故伤害是否因工作原因所致。

二、《条例》第十四条第(六)项规定的"非本人主要责任"的认定,应当以有关机关出具的法律文书或者人民法院的生效裁决为依据。

三、《条例》第十六条第(一)项"故意犯罪"的认定,应当以司法机关的生效法律文书或者结论性意见为依据。

四、《条例》第十六条第(二)项"醉酒或者吸毒"的认定,应当以有关机关出具的法律文书或者人民法院的生效裁决为依据。无法获得上述证据的,可以结合相关证据认定。

五、社会保险行政部门受理工伤认定申请后,发现劳动关系存在争议且无法确认的,应告知当事人可以向劳动人事争议仲裁委员会申请仲裁。在此期间,作出工伤认定决定的时限中止,并书面通知申请工伤认定的当事人。劳动关系依法确认后,当事人应将有关法律文书送交受理工伤认定申请的社会保险行政部门,该部门自收到生效法律文书之日起恢复工伤认定程序。

六、符合《条例》第十五条第(一)项情形的,职工所在用人单位原则上应自职工死亡之日起5个工作日内向用人单位所在统筹地区社会保险行政部门报告。

七、具备用工主体资格的承包单位违反法律、法规规定,将承包业务转包、分包给不具备用工主体资格的组织或者自然人,该组织或者自然人招用的劳动者从事承包业务时因工伤亡的,由该具备用工主体资格的承包单位承担用人单位依法应承担的工伤保险责任。

八、曾经从事接触职业病危害作业、当时没有发现罹患职业病、离开工作岗位后被诊断或鉴定为职业病的符合下列条件的人员,可以自诊断、鉴定为职业病之日起一年内申请工伤认定,社会保险行政部门应当受理:

(一)办理退休手续后,未再从事接触职业病危害作业的退休人员；

（二）劳动或聘用合同期满后或者本人提出而解除劳动或聘用合同后，未再从事接触职业病危害作业的人员。

经工伤认定和劳动能力鉴定，前款第（一）项人员符合领取一次性伤残补助金条件的，按就高原则以本人退休前12个月平均月缴费工资或者确诊职业病前12个月的月平均养老金为基数计发。前款第（二）项人员被鉴定为一级至十级伤残、按《条例》规定应以本人工资作为基数享受相关待遇的，按本人终止或者解除劳动、聘用合同前12个月平均月缴费工资计发。

九、按照本意见第八条规定被认定为工伤的职业病人员，职业病诊断证明书（或职业病诊断鉴定书）中明确的用人单位，在该职工从业期间依法为其缴纳工伤保险费的，按《条例》的规定，分别由工伤保险基金和用人单位支付工伤保险待遇；未依法为该职工缴纳工伤保险费的，由用人单位按照《条例》规定的相关项目和标准支付待遇。

十、职工在同一用人单位连续工作期间多次发生工伤的，符合《条例》第三十六、第三十七条规定领取相关待遇时，按照其在同一用人单位发生工伤的最高伤残级别，计发一次性伤残就业补助金和一次性工伤医疗补助金。

十一、依据《条例》第四十二条的规定停止支付工伤保险待遇的，在停止支付待遇的情形消失后，自下月起恢复工伤保险待遇，停止支付的工伤保险待遇不予补发。

十二、《条例》第六十二条第三款规定的"新发生的费用"，是指用人单位职工参加工伤保险前发生工伤的，在参加工伤保险后新发生的费用。

十三、由工伤保险基金支付的各项待遇应按《条例》相关规定支付，不得采取将长期待遇改为一次性支付的办法。

十四、核定工伤职工工伤保险待遇时，若上一年度相关数据尚未公布，可暂按前一年度的全国城镇居民人均可支配收入、统筹地区职工月平均工资核定和计发，待相关数据公布后再重新核定，社会保险经办机构或者用人单位予以补发差额部分。

本意见自发文之日起执行，此前有关规定与本意见不一致的，按本意见执行。执行中有重大问题，请及时报告我部。

人力资源社会保障部关于执行《工伤保险条例》若干问题的意见（二）

（2016年3月28日　人社部发〔2016〕29号）

各省、自治区、直辖市及新疆生产建设兵团人力资源社会保障厅（局）：

为更好地贯彻执行新修订的《工伤保险条例》，提高依法行政能力和水平，妥善解决实际工作中的问题，保障职工和用人单位合法权益，现提出如下意见：

一、一级至四级工伤职工死亡，其近亲属同时符合领取工伤保险丧葬补助金、供养亲属抚恤金待遇和职工基本养老保险丧葬补助金、抚恤金待遇条件的，由其近亲属选择领取工伤保险或职工基本养老保险其中一种。

二、达到或超过法定退休年龄，但未办理退休手续或者未依法享受城镇职工基本养老保险待遇，继续在原用人单位工作期间受到事故伤害或患职业病的，用人单位依法承担工伤保险责任。

用人单位招用已经达到、超过法定退休年龄或已经领取城镇职工基本养老保险待遇的人员，在用工期间因工作原因受到事故伤害或患职业病的，如招用单位已按项目参保等方式为其缴纳工伤保险费的，应适用《工伤保险条例》。

三、《工伤保险条例》第六十二条规定的"新发生的费用"，是指用人单位参加工伤保险前发生工伤的职工，在参加工伤保险后新发生的费用。其中由工伤保险基金支付的费用，按不同情况予以处理：

（一）因工受伤的，支付参保后新发生的工伤医疗费、工伤康复费、住院伙食补助费、统筹地区以外就医交通食宿费、辅助器具配置费、生活护理费、一级至四级伤残职工伤残津贴，以及参保后解除劳动合同时的一次性工伤医疗补助金；

（二）因工死亡的，支付参保后新发生的符合条件的供养亲属抚恤金。

四、职工在参加用人单位组织或者受用人单位指派参加其他单位组织的活动中受到事故伤害的，应当视为工作原因，但参加与工作无关的活动除外。

五、职工因工作原因驻外，有固定的住所、有明确的作息时间，工伤认定时按照在驻在地当地正常工作的情形处理。

六、职工以上下班为目的、在合理时间内往返于工作单位和居住地之间的合理路线，视为上下班途中。

七、用人单位注册地与生产经营地不在同一统筹地区的，原则上应在注册地为职工参加工伤保险；未在注册地参加工伤保险的职工，可由用人单位在生产经营地为其参加工伤保险。

劳务派遣单位跨地区派遣劳动者，应根据《劳务派遣暂行规定》参加工伤保险。建筑施工企业按项目参保的，应在施工项目所在地参加工伤保险。

职工受到事故伤害或者患职业病后，在参保地进行工伤认定、劳动能力鉴定，并按照参保地的规定依法享受工伤保险待遇；未参加工伤保险的职工，应当在生产经营地进行工伤认定、劳动能力鉴定，并按照生产经营地的规定依法由用人单位支付工伤保险待遇。

八、有下列情形之一的，被延误的时间不计算在工伤认定申请时限内。

（一）受不可抗力影响的；

（二）职工由于被国家机关依法采取强制措施等人身自由受到限制不能申请工伤认定的；

（三）申请人正式提交了工伤认定申请，但因社会保险机构未登记或者材料遗失等原因造成申请超时限的；

（四）当事人就确认劳动关系申请劳动仲裁或提起民事诉讼的；

（五）其他符合法律法规规定的情形。

九、《工伤保险条例》第六十七条规定的"尚未完成工伤认定的"，是指在《工伤保险条例》施行前遭受事故伤害或被诊断鉴定为职业病，且在工伤认定申请法定时限内（从《工伤保险条例》施行之日起算）提出工伤认定申请，尚未做出工伤认定的情形。

十、因工伤认定申请人或者用人单位隐瞒有关情况或者提供虚假材料，导致工伤认定决定错误的，社会保险行政部门发现后，应当及时予以更正。

本意见自发文之日起执行，此前有关规定与本意见不一致的，按本意见执行。执行中有重大问题，请及时报告我部。

最高人民法院关于审理工伤保险行政案件若干问题的规定

（2014年4月21日最高人民法院审判委员会第1613次会议通过 2014年6月18日最高人民法院公告公布 自2014年9月1日起施行 法释〔2014〕9号）

为正确审理工伤保险行政案件，根据《中华人民共和国社会保险法》《中华人民共和国劳动法》《中华人民共和国行政诉讼法》《工伤保险条例》及其他有关法律、行政法规规定，结合行政审判实际，制定本规定。

第一条 人民法院审理工伤认定行政案件，在认定是否存在《工伤保险条例》第十四条第（六）项"本人主要责任"、第十六条第（二）项"醉酒或者吸毒"和第十六条第（三）项"自残或者自杀"等情形时，应当以有权机构出具的事故责任认定书、结论性意见和人民法院生效裁判等法律文书为依据，但有相反证据足以推翻事故责任认定书和结论性意见的除外。

前述法律文书不存在或者内容不明确，社会保险行政部门就前款事实作出认定的，人民法院应当结合其提供的相关证据依法进行审查。

《工伤保险条例》第十六条第（一）项"故意犯罪"的认定，应当以刑事侦查机关、检察机关和审判机关的生效法律文书或者结论性意见为依据。

第二条 人民法院受理工伤认定行政案件后，发现原告或者第三人在提起行政诉讼前已经就是否存在劳动关系申请劳动仲裁或者提起民事诉讼的，应当中止行政案件的审理。

第三条 社会保险行政部门认定下列单位为承担工伤保险责任单位的，人民法院应予支持：

（一）职工与两个或两个以上单位建立劳动关系，工伤事故发生时，职工为之工作的单位为承担工伤保险责任的单位；

（二）劳务派遣单位派遣的职工在用工单位工作期间因工伤亡的，派遣单位为承担工伤保险责任的单位；

（三）单位指派到其他单位工作的职工因工伤亡的，指派单位为承担工伤保险责任的单位；

（四）用工单位违反法律、法规规定将承包业务转包给不具备用工主体资格的组织或者自然人，该组织或者自然人聘用的职工从事承包业务时因工伤亡的，用工单位为承担工伤保险责任的单位；

（五）个人挂靠其他单位对外经营，其聘用的人员因工伤亡的，被挂靠单位为承担工伤保险责任的单位。

前款第（四）、（五）项明确的承担工伤保险责任的单位承担赔偿责任或者社会保险经办机构从工伤保险基金支付工伤保险待遇后，有权向相关组织、单位和个人追偿。

第四条　社会保险行政部门认定下列情形为工伤的，人民法院应予支持：

（一）职工在工作时间和工作场所内受到伤害，用人单位或者社会保险行政部门没有证据证明是非工作原因导致的；

（二）职工参加用人单位组织或者受用人单位指派参加其他单位组织的活动受到伤害的；

（三）在工作时间内，职工来往于多个与其工作职责相关的工作场所之间的合理区域因工受到伤害的；

（四）其他与履行工作职责相关，在工作时间及合理区域内受到伤害的。

第五条　社会保险行政部门认定下列情形为"因工外出期间"的，人民法院应予支持：

（一）职工受用人单位指派或者因工作需要在工作场所以外从事与工作职责有关的活动期间；

（二）职工受用人单位指派外出学习或者开会期间；

（三）职工因工作需要的其他外出活动期间。

职工因工外出期间从事与工作或者受用人单位指派外出学习、开会无关的个人活动受到伤害，社会保险行政部门不认定为工伤的，人民法院应予支持。

第六条　对社会保险行政部门认定下列情形为"上下班途中"的，人民法院应予支持：

（一）在合理时间内往返于工作地与住所地、经常居住地、单位宿舍的合理路线的上下班途中；

（二）在合理时间内往返于工作地与配偶、父母、子女居住地的合理路线的上下班途中；

（三）从事属于日常工作生活所需要的活动，且在合理时间和合理路线的上下班途中；

（四）在合理时间内其他合理路线的上下班途中。

第七条 由于不属于职工或者其近亲属自身原因超过工伤认定申请期限的，被耽误的时间不计算在工伤认定申请期限内。

有下列情形之一耽误申请时间的，应当认定为不属于职工或者其近亲属自身原因：

（一）不可抗力；

（二）人身自由受到限制；

（三）属于用人单位原因；

（四）社会保险行政部门登记制度不完善；

（五）当事人对是否存在劳动关系申请仲裁、提起民事诉讼。

第八条 职工因第三人的原因受到伤害，社会保险行政部门以职工或者其近亲属已经对第三人提起民事诉讼或者获得民事赔偿为由，作出不予受理工伤认定申请或者不予认定工伤决定的，人民法院不予支持。

职工因第三人的原因受到伤害，社会保险行政部门已经作出工伤认定，职工或者其近亲属未对第三人提起民事诉讼或者尚未获得民事赔偿，起诉要求社会保险经办机构支付工伤保险待遇的，人民法院应予支持。

职工因第三人的原因导致工伤，社会保险经办机构以职工或者其近亲属已经对第三人提起民事诉讼为由，拒绝支付工伤保险待遇的，人民法院不予支持，但第三人已经支付的医疗费用除外。

第九条 因工伤认定申请人或者用人单位隐瞒有关情况或者提供虚假材料，导致工伤认定错误的，社会保险行政部门可以在诉讼中依法予以更正。

工伤认定依法更正后，原告不申请撤诉，社会保险行政部门在作出原工伤认定时有过错的，人民法院应当判决确认违法；社会保险行政部门无过错的，人民法院可以驳回原告诉讼请求。

第十条 最高人民法院以前颁布的司法解释与本规定不一致的，以本规定为准。

（五）生育保险

人力资源社会保障部、财政部、国家卫生计生委关于做好当前生育保险工作的意见

（2018年3月5日 人社部发〔2018〕15号）

各省、自治区、直辖市及新疆生产建设兵团人力资源社会保障厅（局）、财政厅（局）、卫生计生委，福建省医保办：

　　生育保险制度自建立以来，总体保持平稳运行，对维护职工生育保障权益、促进妇女公平就业、均衡用人单位负担发挥了重要作用。近年来，为应对经济下行压力，生育保险采取降费率措施，减轻了企业负担；同时，应对人口老龄化，适应国家实施全面两孩政策，采取措施保障生育保险待遇，促进了人口均衡发展。当前，为切实维护全面两孩政策下参保职工合法权益，确保生育保险稳健运行，现对进一步做好生育保险工作提出如下意见：

　　一、提高认识，确保生育保险待遇落实

　　实施全面两孩政策是适应人口和经济社会发展新形势的重大战略举措，落实生育保险政策是实施全面两孩政策的重要保障措施。各地要统一思想，提高认识，主动适应计划生育政策调整，坚持科学发展，体现社会公平，切实维护职工合法权益。要确保应保尽保，将符合条件的用人单位及职工纳入参保范围；确保参保职工的生育医疗费用和生育津贴按规定及时足额支付，杜绝拖欠和支付不足现象。要根据全面两孩生育政策对生育保险基金的影响，增强风

险防范意识和制度保障能力，确保生育保险基金收支平衡，实现制度可持续发展。

二、加强预警，完善费率调整机制

各地要结合全面两孩政策实施，完善生育保险监测指标。充分利用医疗保险信息网络系统，加强生育保险基金运行分析，参照基本医疗保险基金管理要求，全面建立生育保险基金风险预警机制，将基金累计结存控制在 6-9 个月支付额度的合理水平。

基金当期入不敷出的统筹地区，首先动用累计结存，同时制定预案，根据《社会保险基金财务制度》提出分类应对措施，经报同级政府同意后及时启动。基金累计结存不足（<3 个月支付额度）的统筹地区，要及时调整费率，具体费率由统筹地区按照"以支定收、收支平衡"的原则，科学测算全面两孩政策下基金支出规模后合理确定。基金累计结存完全消化的统筹地区，按规定向同级财政部门申请补贴，保障基金当期支付，同时采取费率调整措施，弥补基金缺口。

开展生育保险与职工基本医疗保险（以下统称两项保险）合并实施试点的统筹地区，要通过整合两项保险基金和统一征缴，增强基金统筹共济能力。要跟踪分析合并实施后基金运行情况，根据基金支出需求，确定新的费率并建立动态调整机制，防范风险转嫁。

三、引导预期，规范生育津贴支付政策

各地要按照"尽力而为、量力而行"的原则，坚持从实际出发，从保障基本权益做起，合理引导预期。要综合考虑生育保险基金运行和用人单位缴费等情况，规范生育津贴支付期限和计发标准等政策，确保基金可持续运行和待遇享受相对公平。确保《女职工劳动保护特别规定》法定产假期限内的生育津贴支付，探索多渠道解决生育奖励假待遇问题。

四、加强管理，提高基金使用效率

各地要结合全民参保计划实施，进一步扩大生育保险覆盖面，加大征缴力度，与基本医疗保险同步推进统筹层次提升。加强生育保险定点协议管理，切实保障参保人员生育医疗权益，促进生育医疗服务行为规范。将生育医疗费用纳入医保支付方式改革范围，实行住院分娩医疗费用按病种、产前检查按人头付费，实现经办机构与定点医疗机构费用直接结算。充分利用医保智能监控系统，强化监控和审核，控制生育医疗费用不合理增长。

五、高度重视，切实做好组织实施工作

各地要高度重视生育保险工作，切实加强组织领导，做好统筹协调。加强政策宣传与舆论引导，准确解读相关政策，及时回应群众关切。各级人力资源社会保障、财政、卫生计生部门要明确职责，密切配合，形成工作合力，加强对统筹地区工作指导，及时研究解决有关问题。积极稳妥推进两项保险合并实施试点工作，及时总结试点经验，为全面推开两项保险合并实施工作奠定基础。工作推进中，如遇到重大问题，要及时报告。

（六）养老保险

国务院关于建立企业职工基本养老保险基金中央调剂制度的通知（节录）

（2018 年 5 月 30 日　国发〔2018〕18 号）

……

二、主要内容

在现行企业职工基本养老保险省级统筹基础上，建立中央调剂基金，对各省份养老保险基金进行适度调剂，确保基本养老金按时足额发放。

(一) 中央调剂基金筹集。

中央调剂基金由各省份养老保险基金上解的资金构成。按照各省份职工平均工资的90%和在职应参保人数作为计算上解额的基数，上解比例从3%起步，逐步提高。

某省份上解额＝（某省份职工平均工资×90%）×某省份在职应参保人数×上解比例。

各省份职工平均工资，为统计部门提供的城镇非私营单位和私营单位就业人员加权平均工资。

各省份在职应参保人数，暂以在职参保人数和国家统计局公布的企业就业人数二者的平均值为基数核定。将来条件成熟时，以覆盖常住人口的全民参保计划数据为基础确定在职应参保人数。

(二) 中央调剂基金拨付。

中央调剂基金实行以收定支，当年筹集的资金全部拨付地方。中央调剂基金按照人均定额拨付，根据人力资源社会保障部、财政部核定的各省份离退休人数确定拨付资金数额。

某省份拨付额＝核定的某省份离退休人数×全国人均拨付额。

其中：全国人均拨付额＝筹集的中央调剂基金/核定的全国离退休人数。

(三) 中央调剂基金管理。

中央调剂基金是养老保险基金的组成部分，纳入中央级社会保障基金财政专户，实行收支两条线管理，专款专用，不得用于平衡财政预算。中央调剂基金采取先预缴预拨后清算的办法，资金按季度上解下拨，年终统一清算。

各地在实施养老保险基金中央调剂制度之前累计结余基金原则上留存地方，用于本省（自治区、直辖市）范围内养老保险基金余缺调剂。

(四) 中央财政补助。

现行中央财政补助政策和补助方式保持不变。中央政府在下达中央财政补助资金和拨付中央调剂基金后,各省份养老保险基金缺口由地方政府承担。省级政府要切实承担确保基本养老金按时足额发放和弥补养老保险基金缺口的主体责任。

三、健全保障措施

(一)完善省级统筹制度。

各省(自治区、直辖市)要在统一基本养老保险制度、缴费政策、待遇政策、基金使用、基金预算和经办管理的基础上,推进养老保险基金统收统支工作,并建立地方各级政府养老保险基金缺口责任分担机制。

(二)强化基金预算管理。

各级政府及财政、人力资源社会保障部门要切实加强基金预算编制和审核工作,严格规范收支内容、标准和范围,并按照批准的预算和规定的程序执行,不得随意调整。进一步强化基金预算的严肃性和硬约束,确保应收尽收,杜绝违规支出。

(三)建立健全考核奖惩机制。

将各省(自治区、直辖市)养老保险扩面征缴、确保基本养老金发放、严格养老保险基金管理、养老保险基金中央调剂制度落实等情况列入省级政府工作责任制考核内容,对工作业绩好的省级政府进行奖励,对出现问题的省级政府及相关责任人进行问责。具体办法另行制定。

(四)推进信息化建设。

建立全国养老保险缴费和待遇查询系统、养老保险基金中央调剂监控系统以及全国共享的中央数据库。在中央与地方之间以及各部门之间实现信息、数据互联互通,有效监控在职应参保人数和离退休人数,及时掌握和规范中央调剂基金与省级统筹基金收支行为,防范风险。

……

国家金融监督管理总局关于个人税收递延型商业养老保险试点与个人养老金衔接有关事项的通知

(2023年8月31日　金规〔2023〕4号)

国家金融监督管理总局上海、江苏、福建、厦门监管局，中国银行保险信息技术管理有限公司，个人税收递延型商业养老保险试点公司：

为贯彻落实《国务院办公厅关于推动个人养老金发展的意见》（国办发〔2022〕7号）以及《个人养老金实施办法》（人社部发〔2022〕70号）、《中国银保监会关于保险公司开展个人养老金业务有关事项的通知》（银保监规〔2022〕17号）等要求，促进个人养老金业务健康有序发展，经商财政部、人力资源社会保障部和税务总局，金融监管总局决定开展个人税收递延型商业养老保险（以下简称个税递延型养老保险）试点与个人养老金衔接工作，现就有关事项通知如下：

一、个税递延型养老保险试点公司（以下简称试点公司）应当坚持依法合规、积极主动、便利操作原则，做好政策宣传、优化办理流程，维护客户合法权益，有序开展个税递延型养老保险试点业务与个人养老金衔接，原则上于2023年底前完成各项工作。

二、中国银行保险信息技术管理有限公司（以下简称银保信公司）应当加强个税递延型养老保险信息平台、银行保险行业个人养老金信息平台（以下简称银保行业平台）等建设和运营管理，支持个税递延型养老保险试点与个人养老金衔接。

三、银保信公司统筹做好个税递延型养老保险保单信息确认工作，自本通知印发之日起3个工作日内，银保信公司根据个税递延型养老保险信息平台信息向各试点公司提供其个税递延型养老保险保单信息，包括投保人基本信息、交费信息等。自 2023 年 9 月 1 日起，银保信公司关闭个税递延型养老保险信息平台保险合同新单接口，停止个税递延型养老保险投保人（以下简称投保人）新开户功能，停止向投保人出具个税递延型养老保险税收扣除凭证。

四、试点公司将银保信公司提供信息与本公司相关信息进行核对，对不一致信息应当与银保信公司逐单确认。自本通知印发之日起 15 个工作日内，试点公司应当确定个税递延型养老保险保单信息并反馈银保信公司。自 2023 年 9 月 1 日起，试点公司停止向新客户销售个税递延型养老保险产品，支持将个税递延型养老保险保单变更为个人养老金个税递延型养老保险保单。

五、试点公司完成与银保行业平台系统对接后，向金融监管总局报送对接情况说明，金融监管总局将其已开展业务的个税递延型养老保险产品纳入个人养老金保险产品名单。未开展个税递延型养老保险业务的试点公司的个税递延型养老保险产品不得纳入个人养老金保险产品名单。

试点公司申请备案其他个人养老金保险产品的，应当符合保险公司开展个人养老金业务的条件要求。

六、试点公司应当支持尚未进入养老年金领取阶段的投保人，在完成个人养老金账户开立及个人养老金资金账户开立或者指定后，提出的将个税递延型养老保险保单变更为个人养老金个税递延型养老保险保单的申请。

七、收到投保人保单变更申请后，试点公司应当提示其对 2022 年和 2023 年两个年度的个税递延型养老保险交费和个人养老金资金账户交费进行核对，如当年上述两项交费合计超过 12000 元的，投保人可以持相关交费证明申请退还个税递延型养老保险超额部分保费。试点公司应当取得投保人对是否需要向其退还部分保费的确认。

如投保人提出退还保费申请，试点公司应当在 10 个工作日内核实相关证明，退还超额部分保费，并取得投保人确认。

八、试点公司根据本通知第七条规定取得投保人确认后，按照以下流程办理保单变更：

（一）对个税递延型养老保险保单进行投保人银行账号信息变更等保全处理，并通知投保人处理结果；

（二）将保全信息报送至个税递延型养老保险信息平台；

（三）停止投保人个税递延型养老保险保单相关业务操作；

（四）将个税递延型养老保险保单基本信息、已交纳个税递延型养老保险保费信息、账户价值信息等与银保信公司核对后，报送至银保行业平台。

九、保单变更完成后，试点公司应当向投保人就以下事项做出提示，并取得投保人确认：

个税递延型养老保险保单已变更为个人养老金个税递延型养老保险保单，投保人后续通过个人养老金资金账户交纳保费；投保人需核对本人个税递延型养老保险保单与个人养老金资金账户缴费的合计数额，根据每年12000元的缴纳上限标准，在2023年剩余时间内合理安排后续个人养老金资金账户缴费，超出限额标准的缴费不能在个人所得税税前扣除。

按照《财政部 税务总局关于个人养老金有关个人所得税政策的公告》（财政部 税务总局公告2022年第34号）规定，上海市、福建省、苏州工业园区等已实施个税递延型养老保险试点的地区，自2022年1月1日起统一按照公告相关规定执行，即个人购买个税递延型养老保险的支出和向个人养老金资金账户的缴费支出，合计可在每年12000元的限额标准内，在个人所得税综合所得或经营所得中据实扣除。

十、如投保人申请，试点公司可以通过保单批单方式，对个人养老金个税递延型养老保险保单进行以下处理：

（一）在合同中增加一次性领取方式，领取金额为领取时产品账户价值；

（二）在合同中增加允许投保人退保的条款，但在新增退保情形下，前三个保单年度的现金价值不得低于账户价值的97%、98%和99%。

个人养老金个税递延型养老保险保单退保和领取相关资金往来应当符合个人养老金资金账户封闭管理要求。

十一、在个税递延型养老保险试点业务与个人养老金衔接过程中，银保信公司应当按要求向税务机关报送相关信息。

试点公司开展个人养老金个税递延型养老保险保单相关业务，应当按照规定向银保行业平台报送信息。银保信公司应当按照规定向个人养老金信息管理服务平台报送相关信息。

十二、试点公司不得支持已开始领取养老年金的投保人提出的保单变更申请。

十三、对已开始领取养老年金的投保人，试点公司可以根据其申请，通过保单批单的方式在个税递延型养老保险合同中增加一次性领取方式，领取金额为个税递延型养老保险产品积累期终止时的个人账户价值与已领取金额的差额。个人按规定领取时，由试点公司代扣代缴其应缴的个人所得税。

十四、自本通知印发之日起，试点公司应当通过其官方网站进行为期三个月的公告，并依次采取电话、短信、书面三种方式的其中一种，对以下内容做出提示：

（一）试点公司开展个税递延型养老保险试点业务与个人养老金衔接工作的时间安排；

（二）尚未进入养老年金领取阶段的投保人进行保单变更、退费的办理要求和流程；

（三）已开始领取养老年金的投保人申请一次性领取的办理要求和流程；

（四）个人养老金个税递延型养老保险保单变更的办理要求和流程；

（五）个税递延型养老保险信息平台停止服务情况；

（六）个人养老金资金账户封闭管理要求；

（七）个人养老金税收优惠政策；

（八）其他与保护投保人权益相关的事项。

十五、自 2024 年 1 月 1 日起，个税递延型养老保险信息平台停止为投保人提供账户管理、续期交费、信息查询等其他服务。个税递延型养老保险试点与个人养老金衔接工作全面完成后，个税递延型养老保险信息平台停止服务。试点公司应当做好未加入个人养老金制度的投保人的保单管理。

十六、自即日起至 2023 年 12 月 31 日止，试点公司应当于每月结束后 5 个工作日内向银保信公司报送个税递延型养老保险试点业务与个人养老金衔接工作进展情况。银保信公司应当于每月结束后 10 个工作日内，汇总试点公司情况并向金融监管总局报送报告。

（七）住房公积金

住房公积金管理条例

（1999 年 4 月 3 日中华人民共和国国务院令第 262 号发布　根据 2002 年 3 月 24 日《国务院关于修改〈住房公积金管理条例〉的决定》第一次修订　根据 2019 年 3 月 24 日《国务院关于修改部分行政法规的决定》第二次修订）

第一章　总　　则

第一条　为了加强对住房公积金的管理，维护住房公积金所有者的合法权益，促进城镇住房建设，提高城镇居民的居住水平，制定本条例。

第二条 本条例适用于中华人民共和国境内住房公积金的缴存、提取、使用、管理和监督。

本条例所称住房公积金，是指国家机关、国有企业、城镇集体企业、外商投资企业、城镇私营企业及其他城镇企业、事业单位、民办非企业单位、社会团体（以下统称单位）及其在职职工缴存的长期住房储金。

第三条 职工个人缴存的住房公积金和职工所在单位为职工缴存的住房公积金，属于职工个人所有。

第四条 住房公积金的管理实行住房公积金管理委员会决策、住房公积金管理中心运作、银行专户存储、财政监督的原则。

第五条 住房公积金应当用于职工购买、建造、翻建、大修自住住房，任何单位和个人不得挪作他用。

第六条 住房公积金的存、贷利率由中国人民银行提出，经征求国务院建设行政主管部门的意见后，报国务院批准。

第七条 国务院建设行政主管部门会同国务院财政部门、中国人民银行拟定住房公积金政策，并监督执行。

省、自治区人民政府建设行政主管部门会同同级财政部门以及中国人民银行分支机构，负责本行政区域内住房公积金管理法规、政策执行情况的监督。

第二章 机构及其职责

第八条 直辖市和省、自治区人民政府所在地的市以及其他设区的市（地、州、盟），应当设立住房公积金管理委员会，作为住房公积金管理的决策机构。住房公积金管理委员会的成员中，人民政府负责人和建设、财政、人民银行等有关部门负责人以及有关专家占1/3，工会代表和职工代表占1/3，单位代表占1/3。

住房公积金管理委员会主任应当由具有社会公信力的人士担任。

第九条 住房公积金管理委员会在住房公积金管理方面履行下列职责：

（一）依据有关法律、法规和政策，制定和调整住房公积金的具体管理措施，并监督实施；

（二）根据本条例第十八条的规定，拟订住房公积金的具体缴存比例；

（三）确定住房公积金的最高贷款额度；

（四）审批住房公积金归集、使用计划；

（五）审议住房公积金增值收益分配方案；

（六）审批住房公积金归集、使用计划执行情况的报告。

第十条 直辖市和省、自治区人民政府所在地的市以及其他设区的市（地、州、盟）应当按照精简、效能的原则，设立一个住房公积金管理中心，负责住房公积金的管理运作。县（市）不设立住房公积金管理中心。

前款规定的住房公积金管理中心可以在有条件的县（市）设立分支机构。住房公积金管理中心与其分支机构应当实行统一的规章制度，进行统一核算。

住房公积金管理中心是直属城市人民政府的不以营利为目的的独立的事业单位。

第十一条 住房公积金管理中心履行下列职责：

（一）编制、执行住房公积金的归集、使用计划；

（二）负责记载职工住房公积金的缴存、提取、使用等情况；

（三）负责住房公积金的核算；

（四）审批住房公积金的提取、使用；

（五）负责住房公积金的保值和归还；

（六）编制住房公积金归集、使用计划执行情况的报告；

（七）承办住房公积金管理委员会决定的其他事项。

第十二条 住房公积金管理委员会应当按照中国人民银行的有

关规定，指定受委托办理住房公积金金融业务的商业银行（以下简称受委托银行）；住房公积金管理中心应当委托受委托银行办理住房公积金贷款、结算等金融业务和住房公积金账户的设立、缴存、归还等手续。

住房公积金管理中心应当与受委托银行签订委托合同。

第三章　缴　　存

第十三条　住房公积金管理中心应当在受委托银行设立住房公积金专户。

单位应当向住房公积金管理中心办理住房公积金缴存登记，并为本单位职工办理住房公积金账户设立手续。每个职工只能有一个住房公积金账户。

住房公积金管理中心应当建立职工住房公积金明细账，记载职工个人住房公积金的缴存、提取等情况。

第十四条　新设立的单位应当自设立之日起30日内向住房公积金管理中心办理住房公积金缴存登记，并自登记之日起20日内，为本单位职工办理住房公积金账户设立手续。

单位合并、分立、撤销、解散或者破产的，应当自发生上述情况之日起30日内由原单位或者清算组织向住房公积金管理中心办理变更登记或者注销登记，并自办妥变更登记或者注销登记之日起20日内，为本单位职工办理住房公积金账户转移或者封存手续。

第十五条　单位录用职工的，应当自录用之日起30日内向住房公积金管理中心办理缴存登记，并办理职工住房公积金账户的设立或者转移手续。

单位与职工终止劳动关系的，单位应当自劳动关系终止之日起30日内向住房公积金管理中心办理变更登记，并办理职工住房公积金账户转移或者封存手续。

第十六条　职工住房公积金的月缴存额为职工本人上一年度月

平均工资乘以职工住房公积金缴存比例。

单位为职工缴存的住房公积金的月缴存额为职工本人上一年度月平均工资乘以单位住房公积金缴存比例。

第十七条 新参加工作的职工从参加工作的第二个月开始缴存住房公积金，月缴存额为职工本人当月工资乘以职工住房公积金缴存比例。

单位新调入的职工从调入单位发放工资之日起缴存住房公积金，月缴存额为职工本人当月工资乘以职工住房公积金缴存比例。

第十八条 职工和单位住房公积金的缴存比例均不得低于职工上一年度月平均工资的5%；有条件的城市，可以适当提高缴存比例。具体缴存比例由住房公积金管理委员会拟订，经本级人民政府审核后，报省、自治区、直辖市人民政府批准。

第十九条 职工个人缴存的住房公积金，由所在单位每月从其工资中代扣代缴。

单位应当于每月发放职工工资之日起5日内将单位缴存的和为职工代缴的住房公积金汇缴到住房公积金专户内，由受委托银行计入职工住房公积金账户。

第二十条 单位应当按时、足额缴存住房公积金，不得逾期缴存或者少缴。

对缴存住房公积金确有困难的单位，经本单位职工代表大会或者工会讨论通过，并经住房公积金管理中心审核，报住房公积金管理委员会批准后，可以降低缴存比例或者缓缴；待单位经济效益好转后，再提高缴存比例或者补缴缓缴。

第二十一条 住房公积金自存入职工住房公积金账户之日起按照国家规定的利率计息。

第二十二条 住房公积金管理中心应当为缴存住房公积金的职工发放缴存住房公积金的有效凭证。

第二十三条 单位为职工缴存的住房公积金，按照下列规定列支：

（一）机关在预算中列支；

（二）事业单位由财政部门核定收支后，在预算或者费用中列支；

（三）企业在成本中列支。

第四章　提取和使用

第二十四条　职工有下列情形之一的，可以提取职工住房公积金账户内的存储余额：

（一）购买、建造、翻建、大修自住住房的；

（二）离休、退休的；

（三）完全丧失劳动能力，并与单位终止劳动关系的；

（四）出境定居的；

（五）偿还购房贷款本息的；

（六）房租超出家庭工资收入的规定比例的。

依照前款第（二）、（三）、（四）项规定，提取职工住房公积金的，应当同时注销职工住房公积金账户。

职工死亡或者被宣告死亡的，职工的继承人、受遗赠人可以提取职工住房公积金账户内的存储余额；无继承人也无受遗赠人的，职工住房公积金账户内的存储余额纳入住房公积金的增值收益。

第二十五条　职工提取住房公积金账户内的存储余额的，所在单位应当予以核实，并出具提取证明。

职工应当持提取证明向住房公积金管理中心申请提取住房公积金。住房公积金管理中心应当自受理申请之日起 3 日内作出准予提取或者不准提取的决定，并通知申请人；准予提取的，由受委托银行办理支付手续。

第二十六条　缴存住房公积金的职工，在购买、建造、翻建、大修自住住房时，可以向住房公积金管理中心申请住房公积金贷款。

住房公积金管理中心应当自受理申请之日起 15 日内作出准予贷款或者不准贷款的决定,并通知申请人;准予贷款的,由受委托银行办理贷款手续。

住房公积金贷款的风险,由住房公积金管理中心承担。

第二十七条 申请人申请住房公积金贷款的,应当提供担保。

第二十八条 住房公积金管理中心在保证住房公积金提取和贷款的前提下,经住房公积金管理委员会批准,可以将住房公积金用于购买国债。

住房公积金管理中心不得向他人提供担保。

第二十九条 住房公积金的增值收益应当存入住房公积金管理中心在受委托银行开立的住房公积金增值收益专户,用于建立住房公积金贷款风险准备金、住房公积金管理中心的管理费用和建设城市廉租住房的补充资金。

第三十条 住房公积金管理中心的管理费用,由住房公积金管理中心按照规定的标准编制全年预算支出总额,报本级人民政府财政部门批准后,从住房公积金增值收益中上交本级财政,由本级财政拨付。

住房公积金管理中心的管理费用标准,由省、自治区、直辖市人民政府建设行政主管部门会同同级财政部门按照略高于国家规定的事业单位费用标准制定。

第五章 监 督

第三十一条 地方有关人民政府财政部门应当加强对本行政区域内住房公积金归集、提取和使用情况的监督,并向本级人民政府的住房公积金管理委员会通报。

住房公积金管理中心在编制住房公积金归集、使用计划时,应当征求财政部门的意见。

住房公积金管理委员会在审批住房公积金归集、使用计划和计划执行情况的报告时,必须有财政部门参加。

第三十二条 住房公积金管理中心编制的住房公积金年度预算、决算，应当经财政部门审核后，提交住房公积金管理委员会审议。

住房公积金管理中心应当每年定期向财政部门和住房公积金管理委员会报送财务报告，并将财务报告向社会公布。

第三十三条 住房公积金管理中心应当依法接受审计部门的审计监督。

第三十四条 住房公积金管理中心和职工有权督促单位按时履行下列义务：

（一）住房公积金的缴存登记或者变更、注销登记；

（二）住房公积金账户的设立、转移或者封存；

（三）足额缴存住房公积金。

第三十五条 住房公积金管理中心应当督促受委托银行及时办理委托合同约定的业务。

受委托银行应当按照委托合同的约定，定期向住房公积金管理中心提供有关的业务资料。

第三十六条 职工、单位有权查询本人、本单位住房公积金的缴存、提取情况，住房公积金管理中心、受委托银行不得拒绝。

职工、单位对住房公积金账户内的存储余额有异议的，可以申请受委托银行复核；对复核结果有异议的，可以申请住房公积金管理中心重新复核。受委托银行、住房公积金管理中心应当自收到申请之日起5日内给予书面答复。

职工有权揭发、检举、控告挪用住房公积金的行为。

第六章 罚 则

第三十七条 违反本条例的规定，单位不办理住房公积金缴存登记或者不为本单位职工办理住房公积金账户设立手续的，由住房公积金管理中心责令限期办理；逾期不办理的，处1万元以上5万元以下的罚款。

第三十八条 违反本条例的规定，单位逾期不缴或者少缴住房公积金的，由住房公积金管理中心责令限期缴存；逾期仍不缴存的，可以申请人民法院强制执行。

第三十九条 住房公积金管理委员会违反本条例规定审批住房公积金使用计划的，由国务院建设行政主管部门会同国务院财政部门或者由省、自治区人民政府建设行政主管部门会同同级财政部门，依据管理职权责令限期改正。

第四十条 住房公积金管理中心违反本条例规定，有下列行为之一的，由国务院建设行政主管部门或者省、自治区人民政府建设行政主管部门依据管理职权，责令限期改正；对负有责任的主管人员和其他直接责任人员，依法给予行政处分：

（一）未按照规定设立住房公积金专户的；

（二）未按照规定审批职工提取、使用住房公积金的；

（三）未按照规定使用住房公积金增值收益的；

（四）委托住房公积金管理委员会指定的银行以外的机构办理住房公积金金融业务的；

（五）未建立职工住房公积金明细账的；

（六）未为缴存住房公积金的职工发放缴存住房公积金的有效凭证的；

（七）未按照规定用住房公积金购买国债的。

第四十一条 违反本条例规定，挪用住房公积金的，由国务院建设行政主管部门或者省、自治区人民政府建设行政主管部门依据管理职权，追回挪用的住房公积金，没收违法所得；对挪用或者批准挪用住房公积金的人民政府负责人和政府有关部门负责人以及住房公积金管理中心负有责任的主管人员和其他直接责任人员，依照刑法关于挪用公款罪或者其他罪的规定，依法追究刑事责任；尚不够刑事处罚的，给予降级或者撤职的行政处分。

第四十二条 住房公积金管理中心违反财政法规的，由财政部门依法给予行政处罚。

第四十三条 违反本条例规定，住房公积金管理中心向他人提供担保的，对直接负责的主管人员和其他直接责任人员依法给予行政处分。

第四十四条 国家机关工作人员在住房公积金监督管理工作中滥用职权、玩忽职守、徇私舞弊，构成犯罪的，依法追究刑事责任；尚不构成犯罪的，依法给予行政处分。

第七章 附 则

第四十五条 住房公积金财务管理和会计核算的办法，由国务院财政部门商国务院建设行政主管部门制定。

第四十六条 本条例施行前尚未办理住房公积金缴存登记和职工住房公积金账户设立手续的单位，应当自本条例施行之日起60日内到住房公积金管理中心办理缴存登记，并到受委托银行办理职工住房公积金账户设立手续。

第四十七条 本条例自发布之日起施行。

（八）企业年金

企业年金办法

（2017年12月18日人力资源和社会保障部、财政部令第36号公布 自2018年2月1日起施行）

第一章 总 则

第一条 为建立多层次的养老保险制度，推动企业年金发展，更好地保障职工退休后的生活，根据《中华人民共和国劳动法》、《中华人民共和国劳动合同法》、《中华人民共和国社会保险法》、《中华人民共和国信托法》和国务院有关规定，制定本办法。

第二条 本办法所称企业年金，是指企业及其职工在依法参加基本养老保险的基础上，自主建立的补充养老保险制度。国家鼓励企业建立企业年金。建立企业年金，应当按照本办法执行。

第三条 企业年金所需费用由企业和职工个人共同缴纳。企业年金基金实行完全积累，为每个参加企业年金的职工建立个人账户，按照国家有关规定投资运营。企业年金基金投资运营收益并入企业年金基金。

第四条 企业年金有关税收和财务管理，按照国家有关规定执行。

第五条 企业和职工建立企业年金，应当确定企业年金受托人，由企业代表委托人与受托人签订受托管理合同。受托人可以是符合国家规定的法人受托机构，也可以是企业按照国家有关规定成立的企业年金理事会。

第二章 企业年金方案的订立、变更和终止

第六条 企业和职工建立企业年金，应当依法参加基本养老保险并履行缴费义务，企业具有相应的经济负担能力。

第七条 建立企业年金，企业应当与职工一方通过集体协商确定，并制定企业年金方案。企业年金方案应当提交职工代表大会或者全体职工讨论通过。

第八条 企业年金方案应当包括以下内容：

（一）参加人员；

（二）资金筹集与分配的比例和办法；

（三）账户管理；

（四）权益归属；

（五）基金管理；

（六）待遇计发和支付方式；

（七）方案的变更和终止；

（八）组织管理和监督方式；

（九）双方约定的其他事项。

企业年金方案适用于企业试用期满的职工。

第九条 企业应当将企业年金方案报送所在地县级以上人民政府人力资源社会保障行政部门。

中央所属企业的企业年金方案报送人力资源社会保障部。

跨省企业的企业年金方案报送其总部所在地省级人民政府人力资源社会保障行政部门。

省内跨地区企业的企业年金方案报送其总部所在地设区的市级以上人民政府人力资源社会保障行政部门。

第十条 人力资源社会保障行政部门自收到企业年金方案文本之日起15日内未提出异议的，企业年金方案即行生效。

第十一条 企业与职工一方可以根据本企业情况，按照国家政策规定，经协商一致，变更企业年金方案。变更后的企业年金方案应当经职工代表大会或者全体职工讨论通过，并重新报送人力资源社会保障行政部门。

第十二条 有下列情形之一的，企业年金方案终止：

（一）企业因依法解散、被依法撤销或者被依法宣告破产等原因，致使企业年金方案无法履行的；

（二）因不可抗力等原因致使企业年金方案无法履行的；

（三）企业年金方案约定的其他终止条件出现的。

第十三条 企业应当在企业年金方案变更或者终止后10日内报告人力资源社会保障行政部门，并通知受托人。企业应当在企业年金方案终止后，按国家有关规定对企业年金基金进行清算，并按照本办法第四章相关规定处理。

第三章　企业年金基金筹集

第十四条　企业年金基金由下列各项组成：
（一）企业缴费；
（二）职工个人缴费；
（三）企业年金基金投资运营收益。

第十五条　企业缴费每年不超过本企业职工工资总额的 8%。企业和职工个人缴费合计不超过本企业职工工资总额的 12%。具体所需费用，由企业和职工一方协商确定。

职工个人缴费由企业从职工个人工资中代扣代缴。

第十六条　实行企业年金后，企业如遇到经营亏损、重组并购等当期不能继续缴费的情况，经与职工一方协商，可以中止缴费。不能继续缴费的情况消失后，企业和职工恢复缴费，并可以根据本企业实际情况，按照中止缴费时的企业年金方案予以补缴。补缴的年限和金额不得超过实际中止缴费的年限和金额。

第四章　账　户　管　理

第十七条　企业缴费应当按照企业年金方案确定的比例和办法计入职工企业年金个人账户，职工个人缴费计入本人企业年金个人账户。

第十八条　企业应当合理确定本单位当期缴费计入职工企业年金个人账户的最高额与平均额的差距。企业当期缴费计入职工企业年金个人账户的最高额与平均额不得超过 5 倍。

第十九条　职工企业年金个人账户中个人缴费及其投资收益自始归属于职工个人。

职工企业年金个人账户中企业缴费及其投资收益，企业可以与职工一方约定其自始归属于职工个人，也可以约定随着职工在本企业工作年限的增加逐步归属于职工个人，完全归属于职工个人的期限最长不超过 8 年。

第二十条 有下列情形之一的，职工企业年金个人账户中企业缴费及其投资收益完全归属于职工个人：

（一）职工达到法定退休年龄、完全丧失劳动能力或者死亡的；

（二）有本办法第十二条规定的企业年金方案终止情形之一的；

（三）非因职工过错企业解除劳动合同的，或者因企业违反法律规定职工解除劳动合同的；

（四）劳动合同期满，由于企业原因不再续订劳动合同的；

（五）企业年金方案约定的其他情形。

第二十一条 企业年金暂时未分配至职工企业年金个人账户的企业缴费及其投资收益，以及职工企业年金个人账户中未归属于职工个人的企业缴费及其投资收益，计入企业年金企业账户。

企业年金企业账户中的企业缴费及其投资收益应当按照企业年金方案确定的比例和办法计入职工企业年金个人账户。

第二十二条 职工变动工作单位时，新就业单位已经建立企业年金或者职业年金的，原企业年金个人账户权益应当随同转入新就业单位企业年金或者职业年金。

职工新就业单位没有建立企业年金或者职业年金的，或者职工升学、参军、失业期间，原企业年金个人账户可以暂时由原管理机构继续管理，也可以由法人受托机构发起的集合计划设置的保留账户暂时管理；原受托人是企业年金理事会的，由企业与职工协商选择法人受托机构管理。

第二十三条 企业年金方案终止后，职工原企业年金个人账户由法人受托机构发起的集合计划设置的保留账户暂时管理；原受托人是企业年金理事会的，由企业与职工一方协商选择法人受托机构管理。

第五章　企业年金待遇

第二十四条 符合下列条件之一的，可以领取企业年金：

（一）职工在达到国家规定的退休年龄或者完全丧失劳动能力时，可以从本人企业年金个人账户中按月、分次或者一次性领取企业年金，也可以将本人企业年金个人账户资金全部或者部分购买商业养老保险产品，依据保险合同领取待遇并享受相应的继承权；

（二）出国（境）定居人员的企业年金个人账户资金，可以根据本人要求一次性支付给本人；

（三）职工或者退休人员死亡后，其企业年金个人账户余额可以继承。

第二十五条 未达到上述企业年金领取条件之一的，不得从企业年金个人账户中提前提取资金。

第六章 管理监督

第二十六条 企业成立企业年金理事会作为受托人的，企业年金理事会应当由企业和职工代表组成，也可以聘请企业以外的专业人员参加，其中职工代表应不少于三分之一。

企业年金理事会除管理本企业的企业年金事务之外，不得从事其他任何形式的营业性活动。

第二十七条 受托人应当委托具有企业年金管理资格的账户管理人、投资管理人和托管人，负责企业年金基金的账户管理、投资运营和托管。

第二十八条 企业年金基金应当与委托人、受托人、账户管理人、投资管理人、托管人和其他为企业年金基金管理提供服务的自然人、法人或者其他组织的自有资产或者其他资产分开管理，不得挪作其他用途。

企业年金基金管理应当执行国家有关规定。

第二十九条 县级以上人民政府人力资源社会保障行政部门负责对本办法的执行情况进行监督检查。对违反本办法的，由人力资源社会保障行政部门予以警告，责令改正。

第三十条　因订立或者履行企业年金方案发生争议的,按照国家有关集体合同的规定执行。

因履行企业年金基金管理合同发生争议的,当事人可以依法申请仲裁或者提起诉讼。

第七章　附　　则

第三十一条　参加企业职工基本养老保险的其他用人单位及其职工建立补充养老保险的,参照本办法执行。

第三十二条　本办法自 2018 年 2 月 1 日起施行。原劳动和社会保障部 2004 年 1 月 6 日发布的《企业年金试行办法》同时废止。

本办法施行之日已经生效的企业年金方案,与本办法规定不一致的,应当在本办法施行之日起 1 年内变更。

劳动争议处理

中华人民共和国劳动争议调解仲裁法

（2007年12月29日第十届全国人民代表大会常务委员会第三十一次会议通过 2007年12月29日中华人民共和国主席令第80号公布 自2008年5月1日起施行）

目　　录

第一章　总　　则
第二章　调　　解
第三章　仲　　裁
　第一节　一般规定
　第二节　申请和受理
　第三节　开庭和裁决
第四章　附　　则

第一章　总　　则

第一条　【立法目的】为了公正及时解决劳动争议，保护当事人合法权益，促进劳动关系和谐稳定，制定本法。

第二条　【适用范围】中华人民共和国境内的用人单位与劳动者发生的下列劳动争议，适用本法：

（一）因确认劳动关系发生的争议；

（二）因订立、履行、变更、解除和终止劳动合同发生的争议；

（三）因除名、辞退和辞职、离职发生的争议；

（四）因工作时间、休息休假、社会保险、福利、培训以及劳动保护发生的争议；

（五）因劳动报酬、工伤医疗费、经济补偿或者赔偿金等发生的争议；

（六）法律、法规规定的其他劳动争议。

第三条 【基本原则】解决劳动争议，应当根据事实，遵循合法、公正、及时、着重调解的原则，依法保护当事人的合法权益。

第四条 【协商】发生劳动争议，劳动者可以与用人单位协商，也可以请工会或者第三方共同与用人单位协商，达成和解协议。

第五条 【调解、仲裁、诉讼】发生劳动争议，当事人不愿协商、协商不成或者达成和解协议后不履行的，可以向调解组织申请调解；不愿调解、调解不成或者达成调解协议后不履行的，可以向劳动争议仲裁委员会申请仲裁；对仲裁裁决不服的，除本法另有规定的外，可以向人民法院提起诉讼。

第六条 【举证责任】发生劳动争议，当事人对自己提出的主张，有责任提供证据。与争议事项有关的证据属于用人单位掌握管理的，用人单位应当提供；用人单位不提供的，应当承担不利后果。

第七条 【推举代表参加调解、仲裁或诉讼】发生劳动争议的劳动者一方在十人以上，并有共同请求的，可以推举代表参加调解、仲裁或者诉讼活动。

第八条 【三方机制】县级以上人民政府劳动行政部门会同工会和企业方面代表建立协调劳动关系三方机制，共同研究解决劳动争议的重大问题。

第九条 【拖欠劳动报酬等争议的行政救济】用人单位违反国家规定，拖欠或者未足额支付劳动报酬，或者拖欠工伤医疗费、经济补偿或者赔偿金的,劳动者可以向劳动行政部门投诉,劳动行政部门应当依法处理。

第二章 调 解

第十条 【调解组织】发生劳动争议,当事人可以到下列调解组织申请调解:

(一)企业劳动争议调解委员会;

(二)依法设立的基层人民调解组织;

(三)在乡镇、街道设立的具有劳动争议调解职能的组织。

企业劳动争议调解委员会由职工代表和企业代表组成。职工代表由工会成员担任或者由全体职工推举产生,企业代表由企业负责人指定。企业劳动争议调解委员会主任由工会成员或者双方推举的人员担任。

第十一条 【调解员】劳动争议调解组织的调解员应当由公道正派、联系群众、热心调解工作,并具有一定法律知识、政策水平和文化水平的成年公民担任。

第十二条 【申请调解的形式】当事人申请劳动争议调解可以书面申请,也可以口头申请。口头申请的,调解组织应当当场记录申请人基本情况、申请调解的争议事项、理由和时间。

第十三条 【调解的基本原则】调解劳动争议,应当充分听取双方当事人对事实和理由的陈述,耐心疏导,帮助其达成协议。

第十四条 【调解协议书】经调解达成协议的,应当制作调解协议书。

调解协议书由双方当事人签名或者盖章,经调解员签名并加盖调解组织印章后生效,对双方当事人具有约束力,当事人应当履行。

自劳动争议调解组织收到调解申请之日起十五日内未达成调解协议的,当事人可以依法申请仲裁。

第十五条 【不履行调解协议可申请仲裁】达成调解协议后,

一方当事人在协议约定期限内不履行调解协议的，另一方当事人可以依法申请仲裁。

第十六条 【劳动者可以调解协议书申请支付令的情形】因支付拖欠劳动报酬、工伤医疗费、经济补偿或者赔偿金事项达成调解协议，用人单位在协议约定期限内不履行的，劳动者可以持调解协议书依法向人民法院申请支付令。人民法院应当依法发出支付令。

第三章 仲 裁

第一节 一般规定

第十七条 【劳动争议仲裁委员会的设立】劳动争议仲裁委员会按照统筹规划、合理布局和适应实际需要的原则设立。省、自治区人民政府可以决定在市、县设立；直辖市人民政府可以决定在区、县设立。直辖市、设区的市也可以设立一个或者若干个劳动争议仲裁委员会。劳动争议仲裁委员会不按行政区划层层设立。

第十八条 【政府的职责】国务院劳动行政部门依照本法有关规定制定仲裁规则。省、自治区、直辖市人民政府劳动行政部门对本行政区域的劳动争议仲裁工作进行指导。

第十九条 【劳动争议仲裁委员会的组成与职责】劳动争议仲裁委员会由劳动行政部门代表、工会代表和企业方面代表组成。劳动争议仲裁委员会组成人员应当是单数。

劳动争议仲裁委员会依法履行下列职责：

（一）聘任、解聘专职或者兼职仲裁员；

（二）受理劳动争议案件；

（三）讨论重大或者疑难的劳动争议案件；

（四）对仲裁活动进行监督。

劳动争议仲裁委员会下设办事机构，负责办理劳动争议仲裁委员会的日常工作。

第二十条 【仲裁员】劳动争议仲裁委员会应当设仲裁员名册。仲裁员应当公道正派并符合下列条件之一:
(一) 曾任审判员的;
(二) 从事法律研究、教学工作并具有中级以上职称的;
(三) 具有法律知识、从事人力资源管理或者工会等专业工作满五年的;
(四) 律师执业满三年的。

第二十一条 【劳动争议仲裁案件的管辖】劳动争议仲裁委员会负责管辖本区域内发生的劳动争议。

劳动争议由劳动合同履行地或者用人单位所在地的劳动争议仲裁委员会管辖。双方当事人分别向劳动合同履行地和用人单位所在地的劳动争议仲裁委员会申请仲裁的,由劳动合同履行地的劳动争议仲裁委员会管辖。

第二十二条 【劳动争议仲裁案件的当事人】发生劳动争议的劳动者和用人单位为劳动争议仲裁案件的双方当事人。

劳务派遣单位或者用工单位与劳动者发生劳动争议的,劳务派遣单位和用工单位为共同当事人。

第二十三条 【有利害关系的第三人】与劳动争议案件的处理结果有利害关系的第三人,可以申请参加仲裁活动或者由劳动争议仲裁委员会通知其参加仲裁活动。

第二十四条 【委托代理人参加仲裁活动】当事人可以委托代理人参加仲裁活动。委托他人参加仲裁活动,应当向劳动争议仲裁委员会提交有委托人签名或者盖章的委托书,委托书应当载明委托事项和权限。

第二十五条 【法定代理人、指定代理人或近亲属参加仲裁的情形】丧失或者部分丧失民事行为能力的劳动者,由其法定代理人代为参加仲裁活动;无法定代理人的,由劳动争议仲裁委员会为其指定代理人。劳动者死亡的,由其近亲属或者代理人参加仲裁活动。

第二十六条　【仲裁公开原则及例外】劳动争议仲裁公开进行，但当事人协议不公开进行或者涉及国家秘密、商业秘密和个人隐私的除外。

第二节　申请和受理

第二十七条　【仲裁时效】劳动争议申请仲裁的时效期间为一年。仲裁时效期间从当事人知道或者应当知道其权利被侵害之日起计算。

前款规定的仲裁时效，因当事人一方向对方当事人主张权利，或者向有关部门请求权利救济，或者对方当事人同意履行义务而中断。从中断时起，仲裁时效期间重新计算。

因不可抗力或者有其他正当理由，当事人不能在本条第一款规定的仲裁时效期间申请仲裁的，仲裁时效中止。从中止时效的原因消除之日起，仲裁时效期间继续计算。

劳动关系存续期间因拖欠劳动报酬发生争议的，劳动者申请仲裁不受本条第一款规定的仲裁时效期间的限制；但是，劳动关系终止的，应当自劳动关系终止之日起一年内提出。

第二十八条　【申请仲裁的形式】申请人申请仲裁应当提交书面仲裁申请，并按照被申请人人数提交副本。

仲裁申请书应当载明下列事项：

（一）劳动者的姓名、性别、年龄、职业、工作单位和住所，用人单位的名称、住所和法定代表人或者主要负责人的姓名、职务；

（二）仲裁请求和所根据的事实、理由；

（三）证据和证据来源、证人姓名和住所。

书写仲裁申请确有困难的，可以口头申请，由劳动争议仲裁委员会记入笔录，并告知对方当事人。

第二十九条　【仲裁的受理】劳动争议仲裁委员会收到仲裁申请之日起五日内，认为符合受理条件的，应当受理，并通知申请人；认为不符合受理条件的，应当书面通知申请人不予受理，并说明理由。对劳动争议仲裁委员会不予受理或者逾期未作出决定的，申请人可以就该劳动争议事项向人民法院提起诉讼。

第三十条 【被申请人答辩书】劳动争议仲裁委员会受理仲裁申请后，应当在五日内将仲裁申请书副本送达被申请人。

被申请人收到仲裁申请书副本后，应当在十日内向劳动争议仲裁委员会提交答辩书。劳动争议仲裁委员会收到答辩书后，应当在五日内将答辩书副本送达申请人。被申请人未提交答辩书的，不影响仲裁程序的进行。

第三节 开庭和裁决

第三十一条 【仲裁庭】劳动争议仲裁委员会裁决劳动争议案件实行仲裁庭制。仲裁庭由三名仲裁员组成，设首席仲裁员。简单劳动争议案件可以由一名仲裁员独任仲裁。

第三十二条 【通知仲裁庭的组成情况】劳动争议仲裁委员会应当在受理仲裁申请之日起五日内将仲裁庭的组成情况书面通知当事人。

第三十三条 【回避】仲裁员有下列情形之一，应当回避，当事人也有权以口头或者书面方式提出回避申请：

（一）是本案当事人或者当事人、代理人的近亲属的；

（二）与本案有利害关系的；

（三）与本案当事人、代理人有其他关系，可能影响公正裁决的；

（四）私自会见当事人、代理人，或者接受当事人、代理人的请客送礼的。

劳动争议仲裁委员会对回避申请应当及时作出决定，并以口头或者书面方式通知当事人。

第三十四条 【仲裁员承担责任的情形】仲裁员有本法第三十三条第四项规定情形，或者有索贿受贿、徇私舞弊、枉法裁决行为的,应当依法承担法律责任。劳动争议仲裁委员会应当将其解聘。

第三十五条 【开庭通知及延期】 仲裁庭应当在开庭五日前,将开庭日期、地点书面通知双方当事人。当事人有正当理由的,可以在开庭三日前请求延期开庭。是否延期,由劳动争议仲裁委员会决定。

第三十六条 【申请人、被申请人无故不到庭或中途退庭】 申请人收到书面通知,无正当理由拒不到庭或者未经仲裁庭同意中途退庭的,可以视为撤回仲裁申请。

被申请人收到书面通知,无正当理由拒不到庭或者未经仲裁庭同意中途退庭的,可以缺席裁决。

第三十七条 【鉴定】 仲裁庭对专门性问题认为需要鉴定的,可以交由当事人约定的鉴定机构鉴定;当事人没有约定或者无法达成约定的,由仲裁庭指定的鉴定机构鉴定。

根据当事人的请求或者仲裁庭的要求,鉴定机构应当派鉴定人参加开庭。当事人经仲裁庭许可,可以向鉴定人提问。

第三十八条 【质证和辩论】 当事人在仲裁过程中有权进行质证和辩论。质证和辩论终结时,首席仲裁员或者独任仲裁员应当征询当事人的最后意见。

第三十九条 【举证】 当事人提供的证据经查证属实的,仲裁庭应当将其作为认定事实的根据。

劳动者无法提供由用人单位掌握管理的与仲裁请求有关的证据,仲裁庭可以要求用人单位在指定期限内提供。用人单位在指定期限内不提供的,应当承担不利后果。

第四十条 【开庭笔录】 仲裁庭应当将开庭情况记入笔录。当事人和其他仲裁参加人认为对自己陈述的记录有遗漏或者差错的,有权申请补正。如果不予补正,应当记录该申请。

笔录由仲裁员、记录人员、当事人和其他仲裁参加人签名或者盖章。

第四十一条 【申请仲裁后自行和解】当事人申请劳动争议仲裁后,可以自行和解。达成和解协议的,可以撤回仲裁申请。

第四十二条 【先行调解】仲裁庭在作出裁决前,应当先行调解。

调解达成协议的,仲裁庭应当制作调解书。

调解书应当写明仲裁请求和当事人协议的结果。调解书由仲裁员签名,加盖劳动争议仲裁委员会印章,送达双方当事人。调解书经双方当事人签收后,发生法律效力。

调解不成或者调解书送达前,一方当事人反悔的,仲裁庭应当及时作出裁决。

第四十三条 【仲裁案件审理期限】仲裁庭裁决劳动争议案件,应当自劳动争议仲裁委员会受理仲裁申请之日起四十五日内结束。案情复杂需要延期的,经劳动争议仲裁委员会主任批准,可以延期并书面通知当事人,但是延长期限不得超过十五日。逾期未作出仲裁裁决的,当事人可以就该劳动争议事项向人民法院提起诉讼。

仲裁庭裁决劳动争议案件时,其中一部分事实已经清楚,可以就该部分先行裁决。

第四十四条 【可以裁决先予执行的案件】仲裁庭对追索劳动报酬、工伤医疗费、经济补偿或者赔偿金的案件,根据当事人的申请,可以裁决先予执行,移送人民法院执行。

仲裁庭裁决先予执行的,应当符合下列条件:

(一)当事人之间权利义务关系明确;

(二)不先予执行将严重影响申请人的生活。

劳动者申请先予执行的,可以不提供担保。

第四十五条 【作出裁决意见】裁决应当按照多数仲裁员的意见作出,少数仲裁员的不同意见应当记入笔录。仲裁庭不能形成多数意见时,裁决应当按照首席仲裁员的意见作出。

第四十六条 【裁决书】裁决书应当载明仲裁请求、争议事实、裁决理由、裁决结果和裁决日期。裁决书由仲裁员签名，加盖劳动争议仲裁委员会印章。对裁决持不同意见的仲裁员，可以签名，也可以不签名。

第四十七条 【一裁终局的案件】下列劳动争议，除本法另有规定的外，仲裁裁决为终局裁决，裁决书自作出之日起发生法律效力：

（一）追索劳动报酬、工伤医疗费、经济补偿或者赔偿金，不超过当地月最低工资标准十二个月金额的争议；

（二）因执行国家的劳动标准在工作时间、休息休假、社会保险等方面发生的争议。

第四十八条 【劳动者不服一裁终局案件的裁决提起诉讼的期限】劳动者对本法第四十七条规定的仲裁裁决不服的，可以自收到仲裁裁决书之日起十五日内向人民法院提起诉讼。

第四十九条 【用人单位不服一裁终局案件的裁决可诉请撤销的案件】用人单位有证据证明本法第四十七条规定的仲裁裁决有下列情形之一，可以自收到仲裁裁决书之日起三十日内向劳动争议仲裁委员会所在地的中级人民法院申请撤销裁决：

（一）适用法律、法规确有错误的；

（二）劳动争议仲裁委员会无管辖权的；

（三）违反法定程序的；

（四）裁决所根据的证据是伪造的；

（五）对方当事人隐瞒了足以影响公正裁决的证据的；

（六）仲裁员在仲裁该案时有索贿受贿、徇私舞弊、枉法裁决行为的。

人民法院经组成合议庭审查核实裁决有前款规定情形之一的，应当裁定撤销。

仲裁裁决被人民法院裁定撤销的，当事人可以自收到裁定书之日起十五日内就该劳动争议事项向人民法院提起诉讼。

第五十条 【其他不服仲裁裁决提起诉讼的期限】当事人对本法第四十七条规定以外的其他劳动争议案件的仲裁裁决不服的，可以自收到仲裁裁决书之日起十五日内向人民法院提起诉讼；期满不起诉的，裁决书发生法律效力。

第五十一条 【生效调解书、裁决书的执行】当事人对发生法律效力的调解书、裁决书，应当依照规定的期限履行。一方当事人逾期不履行的，另一方当事人可以依照民事诉讼法的有关规定向人民法院申请执行。受理申请的人民法院应当依法执行。

第四章 附 则

第五十二条 【人事争议处理的法律适用】事业单位实行聘用制的工作人员与本单位发生劳动争议的，依照本法执行；法律、行政法规或者国务院另有规定的，依照其规定。

第五十三条 【劳动争议仲裁不收费】劳动争议仲裁不收费。劳动争议仲裁委员会的经费由财政予以保障。

第五十四条 【实施日期】本法自 2008 年 5 月 1 日起施行。

企业劳动争议协商调解规定

（2011 年 11 月 30 日人力资源和社会保障部令第 17 号公布 自 2012 年 1 月 1 日起施行）

第一章 总 则

第一条 为规范企业劳动争议协商、调解行为，促进劳动关系和谐稳定，根据《中华人民共和国劳动争议调解仲裁法》，制定本规定。

第二条 企业劳动争议协商、调解，适用本规定。

第三条 企业应当依法执行职工大会、职工代表大会、厂务公开等民主管理制度，建立集体协商、集体合同制度，维护劳动关系和谐稳定。

第四条 企业应当建立劳资双方沟通对话机制，畅通劳动者利益诉求表达渠道。

劳动者认为企业在履行劳动合同、集体合同，执行劳动保障法律、法规和企业劳动规章制度等方面存在问题的，可以向企业劳动争议调解委员会（以下简称调解委员会）提出。调解委员会应当及时核实情况，协调企业进行整改或者向劳动者做出说明。

劳动者也可以通过调解委员会向企业提出其他合理诉求。调解委员会应当及时向企业转达，并向劳动者反馈情况。

第五条 企业应当加强对劳动者的人文关怀，关心劳动者的诉求，关注劳动者的心理健康，引导劳动者理性维权，预防劳动争议发生。

第六条 协商、调解劳动争议，应当根据事实和有关法律法规的规定，遵循平等、自愿、合法、公正、及时的原则。

第七条 人力资源和社会保障行政部门应当指导企业开展劳动争议预防调解工作，具体履行下列职责：

（一）指导企业遵守劳动保障法律、法规和政策；

（二）督促企业建立劳动争议预防预警机制；

（三）协调工会、企业代表组织建立企业重大集体性劳动争议应急调解协调机制，共同推动企业劳动争议预防调解工作；

（四）检查辖区内调解委员会的组织建设、制度建设和队伍建设情况。

第二章 协　　商

第八条 发生劳动争议，一方当事人可以通过与另一方当事人约见、面谈等方式协商解决。

第九条 劳动者可以要求所在企业工会参与或者协助其与企业进行协商。工会也可以主动参与劳动争议的协商处理，维护劳动者合法权益。

劳动者可以委托其他组织或者个人作为其代表进行协商。

第十条 一方当事人提出协商要求后，另一方当事人应当积极做出口头或者书面回应。5日内不做出回应的，视为不愿协商。

协商的期限由当事人书面约定，在约定的期限内没有达成一致的，视为协商不成。当事人可以书面约定延长期限。

第十一条 协商达成一致，应当签订书面和解协议。和解协议对双方当事人具有约束力，当事人应当履行。

经仲裁庭审查，和解协议程序和内容合法有效的，仲裁庭可以将其作为证据使用。但是，当事人为达成和解的目的作出妥协所涉及的对争议事实的认可，不得在其后的仲裁中作为对其不利的证据。

第十二条 发生劳动争议，当事人不愿协商、协商不成或者达成和解协议后，一方当事人在约定的期限内不履行和解协议的，可以依法向调解委员会或者乡镇、街道劳动就业社会保障服务所（中心）等其他依法设立的调解组织申请调解，也可以依法向劳动人事争议仲裁委员会（以下简称仲裁委员会）申请仲裁。

第三章 调 解

第十三条 大中型企业应当依法设立调解委员会，并配备专职或者兼职工作人员。

有分公司、分店、分厂的企业，可以根据需要在分支机构设立调解委员会。总部调解委员会指导分支机构调解委员会开展劳动争议预防调解工作。

调解委员会可以根据需要在车间、工段、班组设立调解小组。

第十四条　小微型企业可以设立调解委员会，也可以由劳动者和企业共同推举人员，开展调解工作。

第十五条　调解委员会由劳动者代表和企业代表组成，人数由双方协商确定，双方人数应当对等。劳动者代表由工会委员会成员担任或者由全体劳动者推举产生，企业代表由企业负责人指定。调解委员会主任由工会委员会成员或者双方推举的人员担任。

第十六条　调解委员会履行下列职责：

（一）宣传劳动保障法律、法规和政策；

（二）对本企业发生的劳动争议进行调解；

（三）监督和解协议、调解协议的履行；

（四）聘任、解聘和管理调解员；

（五）参与协调履行劳动合同、集体合同、执行企业劳动规章制度等方面出现的问题；

（六）参与研究涉及劳动者切身利益的重大方案；

（七）协助企业建立劳动争议预防预警机制。

第十七条　调解员履行下列职责：

（一）关注本企业劳动关系状况，及时向调解委员会报告；

（二）接受调解委员会指派，调解劳动争议案件；

（三）监督和解协议、调解协议的履行；

（四）完成调解委员会交办的其他工作。

第十八条　调解员应当公道正派、联系群众、热心调解工作，具有一定劳动保障法律政策知识和沟通协调能力。调解员由调解委员会聘任的本企业工作人员担任，调解委员会成员均为调解员。

第十九条　调解员的聘期至少为1年，可以续聘。调解员不能履行调解职责时，调解委员会应当及时调整。

第二十条　调解员依法履行调解职责，需要占用生产或者工作时间的，企业应当予以支持，并按照正常出勤对待。

第二十一条　发生劳动争议，当事人可以口头或者书面形式向调解委员会提出调解申请。

申请内容应当包括申请人基本情况、调解请求、事实与理由。

口头申请的,调解委员会应当当场记录。

第二十二条 调解委员会接到调解申请后,对属于劳动争议受理范围且双方当事人同意调解的,应当在3个工作日内受理。对不属于劳动争议受理范围或者一方当事人不同意调解的,应当做好记录,并书面通知申请人。

第二十三条 发生劳动争议,当事人没有提出调解申请,调解委员会可以在征得双方当事人同意后主动调解。

第二十四条 调解委员会调解劳动争议一般不公开进行。但是,双方当事人要求公开调解的除外。

第二十五条 调解委员会根据案件情况指定调解员或者调解小组进行调解,在征得当事人同意后,也可以邀请有关单位和个人协助调解。

调解员应当全面听取双方当事人的陈述,采取灵活多样的方式方法,开展耐心、细致的说服疏导工作,帮助当事人自愿达成调解协议。

第二十六条 经调解达成调解协议的,由调解委员会制作调解协议书。调解协议书应当写明双方当事人基本情况、调解请求事项、调解的结果和协议履行期限、履行方式等。

调解协议书由双方当事人签名或者盖章,经调解员签名并加盖调解委员会印章后生效。

调解协议书一式三份,双方当事人和调解委员会各执一份。

第二十七条 生效的调解协议对双方当事人具有约束力,当事人应当履行。

双方当事人可以自调解协议生效之日起 15 日内共同向仲裁委员会提出仲裁审查申请。仲裁委员会受理后,应当对调解协议进行审查,并根据《劳动人事争议仲裁办案规则》第五十四条规定,对程序和内容合法有效的调解协议，出具调解书。

第二十八条　双方当事人未按前条规定提出仲裁审查申请，一方当事人在约定的期限内不履行调解协议的，另一方当事人可以依法申请仲裁。

仲裁委员会受理仲裁申请后，应当对调解协议进行审查，调解协议合法有效且不损害公共利益或者第三人合法利益的，在没有新证据出现的情况下，仲裁委员会可以依据调解协议作出仲裁裁决。

第二十九条　调解委员会调解劳动争议，应当自受理调解申请之日起15日内结束。但是，双方当事人同意延期的可以延长。

在前款规定期限内未达成调解协议的，视为调解不成。

第三十条　当事人不愿调解、调解不成或者达成调解协议后，一方当事人在约定的期限内不履行调解协议的，调解委员会应当做好记录，由双方当事人签名或者盖章，并书面告知当事人可以向仲裁委员会申请仲裁。

第三十一条　有下列情形之一的，按照《劳动人事争议仲裁办案规则》第十条的规定属于仲裁时效中断，从中断时起，仲裁时效期间重新计算：

（一）一方当事人提出协商要求后，另一方当事人不同意协商或者在5日内不做出回应的；

（二）在约定的协商期限内，一方或者双方当事人不同意继续协商的；

（三）在约定的协商期限内未达成一致的；

（四）达成和解协议后，一方或者双方当事人在约定的期限内不履行和解协议的；

（五）一方当事人提出调解申请后，另一方当事人不同意调解的；

（六）调解委员会受理调解申请后，在第二十九条规定的期限内一方或者双方当事人不同意调解的；

（七）在第二十九条规定的期限内未达成调解协议的；

（八）达成调解协议后，一方当事人在约定期限内不履行调解协议的。

第三十二条 调解委员会应当建立健全调解登记、调解记录、督促履行、档案管理、业务培训、统计报告、工作考评等制度。

第三十三条 企业应当支持调解委员会开展调解工作，提供办公场所，保障工作经费。

第三十四条 企业未按照本规定成立调解委员会，劳动争议或者群体性事件频发，影响劳动关系和谐，造成重大社会影响的，由县级以上人力资源和社会保障行政部门予以通报；违反法律法规规定的，依法予以处理。

第三十五条 调解员在调解过程中存在严重失职或者违法违纪行为，侵害当事人合法权益的，调解委员会应当予以解聘。

第四章 附 则

第三十六条 民办非企业单位、社会团体开展劳动争议协商、调解工作参照本规定执行。

第三十七条 本规定自 2012 年 1 月 1 日起施行。

劳动人事争议仲裁办案规则

（2017 年 5 月 8 日人力资源和社会保障部令第 33 号公布 自 2017 年 7 月 1 日起施行）

第一章 总 则

第一条 为公正及时处理劳动人事争议（以下简称争议），规范仲裁办案程序，根据《中华人民共和国劳动争议调解仲裁法》

（以下简称调解仲裁法）以及《中华人民共和国公务员法》（以下简称公务员法）、《事业单位人事管理条例》、《中国人民解放军文职人员条例》和有关法律、法规、国务院有关规定，制定本规则。

第二条 本规则适用下列争议的仲裁：

（一）企业、个体经济组织、民办非企业单位等组织与劳动者之间，以及机关、事业单位、社会团体与其建立劳动关系的劳动者之间，因确认劳动关系，订立、履行、变更、解除和终止劳动合同，工作时间、休息休假、社会保险、福利、培训以及劳动保护，劳动报酬、工伤医疗费、经济补偿或者赔偿金等发生的争议；

（二）实施公务员法的机关与聘任制公务员之间、参照公务员法管理的机关（单位）与聘任工作人员之间因履行聘任合同发生的争议；

（三）事业单位与其建立人事关系的工作人员之间因终止人事关系以及履行聘用合同发生的争议；

（四）社会团体与其建立人事关系的工作人员之间因终止人事关系以及履行聘用合同发生的争议；

（五）军队文职人员用人单位与聘用制文职人员之间因履行聘用合同发生的争议；

（六）法律、法规规定由劳动人事争议仲裁委员会（以下简称仲裁委员会）处理的其他争议。

第三条 仲裁委员会处理争议案件，应当遵循合法、公正的原则，先行调解，及时裁决。

第四条 仲裁委员会下设实体化的办事机构，称为劳动人事争议仲裁院（以下简称仲裁院）。

第五条 劳动者一方在十人以上并有共同请求的争议，或者因履行集体合同发生的劳动争议，仲裁委员会应当优先立案，优先审理。

第二章 一般规定

第六条 发生争议的用人单位未办理营业执照、被吊销营业执照、营业执照到期继续经营、被责令关闭、被撤销以及用人单位解散、歇业，不能承担相关责任的，应当将用人单位和其出资人、开办单位或者主管部门作为共同当事人。

第七条 劳动者与个人承包经营者发生争议，依法向仲裁委员会申请仲裁的，应当将发包的组织和个人承包经营者作为共同当事人。

第八条 劳动合同履行地为劳动者实际工作场所地，用人单位所在地为用人单位注册、登记地或者主要办事机构所在地。用人单位未经注册、登记的，其出资人、开办单位或者主管部门所在地为用人单位所在地。

双方当事人分别向劳动合同履行地和用人单位所在地的仲裁委员会申请仲裁的，由劳动合同履行地的仲裁委员会管辖。有多个劳动合同履行地的，由最先受理的仲裁委员会管辖。劳动合同履行地不明确的，由用人单位所在地的仲裁委员会管辖。

案件受理后，劳动合同履行地或者用人单位所在地发生变化的，不改变争议仲裁的管辖。

第九条 仲裁委员会发现已受理案件不属于其管辖范围的，应当移送至有管辖权的仲裁委员会，并书面通知当事人。

对上述移送案件，受移送的仲裁委员会应当依法受理。受移送的仲裁委员会认为移送的案件按照规定不属于其管辖，或者仲裁委员会之间因管辖争议协商不成的，应当报请共同的上一级仲裁委员会主管部门指定管辖。

第十条 当事人提出管辖异议的，应当在答辩期满前书面提出。仲裁委员会应当审查当事人提出的管辖异议，异议成立的，将案件移送至有管辖权的仲裁委员会并书面通知当事人；异议不成立的，应当书面决定驳回。

当事人逾期提出的，不影响仲裁程序的进行。

第十一条 当事人申请回避，应当在案件开庭审理前提出，并说明理由。回避事由在案件开庭审理后知晓的，也可以在庭审辩论终结前提出。

当事人在庭审辩论终结后提出回避申请的，不影响仲裁程序的进行。

仲裁委员会应当在回避申请提出的三日内，以口头或者书面形式作出决定。以口头形式作出的，应当记入笔录。

第十二条 仲裁员、记录人员是否回避，由仲裁委员会主任或者其委托的仲裁院负责人决定。仲裁委员会主任担任案件仲裁员是否回避，由仲裁委员会决定。

在回避决定作出前，被申请回避的人员应当暂停参与该案处理，但因案件需要采取紧急措施的除外。

第十三条 当事人对自己提出的主张有责任提供证据。与争议事项有关的证据属于用人单位掌握管理的，用人单位应当提供；用人单位不提供的，应当承担不利后果。

第十四条 法律没有具体规定、按照本规则第十三条规定无法确定举证责任承担的，仲裁庭可以根据公平原则和诚实信用原则，综合当事人举证能力等因素确定举证责任的承担。

第十五条 承担举证责任的当事人应当在仲裁委员会指定的期限内提供有关证据。当事人在该期限内提供证据确有困难的，可以向仲裁委员会申请延长期限，仲裁委员会根据当事人的申请适当延长。当事人逾期提供证据的，仲裁委员会应当责令其说明理由；拒不说明理由或者理由不成立的，仲裁委员会可以根据不同情形不予采纳该证据，或者采纳该证据但予以训诫。

第十六条 当事人因客观原因不能自行收集的证据，仲裁委员会可以根据当事人的申请，参照民事诉讼有关规定予以收集；仲裁委员会认为有必要的，也可以决定参照民事诉讼有关规定予以收集。

第十七条 仲裁委员会依法调查取证时，有关单位和个人应当协助配合。

仲裁委员会调查取证时，不得少于两人，并应当向被调查对象出示工作证件和仲裁委员会出具的介绍信。

第十八条 争议处理中涉及证据形式、证据提交、证据交换、证据质证、证据认定等事项，本规则未规定的，可以参照民事诉讼证据规则的有关规定执行。

第十九条 仲裁期间包括法定期间和仲裁委员会指定期间。

仲裁期间的计算，本规则未规定的，仲裁委员会可以参照民事诉讼关于期间计算的有关规定执行。

第二十条 仲裁委员会送达仲裁文书必须有送达回证，由受送达人在送达回证上记明收到日期，并签名或者盖章。受送达人在送达回证上的签收日期为送达日期。

因企业停业等原因导致无法送达且劳动者一方在十人以上的，或者受送达人拒绝签收仲裁文书的，通过在受送达人住所留置、张贴仲裁文书，并采用拍照、录像等方式记录的，自留置、张贴之日起经过三日即视为送达，不受本条第一款的限制。

仲裁文书的送达方式，本规则未规定的，仲裁委员会可以参照民事诉讼关于送达方式的有关规定执行。

第二十一条 案件处理终结后，仲裁委员会应当将处理过程中形成的全部材料立卷归档。

第二十二条 仲裁案卷分正卷和副卷装订。

正卷包括：仲裁申请书、受理（不予受理）通知书、答辩书、当事人及其他仲裁参加人的身份证明材料、授权委托书、调查证据、勘验笔录、当事人提供的证据材料、委托鉴定材料、开庭通知、庭审笔录、延期通知书、撤回仲裁申请书、调解书、裁决书、决定书、案件移送函、送达回证等。

副卷包括：立案审批表、延期审理审批表、中止审理审批表、调查提纲、阅卷笔录、会议笔录、评议记录、结案审批表等。

第二十三条 仲裁委员会应当建立案卷查阅制度。对案卷正卷材料，应当允许当事人及其代理人依法查阅、复制。

第二十四条 仲裁裁决结案的案卷，保存期不少于十年；仲裁调解和其他方式结案的案卷，保存期不少于五年；国家另有规定的，从其规定。

保存期满后的案卷，应当按照国家有关档案管理的规定处理。

第二十五条 在仲裁活动中涉及国家秘密或者军事秘密的，按照国家或者军队有关保密规定执行。

当事人协议不公开或者涉及商业秘密和个人隐私的，经相关当事人书面申请，仲裁委员会应当不公开审理。

第三章 仲 裁 程 序

第一节 申请和受理

第二十六条 本规则第二条第（一）、（三）、（四）、（五）项规定的争议，申请仲裁的时效期间为一年。仲裁时效期间从当事人知道或者应当知道其权利被侵害之日起计算。

本规则第二条第（二）项规定的争议，申请仲裁的时效期间适用公务员法有关规定。

劳动人事关系存续期间因拖欠劳动报酬发生争议的，劳动者申请仲裁不受本条第一款规定的仲裁时效期间的限制；但是，劳动人事关系终止的，应当自劳动人事关系终止之日起一年内提出。

第二十七条 在申请仲裁的时效期间内，有下列情形之一的，仲裁时效中断：

（一）一方当事人通过协商、申请调解等方式向对方当事人主张权利的；

（二）一方当事人通过向有关部门投诉，向仲裁委员会申请仲裁，向人民法院起诉或者申请支付令等方式请求权利救济的；

（三）对方当事人同意履行义务的。

从中断时起，仲裁时效期间重新计算。

第二十八条 因不可抗力，或者有无民事行为能力或者限制民事行为能力劳动者的法定代理人未确定等其他正当理由，当事人不能在规定的仲裁时效期间申请仲裁的，仲裁时效中止。从中止时效的原因消除之日起，仲裁时效期间继续计算。

第二十九条 申请人申请仲裁应当提交书面仲裁申请，并按照被申请人人数提交副本。

仲裁申请书应当载明下列事项：

（一）劳动者的姓名、性别、出生日期、身份证件号码、住所、通讯地址和联系电话，用人单位的名称、住所、通讯地址、联系电话和法定代表人或者主要负责人的姓名、职务；

（二）仲裁请求和所根据的事实、理由；

（三）证据和证据来源，证人姓名和住所。

书写仲裁申请确有困难的，可以口头申请，由仲裁委员会记入笔录，经申请人签名、盖章或者捺印确认。

对于仲裁申请书不规范或者材料不齐备的，仲裁委员会应当当场或者在五日内一次性告知申请人需要补正的全部材料。

仲裁委员会收取当事人提交的材料应当出具收件回执。

第三十条 仲裁委员会对符合下列条件的仲裁申请应当予以受理，并在收到仲裁申请之日起五日内向申请人出具受理通知书：

（一）属于本规则第二条规定的争议范围；

（二）有明确的仲裁请求和事实理由；

（三）申请人是与本案有直接利害关系的自然人、法人或者其他组织，有明确的被申请人；

（四）属于本仲裁委员会管辖范围。

第三十一条 对不符合本规则第三十条第（一）、（二）、（三）项规定之一的仲裁申请，仲裁委员会不予受理，并在收到仲裁申请之日起五日内向申请人出具不予受理通知书；对不符合本规则第三十条第（四）项规定的仲裁申请，仲裁委员会应当在收到仲裁申请之日起五日内，向申请人作出书面说明并告知申请人向有管辖权的仲裁委员会申请仲裁。

对仲裁委员会逾期未作出决定或者决定不予受理的，申请人可以就该争议事项向人民法院提起诉讼。

第三十二条 仲裁委员会受理案件后，发现不应当受理的，除本规则第九条规定外，应当撤销案件，并自决定撤销案件后五日内，以决定书的形式通知当事人。

第三十三条 仲裁委员会受理仲裁申请后，应当在五日内将仲裁申请书副本送达被申请人。

被申请人收到仲裁申请书副本后，应当在十日内向仲裁委员会提交答辩书。仲裁委员会收到答辩书后，应当在五日内将答辩书副本送达申请人。被申请人逾期未提交答辩书的，不影响仲裁程序的进行。

第三十四条 符合下列情形之一，申请人基于同一事实、理由和仲裁请求又申请仲裁的，仲裁委员会不予受理：

（一）仲裁委员会已经依法出具不予受理通知书的；

（二）案件已在仲裁、诉讼过程中或者调解书、裁决书、判决书已经发生法律效力的。

第三十五条 仲裁处理结果作出前，申请人可以自行撤回仲裁申请。申请人再次申请仲裁的，仲裁委员会应当受理。

第三十六条 被申请人可以在答辩期间提出反申请，仲裁委员会应当自收到被申请人反申请之日起五日内决定是否受理并通知被申请人。

决定受理的，仲裁委员会可以将反申请和申请合并处理。

反申请应当另行申请仲裁的,仲裁委员会应当书面告知被申请人另行申请仲裁;反申请不属于本规则规定应当受理的,仲裁委员会应当向被申请人出具不予受理通知书。

被申请人答辩期满后对申请人提出反申请的,应当另行申请仲裁。

第二节　开庭和裁决

第三十七条　仲裁委员会应当在受理仲裁申请之日起五日内组成仲裁庭并将仲裁庭的组成情况书面通知当事人。

第三十八条　仲裁庭应当在开庭五日前,将开庭日期、地点书面通知双方当事人。当事人有正当理由的,可以在开庭三日前请求延期开庭。是否延期,由仲裁委员会根据实际情况决定。

第三十九条　申请人收到书面开庭通知,无正当理由拒不到庭或者未经仲裁庭同意中途退庭的,可以按撤回仲裁申请处理;申请人重新申请仲裁的,仲裁委员会不予受理。被申请人收到书面开庭通知,无正当理由拒不到庭或者未经仲裁庭同意中途退庭的,仲裁庭可以继续开庭审理,并缺席裁决。

第四十条　当事人申请鉴定的,鉴定费由申请鉴定方先行垫付,案件处理终结后,由鉴定结果对其不利方负担。鉴定结果不明确的,由申请鉴定方负担。

第四十一条　开庭审理前,记录人员应当查明当事人和其他仲裁参与人是否到庭,宣布仲裁庭纪律。

开庭审理时,由仲裁员宣布开庭、案由和仲裁员、记录人员名单,核对当事人,告知当事人有关的权利义务,询问当事人是否提出回避申请。

开庭审理中,仲裁员应当听取申请人的陈述和被申请人的答辩,主持庭审调查、质证和辩论、征询当事人最后意见,并进行调解。

第四十二条　仲裁庭应当将开庭情况记入笔录。当事人或者其他仲裁参与人认为对自己陈述的记录有遗漏或者差错的，有权当庭申请补正。仲裁庭认为申请无理由或者无必要的，可以不予补正，但是应当记录该申请。

仲裁员、记录人员、当事人和其他仲裁参与人应当在庭审笔录上签名或者盖章。当事人或者其他仲裁参与人拒绝在庭审笔录上签名或者盖章的，仲裁庭应当记明情况附卷。

第四十三条 仲裁参与人和其他人应当遵守仲裁庭纪律，不得有下列行为：

（一）未经准许进行录音、录像、摄影；

（二）未经准许以移动通信等方式现场传播庭审活动；

（三）其他扰乱仲裁庭秩序、妨害审理活动进行的行为。

仲裁参与人或者其他人有前款规定的情形之一的，仲裁庭可以训诫、责令退出仲裁庭，也可以暂扣进行录音、录像、摄影、传播庭审活动的器材，并责令其删除有关内容。拒不删除的，可以采取必要手段强制删除，并将上述事实记入庭审笔录。

第四十四条 申请人在举证期限届满前可以提出增加或者变更仲裁请求；仲裁庭对申请人增加或者变更的仲裁请求审查后认为应当受理的，应当通知被申请人并给予答辩期，被申请人明确表示放弃答辩期的除外。

申请人在举证期限届满后提出增加或者变更仲裁请求的，应当另行申请仲裁。

第四十五条 仲裁庭裁决案件，应当自仲裁委员会受理仲裁申请之日起四十五日内结束。案情复杂需要延期的，经仲裁委员会主任或者其委托的仲裁院负责人书面批准，可以延期并书面通知当事人，但延长期限不得超过十五日。

第四十六条 有下列情形的，仲裁期限按照下列规定计算：

（一）仲裁庭追加当事人或者第三人的，仲裁期限从决定追加之日起重新计算；

（二）申请人需要补正材料的，仲裁委员会收到仲裁申请的时间从材料补正之日起重新计算；

（三）增加、变更仲裁请求的，仲裁期限从受理增加、变更仲裁请求之日起重新计算；

（四）仲裁申请和反申请合并处理的，仲裁期限从受理反申请之日起重新计算；

（五）案件移送管辖的，仲裁期限从接受移送之日起重新计算；

（六）中止审理期间、公告送达期间不计入仲裁期限内；

（七）法律、法规规定应当另行计算的其他情形。

第四十七条 有下列情形之一的，经仲裁委员会主任或者其委托的仲裁院负责人批准，可以中止案件审理，并书面通知当事人：

（一）劳动者一方当事人死亡，需要等待继承人表明是否参加仲裁的；

（二）劳动者一方当事人丧失民事行为能力，尚未确定法定代理人参加仲裁的；

（三）用人单位终止，尚未确定权利义务承继者的；

（四）一方当事人因不可抗拒的事由，不能参加仲裁的；

（五）案件审理需要以其他案件的审理结果为依据，且其他案件尚未审结的；

（六）案件处理需要等待工伤认定、伤残等级鉴定以及其他鉴定结论的；

（七）其他应当中止仲裁审理的情形。

中止审理的情形消除后，仲裁庭应当恢复审理。

第四十八条 当事人因仲裁庭逾期未作出仲裁裁决而向人民法院提起诉讼并立案受理的，仲裁委员会应当决定该案件终止审理；当事人未就该争议事项向人民法院提起诉讼的，仲裁委员会应当继续处理。

第四十九条 仲裁庭裁决案件时，其中一部分事实已经清楚的，可以就该部分先行裁决。当事人对先行裁决不服的，可以按照调解仲裁法有关规定处理。

第五十条 仲裁庭裁决案件时，申请人根据调解仲裁法第四十七条第（一）项规定，追索劳动报酬、工伤医疗费、经济补偿或者赔偿金，如果仲裁裁决涉及数项，对单项裁决数额不超过当地月最低工资标准十二个月金额的事项，应当适用终局裁决。

前款经济补偿包括《中华人民共和国劳动合同法》（以下简称劳动合同法）规定的竞业限制期限内给予的经济补偿、解除或者终止劳动合同的经济补偿等；赔偿金包括劳动合同法规定的未签订书面劳动合同第二倍工资、违法约定试用期的赔偿金、违法解除或者终止劳动合同的赔偿金等。

根据调解仲裁法第四十七条第（二）项的规定，因执行国家的劳动标准在工作时间、休息休假、社会保险等方面发生的争议，应当适用终局裁决。

仲裁庭裁决案件时，裁决内容同时涉及终局裁决和非终局裁决的，应当分别制作裁决书，并告知当事人相应的救济权利。

第五十一条 仲裁庭对追索劳动报酬、工伤医疗费、经济补偿或者赔偿金的案件，根据当事人的申请，可以裁决先予执行，移送人民法院执行。

仲裁庭裁决先予执行的，应当符合下列条件：

（一）当事人之间权利义务关系明确；

（二）不先予执行将严重影响申请人的生活。

劳动者申请先予执行的，可以不提供担保。

第五十二条 裁决应当按照多数仲裁员的意见作出，少数仲裁员的不同意见应当记入笔录。仲裁庭不能形成多数意见时，裁决应当按照首席仲裁员的意见作出。

第五十三条 裁决书应当载明仲裁请求、争议事实、裁决理由、裁决结果、当事人权利和裁决日期。裁决书由仲裁员签名，加盖仲裁委员会印章。对裁决持不同意见的仲裁员，可以签名，也可以不签名。

第五十四条 对裁决书中的文字、计算错误或者仲裁庭已经裁决但在裁决书中遗漏的事项，仲裁庭应当及时制作决定书予以补正并送达当事人。

第五十五条 当事人对裁决不服向人民法院提起诉讼的，按照调解仲裁法有关规定处理。

第三节 简易处理

第五十六条 争议案件符合下列情形之一的，可以简易处理：

（一）事实清楚、权利义务关系明确、争议不大的；

（二）标的额不超过本省、自治区、直辖市上年度职工年平均工资的；

（三）双方当事人同意简易处理的。

仲裁委员会决定简易处理的，可以指定一名仲裁员独任仲裁，并应当告知当事人。

第五十七条 争议案件有下列情形之一的，不得简易处理：

（一）涉及国家利益、社会公共利益的；

（二）有重大社会影响的；

（三）被申请人下落不明的；

（四）仲裁委员会认为不宜简易处理的。

第五十八条 简易处理的案件，经与被申请人协商同意，仲裁庭可以缩短或者取消答辩期。

第五十九条 简易处理的案件，仲裁庭可以用电话、短信、传真、电子邮件等简便方式送达仲裁文书，但送达调解书、裁决书除外。

以简便方式送达的开庭通知，未经当事人确认或者没有其他证据证明当事人已经收到的，仲裁庭不得按撤回仲裁申请处理或者缺席裁决。

第六十条 简易处理的案件，仲裁庭可以根据案件情况确定举证期限、开庭日期、审理程序、文书制作等事项，但应当保障当事人陈述意见的权利。

第六十一条 仲裁庭在审理过程中，发现案件不宜简易处理的，应当在仲裁期限届满前决定转为按照一般程序处理，并告知当事人。

案件转为按照一般程序处理的，仲裁期限自仲裁委员会受理仲裁申请之日起计算，双方当事人已经确认的事实，可以不再进行举证、质证。

第四节 集体劳动人事争议处理

第六十二条 处理劳动者一方在十人以上并有共同请求的争议案件，或者因履行集体合同发生的劳动争议案件，适用本节规定。

符合本规则第五十六条第一款规定情形之一的集体劳动人事争议案件，可以简易处理，不受本节规定的限制。

第六十三条 发生劳动者一方在十人以上并有共同请求的争议的，劳动者可以推举三至五名代表参加仲裁活动。代表人参加仲裁的行为对其所代表的当事人发生效力，但代表人变更、放弃仲裁请求或者承认对方当事人的仲裁请求，进行和解，必须经被代表的当事人同意。

因履行集体合同发生的劳动争议，经协商解决不成的，工会可以依法申请仲裁；尚未建立工会的，由上级工会指导劳动者推举产生的代表依法申请仲裁。

第六十四条 仲裁委员会应当自收到当事人集体劳动人事争议仲裁申请之日起五日内作出受理或者不予受理的决定。决定受理的，应当自受理之日起五日内将仲裁庭组成人员、答辩期限、举证期限、开庭日期和地点等事项一次性通知当事人。

第六十五条 仲裁委员会处理集体劳动人事争议案件,应当由三名仲裁员组成仲裁庭,设首席仲裁员。

仲裁委员会处理因履行集体合同发生的劳动争议,应当按照三方原则组成仲裁庭处理。

第六十六条 仲裁庭处理集体劳动人事争议,开庭前应当引导当事人自行协商,或者先行调解。

仲裁庭处理集体劳动人事争议案件,可以邀请法律工作者、律师、专家学者等第三方共同参与调解。

协商或者调解未能达成协议的,仲裁庭应当及时裁决。

第六十七条 仲裁庭开庭场所可以设在发生争议的用人单位或者其他便于及时处理争议的地点。

第四章 调解程序

第一节 仲裁调解

第六十八条 仲裁委员会处理争议案件,应当坚持调解优先,引导当事人通过协商、调解方式解决争议,给予必要的法律释明以及风险提示。

第六十九条 对未经调解、当事人直接申请仲裁的争议,仲裁委员会可以向当事人发出调解建议书,引导其到调解组织进行调解。当事人同意先行调解的,应当暂缓受理;当事人不同意先行调解的,应当依法受理。

第七十条 开庭之前,经双方当事人同意,仲裁庭可以委托调解组织或者其他具有调解能力的组织、个人进行调解。

自当事人同意之日起十日内未达成调解协议的,应当开庭审理。

第七十一条 仲裁庭审理争议案件时,应当进行调解。必要时可以邀请有关单位、组织或者个人参与调解。

第七十二条 仲裁调解达成协议的,仲裁庭应当制作调解书。

调解书应当写明仲裁请求和当事人协议的结果。调解书由仲裁员签名，加盖仲裁委员会印章，送达双方当事人。调解书经双方当事人签收后，发生法律效力。

调解不成或者调解书送达前，一方当事人反悔的，仲裁庭应当及时作出裁决。

第七十三条 当事人就部分仲裁请求达成调解协议的，仲裁庭可以就该部分先行出具调解书。

第二节 调解协议的仲裁审查

第七十四条 经调解组织调解达成调解协议的，双方当事人可以自调解协议生效之日起十五日内，共同向有管辖权的仲裁委员会提出仲裁审查申请。

当事人申请审查调解协议，应当向仲裁委员会提交仲裁审查申请书、调解协议和身份证明、资格证明以及其他与调解协议相关的证明材料，并提供双方当事人的送达地址、电话号码等联系方式。

第七十五条 仲裁委员会收到当事人仲裁审查申请，应当及时决定是否受理。决定受理的，应当出具受理通知书。

有下列情形之一的，仲裁委员会不予受理：

（一）不属于仲裁委员会受理争议范围的；
（二）不属于本仲裁委员会管辖的；
（三）超出规定的仲裁审查申请期间的；
（四）确认劳动关系的；
（五）调解协议已经人民法院司法确认的。

第七十六条 仲裁委员会审查调解协议，应当自受理仲裁审查申请之日起五日内结束。因特殊情况需要延期的，经仲裁委员会主任或者其委托的仲裁院负责人批准，可以延长五日。

调解书送达前，一方或者双方当事人撤回仲裁审查申请的，仲裁委员会应当准许。

第七十七条 仲裁委员会受理仲裁审查申请后，应当指定仲裁员对调解协议进行审查。

仲裁委员会经审查认为调解协议的形式和内容合法有效的，应当制作调解书。调解书的内容应当与调解协议的内容相一致。调解书经双方当事人签收后，发生法律效力。

第七十八条 调解协议具有下列情形之一的，仲裁委员会不予制作调解书：

（一）违反法律、行政法规强制性规定的；

（二）损害国家利益、社会公共利益或者公民、法人、其他组织合法权益的；

（三）当事人提供证据材料有弄虚作假嫌疑的；

（四）违反自愿原则的；

（五）内容不明确的；

（六）其他不能制作调解书的情形。

仲裁委员会决定不予制作调解书的，应当书面通知当事人。

第七十九条 当事人撤回仲裁审查申请或者仲裁委员会决定不予制作调解书的，应当终止仲裁审查。

第五章 附 则

第八十条 本规则规定的"三日"、"五日"、"十日"指工作日，"十五日"、"四十五日"指自然日。

第八十一条 本规则自 2017 年 7 月 1 日起施行。2009 年 1 月 1 日人力资源社会保障部公布的《劳动人事争议仲裁办案规则》（人力资源和社会保障部令第 2 号）同时废止。

人力资源社会保障部、司法部、财政部关于进一步加强劳动人事争议调解仲裁法律援助工作的意见（节录）

（2020年6月22日　人社部发〔2020〕52号）

……

一、建立健全调解仲裁法律援助协作机制。人力资源社会保障行政部门、劳动人事争议仲裁院（以下简称仲裁院）和司法行政机关、法律援助机构要建立完善调解仲裁法律援助协作工作机制，切实加强调解仲裁法律援助工作。人力资源社会保障行政部门和仲裁院要充分发挥处理劳动人事争议的专业优势，司法行政机关和法律援助机构要加强法律援助业务指导，提升规范化服务水平。仲裁院可以引导当事人通过拨打"12348"公共法律服务热线或登录法律服务网等方式进行法律咨询，帮助符合法律援助条件的农民工和困难职工申请法律援助；法律援助机构要在仲裁院公示法律援助机构办公地址、法律援助申请材料和工作流程等信息。有条件的地方，司法行政机关可以根据工作需要在当地仲裁院设立法律援助工作站，或在当地公共法律服务中心设立调解仲裁法律援助窗口。人力资源社会保障部门要为设立在当地仲裁院的法律援助工作站提供工作场所，配备办公设备、服务设施等。财政部门要完善调解仲裁法律援助经费保障机制，省级财政要提供经费支持，市、县级财政要将法律援助经费纳入同级财政预算，根据地方财力和办案量合理安排经费，适当提高法律援助补贴标准并及时支付。

二、扩大调解仲裁法律援助范围。在法律援助对象上，司法行政机关要综合考虑当地法律援助资源供给状况、困难群众法律援助需求等因素，推动法律援助逐步覆盖低收入劳动者，重点做好农民工、工伤职工和孕期、产期、哺乳期（以下简称"三期"）女职工的调解仲裁法律援助工作。在法律援助事项上，司法行政机关要在《法律援助条例》规定的请求支付劳动报酬、给予社会保险待遇等事项基础上，推动有条件的地方将经济补偿、赔偿金等涉及劳动保障事项纳入法律援助补充事项范围。在仲裁院设立法律援助工作站的，工作站可以配合仲裁院开展法律知识宣讲、以案释法等活动，引导劳动者依法维权。

三、规范调解仲裁法律援助程序。加强调解仲裁法律援助工作标准化规范化建设，建立健全调解仲裁法律援助工作机制。在仲裁院设立法律援助工作站的，对来访咨询，工作站接待人员应当登记受援人基本信息和联系方式，全面了解案件事实和受援人法律诉求，对咨询事项符合法律援助条件的，应当告知其申请法律援助的条件和程序，指导其申请法律援助；对咨询事项不属于法律援助的，应当为受援人提出法律建议；对咨询事项不属于法律问题或者与法律援助无关的，告知受援人应咨询的部门或渠道。

四、健全便民服务机制。简化审查程序，对建档立卡贫困劳动者和申请支付劳动报酬、工伤赔偿的农民工，免予经济困难审查。开辟法律援助"绿色通道"，对农民工、工伤职工、"三期"女职工等重点服务对象申请法律援助的，加快办理进度，有条件的当日受理、当日转交。对情况紧急的集体劳动争议案件，可以先行提供法律援助，事后补交申请材料、补办相关手续。

五、加强组织领导。各地要将开展调解仲裁法律援助工作作为完善劳动人事争议多元处理机制的重要工作来抓，将其纳入当地为民办实事清单。人力资源社会保障部门与司法行政部门要加强沟通协调和工作对接，形成工作合力。要建立健全联席会议、工作信息通报机制，定期交流工作情况，总结推广经验做法，共同研究解决工作中遇到的问题。要加强监督管理，对调解仲裁法律援助工作站履行职责、服务质量、工作绩效、规范化建设等加强指导监管。鼓励和支持社会力量通过多种方式依法有序参与调解仲裁法律援助工作。

最高人民法院关于人民法院审理事业单位人事争议案件若干问题的规定

(2003年6月17日最高人民法院审判委员会第1278次会议通过 2003年8月27日最高人民法院公告公布 自2003年9月5日起施行 法释〔2003〕13号)

为了正确审理事业单位与其工作人员之间的人事争议案件,根据《中华人民共和国劳动法》的规定,现对有关问题规定如下:

第一条 事业单位与其工作人员之间因辞职、辞退及履行聘用合同所发生的争议,适用《中华人民共和国劳动法》的规定处理。

第二条 当事人对依照国家有关规定设立的人事争议仲裁机构所作的人事争议仲裁裁决不服,自收到仲裁裁决之日起15日内向人民法院提起诉讼的,人民法院应当依法受理。一方当事人在法定期间内不起诉又不履行仲裁裁决,另一方当事人向人民法院申请执行的,人民法院应当依法执行。

第三条 本规定所称人事争议是指事业单位与其工作人员之间因辞职、辞退及履行聘用合同所发生的争议。

最高人民法院关于审理劳动争议案件适用法律问题的解释（一）

（2020年12月25日最高人民法院审判委员会第1825次会议通过 2020年12月29日最高人民法院公告公布 自2021年1月1日起施行 法释〔2020〕26号）

为正确审理劳动争议案件，根据《中华人民共和国民法典》《中华人民共和国劳动法》《中华人民共和国劳动合同法》《中华人民共和国劳动争议调解仲裁法》《中华人民共和国民事诉讼法》等相关法律规定，结合审判实践，制定本解释。

第一条 劳动者与用人单位之间发生的下列纠纷，属于劳动争议，当事人不服劳动争议仲裁机构作出的裁决，依法提起诉讼的，人民法院应予受理：

（一）劳动者与用人单位在履行劳动合同过程中发生的纠纷；

（二）劳动者与用人单位之间没有订立书面劳动合同，但已形成劳动关系后发生的纠纷；

（三）劳动者与用人单位因劳动关系是否已经解除或者终止，以及应否支付解除或者终止劳动关系经济补偿金发生的纠纷；

（四）劳动者与用人单位解除或者终止劳动关系后，请求用人单位返还其收取的劳动合同定金、保证金、抵押金、抵押物发生的纠纷，或者办理劳动者的人事档案、社会保险关系等移转手续发生的纠纷；

（五）劳动者以用人单位未为其办理社会保险手续，且社会保险经办机构不能补办导致其无法享受社会保险待遇为由，要求用人单位赔偿损失发生的纠纷；

（六）劳动者退休后，与尚未参加社会保险统筹的原用人单位因追索养老金、医疗费、工伤保险待遇和其他社会保险待遇而发生的纠纷；

（七）劳动者因为工伤、职业病，请求用人单位依法给予工伤保险待遇发生的纠纷；

（八）劳动者依据劳动合同法第八十五条规定，要求用人单位支付加付赔偿金发生的纠纷；

（九）因企业自主进行改制发生的纠纷。

第二条 下列纠纷不属于劳动争议：

（一）劳动者请求社会保险经办机构发放社会保险金的纠纷；

（二）劳动者与用人单位因住房制度改革产生的公有住房转让纠纷；

（三）劳动者对劳动能力鉴定委员会的伤残等级鉴定结论或者对职业病诊断鉴定委员会的职业病诊断鉴定结论的异议纠纷；

（四）家庭或者个人与家政服务人员之间的纠纷；

（五）个体工匠与帮工、学徒之间的纠纷；

（六）农村承包经营户与受雇人之间的纠纷。

第三条 劳动争议案件由用人单位所在地或者劳动合同履行地的基层人民法院管辖。

劳动合同履行地不明确的，由用人单位所在地的基层人民法院管辖。

法律另有规定的，依照其规定。

第四条 劳动者与用人单位均不服劳动争议仲裁机构的同一裁决，向同一人民法院起诉的，人民法院应当并案审理，双方当事人互为原告和被告，对双方的诉讼请求，人民法院应当一并作出裁决。在诉讼过程中，一方当事人撤诉的，人民法院应当根据另一方当事人的诉讼请求继续审理。双方当事人就同一仲裁裁决分别向有管辖权的人民法院起诉的，后受理的人民法院应当将案件移送给先受理的人民法院。

第五条 劳动争议仲裁机构以无管辖权为由对劳动争议案件不予受理,当事人提起诉讼的,人民法院按照以下情形分别处理:

(一)经审查认为该劳动争议仲裁机构对案件确无管辖权的,应当告知当事人向有管辖权的劳动争议仲裁机构申请仲裁;

(二)经审查认为该劳动争议仲裁机构有管辖权的,应当告知当事人申请仲裁,并将审查意见书面通知该劳动争议仲裁机构;劳动争议仲裁机构仍不受理,当事人就该劳动争议事项提起诉讼的,人民法院应予受理。

第六条 劳动争议仲裁机构以当事人申请仲裁的事项不属于劳动争议为由,作出不予受理的书面裁决、决定或者通知,当事人不服依法提起诉讼的,人民法院应当分别情况予以处理:

(一)属于劳动争议案件的,应当受理;

(二)虽不属于劳动争议案件,但属于人民法院主管的其他案件,应当依法受理。

第七条 劳动争议仲裁机构以申请仲裁的主体不适格为由,作出不予受理的书面裁决、决定或者通知,当事人不服依法提起诉讼,经审查确属主体不适格的,人民法院不予受理;已经受理的,裁定驳回起诉。

第八条 劳动争议仲裁机构为纠正原仲裁裁决错误重新作出裁决,当事人不服依法提起诉讼的,人民法院应当受理。

第九条 劳动争议仲裁机构仲裁的事项不属于人民法院受理的案件范围,当事人不服依法提起诉讼的,人民法院不予受理;已经受理的,裁定驳回起诉。

第十条 当事人不服劳动争议仲裁机构作出的预先支付劳动者劳动报酬、工伤医疗费、经济补偿或者赔偿金的裁决,依法提起诉讼的,人民法院不予受理。

用人单位不履行上述裁决中的给付义务,劳动者依法申请强制执行的，人民法院应予受理。

第十一条 劳动争议仲裁机构作出的调解书已经发生法律效力，一方当事人反悔提起诉讼的，人民法院不予受理；已经受理的，裁定驳回起诉。

第十二条 劳动争议仲裁机构逾期未作出受理决定或仲裁裁决，当事人直接提起诉讼的，人民法院应予受理，但申请仲裁的案件存在下列事由的除外：

（一）移送管辖的；

（二）正在送达或者送达延误的；

（三）等待另案诉讼结果、评残结论的；

（四）正在等待劳动争议仲裁机构开庭的；

（五）启动鉴定程序或者委托其他部门调查取证的；

（六）其他正当事由。

当事人以劳动争议仲裁机构逾期未作出仲裁裁决为由提起诉讼的，应当提交该仲裁机构出具的受理通知书或者其他已接受仲裁申请的凭证、证明。

第十三条 劳动者依据劳动合同法第三十条第二款和调解仲裁法第十六条规定向人民法院申请支付令，符合民事诉讼法第十七章督促程序规定的，人民法院应予受理。

依据劳动合同法第三十条第二款规定申请支付令被人民法院裁定终结督促程序后，劳动者就劳动争议事项直接提起诉讼的，人民法院应当告知其先向劳动争议仲裁机构申请仲裁。

依据调解仲裁法第十六条规定申请支付令被人民法院裁定终结督促程序后，劳动者依据调解协议直接提起诉讼的，人民法院应予受理。

第十四条 人民法院受理劳动争议案件后，当事人增加诉讼请求的，如该诉讼请求与讼争的劳动争议具有不可分性，应当合并审理；如属独立的劳动争议，应当告知当事人向劳动争议仲裁机构申请仲裁。

第十五条 劳动者以用人单位的工资欠条为证据直接提起诉讼，诉讼请求不涉及劳动关系其他争议的，视为拖欠劳动报酬争议，人民法院按照普通民事纠纷受理。

第十六条 劳动争议仲裁机构作出仲裁裁决后，当事人对裁决中的部分事项不服，依法提起诉讼的，劳动争议仲裁裁决不发生法律效力。

第十七条 劳动争议仲裁机构对多个劳动者的劳动争议作出仲裁裁决后，部分劳动者对仲裁裁决不服，依法提起诉讼的，仲裁裁决对提起诉讼的劳动者不发生法律效力；对未提起诉讼的部分劳动者，发生法律效力，如其申请执行的，人民法院应当受理。

第十八条 仲裁裁决的类型以仲裁裁决书确定为准。仲裁裁决书未载明该裁决为终局裁决或者非终局裁决，用人单位不服该仲裁裁决向基层人民法院提起诉讼的，应当按照以下情形分别处理：

（一）经审查认为该仲裁裁决为非终局裁决的，基层人民法院应予受理；

（二）经审查认为该仲裁裁决为终局裁决的，基层人民法院不予受理，但应告知用人单位可以自收到不予受理裁定书之日起三十日内向劳动争议仲裁机构所在地的中级人民法院申请撤销该仲裁裁决；已经受理的，裁定驳回起诉。

第十九条 仲裁裁决书未载明该裁决为终局裁决或者非终局裁决，劳动者依据调解仲裁法第四十七条第一项规定，追索劳动报酬、工伤医疗费、经济补偿或者赔偿金，如果仲裁裁决涉及数项，每项确定的数额均不超过当地月最低工资标准十二个月金额的，应当按照终局裁决处理。

第二十条 劳动争议仲裁机构作出的同一仲裁裁决同时包含终局裁决事项和非终局裁决事项，当事人不服该仲裁裁决向人民法院提起诉讼的，应当按照非终局裁决处理。

第二十一条　劳动者依据调解仲裁法第四十八条规定向基层人民法院提起诉讼，用人单位依据调解仲裁法第四十九条规定向劳动争议仲裁机构所在地的中级人民法院申请撤销仲裁裁决的，中级人民法院应当不予受理；已经受理的，应当裁定驳回申请。

被人民法院驳回起诉或者劳动者撤诉的，用人单位可以自收到裁定书之日起三十日内，向劳动争议仲裁机构所在地的中级人民法院申请撤销仲裁裁决。

第二十二条　用人单位依据调解仲裁法第四十九条规定向中级人民法院申请撤销仲裁裁决，中级人民法院作出的驳回申请或者撤销仲裁裁决的裁定为终审裁定。

第二十三条　中级人民法院审理用人单位申请撤销终局裁决的案件，应当组成合议庭开庭审理。经过阅卷、调查和询问当事人，对没有新的事实、证据或者理由，合议庭认为不需要开庭审理的，可以不开庭审理。

中级人民法院可以组织双方当事人调解。达成调解协议的，可以制作调解书。一方当事人逾期不履行调解协议的，另一方可以申请人民法院强制执行。

第二十四条　当事人申请人民法院执行劳动争议仲裁机构作出的发生法律效力的裁决书、调解书，被申请人提出证据证明劳动争议仲裁裁决书、调解书有下列情形之一，并经审查核实的，人民法院可以根据民事诉讼法第二百三十七条规定，裁定不予执行：

（一）裁决的事项不属于劳动争议仲裁范围，或者劳动争议仲裁机构无权仲裁的；

（二）适用法律、法规确有错误的；

（三）违反法定程序的；

（四）裁决所根据的证据是伪造的；

（五）对方当事人隐瞒了足以影响公正裁决的证据的；

（六）仲裁员在仲裁该案时有索贿受贿、徇私舞弊、枉法裁决行为的；

（七）人民法院认定执行该劳动争议仲裁裁决违背社会公共利益的。

人民法院在不予执行的裁定书中，应当告知当事人在收到裁定书之次日起三十日内，可以就该劳动争议事项向人民法院提起诉讼。

第二十五条 劳动争议仲裁机构作出终局裁决，劳动者向人民法院申请执行，用人单位向劳动争议仲裁机构所在地的中级人民法院申请撤销的，人民法院应当裁定中止执行。

用人单位撤回撤销终局裁决申请或者其申请被驳回的，人民法院应当裁定恢复执行。仲裁裁决被撤销的，人民法院应当裁定终结执行。

用人单位向人民法院申请撤销仲裁裁决被驳回后，又在执行程序中以相同理由提出不予执行抗辩的，人民法院不予支持。

第二十六条 用人单位与其他单位合并的，合并前发生的劳动争议，由合并后的单位为当事人；用人单位分立为若干单位的，其分立前发生的劳动争议，由分立后的实际用人单位为当事人。

用人单位分立为若干单位后，具体承受劳动权利义务的单位不明确的，分立后的单位均为当事人。

第二十七条 用人单位招用尚未解除劳动合同的劳动者，原用人单位与劳动者发生的劳动争议，可以列新的用人单位为第三人。

原用人单位以新的用人单位侵权为由提起诉讼的，可以列劳动者为第三人。

原用人单位以新的用人单位和劳动者共同侵权为由提起诉讼的，新的用人单位和劳动者列为共同被告。

第二十八条 劳动者在用人单位与其他平等主体之间的承包经营期间，与发包方和承包方双方或者一方发生劳动争议，依法提起诉讼的，应当将承包方和发包方作为当事人。

第二十九条　劳动者与未办理营业执照、营业执照被吊销或者营业期限届满仍继续经营的用人单位发生争议的，应当将用人单位或者其出资人列为当事人。

第三十条　未办理营业执照、营业执照被吊销或者营业期限届满仍继续经营的用人单位，以挂靠等方式借用他人营业执照经营的，应当将用人单位和营业执照出借方列为当事人。

第三十一条　当事人不服劳动争议仲裁机构作出的仲裁裁决，依法提起诉讼，人民法院审查认为仲裁裁决遗漏了必须共同参加仲裁的当事人的，应当依法追加遗漏的人为诉讼当事人。

被追加的当事人应当承担责任的，人民法院应当一并处理。

第三十二条　用人单位与其招用的已经依法享受养老保险待遇或者领取退休金的人员发生用工争议而提起诉讼的，人民法院应当按劳务关系处理。

企业停薪留职人员、未达到法定退休年龄的内退人员、下岗待岗人员以及企业经营性停产放长假人员，因与新的用人单位发生用工争议而提起诉讼的，人民法院应当按劳动关系处理。

第三十三条　外国人、无国籍人未依法取得就业证件即与中华人民共和国境内的用人单位签订劳动合同，当事人请求确认与用人单位存在劳动关系的，人民法院不予支持。

持有《外国专家证》并取得《外国人来华工作许可证》的外国人，与中华人民共和国境内的用人单位建立用工关系的，可以认定为劳动关系。

第三十四条　劳动合同期满后，劳动者仍在原用人单位工作，原用人单位未表示异议的，视为双方同意以原条件继续履行劳动合同。一方提出终止劳动关系的，人民法院应予支持。

根据劳动合同法第十四条规定，用人单位应当与劳动者签订无固定期限劳动合同而未签订的，人民法院可以视为双方之间存在无固定期限劳动合同关系，并以原劳动合同确定双方的权利义务关系。

第三十五条 劳动者与用人单位就解除或者终止劳动合同办理相关手续、支付工资报酬、加班费、经济补偿或者赔偿金等达成的协议，不违反法律、行政法规的强制性规定，且不存在欺诈、胁迫或者乘人之危情形的，应当认定有效。

前款协议存在重大误解或者显失公平情形，当事人请求撤销的，人民法院应予支持。

第三十六条 当事人在劳动合同或者保密协议中约定了竞业限制，但未约定解除或者终止劳动合同后给予劳动者经济补偿，劳动者履行了竞业限制义务，要求用人单位按照劳动者在劳动合同解除或者终止前十二个月平均工资的30%按月支付经济补偿的，人民法院应予支持。

前款规定的月平均工资的30%低于劳动合同履行地最低工资标准的，按照劳动合同履行地最低工资标准支付。

第三十七条 当事人在劳动合同或者保密协议中约定了竞业限制和经济补偿，当事人解除劳动合同时，除另有约定外，用人单位要求劳动者履行竞业限制义务，或者劳动者履行了竞业限制义务后要求用人单位支付经济补偿的，人民法院应予支持。

第三十八条 当事人在劳动合同或者保密协议中约定了竞业限制和经济补偿，劳动合同解除或者终止后，因用人单位的原因导致三个月未支付经济补偿，劳动者请求解除竞业限制约定的，人民法院应予支持。

第三十九条 在竞业限制期限内，用人单位请求解除竞业限制协议的，人民法院应予支持。

在解除竞业限制协议时，劳动者请求用人单位额外支付劳动者三个月的竞业限制经济补偿的，人民法院应予支持。

第四十条 劳动者违反竞业限制约定，向用人单位支付违约金后，用人单位要求劳动者按照约定继续履行竞业限制义务的，人民法院应予支持。

第四十一条 劳动合同被确认为无效,劳动者已付出劳动的,用人单位应当按照劳动合同法第二十八条、第四十六条、第四十七条的规定向劳动者支付劳动报酬和经济补偿。

由于用人单位原因订立无效劳动合同,给劳动者造成损害的,用人单位应当赔偿劳动者因合同无效所造成的经济损失。

第四十二条 劳动者主张加班费的,应当就加班事实的存在承担举证责任。但劳动者有证据证明用人单位掌握加班事实存在的证据,用人单位不提供的,由用人单位承担不利后果。

第四十三条 用人单位与劳动者协商一致变更劳动合同,虽未采用书面形式,但已经实际履行了口头变更的劳动合同超过一个月,变更后的劳动合同内容不违反法律、行政法规且不违背公序良俗,当事人以未采用书面形式为由主张劳动合同变更无效的,人民法院不予支持。

第四十四条 因用人单位作出的开除、除名、辞退、解除劳动合同、减少劳动报酬、计算劳动者工作年限等决定而发生的劳动争议,用人单位负举证责任。

第四十五条 用人单位有下列情形之一,迫使劳动者提出解除劳动合同的,用人单位应当支付劳动者的劳动报酬和经济补偿,并可支付赔偿金:

(一)以暴力、威胁或者非法限制人身自由的手段强迫劳动的;

(二)未按照劳动合同约定支付劳动报酬或者提供劳动条件的;

(三)克扣或者无故拖欠劳动者工资的;

(四)拒不支付劳动者延长工作时间工资报酬的;

(五)低于当地最低工资标准支付劳动者工资的。

第四十六条 劳动者非因本人原因从原用人单位被安排到新用人单位工作,原用人单位未支付经济补偿,劳动者依据劳动合同法第三十八条规定与新用人单位解除劳动合同,或者新用人单位向劳动者提出解除、终止劳动合同,在计算支付经济补偿或赔偿金的工作年限时，劳动者请求把在原用人单位的工作年限合并计算为新用人单位工作年限的，人民法院应予支持。

用人单位符合下列情形之一的，应当认定属于"劳动者非因本人原因从原用人单位被安排到新用人单位工作"：

（一）劳动者仍在原工作场所、工作岗位工作，劳动合同主体由原用人单位变更为新用人单位；

（二）用人单位以组织委派或任命形式对劳动者进行工作调动；

（三）因用人单位合并、分立等原因导致劳动者工作调动；

（四）用人单位及其关联企业与劳动者轮流订立劳动合同；

（五）其他合理情形。

第四十七条 建立了工会组织的用人单位解除劳动合同符合劳动合同法第三十九条、第四十条规定，但未按照劳动合同法第四十三条规定事先通知工会，劳动者以用人单位违法解除劳动合同为由请求用人单位支付赔偿金的，人民法院应予支持，但起诉前用人单位已经补正有关程序的除外。

第四十八条 劳动合同法施行后，因用人单位经营期限届满不再继续经营导致劳动合同不能继续履行，劳动者请求用人单位支付经济补偿的，人民法院应予支持。

第四十九条 在诉讼过程中，劳动者向人民法院申请采取财产保全措施，人民法院经审查认为申请人经济确有困难，或者有证据证明用人单位存在欠薪逃匿可能的，应当减轻或者免除劳动者提供担保的义务，及时采取保全措施。

人民法院作出的财产保全裁定中，应当告知当事人在劳动争议仲裁机构的裁决书或者在人民法院的裁判文书生效后三个月内申请强制执行。逾期不申请的，人民法院应当裁定解除保全措施。

第五十条 用人单位根据劳动合同法第四条规定，通过民主程序制定的规章制度，不违反国家法律、行政法规及政策规定，并已向劳动者公示的，可以作为确定双方权利义务的依据。

用人单位制定的内部规章制度与集体合同或者劳动合同约定的内容不一致，劳动者请求优先适用合同约定的，人民法院应予支持。

第五十一条 当事人在调解仲裁法第十条规定的调解组织主持下达成的具有劳动权利义务内容的调解协议，具有劳动合同的约束力，可以作为人民法院裁判的根据。

当事人在调解仲裁法第十条规定的调解组织主持下仅就劳动报酬争议达成调解协议，用人单位不履行调解协议确定的给付义务，劳动者直接提起诉讼的，人民法院可以按照普通民事纠纷受理。

第五十二条 当事人在人民调解委员会主持下仅就给付义务达成的调解协议，双方认为有必要的，可以共同向人民调解委员会所在地的基层人民法院申请司法确认。

第五十三条 用人单位对劳动者作出的开除、除名、辞退等处理，或者因其他原因解除劳动合同确有错误的，人民法院可以依法判决予以撤销。

对于追索劳动报酬、养老金、医疗费以及工伤保险待遇、经济补偿金、培训费及其他相关费用等案件，给付数额不当的，人民法院可以予以变更。

第五十四条 本解释自 2021 年 1 月 1 日起施行。

人力资源社会保障部、最高人民法院关于劳动人事争议仲裁与诉讼衔接有关问题的意见（一）

（2022 年 2 月 21 日　人社部发〔2022〕9 号）

各省、自治区、直辖市人力资源社会保障厅（局）、高级人民法院，解放军军事法院，新疆生产建设兵团人力资源社会保障局、新疆维吾尔自治区高级人民法院生产建设兵团分院：

为贯彻党中央关于健全社会矛盾纠纷多元预防调处化解综合机制的要求，落实《人力资源社会保障部最高人民法院关于加强劳动人事争议仲裁与诉讼衔接机制建设的意见》（人社部发〔2017〕70号），根据相关法律规定，结合工作实践，现就完善劳动人事争议仲裁与诉讼衔接有关问题，提出如下意见。

一、劳动人事争议仲裁委员会对调解协议仲裁审查申请不予受理或者经仲裁审查决定不予制作调解书的，当事人可依法就协议内容中属于劳动人事争议仲裁受理范围的事项申请仲裁。当事人直接向人民法院提起诉讼的，人民法院不予受理，但下列情形除外：

（一）依据《中华人民共和国劳动争议调解仲裁法》第十六条规定申请支付令被人民法院裁定终结督促程序后，劳动者依据调解协议直接提起诉讼的；

（二）当事人在《中华人民共和国劳动争议调解仲裁法》第十条规定的调解组织主持下仅就劳动报酬争议达成调解协议，用人单位不履行调解协议约定的给付义务，劳动者直接提起诉讼的；

（三）当事人在经依法设立的调解组织主持下就支付拖欠劳动报酬、工伤医疗费、经济补偿或者赔偿金事项达成调解协议，双方当事人依据《中华人民共和国民事诉讼法》第二百零一条的规定共同向人民法院申请司法确认，人民法院不予确认，劳动者依据调解协议直接提起诉讼的。

二、经依法设立的调解组织调解达成的调解协议生效后，当事人可以共同向有管辖权的人民法院申请确认调解协议效力。

三、用人单位根依据《中华人民共和国劳动合同法》第九十条规定，要求劳动者承担赔偿责任的，劳动人事争议仲裁委员会应当依法受理。

四、申请人撤回仲裁申请后向人民法院起诉的，人民法院应当裁定不予受理；已经受理的，应当裁定驳回起诉。

申请人再次申请仲裁的，劳动人事争议仲裁委员会应当受理。

五、劳动者请求用人单位支付违法解除或者终止劳动合同赔偿金，劳动人事争议仲裁委员会、人民法院经审查认为用人单位系合法解除劳动合同应当支付经济补偿的，可以依法裁决或者判决用人单位支付经济补偿。

劳动者基于同一事实在仲裁辩论终结前或者人民法院一审辩论终结前将仲裁请求、诉讼请求由要求用人单位支付经济补偿变更为支付赔偿金的，劳动人事争议仲裁委员会、人民法院应予准许。

六、当事人在仲裁程序中认可的证据，经审判人员在庭审中说明后，视为质证过的证据。

七、依法负有举证责任的当事人，在诉讼期间提交仲裁中未提交的证据的，人民法院应当要求其说明理由。

八、在仲裁或者诉讼程序中，一方当事人陈述的于己不利的事实，或者对于己不利的事实明确表示承认的，另一方当事人无需举证证明，但下列情形不适用有关自认的规定：

（一）涉及可能损害国家利益、社会公共利益的；

（二）涉及身份关系的；

（三）当事人有恶意串通损害他人合法权益可能的；

（四）涉及依职权追加当事人、中止仲裁或者诉讼、终结仲裁或者诉讼、回避等程序性事项的。

当事人自认的事实与已经查明的事实不符的，劳动人事争议仲裁委员会、人民法院不予确认。

九、当事人在诉讼程序中否认在仲裁程序中自认事实的，人民法院不予支持，但下列情形除外：

（一）经对方当事人同意的；

（二）自认是在受胁迫或者重大误解情况下作出的。

十、仲裁裁决涉及下列事项，对单项裁决金额不超过当地月最低工资标准十二个月金额的，劳动人事争议仲裁委员会应当适用终局裁决：

（一）劳动者在法定标准工作时间内提供正常劳动的工资；

（二）停工留薪期工资或者病假工资；

（三）用人单位未提前通知劳动者解除劳动合同的一个月工资；

（四）工伤医疗费；

（五）竞业限制的经济补偿；

（六）解除或者终止劳动合同的经济补偿；

（七）《中华人民共和国劳动合同法》第八十二条规定的第二倍工资；

（八）违法约定试用期的赔偿金；

（九）违法解除或者终止劳动合同的赔偿金；

（十）其他劳动报酬、经济补偿或者赔偿金。

十一、裁决事项涉及确认劳动关系的，劳动人事争议仲裁委员会就同一案件应当作出非终局裁决。

十二、劳动人事争议仲裁委员会按照《劳动人事争议仲裁办案规则》第五十条第四款规定对不涉及确认劳动关系的案件分别作出终局裁决和非终局裁决，劳动者对终局裁决向基层人民法院提起诉讼、用人单位向中级人民法院申请撤销终局裁决、劳动者或者用人单位对非终局裁决向基层人民法院提起诉讼的，有管辖权的人民法院应当依法受理。

审理申请撤销终局裁决案件的中级人民法院认为该案件必须以非终局裁决案件的审理结果为依据，另案尚未审结的，可以中止诉讼。

十三、劳动者不服终局裁决向基层人民法院提起诉讼，中级人民法院对用人单位撤销终局裁决的申请不予受理或者裁定驳回申请，用人单位主张终局裁决存在《中华人民共和国劳动争议调解仲裁法》第四十九条第一款规定情形的，基层人民法院应当一并审理。

十四、用人单位申请撤销终局裁决，当事人对部分终局裁决事项达成调解协议的，中级人民法院可以对达成调解协议的事项出具调解书；对未达成调解协议的事项进行审理，作出驳回申请或者撤销仲裁裁决的裁定。

十五、当事人就部分裁决事项向人民法院提起诉讼的，仲裁裁决不发生法律效力。当事人提起诉讼的裁决事项属于人民法院受理的案件范围的，人民法院应当进行审理。当事人未提起诉讼的裁决事项属于人民法院受理的案件范围的，人民法院应当在判决主文中予以确认。

十六、人民法院根据案件事实对劳动关系是否存在及相关合同效力的认定与当事人主张、劳动人事争议仲裁委员会裁决不一致的，人民法院应当将法律关系性质或者民事行为效力作为焦点问题进行审理，但法律关系性质对裁判理由及结果没有影响，或者有关问题已经当事人充分辩论的除外。

当事人根据法庭审理情况变更诉讼请求的，人民法院应当准许并可以根据案件的具体情况重新指定举证期限。

不存在劳动关系且当事人未变更诉讼请求的，人民法院应当判决驳回诉讼请求。

十七、对符合简易处理情形的案件，劳动人事争议仲裁委员会按照《劳动人事争议仲裁办案规则》第六十条规定，已经保障当事人陈述意见的权利，根据案件情况确定举证期限、开庭日期、审理程序、文书制作等事项，作出终局裁决，用人单位以违反法定程序为由申请撤销终局裁决的，人民法院不予支持。

十八、劳动人事争议仲裁委员会认为已经生效的仲裁处理结果确有错误，可以依法启动仲裁监督程序，但当事人提起诉讼，人民法院已经受理的除外。

劳动人事争议仲裁委员会重新作出处理结果后，当事人依法提起诉讼的，人民法院应当受理。

十九、用人单位因劳动者违反诚信原则，提供虚假学历证书、个人履历等与订立劳动合同直接相关的基本情况构成欺诈解除劳动合同，劳动者主张解除劳动合同经济补偿或者赔偿金的，劳动人事争议仲裁委员会、人民法院不予支持。

二十、用人单位自用工之日起满一年未与劳动者订立书面劳动合同，视为自用工之日起满一年的当日已经与劳动者订立无固定期限劳动合同。

存在前款情形，劳动者以用人单位未订立书面劳动合同为由要求用人单位支付自用工之日起满一年之后的第二倍工资的，劳动人事争议仲裁委员会、人民法院不予支持。

二十一、当事人在劳动合同或者保密协议中约定了竞业限制和经济补偿，劳动合同解除或者终止后，因用人单位的原因导致三个月未支付经济补偿，劳动者请求解除竞业限制约定的，劳动人事争议仲裁委员会、人民法院应予支持。

# 附　录

（一）典型案例

房玥诉中美联泰大都会人寿保险有限公司劳动合同纠纷案[1]

（最高人民法院审判委员会讨论通过　2022年7月4日发布）

【关键词】

民事　劳动合同　离职　年终奖

【裁判要点】

年终奖发放前离职的劳动者主张用人单位支付年终奖的，人民法院应当结合劳动者的离职原因、离职时间、工作表现以及对单位的贡献程度等因素进行综合考量。用人单位的规章制度规定年终奖发放前离职的劳动者不能享有年终奖，但劳动合同的解除非因劳动者单方过失或主动辞职所导致，且劳动者已经完成年度工作任务，用人单位不能证明劳动者的工作业绩及表现不符合年终奖发放标准，年终奖发放前离职的劳动者主张用人单位支付年终奖的，人民法院应予支持。

---

[1]　最高人民法院指导案例183号。

【相关法条】

《中华人民共和国劳动合同法》第 40 条

【基本案情】

房玥于 2011 年 1 月至中美联泰大都会人寿保险有限公司（以下简称大都会公司）工作，双方之间签订的最后一份劳动合同履行日期为 2015 年 7 月 1 日至 2017 年 6 月 30 日，约定房玥担任战略部高级经理一职。2017 年 10 月，大都会公司对其组织架构进行调整，决定撤销战略部，房玥所任职的岗位因此被取消。双方就变更劳动合同等事宜展开了近两个月的协商，未果。12 月 29 日，大都会公司以客观情况发生重大变化、双方未能就变更劳动合同协商达成一致，向房玥发出《解除劳动合同通知书》。房玥对解除决定不服，经劳动仲裁程序后起诉要求恢复与大都会公司之间的劳动关系并诉求 2017 年 8 月-12 月未签劳动合同二倍工资差额、2017 年度奖金等。大都会公司《员工手册》规定：年终奖金根据公司政策，按公司业绩、员工表现计发，前提是该员工在当年度 10 月 1 日前已入职，若员工在奖金发放月或之前离职，则不能享有。据查，大都会公司每年度年终奖会在次年 3 月份左右发放。

【裁判结果】

上海市黄浦区人民法院于 2018 年 10 月 29 日作出（2018）沪 0101 民初 10726 号民事判决：一、大都会公司于判决生效之日起七日内向原告房玥支付 2017 年 8 月——12 月期间未签劳动合同双倍工资差额人民币 192500 元；二、房玥的其他诉讼请求均不予支持。房玥不服，上诉至上海市第二中级人民法院。上海市第二中级人民法院于 2019 年 3 月 4 日作出（2018）沪 02 民终 11292 号民事判决：一、维持上海市黄浦区人民法院（2018）沪 0101 民初 10726 号民事判决第一项；二、撤销上海市黄浦区人民法院（2018）沪 0101 民初 10726 号民事判决第二项；三、大都会公司于判决生效之日起七日内支付上诉人房玥2017年度年终奖税前人民币138600元；四、房玥的其他请求不予支持。

【裁判理由】

法院生效裁判认为：本案的争议焦点系用人单位以客观情况发生重大变化为依据解除劳动合同，导致劳动者不符合员工手册规定的年终奖发放条件时，劳动者是否可以获得相应的年终奖。对此，一审法院认为，大都会公司的《员工手册》明确规定了奖金发放情形，房玥在大都会公司发放2017年度奖金之前已经离职，不符合奖金发放情形，故对房玥要求2017年度奖金之请求不予支持。二审法院经过审理后认为，现行法律法规并没有强制规定年终奖应如何发放，用人单位有权根据本单位的经营状况、员工的业绩表现等，自主确定奖金发放与否、发放条件及发放标准，但是用人单位制定的发放规则仍应遵循公平合理原则，对于在年终奖发放之前已经离职的劳动者可否获得年终奖，应当结合劳动者离职的原因、时间、工作表现和对单位的贡献程度等多方面因素综合考量。本案中，大都会公司对其组织架构进行调整，双方未能就劳动合同的变更达成一致，导致劳动合同被解除。房玥在大都会公司工作至2017年12月29日，此后两日系双休日，表明房玥在2017年度已在大都会公司工作满一年；在大都会公司未举证房玥的2017年度工作业绩、表现等方面不符合规定的情况下，可以认定房玥在该年度为大都会公司付出了一整年的劳动且正常履行了职责，为大都会公司做出了应有的贡献。基于上述理由，大都会公司关于房玥在年终奖发放月之前已离职而不能享有该笔奖金的主张缺乏合理性。故对房玥诉求大都会公司支付2017年度年终奖，应予支持。

（生效裁判审判人员：郭征海、谢亚琳、易苏苏）

劳动人事争议典型案例（第三批）①

（2023年4月24日　人社部函〔2023〕36号）

目　录

案例1　如何认定网约货车司机与平台企业之间是否存在劳动关系？

案例2　如何认定网约配送员与平台企业之间是否存在劳动关系？

案例3　外卖平台用工合作企业通过劳务公司招用网约配送员，如何认定劳动关系？

案例4　劳动者注册个体工商户与平台企业或其用工合作企业订立合作协议，能否认定劳动关系？

案例5　如何认定网络主播与文化传播公司之间是否存在劳动关系？

案例6　如何认定网约家政服务人员与家政公司之间是否存在劳动关系？

案例1

如何认定网约货车司机与平台企业之间是否存在劳动关系？

基本案情

刘某于2020年6月14日与某信息技术公司订立为期1年的

---

① 参见《人力资源社会保障部、最高人民法院关于联合发布第三批劳动人事争议典型案例的通知》，载最高人民法院网站，https://www.court.gov.cn/zixun/xiangqing/401172.html，最后访问时间：2023年10月31日。

《车辆管理协议》,约定:刘某与某信息技术公司建立合作关系;刘某自备中型面包车 1 辆提供货物运输服务,须由本人通过公司平台在某市区域内接受公司派单并驾驶车辆,每日至少完成 4 单,多接订单给予加单奖励;某信息技术公司通过平台与客户结算货物运输费,每月向刘某支付包月运输服务费 6000 元及奖励金,油费、过路费、停车费等另行报销。刘某从事运输工作期间,每日在公司平台签到并接受平台派单,跑单时长均在 8 小时以上。某信息技术公司通过平台对刘某的订单完成情况进行全程跟踪,刘某每日接单量超过 4 单时按照每单 70 元进行加单奖励,出现接单量不足 4 单、无故拒单、运输超时、货物损毁等情形时按照公司制定的费用结算办法扣减部分服务费。2021 年 3 月 2 日,某信息技术公司与刘某订立《车辆管理终止协议》,载明公司因调整运营规划,与刘某协商一致提前终止合作关系。刘某认为其与某信息技术公司之间实际上已构成劳动关系,终止合作的实际法律后果是劳动关系解除,某信息技术公司应当支付经济补偿。某信息技术公司以双方书面约定建立合作关系为由否认存在劳动关系,拒绝支付经济补偿,刘某遂向劳动人事争议仲裁委员会(以下简称仲裁委员会)申请仲裁。

申请人请求

请求裁决某信息技术公司支付解除劳动合同经济补偿。

处理结果

仲裁委员会裁决:某信息技术公司向刘某支付解除劳动合同经济补偿。

案例分析

本案争议焦点是,刘某与某信息技术公司之间是否符合确立劳动关系的情形?

《中华人民共和国劳动合同法》第七条规定:"用人单位自用工之日起即与劳动者建立劳动关系",《关于维护新就业形态劳动者劳动保障权益的指导意见》（人社部发〔2021〕56号）第十八条规定：
"根据用工事实认定企业和劳动者的关系"，以上法律规定和政策精神体现出，认定劳动关系应当坚持事实优先原则。《关于确立劳动关系有关事项的通知》（劳社部发〔2005〕12号）相关规定体现出，劳动关系的核心特征为"劳动管理"，即劳动者与用人单位之间具有人格从属性、经济从属性、组织从属性。在新就业形态下，由于平台企业生产经营方式发生较大变化，劳动管理的体现形式也相应具有许多新的特点。当前，认定新就业形态劳动者与平台企业之间是否存在劳动关系，应当对照劳动管理的相关要素，综合考量人格从属性、经济从属性、组织从属性的有无及强弱。从人格从属性看，主要体现为平台企业的工作规则、劳动纪律、奖惩办法等是否适用于劳动者，平台企业是否可通过制定规则、设定算法等对劳动者劳动过程进行管理控制；劳动者是否须按照平台指令完成工作任务，能否自主决定工作时间、工作量等。从经济从属性看，主要体现为平台企业是否掌握劳动者从业所必需的数据信息等重要生产资料，是否允许劳动者商定服务价格；劳动者通过平台获得的报酬是否构成其重要收入来源等。从组织从属性看，主要体现在劳动者是否被纳入平台企业的组织体系当中，成为企业生产经营组织的有机部分，并以平台名义对外提供服务等。

本案中，虽然某信息技术公司与刘某订立《车辆管理协议》约定双方为合作关系，但依据相关法律规定和政策精神，仍应根据用工事实认定双方之间的法律关系性质。某信息技术公司要求须由刘某本人驾驶车辆，通过平台向刘某发送工作指令、监控刘某工作情况，并依据公司规章制度对刘某进行奖惩；刘某须遵守某信息技术公司规定的工作时间、工作量等要求，体现了较强的人格从属性。某信息技术公司占有用户需求数据信息，单方制定服务费用结算标准；刘某从业行为具有较强持续性和稳定性，其通过平台获得的服务费用构成其稳定收入来源，体现了明显的经济从属性。某信息技术公司将刘某纳入其组织体系进行管理，刘某是其稳定成员，并以平台名义对外提供服务，从事的货物运输业务属于某信息技术公司业务的组成部分，体现了较强的组织从属性。综上，某信息技术公司对刘某存在明显的劳动管理行为，符合确立劳动关系的情形，应当认定双方之间存在劳动关系。某信息技术公司与刘某订立《车辆管理终止协议》，实际上构成了劳动关系的解除，因此，对刘某要求某信息技术公司支付经济补偿的仲裁请求，应当予以支持。

典型意义

近年来，平台经济迅速发展，创造了大量就业机会。与此同时，维护劳动者劳动保障权益面临诸多新情况新问题，其中，平台企业与劳动者之间的法律关系性质引发社会普遍关注。不同平台之间用工模式存在差异，一些平台企业占有数据信息这一新就业形态劳动者从业所必需的生产资料，通过制定规则、设定算法对劳动者的工作机会、劳动条件、劳动方式、劳动收入、进出平台自由等进行限制或施加影响，并从劳动者劳动成果中获益。此类模式下，平台企业并非提供信息中介、交易撮合等服务，而是通过对劳动者进行组织和管理，使他们按照一定模式和标准以平台名义对外提供服务，因此，其应当作为用工主体或用人单位承担相应法律义务和责任。在仲裁和司法实践中，各级劳动人事争议仲裁机构和人民法院应当注意审查平台运营方式、算法规则等，查明平台企业是否对劳动者存在劳动管理行为，据实认定法律关系性质。

案例2

如何认定网约配送员与平台企业之间是否存在劳动关系？

基本案情

徐某于2019年7月5日从某科技公司餐饮外卖平台众包骑手

入口注册成为网约配送员,并在线订立了《网约配送协议》,协议载明:徐某同意按照平台发送的配送信息自主选择接受服务订单,接单后及时完成配送,服务费按照平台统一标准按单结算。从事餐饮外卖配送业务期间,公司未对徐某上线接单时间提出要求,徐某每周实际上线接单天数为3至6天不等,每天上线接单时长为2至5小时不等。平台按照算法规则向一定区域内不特定的多名配送员发送订单信息,徐某通过抢单获得配送机会,平台向其按单结算服务费。出现配送超时、客户差评等情形时,平台核实情况后按照统一标准扣减服务费。2020年1月4日,徐某向平台客服提出订立劳动合同、缴纳社会保险费等要求,被平台客服拒绝,遂向仲裁委员会申请仲裁。

申请人请求

请求确认徐某与某科技公司于2019年7月5日至2020年1月4日期间存在劳动关系,某科技公司支付解除劳动合同经济补偿。

处理结果

仲裁委员会裁决:驳回徐某的仲裁请求。

案例分析

本案争议焦点是,徐某与某科技公司之间是否符合确立劳动关系的情形?

根据《关于发布智能制造工程技术人员等职业信息的通知》(人社厅发〔2020〕17号)相关规定,网约配送员是指通过移动互联网平台等,从事接收、验视客户订单,根据订单需求,按照平台智能规划路线,在一定时间内将订单物品递送至指定地点的服务人员。《关于维护新就业形态劳动者劳动保障权益的指导意见》(人社部发〔2021〕56号)根据平台不同用工形式,在劳动关系情形外,还明确了不完全符合确立劳动关系的情形及相应劳动者的基本权益。

本案中,徐某在某科技公司餐饮外卖平台上注册成为网约配送员，其与某科技公司均具备建立劳动关系的主体资格。认定徐某与某科技公司之间是否符合确立劳动关系的情形，需要查明某科技公司是否对徐某进行了较强程度的劳动管理。从用工事实看，徐某须遵守某科技公司制定的餐饮外卖平台配送服务规则，其订单完成时间、客户评价等均作为平台结算服务费的依据，但平台对其上线接单时间、接单量均无要求，徐某能够完全自主决定工作时间及工作量，因此，双方之间人格从属性较标准劳动关系有所弱化。某科技公司掌握徐某从事网约配送业务所必需的数据信息，制定餐饮外卖平台配送服务费结算标准和办法，徐某通过平台获得收入，双方之间具有一定的经济从属性。虽然徐某依托平台从事餐饮外卖配送业务，但某科技公司并未将其纳入平台配送业务组织体系进行管理，未按照传统劳动管理方式要求其承担组织成员义务，因此，双方之间的组织从属性较弱。综上，虽然某科技公司通过平台对徐某进行一定的劳动管理，但其程度不足以认定劳动关系。因此，对徐某提出的确认劳动关系等仲裁请求，仲裁委员会不予支持。

典型意义

近年来，网约配送员成为备受社会关注的群体，如何维护好其劳动保障权益也频频引发舆论热议。在网约配送行业中，平台企业对网约配送员存在多种组织和管理模式。在类似本案的模式中，平台向非特定配送员发送订单信息，不对配送员的上线接单时间和接单量作任何要求，但与此同时，平台企业制定统一的配送服务规则和服务费结算标准，通过设定算法对配送员的配送行为进行控制和管理，并将配送时长、客户评价等作为结算服务费的依据。一方面，劳动者工作时间、工作地点更加自由，不再受限于特定的生产经营组织体系；另一方面，平台企业借助信息技术手段打破了传统用工方式的时空限制，对劳动者实现了更加精细的用工管理。对此，《关于维护新就业形态劳动者劳动保障权益的指导意见》（人社部发〔2021〕

56号）明确不完全符合确立劳动关系的情形，并指出相关部门应指导企业与该类劳动者订立书面协议、合理确定双方权利义务，逐步推动将该类劳动者纳入最低工资、休息休假等制度保障范围。在仲裁与司法实践中，应在区分各类情形的基础上分类保障劳动者合法权益，并积极推动完善相关法律政策，进一步畅通劳动者维权渠道，充分实现平台经济良性发展与劳动者权益保护互促共进。

案例3

外卖平台用工合作企业通过劳务公司招用网约配送员，如何认定劳动关系？

基本案情

某货运代理公司承包经营某外卖平台配送站点，负责该站点网约配送业务。2019年5月27日，某货运代理公司与某劳务公司订立《配送业务承包协议》，约定由某劳务公司负责站点的配送员招募和管理工作。何某于2019年7月28日进入某外卖平台站点工作，并与某劳务公司订立了为期1年的《外卖配送服务协议》，约定：何某同意在某外卖平台注册为网约配送员，并进入某货运代理公司承包的配送站点从事配送业务；何某须遵守某货运代理公司制定的站点工作制度，每周经提前申请可休息1天，每天至少在线接单8小时；何某与某劳务公司之间为劳务合作关系，某劳务公司根据订单完成量向何某按月结算劳务报酬。从事配送工作期间，何某按照某货运代理公司制定的《配送员管理规则》，每天8：30到站点开早会，每周工作6至7天，每天在线接单时长为8至11小时不等。何某请假时，均须通过站长向某货运代理公司提出申请。某货运代理公司按照何某订单完成量向何某按月支付服务费，出现高峰时段不服从平台调配、无故拒接平台派单、超时配送、客户差评等情形时，某货运代理公司均按一定比例扣减服务费，而某劳务公司未对包含何某在内的站点配送员进行管理。2019年11月3日，何某在执行配送任务途中摔倒受伤，其要求某货运代理公司、某劳务公司按照工伤保险待遇标准向其赔偿各项治疗费用，某货运代理公司以未与何某订立任何协议为由拒绝承担责任，某劳务公司以与何某之间系劳务合作关系为由拒绝支付工伤保险待遇。2019年12月19日，何某以某货运代理公司、某劳务公司为共同被申请人向仲裁委员会申请仲裁。

申请人请求

请求确认何某与某货运代理公司、某劳务公司于2019年7月28日至2019年12月19日期间存在劳动关系。

处理结果

仲裁委员会裁决：何某与某货运代理公司于2019年7月28日至2019年12月19日期间存在劳动关系。

案例分析

本案争议焦点是，何某是否与两家公司存在劳动关系？与哪家公司存在劳动关系？

本案中，从某货运代理公司与某劳务公司订立的《配送业务承包协议》内容看，某货运代理公司将配送员招募和管理工作外包给某劳务公司，应当由某劳务公司负责具体的用工组织和管理工作。但从本案用工事实看，某劳务公司并未对何某等站点配送员进行管理，其与某货运代理公司之间的《配送业务承包协议》并未实际履行；某货运代理公司虽然未与何某订立书面协议，却对其进行了劳动管理。因此，应当根据某货运代理公司对何某的劳动管理程度，认定双方之间是否存在劳动关系。何某须遵守某货运代理公司制定的《配送员管理规则》，按时到站点考勤；某货运代理公司对何某执行配送任务的情况进行监督，通过扣减服务费等方式对何某的工作时间、接单行为、服务质量等进行管理，双方之间存在较强的人格从属性。某货运代理公司根据单方制定的服务费结算办法向何某按月结算服务费，双方之间存在明显的经济从属性。何某虽以平台名义从事配送任务，但某货运代理公司将其纳入站点的配送组织体系进行管理，双方之间存在较强的组织从属性。综上，某货运代理公司对何某进行了较强程度的劳动管理，应当认定双方之间存在劳动关系。

典型意义

《关于维护新就业形态劳动者劳动保障权益的指导意见》（人社部发〔2021〕56号）对平台企业采取合作用工方式组织劳动者完成平台工作的情形作出了规定。在新就业形态劳动争议处理中，一些平台用工合作企业也以外包或劳务派遣等灵活方式组织用工。部分配送站点承包经营企业形式上将配送员的招募和管理工作外包给其他企业，但实际上仍直接对配送员进行劳动管理，在劳动者主张相关权益时通常否认与劳动者之间存在劳动关系，将"外包"当成了规避相应法律责任的"挡风板""防火墙"，增加了劳动者的维权难度。在仲裁和司法实践中，应当谨慎区分劳动关系与各类民事关系，对于此类"隐蔽劳动关系"，不能简单适用"外观主义"审查，应当根据劳动管理事实和从属性特征明确劳动关系主体，依法确定各方权利义务。

案例4

劳动者注册个体工商户与平台企业或其用工合作企业订立合作协议，能否认定劳动关系？

基本案情

孙某于2019年6月11日进入某外卖平台配送站点工作，该站点由某物流公司承包经营。某物流公司与孙某订立了自 2019 年 6 月 11 日起至 2021 年 6 月 10 日止的书面劳动合同。从事配送工作期间，孙某按照某物流公司要求在规定时间、指定区域范围内执行某外卖平台派发的配送任务，某物流公司根据孙某出勤及订单完成情况向其按月支付劳动报酬。某物流公司于 2020 年 8 月 21 日与某商务信息咨询公司订立《服务协议》，约定将含孙某在内的部分配送员委托给某商务信息咨询公司管理。在某商务信息咨询公司安排下，孙某注册了名为"某配送服务部"的个体工商户，并于 2020 年 9 月 6 日与某物流公司订立了为期 1 年的《项目承包协议》，约定：某配送服务部与某物流公司建立合作关系，某配送服务部承接某外卖平台配送站点的部分配送业务，某物流公司按照配送业务完成量向某配送服务部按月结算费用。此后，孙某仍然在某外卖平台站点从事配送工作，接受某物流公司管理，管理方式未发生任何变化。2020 年 12 月 10 日，某物流公司单方面终止《项目承包协议》，孙某要求某物流公司支付违法解除劳动合同赔偿金。某物流公司认为订立《项目承包协议》后，双方之间已从劳动关系变为合作关系，劳动合同自动终止，并以此为由拒绝支付违法解除劳动合同赔偿金。孙某遂向仲裁委员会申请仲裁。

申请人请求

请求确认孙某与某物流公司于 2020 年 9 月 6 日至 2020 年 12 月 10 日期间存在劳动关系，某物流公司支付违法解除劳动合同赔偿金。

处理结果

仲裁委员会裁决：孙某与某物流公司于 2020 年 9 月 6 日至 2020 年 12 月 10 日期间存在劳动关系，某物流公司向孙某支付违法解除劳动合同赔偿金。

案例分析

本案争议焦点是，在孙某以个体工商户名义订立《项目承包协议》情况下，其与某物流公司之间是否存在劳动关系？

从法律主体资格看，劳动者注册为个体工商户后，既可以作为自然人与其他用人单位建立劳动关系，也有权以个体工商户名义开展市场经营活动。在第一种情形下，劳动者与企业之间存在"管理-从属"关系，即企业对劳动者实施劳动管理，劳动者向企业提供从属性劳动，双方之间市场主体地位不平等，法律关系呈现明显的从属性；在第二种情形下，个体工商户与企业均具有平等的市场主体法律地位，个体工商户可以依照约定向企业提供服务并获取对价，但服务内容和方式、对价形式及多少等事项由双方协商确定，企业与个体工商户背后的自然人之间不具有"管理-从属"关系。

本案中，在某商务信息咨询公司安排下，孙某注册个体工商户，并以个体工商户名义与某物流公司书面约定建立合作关系，但从用工事实看，某物流公司与孙某之间完全延续了此前的劳动管理方式，孙某仍然向某物流公司提供从属性劳动，双方之间并未作为法律地位平等的市场主体开展经营活动。因此，某物流公司关于双方之间由劳动关系变为合作关系、劳动合同自动终止的主张，与事实不符，应当认定在2020年9月6日之后双方之间仍然存在劳动关系，对孙某要求某物流公司支付违法解除劳动合同赔偿金的仲裁请求，应当予以支持。

典型意义

在新就业形态下，劳动关系与合作关系之间的边界更加模糊，劳动者的劳动形式、劳动时间、工作场所、取酬方式等更加灵活多样。一些平台企业及其用工合作企业利用这一特点，一方面诱导或强迫劳动者注册成为个体工商户，并与之订立合作协议；另一方面仍对劳动者进行较强程度的劳动管理，单方确定劳动规则、报酬标准等事项，以合作之名行劳动用工之实，严重损害了劳动者劳动保障权益。对此，国务院印发的《促进个体工商户发展条例》第三十条第二款规定:"任何单位和个人不得诱导、强迫劳动者登记注册为个体工商户。"在仲裁和司法实践中,应当重点审查企业与劳动者之间是否存在劳动管理和从属性劳动,坚决防止"去劳动关系化"规避用工责任,充分保障劳动者各项劳动保障权益。

案例 5

如何认定网络主播与文化传播公司之间是否存在劳动关系?

基本案情

李某于2018年11月29日与某文化传播公司订立为期2年的《艺人独家合作协议》,约定:李某聘请某文化传播公司为其经纪人,某文化传播公司为李某提供网络主播培训及推广宣传,将其培养成为知名的网络主播;在合同期内,某文化传播公司为李某提供整套直播设备和直播室,负责安排李某的全部直播工作及直播之外的商业或非商业公众活动,全权代理李某涉及到直播、出版、演出、广告、录音、录像等与演艺有关的商业或非商业公众活动,可在征得李某同意后作为其委托代理人签署有关合同;李某有权参与某文化传播公司安排的商业活动的策划过程、了解直播收支情况,并对个人形象定位等事项提出建议,但一经双方协商一致,李某必须严格遵守相关约定;李某直播内容和时间均由其自行确定,其每月获得各直播平台后台礼物累计价值5000元,可得基本收入2600元,超过5000元部分由公司和李某进行四六分成,超过9000元部分进行三七分成,超过12000元部分进行二八分成。从事直播活动后,李某按照某文化传播公司要求入驻2家直播平台,双方均严格履行协议约定的权利义务。李某每天直播时长、每月直播天数均不固定,月收入均未超过3500元。2019年3月31日,李某因直播收入较低,单方解除《艺人独家合作协议》,并以公司未缴纳社会保险费为由要求某文化传播公司向其支付解除劳动合同经济补偿。某文化传播公司以双方之间不存在劳动关系为由拒绝支付。李某向仲裁委员会申请仲裁，仲裁委员会裁决双方之间不存在劳动关系。李某不服仲裁裁决，诉至人民法院。

原告诉讼请求

请求确认与某文化传播公司之间于 2018 年 11 月 29 日至 2019 年 3 月 31 日期间存在劳动关系，某文化传播公司支付解除劳动合同经济补偿。

处理结果

一审法院判决：李某与某文化传播公司之间不存在劳动关系。李某不服一审判决，提起上诉。二审法院判决：驳回上诉，维持原判。

案例分析

本案争议焦点是，某文化传播公司对李某的管理是否属于劳动管理？

在传统演艺领域，企业以经纪人身份与艺人订立的合同通常兼具委托合同、中介合同、行纪合同等性质，并因合同约定产生企业对艺人的"管理"行为，但此类管理与劳动管理存在明显差异：从"管理"的主要目的看，企业除安排艺人从事演艺活动为其创造经济收益之外，还要对艺人进行培训、包装、宣传、推广等，使之获得相对独立的公众知名度和市场价值；而在劳动关系中，企业通过劳动管理组织劳动者进行生产经营活动，并不以提升劳动者独立的公众知名度和市场价值为目的。从"管理"事项的确定看，企业对艺人的管理内容和程度通常由双方自主协商约定，艺人还可以就自身形象设计、发展规划和收益分红等事项与企业进行协商；而在订立劳动合同时，单个劳动者与企业之间进行个性化协商的空间一般比较有限，劳动纪律、报酬标准、奖惩办法等规章制度通常由企统一制定并普遍适用于企业内部的劳动者。此外，从劳动成果分配方式看，企业作为经纪人，一般以约定的分成方式获取艺人创造的经济收益；而在劳动关系中，企业直接占有劳动者的劳动成果，按照统一标准向劳动者支付报酬及福利，不以约定分成作为主要分配方式。综上，企业作为经纪人与艺人之间的法律关系体现出平等协商的特点，而存在劳动关系的用人单位与劳动者之间则体现出较强的从属性特征，可据此对两种法律关系予以区分。

本案中，通过《艺人独家合作协议》内容及履行情况可以看出，某文化传播公司作为李某的经纪人，虽然也安排李某从事为其创造直接经济收益的直播活动，但其主要目的是通过培训、包装、宣传、推广等手段使李某成为知名的网络主播；李某的直播时间及内容由其自主决定，其他相关活动要求等由双方协商确定，李某对其个人包装、活动参与等事项有协商权，对其创造的经济收益有知情权；双方以李某创造的经济收益为衡量标准，约定了"阶梯式"的收益分成方式。因此，双方之间的法律关系体现出平等协商的特点，并未体现出《关于确立劳动关系有关事项的通知》（劳社部发〔2005〕12号）规定的劳动管理及从属性特征，应当认定为民事关系。李某提出确认劳动关系并支付解除劳动合同经济补偿的诉求，与事实不符，不予支持。

典型意义

近年来，随着网红经济的迅速发展，大量网络主播经纪公司也应运而生。与传统演艺业相比，网络主播行业具有更强的灵活性、互动性、可及性和价值多元性，经纪公司"造星"周期和"投资-回报"周期也相应缩短。一些经纪公司沿袭传统方式与主播建立民事合作关系，以培养知名主播、组织主播参加各类商业或非商业公众活动为主业，通过平等协商确定双方权利义务，以约定的分成方式进行收益分配；但与此同时，一些企业招用网络主播的主要目的是开展"直播带货"业务,以网络直播手段推销各类产品,主播对个人包装、直播内容、演艺方式、收益分配等没有协商权,双方之间体现出较强的从属性特征,更加符合确立劳动关系的情形。因此,在仲裁和司法实践中,应当加强对法律关系的个案分析,重点审查企业与网络主播之间的权利义务内容及确定方式,综合认定双方之间的法律关系性质。

案例 6

如何认定网约家政服务人员与家政公司之间是否存在劳动关系?

基本案情

宋某,出生日期为 1976 年 10 月 7 日,于 2019 年 10 月 26 日到某员工制家政公司应聘家政保洁员,双方订立了《家政服务协议》,约定:某家政公司为宋某安排保洁业务上岗培训(初级),培训费用由公司承担,宋某经培训合格后须按照公司安排为客户提供入户保洁服务,合作期限为 2 年;宋某须遵守公司统一制定的《家政服务人员行为规范》,合作期限内不得通过其他平台从事家政服务工作;某家政公司为宋某配备工装及保洁用具,并购买意外险,费用均由公司承担;宋某每周须工作 6 天,工作期间某家政公司通过本公司家政服务平台统一接收客户订单,并根据客户需求信息匹配度向宋某派发保洁类订单,工作日无订单任务时宋某须按照公司安排从事其他工作;某家政公司按月向宋某结付报酬,报酬计算标准为底薪 1600 元/月,保洁服务费 15 元/小时,全勤奖 200 元/月;如宋某无故拒接订单或收到客户差评,某家政公司将在核实情况后扣减部分服务费。2019 年 11 月 1 日,宋某经培训合格后上岗。从事保洁工作期间,宋某每周工作 6 天,每天入户服务 6 至 8 小时。

2020年1月10日，宋某在工作中受伤，要求某家政公司按照工伤保险待遇标准向其赔偿各类治疗费用，某家政公司以双方之间不存在劳动关系为由拒绝支付。宋某于2020年1月21日向仲裁委员会申请仲裁，请求确认与某家政公司于2019年11月1日至2020年1月21日期间存在劳动关系。仲裁委员会裁决宋某与某家政公司之间存在劳动关系，某家政公司不服仲裁裁决，诉至人民法院。

原告诉讼请求

请求确认某家政公司与宋某之间不存在劳动关系。

处理结果

一审法院判决：宋某与某家政公司于2019年11月1日至2020年1月21日期间存在劳动关系。某家政公司不服一审判决，提起上诉。二审法院判决：驳回上诉，维持原判。

案例分析

本案争议焦点是，宋某与某家政公司之间是否符合订立劳动合同的情形？

认定家政企业与家政服务人员是否符合订立劳动合同的情形，应当根据《关于确立劳动关系有关事项的通知》（劳社部发〔2005〕12号）第一条之规定，重点审查双方是否均为建立劳动关系的合法主体，双方之间是否存在较强程度的劳动管理。

本案中，宋某未达法定退休年龄，其与某家政公司均是建立劳动关系的合法主体。在劳动管理方面，某家政公司要求宋某遵守其制定的工作规则，通过平台向宋某安排工作，并通过发放全勤奖、扣减服务费等方式对宋某的工作时间、接单行为、服务质量等进行控制和管理，双方之间存在较强的人格从属性。某家政公司掌握宋某从事家政服务业所必需的用户需求信息，统一为宋某配备保洁工具，并以固定薪资结构向宋某按月支付报酬，双方之间存在较强的经济从属性。宋某以某家政公司名义对外提供家政服务，某家政公司将宋某纳入其家政服务组织体系进行管理,并通过禁止多平台就业等方式限制宋某进入其他组织,双方之间存在明显的组织从属性。综上,某家政公司对宋某存在较强程度的劳动管理,符合订立劳动合同的情形,虽然双方以合作为名订立书面协议,但根据事实优先原则,应当认定双方之间存在劳动关系。

典型意义

在传统家政企业运营模式中,家政企业主要在家政服务人员与客户之间起中介作用,通过介绍服务人员为客户提供家政服务收取中介费;家政企业与服务人员之间建立民事合作关系,企业不对服务人员进行培训和管理、不支付劳动报酬,家政服务工作内容及服务费用由服务人员与客户自行协商确定。为有效解决传统家政行业发展不规范等问题,《关于促进家政服务业提质扩容的意见》(国办发〔2019〕30号)指出,员工制家政企业应依法与招用的家政服务人员签订劳动合同,按月足额缴纳城镇职工社会保险费;家政服务人员不符合签订劳动合同情形的,员工制家政企业应与其签订服务协议,家政服务人员可作为灵活就业人员按规定自愿参加城镇职工社会保险或城乡居民社会保险。各地落实该意见要求积极支持发展员工制家政企业。在此类企业中,家政企业与客户直接订立服务合同,与家政服务人员依法签订劳动合同或服务协议,统一安排服务人员为客户提供服务,直接支付或代发服务人员不低于当地最低工资标准的劳动报酬,并对服务人员进行持续培训管理。在仲裁与司法实践中,对于家政企业与家政服务人员之间发生的确认劳动关系争议,应当充分考虑家政服务行业特殊性,明确企业运营模式,查明企业与家政服务人员是否具备建立劳动关系的法律主体资格,严格审查双方之间是否存在较强程度的劳动管理,以此对签订劳动合同和签订服务协议的情形作出区分,据实认定劳动关系。

（二）相关文书

民事起诉状（公民提起民事诉讼用）

民事起诉状

原告：×××，男/女，××××年××月××日生，×族，……（写明工作单位和职务或职业），住……。联系方式：……。

法定代理人/指定代理人：×××，……。

委托诉讼代理人：×××，……。

被告：×××，……。

……

（以上写明当事人和其他诉讼参加人的姓名或者名称等基本信息）

诉讼请求：

……

事实和理由：

……

证据和证据来源，证人姓名和住所：

……

此致

××××人民法院

附：本起诉状副本×份

起诉人（签名）

××××年××月××日

工作场所女职工特殊劳动保护制度[①]
（参考文本）

用人单位名称：_____

中国劳动和社会保障科学研究院研制
2023 年 3 月

[①] 载人力资源和社会保障部网站，http://www.mohrss.gov.cn/xxgk2020/fdzdgknr/zcfg/gfxwj/ldgx/202303/t20230309_496485.html，最后访问时间：2023 年 10 月 31 日。

目 录

第一章 总 则
第二章 劳动就业保护
第三章 工资福利保护
第四章 生育保护
第五章 职业安全健康保护
第六章 管理监督
第七章 附 则

第一章 总 则

第一条 为加强女职工工作场所特殊劳动保护，维护女职工合法权益，保障女职工身心健康，构建和谐稳定的劳动关系，根据《中华人民共和国劳动法》《中华人民共和国劳动合同法》《中华人民共和国妇女权益保障法》《女职工劳动保护特别规定》《女职工保健工作规定》等法律法规规定，结合本单位实际情况，制定本制度。

第二条 本制度经第____届职工代表大会第____次会议审议通过。

第三条 本制度适用于本单位全体女职工，并向本单位全体职工公示告知。

第二章 劳动就业保护

第四条 本单位在录（聘）用女职工时，依法与女职工签订劳动（聘用）合同，劳动（聘用）合同中应具备女职工特殊保护条款，明确不得限制女职工结婚、生育等内容。

第五条 本单位遵守女职工禁忌从事的劳动范围的规定，并将本单位属于女职工禁忌从事的劳动范围的岗位书面告知女职工。

第六条 女职工在孕期、产期、哺乳期（指自婴儿出生之日起至满一周岁止）内，除有法律、法规规定的情形外，用人单位不得解除劳动（聘用）合同。劳动（聘用）合同期满而孕期、产期、哺乳期未满的，除女职工本人提出解除、终止劳动（聘用）合同外，劳动（聘用）合同的期限自动延续至孕期、产假、哺乳期期满。

第三章 工资福利保护

第七条 本单位工资分配遵循按劳分配原则，实行男女同工同酬。女职工在享受福利待遇方面享有与男职工平等的权利。

第八条 本单位不因女职工结婚、怀孕、生育、哺乳，降低其工资和福利待遇。

第九条 在晋职、晋级、评定专业技术职称和职务、培训等方面，坚持男女平等的原则，不歧视女职工。不因女职工怀孕、生育、哺乳等原因限制女职工参与上述活动。

第十条 妇女节（3月8日），女职工放假半天。

第十一条 本单位在发展的同时，采取积极有效措施，持续改善女职工工资福利待遇，不断提高女职工权益保障水平，促进女职工共享发展成果。

第四章 生 育 保 护

第十二条 本单位严格执行国家有关女职工特殊劳动保护的法律法规，对在经期、孕期、产期、哺乳期的女职工给予特殊保护。

第十三条 女职工月经期保护

（一）女职工在月经期间，不安排其从事国家规定禁忌从事的劳动。

（二）患重度痛经及月经过多的女职工，经医疗机构确诊后，月经期间适当给予1至2天的休假。

第十四条 女职工孕期保护

（一）女职工在怀孕期间，不安排其从事国家规定的孕期禁忌从事的劳动。

（二）对怀孕满 7 个月以上（含 7 个月）的女职工，本单位不延长劳动时间或者安排夜班劳动，并在劳动时间内安排一定的休息时间或适当减轻工作；在从事立位作业女职工的工作场所设置休息座位。

（三）女职工在孕期不能适应原劳动的，本单位根据医疗机构的证明，与职工本人协商一致，予以减轻劳动量或安排其他能够适应的劳动。

（四）怀孕女职工在劳动时间内进行产前检查，所需时间计入劳动时间，依法支付劳动报酬。

第十五条　女职工产期保护

（一）按照国家有关规定，女职工生育享受 98 天产假，其中产前可以休假 15 天；根据医疗机构证明，难产的，增加产假 15 天；生育多胞胎的，每多生育 1 个婴儿，增加产假 15 天。生育奖励假、配偶陪产假和育儿假，按照本地规定执行。

（二）根据医疗机构证明，女职工怀孕未满 4 个月流产的，享受 15 天产假；怀孕满 4 个月流产的，享受 42 天产假。

（三）女职工产假期间的生育津贴，按照本单位上年度职工月平均工资的标准由生育保险基金支付。

（四）对有过两次以上自然流产史，现又无子女的女职工，本单位根据实际情况，在其怀孕期间予以减轻工作量；经女职工申请，暂时调离有可能直接或间接导致流产的工作岗位。

（五）女职工休产假，提前填写《请假申请单》，由上级领导批准签报人力资源部门进行核对并备案。

（六）职工根据所在地规定申请休生育奖励假、配偶陪产假、育儿假等假期可参考上述流程办理。

第十六条　女职工哺乳期保护

（一）女职工在哺乳期内，不安排其从事哺乳期禁忌从事的劳动。

（二）对哺乳未满 1 周岁婴儿的女职工，不延长劳动时间或者安排夜班劳动。在每天的劳动时间内为哺乳期女职工安排 1 小时哺乳时间；女职工生育多胞胎的，每多哺乳 1 个婴儿每天增加 1 小时哺乳时间。

（三）婴儿满周岁后，经医疗机构确诊为体弱儿的，可适当延长授乳时间，但不得超过 6 个月。

第五章　职业安全健康保护

第十七条　本单位加强女职工的特殊劳动保护，对女职工进行劳动安全卫生知识培训。在生产发展的同时，投入专项资金，通过建立孕妇休息室、哺乳室等设施，改善女职工劳动安全卫生条件。

第十八条　定期组织女职工进行妇科疾病、乳腺疾病检查以及女职工特殊需要的其他健康检查。

第十九条　关爱更年期女职工，经医疗机构诊断为严重更年期综合征的，经治疗效果仍不明显，且不适应原工作的，应暂时安排适宜的工作。

第二十条　本单位公开承诺，对工作场所性骚扰行为持零容忍态度，明确禁止性骚扰的具体行为，健全预防和制止性骚扰的制度，完善必要的安全保卫措施，加强对消除性骚扰的宣传、教育和培训，通过开通热线电话、意见箱、电子邮箱等多种形式畅通投诉举报渠道，依据专门制定的消除工作场所性骚扰制度对反映问题妥善处理，并对女职工提供心理疏导和依法维权的支持，积极创建安全健康舒心的工作环境。

第六章　管 理 监 督

第二十一条　本单位明确由_____部门负责本制度的组织实施。

第二十二条 本单位建立由工会负责人担任组长的监督检查小组，女职工在小组成员中保持一定比例。监督检查小组定期对本制度执行情况开展检查，并向全体职工公布检查结果。

第二十三条 女职工合法权益受到侵害时，可向_____部门或监督检查小组举报投诉。经调查核实后，督促相关部门整改。

受理部门：_____；投诉电话：_____；

信　　箱：_____；电子邮箱：_____。

第七章　附　　则

第二十四条 本制度未尽事宜，按有关法律法规执行。法律法规未有规定的，双方协商解决。本制度生效后，在履行过程中，劳动（聘用）合同履行地的相关规定优于本制度规定的，按最优标准执行。

第二十五条 女职工特殊劳动保护的内容可以纳入集体合同、劳动安全卫生专项集体合同或女职工权益保护专项集体合同中。

第二十六条 本制度自_____年___月___日生效。

消除工作场所性骚扰制度[①]
（参考文本）

用人单位名称：_____

中华全国总工会女职工部
中国劳动和社会保障科学研究院联合研制
2023 年 3 月

[①] 载人力资源和社会保障部网站，http://www.mohrss.gov.cn/xxgk2020/fdzdgknr/zcfg/gfxwj/ldgx/202303/t20230309_496485.html，最后访问时间：2023 年 10 月 31 日。

目 录

第一章 总 则
第二章 公开承诺
第三章 宣传培训
第四章 职工举报投诉
第五章 调查处置
第六章 工会参与监督
第七章 附 则

第一章 总 则

第一条 为消除工作场所性骚扰，依法保障女职工权益，营造安全健康舒心的工作环境，根据《中华人民共和国民法典》《中华人民共和国妇女权益保障法》《女职工劳动保护特别规定》等法律法规，制定本制度。

第二条 本制度所称的性骚扰是指，违反他人意愿，以语言、表情、动作、文字、图像、视频、语音、链接或其他任何方式使他人产生与性有关联想的不适感的行为，无论行为实施者是否具有骚扰或其他任何不当目的或意图。

第三条 本制度经第____届职工代表大会第____次会议审议通过。

第四条 本制度适用于本单位全体职工，并向全体职工公示告知。

第二章 公开承诺

第五条 本单位公开承诺对性骚扰行为零容忍。

第六条 本单位明确由_____部门负责本制度的组织实施，并负责受理工作场所性骚扰举报投诉事件的调查处置。各级管理层都有职责和专人负责做好预防和制止工作场所性骚扰的工作。

本单位建立由工会负责人担任组长的监督检查小组,女职工在小组成员中保持一定比例。监督检查小组定期对本制度执行情况开展检查,并向全体职工公布检查结果。

第七条 本单位工作场所内禁止包括但不限于以下行为:(1)以不受欢迎的语言挑逗、讲黄色笑话、向他人讲述个人性经历、不受欢迎的称呼等;(2)故意触摸、碰撞、亲吻他人敏感部位,不适宜地展示身体隐私部位或在他人周围对自己做涉性的接触或抚摸;(3)以信息方式给对方发送或直接展示色情、挑逗文字、图片、语音、视频等,如微信、短信、邮件等;(4)在工作场所周围布置淫秽图片、广告等,使对方感到难堪;(5)以跟踪、骚扰信息、寄送物品等方式持续对他人表达、传递含性暗示的内容;(6)其他性骚扰行为。

第三章 宣传培训

第八条 持续开展预防和制止工作场所性骚扰行为的宣传教育活动。在单位公告栏、办公室公告板等明显的地方张贴规章制度、"禁止性骚扰"标识和宣传画、举报投诉热线电话。

第九条 组织预防和制止工作场所性骚扰的专题培训,也可将专题培训纳入包括入职培训在内的各种培训之中。

第四章 职工举报投诉

第十条 职工在工作场所遇到本制度第七条规定的行为的,都应向实施者表明"你这种行为是不受欢迎的"等明确态度。

第十一条 职工在工作场所遇到本制度第七条规定的行为的,有权向其上级主管或_____部门举报投诉,其上级主管或_____部门对举报投诉事项进行受理登记,并由_____部门启动调查程序,及时向当事人提供法律援助服务。在对举报投诉者予以保密的前提下，可以适当方式予以鼓励。

受理部门：_____；投诉电话：_____；

信　　箱：_____；电子邮箱：_____。

第十二条 举报投诉者尽可能详细地记录每个细节并保全所有证据。

第五章　调 查 处 置

第十三条 接到举报投诉后，相关部门应及时进行走访调查，收集和固定相关证据。包括但不限于：（1）受害人陈述；（2）电子证据，如微信聊天记录、电子邮件记录、短信记录、通话记录；（3）视听证据，如图片、录音、录像、监控等；（4）证人证言，及时搜集本单位相关同事的证人证言；（5）物证，及时保存涉及的相关材料；（6）第三方证据，比如报警记录、调查笔录、酒店录像等；（7）其他相关证据。

第十四条 对性骚扰实施者的处置措施包括：警告、调整工作岗位、依法解除劳动合同等。涉嫌触犯有关法律法规的，移送司法机关处理。

同时，采取措施避免对性骚扰受害者的二次伤害，可将性骚扰实施者调整至难以与受害者接触的工作岗位。

第十五条 相关部门在举报投诉与调查处置的全过程中，应注意个人隐私权的保护，做好相关材料的保密工作。有关调查处理结果应及时向举报投诉人进行反馈。

第六章　工会参与监督

第十六条 本单位工会将预防和制止工作场所性骚扰纳入集体协商议题，提高女职工的参与度和代表性；将预防和制止性骚扰等内容纳入集体合同和女职工权益保护专项集体合同、劳动安全卫生专项集体合同的协商中，在集体合同尤其是专项集体合同中增加预防和制止性骚扰条款。

第十七条 本单位工会要广泛听取和反映职工的意见建议，为职工提供法律咨询服务，支持、协助受害者用法律手段维权，并为受害者提供专业心理疏导服务。

第十八条 本单位工会通过工会劳动法律监督提示函、工会劳动法律监督意见书等，提示相关部门建立健全预防和制止工作场所性骚扰的制度机制，完善工作场所相关措施，营造安全健康舒心的工作环境。

第七章　附　　则

第十九条 本制度未尽事宜，按有关法律法规执行。

第二十条 本制度自＿＿＿＿年＿＿月＿＿日生效。

图书在版编目（CIP）数据

劳动法律政策全书：含法律、法规、司法解释、典型案例及相关文书：2024年版／中国法制出版社编.—北京：中国法制出版社，2024.1
（法律政策全书系列）
ISBN 978-7-5216-4171-4

Ⅰ.①劳… Ⅱ.①中… Ⅲ.①劳动法-汇编-中国 Ⅳ.①D922.509

中国国家版本馆CIP数据核字（2024）第011132号

责任编辑：孙 静　　　　　　　　　　　　封面设计：周黎明

劳动法律政策全书：含法律、法规、司法解释、典型案例及相关文书：2024年版
LAODONG FALÜ ZHENGCE QUANSHU：HAN FALÜ、FAGUI、SIFA JIESHI、DIANXING ANLI JI XIANGGUAN WENSHU：2024 NIAN BAN

编者/中国法制出版社
经销/新华书店
印刷/三河市国英印务有限公司
开本/880毫米×1230毫米　32开　　　　　印张/19.75　字数/420千
版次/2024年1月第1版　　　　　　　　　2024年1月第1次印刷

中国法制出版社出版
书号 ISBN 978-7-5216-4171-4　　　　　　　　　定价：65.00元

北京市西城区西便门西里甲16号西便门办公区
邮政编码：100053　　　　　　　　　　　传真：010-63141600
网址：http://www.zgfzs.com　　　　　　编辑部电话：010-63141787
市场营销部电话：010-63141612　　　　　印务部电话：010-63141606

（如有印装质量问题，请与本社印务部联系。）